영어 쓰기 패턴 사전

영어 쓰기 패턴 사전 `3RD EDITION 개정증보판`

English Writing Pattern Dictionary

저자 | 백선엽
초판 1쇄 발행 | 2010년 9월 25일
개정 3판 1쇄 발행 | 2024년 3월 13일

발행인 | 박효상
편집장 | 김현
기획 · 편집 | 장경희, 이한경
마케팅 | 이태호, 이전희
관리 | 김태옥

종이 | 월드페이퍼   인쇄 · 제본 | 예림인쇄 · 바인딩
출판등록 | 제10-1835호
발행처 | 사람in
주소 | 04034 서울시 마포구 양화로 11길 14-10(서교동) 3F
전화 | 02) 338-3555(代)   팩스 | 02) 338-3545
E-mail | saramin@netsgo.com
Website | www.saramin.com

:: 책값은 뒤표지에 있습니다.
:: 파본은 바꾸어 드립니다.

ISBN 979-11-7101-064-6 13740

영어쓰기 패턴사전

백선엽 지음

ENGLISH
WRITING
PATTERN
DICTIONARY

글쓰기를 단계별, 상황별로 분류한
에세이를 비롯해 모든 종류의 영어 글쓰기가 가능해지는
외워서 바로 적용하는 영어 글말 패턴 총정리 사전

TOEIC TOEFL TEPS Writing 대책

사람in
saram
in.com

Writing도 역시 Pattern이 답이다

대한민국 영어 필자 '백선엽'이라고 하면 대부분의 독자들은 '실용 영어 말하기 전도사', 또는 '영어 커뮤니케이션 전문가'로 알고 있는데, 사실 내가 대학에서 전공한 것은 '신문(특히 영어로 글쓰기)'이다. 그래서 나는 말하는 영어는 물론이고 영어로 글을 쓰는 데 있어서 전문가라고 할 수 있다.

지금으로부터 약 20여 년 전에 중국 상하이에 영어 학원을 오픈했다. 타깃은 국제도시 상하이에서 국제학교를 다니는 중고등학생이고 콘셉트는 Essay Writing이었다. 미국계 국제학교, 영국계 국제학교 등에 다니는 중고등학생들은 이미 영어 말하기는 거의 native speaker 수준이었고 SAT 점수도 2,400점 만점에 2,200점 이상을 받는 영어 실력이 아주 우수한 학생들이었다.

그러나 문제는 Essay Writing이었다. 좋은 대학을 가기 위해서는 SAT, TOEFL 점수도 중요하지만 학교에서 받는 내신성적이 절대적이기 때문에 이 내신성적 향상을 위해서는 Essay Writing을 필수적으로 잘해야 한다. 그런데 우리 학원에 등록한 대부분의 학생들은 Essay Writing에 대해서는 학교에서 배운 적도 거의 없고 Essay Writing의 구성 형식 또한 전혀 알지 못했다. 미국에 처음 공부하러 갔을 때의 내 모습을 보는 듯했다. 미국에서 대학생활을 웬만큼 하면 영어 말하기는 거의 해결되지만 특히 인문사회 계열에서 공부를 한다고 하면 가장 큰 문제가 writing이다. Writing을 어떻게 효과적으로 해서 paper를 작성하느냐에 대해 고민 안 해본 유학생들이 거의 없을 정도로 Writing은 제대로 연습하지 않고는 결코 잘할 수 없는 영역이기 때문이다. 그냥 무작정 일기식으로 죽어라고 쓴다고 해서 느는 것이 아니다. Writing에도 형식이 있다. 그 형식에 맞춰 자신의 생각을 발전시키면서 써야 한다. 그리고 고쳐야 한다.

우리나라에서도 마찬가지다. 영어 전문가의 한 사람으로서 주변에서 영어를 잘하는 사람을 보면 다들 말하기 영어는 달인 수준이지만, 한 가지 주제를 주고 그것에 대해 써보라고 하면 쉽게 써나가는 사람을 거의 만나본 적이 없을 정도로 우리나라 Essay Writing 분야는 전문가도 교재도 없는 게 현실이다. 그래서 맘 독하게 먹고 Essay Writing 입문서를 한번 집필해 보기로 했다. 그리고 생각해 보았다. 영어 초보자들이 에세이 같은 글을 잘 쓰기 위해서는 어떤 방식으로 하면 쉽게 접근할 수 있고 시간도 단축시킬 수 있을까?

십여 년간의 나의 경험으로 봤을 때 Essay Writing 역시 '패턴(pattern)'으로 접근하면 좀 더 쉽게 써나갈 수 있다는 결론이 나왔다. 특히 영어 문장을 만드는 연습이 제대로 되어 있지 않은 우리나라 사람들에게는 writing이건 speaking이건 패턴만한 접근법이 없다고 확신한다.

나는 이 〈영어 쓰기 패턴 사전〉이 여러분의 writing, 특히 Essay Writing에서 큰 도움이 되리라고 확신한다. 책을 학습하다 보면 때로는 어려운 패턴도 등장하고 긴 문장도 나오고 어려운 단어들도 무수히 많이 나오리라 생각한다. 그래도 절대 포기하지 말고 하루 하루 공부하고 외우고 써먹다 보면 반드시 writing의 절대지존이 될 날이 올 것이라고 확신한다.

백선영

CONTENTS

Part II Body Patterns 글쓰기 전개 패턴 354

Part III Conclusion Patterns 글쓰기 마무리 패턴 86

Part IV 영어 쓰기 패턴 활용

HOW TO MASTER WRITING PATTERNS

1 상황별 패턴 File

Introduction, Body, Conclusion의 글의 구성 단계를
기본으로 하여 상황별로 가장 자주 사용되는 패턴들을 알아본다.

File 184 ● **결론의 또 다른 가능성을 제시할 때**

---

474 **Or, if you prefer,** 혹은, 여러분이 선호한다면,

닫히고 막힌 결론을 제시하는 것이 아니라 다른 의견을 인정할 수도 있다는 걸 보여 주는 패턴입니다.

Or, if you prefer, we can think about it from the government's viewpoint.
혹은, 여러분이 선호한다면, 우리는 정부의 관점에서 그것에 대해 생각할 수 있다.

 f you prefer, the problem can be approached from another angle.
혹은, 여러분이 선호한다면, 그 문제는 또 다른 각도에서 접근되어질 수 있다.

f you prefer, the issue can be thought of as a question of ethics.
혹은, 여러분이 선호한다면, 그 문제는 윤리에 관한 문제로 생각될 수 있다.

● Test ○
❶ 혹은, 여러분이 선호한다면, 그 논쟁은 여기서 끝낼 수 있다. (end)

❷ 혹은, 여러분이 선호한다면, 우리는 내부로부터의 상황을 감시의 상황을 감(min)

---

2 활용 Example

패턴이 사용된 기본 용례를 통해 이 패턴을 활용하여
어떻게 글을 쓸 수 있는지 알아본다.

3 간단 적용 Test

학습한 패턴을 활용해 실제로 글쓰기에 적용할 수 있는지를
간단히 테스트하면서 적응 훈련을 한다.

BASICS OF WRITING

글의 구성 (Organization of the Writing)

영어 Essay Writing은 기본적인 speaking(회화)과 달리 글의 구성이 다음 세 가지 형식으로 이루어진다.

- Introduction(서론)
- Body(본론)
- Conclusion(결론)

이렇게 구성되어진다는 것은 이미 잘 알고 있을 텐데 문제는 막상 주제를 주고 글을 써보라고 하면 서론은 어떻게 써야 할지 본론은 어떻게 발전시켜나가야 할지 그리고 결론은 어떤 식으로 마무리를 지어야 할지에 대해 잘 모르는 게 현실이다.

이때 바로 패턴의 역할이 필요해진다. 단어는 이미 잘 알고 있고 몰라도 사전을 찾아가면서 파악할 수 있으나 특히 문장 만드는 훈련이 되어 있지 않은 우리나라 사람들에게는 서론, 본론, 결론 문장을 스스로 만들어 쓴다는 것은 거의 하늘의 별따기라고 볼 수 있다.

이 책을 통해 글의 구성 단계별 패턴을 확실히 익혀 실제 글쓰기에서 적재적소에 활용할 수 있도록 하자.

글쓰기의 단계 (Writing Process)

Essay Writing을 할 때 꼭 따라야 하는 writing process를 소개하고 넘어가겠다. Writing은 다음 4단계의 구성방식으로 글을 써야 한다.

1. Prewriting
글을 쓰기 전에 미리 대략적으로 글을 구성해보는 단계로, 다음 사항들을 고려해 보아야 한다.

- Why are you writing? (purpose - 글의 목적)
- What will you write about? (subject - 글의 주제)
- What will you say? (content - 내용)
- Who will read it? (audience - 예상 독자)

2. Drafting

Prewriting에서 세운 계획들을 토대로 본격적으로 글을 써보는 단계이다. 이 단계에서 여러분의 생각을 sentences(문장)와 paragraphs(문단)에 잘 담아 낼 수 있어야 한다.

3. Revising

Drafting 단계에서 쓴 글을 한번 읽어 보는 단계이다. 여러분이 쓴 글을 찬찬히 읽어봄으로써 더 나은 문장으로 교체할 수도 있고 더 나은 생각을 첨가할 수도 있다. 단, 이 단계에서는 다음의 사항들을 정확히 체크해야 한다.

📖 Content 내용

• Does my writing have a main idea? 요지가 들어가 있는가?

• Do I need to add any details? 세부 사항들을 더 넣어야 하는가?

• Do I need to take out details that aren't important?
  중요하지 않은 세부 사항들을 빼야 하는가?

• Does my writing have a introduction, body, and conclusion?
  서론, 본론, 결론이 잘 나뉘어져 있는가?

📖 Structure 문장 구조

• Are my ideas clear? 내 생각들이 명확한가?

• Are my sentences clearly written? 문장들이 명확하게 쓰여져 있는가?

4. Proofreading

철자, 대문자, 구두점 등이 바르게 되어 있는지를 마지막으로 점검하는 단계이다. 다음의 사항들을 꼼꼼히 체크하자.

• 주어, 동사의 시제나 호응이 제대로 되어 있는지

• 구두점은 제대로 표기했는지

• 단어나 문장에서 틀린 철자는 없는지

• 대문자는 제대로 썼는지

Part I

Introduction
Patterns

글쓰기 시작 패턴 106

글의 목적을 제시할 때

1 The aim of this essay is to ... 이 에세이의 목적은 …하기 위함이다

에세이의 서론 부분에 글을 쓰게 된 목적을 제시할 때 사용하기 딱 좋은 패턴입니다.

The aim of this essay is to explain how to drive a car.
이 에세이의 목적은 운전하는 법을 설명하기 위함이다.

The aim of this essay is to show why I deserve this award.
이 에세이의 목적은 내가 왜 이 상을 받을 만한지를 보여 주기 위함이다.

The aim of this essay is to instruct the reader in how to launch a political **campaign.** 이 에세이의 목적은 독자들에게 정치 캠페인을 어떻게 시작하는지를 알려주기 위함이다.

◎ Test ◎

❶ 이 에세이의 목적은 박쥐들이 포유류라는 것을 증명하기 위함이다. (bat, mammal, prove)

❷ 이 에세이의 목적은 건축의 역사를 비추기 위함이다. (architecture, illuminate)

2 The purpose of ... is to ~ …의 목적은 ~하기 위함이다

purpose는 aim과 마찬가지로 '목적'을 나타내는 말로, 에세이 외의 글에서 글의 목적을 제시할 때 The purpose of ... 형태로 사용합니다.

The purpose of beekeeping **is to** collect honey.
양봉의 목적은 꿀을 모으기 위함이다.

The purpose of this argument **is to** prove that radium is dangerous.
이 논쟁의 목적은 라듐이 위험하다는 것을 증명하기 위함이다.

The purpose of my speech **is to** inform people about refugees.
내 연설의 목적은 사람들에게 망명자들에 대해 알리기 위함이다.

◎ Test ◎

❶ 이 보고서의 목적은 그 문제를 상세하게 묘사하기 위함이다. (describe, in detail)

❷ 대학의 목적은 활동적이고 견문이 넓은 시민을 양성하는 것이다. (active, informed, produce)

3 I intend to analyze ... 나는 …을 분석하려고 한다

에세이나 보고서에서 글의 목적을 보다 명확히 밝힐 때 사용하는 패턴입니다. analyze는 '…을 분석하다', intend to는 '…할 작정이다'라는 뜻이에요.

I intend to analyze the history of evolution.
나는 진화의 역사를 분석하려고 한다.

I intend to analyze the myth of Atlantis.
나는 아틀란티스의 신화를 분석하려고 한다.

I intend to analyze the influence of television on children.
나는 텔레비전이 아이들에게 끼치는 영향을 분석하려고 한다.

○ Test ○

❶ 나는 미국의 감옥 체계를 분석하려고 한다. (prison)

❷ 나는 말레이시아 공장들의 근로 여건을 분석하려고 한다. (Malaysian, factory, working conditions)

4 In this paper I will ... 이 보고서에서 나는 …할 것이다

글의 목적을 언급할 때뿐만 아니라 본론에서 다룰 내용에 대한 소개를 할 때도 사용할 수 있습니다.

In this paper I will explain the history of pi.
이 보고서에서 나는 파이의 역사를 설명할 것이다.

In this paper I will demonstrate how to build a bicycle.
이 보고서에서 나는 자전거 만드는 법을 보여 줄 것이다.

In this paper I will argue that the U.S. should annex Mexico.
이 보고서에서 나는 미국이 멕시코를 합병해야 한다는 것을 주장할 것이다.

○ Test ○

❶ 이 보고서에서 나는 베토벤의 생애와 작품을 논할 것이다. (Beethoven, work)

❷ 이 보고서에서 나는 히틀러의 군사 작전을 분석할 것이다. (Hitler, military, strategy)

3　I intend to analyze the U.S. prison system.
　　I intend to analyze working conditions in Malaysian factories.

4　In this paper I will discuss Beethoven's life and work.
　　In this paper I will analyze Hitler's military strategy.

글의 주제를 제시할 때

5 ## This paper will give an account of ... 이 보고서는 …에 대해 설명할 것이다

give an account of ...는 '…에 대해 설명하다'라는 뜻의 표현으로, 글의 주제를 제시할 때 사용하는 패턴입니다.

This paper will give an account of our experiment.
이 보고서는 우리의 실험에 대해 설명할 것이다.

This paper will give an account of Martin Luther King's teachings.
이 보고서는 마틴 루터 킹의 가르침에 대해 설명할 것이다.

This paper will give an account of my country's history.
이 보고서는 우리나라의 역사에 대해 설명할 것이다.

○ Test ○

❶ 이 보고서는 현 경제 상황에 대해 설명할 것이다. (current)

❷ 이 보고서는 아미시 사람들의 크리스마스 전통들에 대해 설명할 것이다. (Amish, tradition)

5   This paper will give an account of the current economic situation.
     This paper will give an account of Amish Christmas traditions.

6   This paper will focus on ...   이 보고서는 …을 중점적으로 다룰 것이다

서론의 가장 마지막 부분에 본론에서 중점적으로 다루게 될 내용에 대한 소개를 할 때 사용하는 패턴입니다.

This paper will focus on the extinction of the dinosaurs.
이 보고서는 공룡의 멸종을 중점적으로 다룰 것이다.

This paper will focus on multiple aspects of the problem.
이 보고서는 그 문제의 다양한 측면을 중점적으로 다룰 것이다.

This paper will focus on the causes of respiratory cancer.
이 보고서는 호흡기암의 원인들을 중점적으로 다룰 것이다.

○ Test ○
❶ 이 보고서는 소화 과정을 중점적으로 다룰 것이다. (digestion, process)

❷ 이 보고서는 가정 폭력에 대항하는 방법들을 중점적으로 다룰 것이다. (domestic violence, combat, way)

7   This paper will examine ...   이 보고서는 …을 고찰할 것이다

이 패턴 역시 서론 마지막에 본론에서 다룰 내용을 언급할 때 사용하면 좋습니다.

This paper will examine the role of mud in the formation of bird nests.
이 보고서는 새 둥지를 만드는 데 있어서의 진흙의 역할을 고찰할 것이다.

This paper will examine Nazi literature and its uses.
이 보고서는 나치 문학과 그것의 사용을 고찰할 것이다.

This paper will examine the cost of prescription drugs.
이 보고서는 처방약의 비용을 고찰할 것이다.

○ Test ○
❶ 이 보고서는 브라질의 역사를 고찰할 것이다.

❷ 이 보고서는 짐바브웨 원주민들 사이의 약품 사용을 고찰할 것이다. (Zimbabwe, native, drug)

---

6   This paper will focus on the process of digestion.
This paper will focus on ways to combat domestic violence.

7   This paper will examine the history of Brazil.
This paper will examine drug use among the native peoples of Zimbabwe.

8   **This essay will discuss ...**   이 에세이는 …에 대해 논할 것이다

일반적으로 특정 문제에 대한 여러 가지 해결책을 제시하는 글이나 주제의 다양한 면을 살펴보는
형식을 취하는 글의 서론에서 사용하기 적절한 패턴입니다.

This essay will discuss comic books written by fans.
이 에세이는 팬들에 의해 쓰여진 만화책에 대해 논할 것이다.

This essay will discuss Denmark's unemployment rate.
이 에세이는 덴마크의 실직률에 대해 논할 것이다.

This essay will discuss the visa requirements for children.
이 에세이는 어린이들의 비자 관련 요건에 대해 논할 것이다.

○ Test ○
❶ 이 에세이는 인쇄의 역사에 대해 논할 것이다. (printing)

❷ 이 에세이는 현 정치 제도의 장단점에 대해 논할 것이다. (political, pros and cons)

9   **This essay critically examines ...**   이 에세이는 …을 비판적으로 고찰한다

일반적인 통설과 다른 주장을 펼치려고 할 때 이 패턴을 사용해 그러한 방향성을 예고해 줄 수 있
습니다.

This essay critically examines the U.S. welfare system.
이 에세이는 미국의 복지 제도를 비판적으로 고찰한다.

This essay critically examines the role of calcium in the body.
이 에세이는 체내 칼슘의 역할을 비판적으로 고찰한다.

This essay critically examines the possibility of implementing the metric
system in the U.S. 이 에세이는 미국의 미터법 시행 가능성을 비판적으로 고찰한다.

○ Test ○
❶ 이 에세이는 우리 대학의 출석 정책을 비판적으로 고찰한다. (university, attendance policy)

❷ 이 에세이는 비디오 게임들의 신화를 비판적으로 고찰한다. (mythology)

Answer

8   This essay will discuss the history of printing.
This essay will discuss the pros and cons of the current political system.

9   This essay critically examines my university's attendance policies.
This essay critically examines the mythology of video games.

10   This paper begins by ...   이 보고서는 …으로써 시작한다

서론에서 본론을 예고하는 맥락에서 사용할 수 있는 패턴입니다. 또는 전체적으로 글을 다 읽고 감상문이나 서평을 쓸 때 사용하기도 해요.

This paper begins by discussing Tolstoy's early life.
이 보고서는 톨스토이의 어린 시절을 논함으로써 시작한다.

This paper begins by presenting the history of cancer research.
이 보고서는 암 연구의 역사를 제시함으로써 시작한다.

This paper begins by outlining the steps of the experiment.
이 보고서는 실험 단계들의 개요를 보여 줌으로써 시작한다.

○ Test ○

❶ 이 보고서는 유명한 화학자의 말을 인용함으로써 시작한다. (chemist, quote)

❷ 이 보고서는 "물리학"이라는 단어를 정의함으로써 시작한다. (physics, define)

11   The first section of this paper will examine ...
이 보고서의 첫 번째 섹션은 …을 고찰할 것이다

보고서나 단계적으로 주제에 접근하는 글의 경우, 본론에 앞서 그 구성부터 살피게 되면 본론에 대한 이해를 도울 수 있는데요. 이때 사용하면 좋은 패턴으로, 섹션별로 나눠 본론에 대한 예고를 해줄 수 있습니다.

The first section of this paper will examine cigarette use.
이 보고서의 첫 번째 섹션은 흡연을 고찰할 것이다.

The first section of this paper will examine the invention of the tractor.
이 보고서의 첫 번째 섹션은 트렉터의 발명을 고찰할 것이다.

The first section of this paper will examine the modeling industry.
이 보고서의 첫 번째 섹션은 모델 업계를 고찰할 것이다.

○ Test ○

❶ 이 보고서의 첫 번째 섹션은 액션 영화를 고찰할 것이다.

❷ 이 보고서의 첫 번째 섹션은 민주주의의 원칙들을 고찰할 것이다. (democracy, principle)

---

10   This paper begins by quoting a famous chemist.
This paper begins by defining the word "physics."

11   The first section of this paper will examine action movies.
The first section of this paper will examine the principles of democracy.

12 This paper seeks to address the following questions:

이 보고서는 다음과 같은 문제들을 다루고자 한다:

본론에 들어가기 전, 앞으로 다루게 될 내용의 핵심 제재나 문제의 방향을 압축적으로 언급할 때 사용하는 패턴입니다.

This paper seeks to address the following questions: who can become a police officer, what the training is like, and how much officers are paid.

이 보고서는 다음과 같은 문제들을 다루고자 한다: 누가 경찰관이 될 수 있는가, 훈련은 어떤가, 그리고 경찰관들은 봉급을 얼마나 받고 있는가.

This paper seeks to address the following questions: how honey is produced, how it is collected, and who or what is involved in each step.

이 보고서는 다음과 같은 문제들을 다루고자 한다: 꿀은 어떻게 생산되는가, 어떻게 채집되는가, 그리고 각 단계에서 누가, 혹은 무엇이 관여되어 있는가.

This paper seeks to address the following questions: how television works, how radio works, and how we can use this technology to solve world problems.

이 보고서는 다음과 같은 문제들을 다루고자 한다: 텔레비전은 어떻게 작동하는가, 라디오는 어떻게 작동하는가, 그리고 세계 문제들을 해결하기 위해 우리가 이 기술을 어떻게 사용할 수 있는가.

● Test ●

❶ 이 보고서는 다음과 같은 문제들을 다루고자 한다 : 식물들은 어떻게 산소를 사용하는가, 식물들은 어떻게 태양을 사용하는가, 그리고 식물들은 어떻게 흙을 사용하는가. (plant, oxygen, sunlight, soil)

❷ 이 보고서는 다음과 같은 문제들을 다루고자 한다: 어떻게 베수비어스 산에서 그렇게 많은 사람들이 죽었는가, 그리고 왜 아직도 사람들은 그 근처에 살고 있는가. (Mt. Vesuvius, kill, near)

13 The main questions addressed in this paper are:

이 보고서에서 다뤄지는 주요 문제들은 다음과 같은 것들이다:

본론에서 다룰 주요 문제들에 대해 간략히 소개할 때 사용하는 패턴입니다.

The main questions addressed in this paper are: why do we sleep?, how did life begin?, and what is the next plague?

이 보고서에서 다뤄지는 주요 문제들은 다음과 같은 것들이다: 우리는 왜 잠을 자는가?, 삶은 어떻게 시작되었나?, 그리고 다음 전염병은 무엇인가?

Answer

12 This paper seeks to address the following questions: how plants use oxygen, how plants use sunlight, and how plants use the soil.
This paper seeks to address the following questions: how did Mt. Vesuvius kill so many people?, and why do people still live near it?

13 The main questions addressed in this paper are: what is the most important problem in math today?, who is working on that problem?, and why is it crucial that we solve it?

The main questions addressed in this paper are: what is gravity?, how does the brain work?, and do ghosts exist?
이 보고서에서 다뤄지는 주요 문제들은 다음과 같은 것들이다: 중력은 무엇인가?, 뇌는 어떻게 작동하는가?, 그리고 유령은 존재하는가?

The main questions addressed in this paper are: is there life on other planets?, how many people have seen UFOs?, and what are UFOs?
이 보고서에서 다뤄지는 주요 문제들은 다음과 같은 것들이다: 다른 행성에도 생명체가 있는가?, 얼마나 많은 사람들이 UFO를 보았는가?, 그리고 UFO는 무엇인가?

○ Test ○

❶ 이 보고서에서 다뤄지는 주요 문제들은 다음과 같은 것들이다: 오늘날 수학에서 가장 중요한 문제는 무엇인가?, 누가 그 문제를 연구하고 있는가?, 그리고 우리가 그것을 해결하는 것이 왜 중요한가? (math, work on, solve, crucial)

```
                                                                    
```

❷ 이 보고서에서 다뤄지는 주요 문제들은 다음과 같은 것들이다 : 세계의 주요 종교들은 무엇인가?, 이들 종교는 어떻게 다른가?, 그리고 그들은 어떤 점이 같은가? (major, religion, differ, how, the same)

```
                                                                    
```

14 This essay will deal with the following aspects of the question:

이 에세이는 다음과 같은 문제 사항들을 다룰 것이다:

에세이에서 무엇을 다루게 될지에 대해 좀 더 격식있게 소개하고 싶을 때 사용하면 좋은 패턴으로, 에세이가 아닌 일반 글에서는 essay를 빼고 This will deal with ...로 표현할 수 있습니다.

This essay will deal with the following aspects of the question: why it happened, and where. 이 에세이는 다음과 같은 문제 사항들을 다룰 것이다: 왜, 그리고 어디서 그것이 일어났는가.

This essay will deal with the following aspects of the question: how Marie Curie discovered radium, and how she publicized her findings.
이 에세이는 다음과 같은 문제 사항들을 다룰 것이다: 마리 퀴리는 어떻게 라듐을 발견했는가, 그리고 그녀는 어떻게 그녀의 발견을 세상에 퍼뜨렸는가.

This essay will deal with the following aspects of the question: the size of the sample, and the method used to survey the participants.
이 에세이는 다음과 같은 문제 사항들을 다룰 것이다: 샘플의 크기와, 참가자들을 조사하는 데 사용되는 방법.

○ Test ○

❶ 이 에세이는 다음과 같은 문제 사항들을 다룰 것이다: 빛, 파장, 그리고 반향. (wavelength, reflection)

```
                                                                    
```

❷ 이 에세이는 다음과 같은 문제 사항들을 다룰 것이다: 런던에서의 찰스 디킨스의 어린 시절, 그의 결혼, 그리고 그의 우정. (Charles Dickens, early life)

```
                                                                    
```

The main questions addressed in this paper are: what are the major world religions?, how do these religions differ?, and how are they the same?

14 This essay will deal with the following aspects of the question: light, wavelength, and reflection.
This essay will deal with the following aspects of the question: Charles Dickens' early life in London, his marriage, and his friendships.

15 ... is commonly defined as ~ ···은 보통 ~으로 정의된다

글의 서론에서 특히 많이 사용하는 패턴으로, 어떤 것에 대한 일반적인 정의를 설명할 때 아주 유용합니다. 만약 주어가 복수일 경우엔 is 대신 are가 된다는 점에 유의하세요.

A shooting star is commonly defined as a meteor.
별똥별은 보통 유성으로 정의된다.

Yogurt is commonly defined as a healthy food.
요구르트는 보통 건강 음식으로 정의된다.

Happiness is commonly defined as a desirable state of mind.
행복은 보통 바람직한 마음의 상태로 정의된다.

○ Test ○
❶ 토마토는 보통 채소로 정의된다.

❷ 코카서스인들은 보통 백인으로 정의된다. (Caucasian)

16 The quality of ... is ~ ···의 (자)질은 ~이다

사람이나 사물의 (자)질, 성질, 특성 등 어떤 대상의 질적인 부분에 대해 한마디로 정의할 때 사용하는 패턴입니다.

The quality of the product is related to its price.
그 상품의 질은 그것의 가격과 연관되어 있다.

The quality of Ben's that I most admire is his patience.
벤의 자질 중 내가 가장 존경하는 것은 그의 인내심이다.

The quality of the element that is most surprising is its luminosity.
그 성분의 가장 놀라운 특질은 그것의 광채이다.

○ Test ○
❶ 이 방의 조명 수준은 장관이다. (spectacular)

❷ 연구의 질은 학식 있는 과학자 누구에게나 명백하다. (learned, apparent)

Answer

15 A tomato is commonly defined as a vegetable.
Caucasians are commonly defined as "white."

16 The quality of light in this room is spectacular.
The quality of the study is apparent to any learned scientist.

17 In this paper I argue that ... 이 보고서에서 나는 …라고 주장한다

보고서에서 자신이 주장하고자 바를 요약적으로 언급할 때 사용하는 패턴입니다. 특히 서론 전반부에서 현존하는 찬반 주장 등을 내보이며 독자의 관심을 끌었을 경우, 서론을 마무리하는 동시에 자신의 입장을 밝히는 효과를 거둘 수 있죠.

In this paper I argue that all schools in the U.S. be bilingual.
이 보고서에서 나는 미국의 모든 학교들은 2개 국어를 사용해야 한다고 주장한다.

In this paper I argue that global warming is a serious problem.
이 보고서에서 나는 지구 온난화가 심각한 문제라고 주장한다.

In this paper I argue that the moon was formed when a comet crashed into earth.
이 보고서에서 나는 달은 혜성이 지구에 충돌했을 때 형성됐다고 주장한다.

○ Test ○

❶ 이 보고서에서 나는 정부가 신속히 행동해야 한다고 주장한다. (swiftly)

❷ 이 보고서에서 나는 경제가 오랫동안 회복되지 않을 것이라고 주장한다. (recover)

---

17 In this paper I argue that the government must act swiftly.
In this paper I argue that the economy will not recover for a long time.

18　We often hear that ...　우리는 종종 …라고 듣는다

주변에서 자주 듣게 되는 어떤 사실에 대해 언급할 때 사용하는 패턴입니다.

We often hear that dogs are the smartest pet.
우리는 종종 개가 가장 영리한 애완동물이라고 듣는다.

We often hear that Alzheimer's Disease cannot be treated.
우리는 종종 알츠하이머병은 치료될 수 없다고 듣는다.

We often hear that this problem is unsolvable.
우리는 종종 이 문제는 해결할 수 없다고 듣는다.

○ Test ○

❶ 우리는 종종 인류가 지구 온난화에 책임이 있다고 듣는다. (humans, global warming, be responsible for)

❷ 우리는 종종 중국어가 영어 원어민들이 배우기 가장 어려운 언어라고 듣는다. (native English speaker)

19　It is often said that ...　종종 …라고 말해진다

주변에서 흔히 말해지는 어떤 사실에 대해 언급할 때 사용하는 패턴입니다.

It is often said that the best advice comes from our elders.
종종 가장 좋은 조언은 우리의 웃어른들에게서 나온다고 말해진다.

It is often said that the economy is delicate.
종종 경제는 민감한 사항이라고 말해진다.

It is often said that playing computer games is a waste of time.
종종 컴퓨터 게임을 하는 것은 시간 낭비라고 말해진다.

○ Test ○

❶ 종종 개는 인간의 가장 좋은 친구라고 말해진다. (man)

❷ 종종 역사는 반복된다고 말해진다. (itself, repeat)

18　We often hear that humans are responsible for global warming.
　　We often hear that Chinese is the most difficult language for native English speakers to learn.

19　It is often said that a dog is a man's best friend.
　　It is often said that history repeats itself.

Answer

20 It is crucial to understand ... …을 이해하는 것은 중요하다

본론에 들어가기 전, 문제 상황의 핵심이나 의미상 혼란이 있는 것들의 정의를 명확히 짚어 줘야
할 경우가 있을 텐데요. 이에 앞서 일단 그것의 이해가 중요하다는 사실을 강조할 때 사용하는 패
턴입니다.

It is crucial to understand the meaning of "handicapped."
장애의 의미를 이해하는 것은 중요하다.

It is crucial to understand the judge's decision.
판사의 결정을 이해하는 것은 중요하다.

It is crucial to understand the causes of slavery.
노예제의 원인들을 이해하는 것은 중요하다.

○ Test ○

❶ 전쟁을 어떻게 피하는지 이해하는 것은 중요하다. (avoid)

❷ 물리학의 법칙들을 이해하는 것은 중요하다. (physics, law)

20 It is crucial to understand how to avoid war.
It is crucial to understand the laws of physics.

일반적인 사실이나 상황에 대해 언급할 때

21   Normally,   대개

어떤 것에 대한 일반적인 사실을 언급할 때 사용하기 적절한 패턴입니다.

Normally, it is I who answer the door.
대개 초인종에 대답하는 것은 나다.

Normally, it is difficult to teach a child to read.
대개 아이에게 읽는 것을 가르치는 것은 어렵다.

Normally, it is easy to determine a criminal's motivation.
대개 범죄자의 동기를 판단하는 것은 쉽다.

○ Test ○

❶ 대개 이 문제를 이해하는 것은 쉽다. (issue)

❷ 대개 모든 문제에 대한 합의점을 찾는 것은 불가능하다. (issue, agreement)

22   Naturally,   본래/ 자연히

글을 쓸 때뿐만 아니라 말을 할 때도 많이 쓰게 되는 단골 패턴으로, 미국 사람들은 입에 달고 다닐 정도로 자주 사용한답니다.

Naturally, the lion ate the zebra.
본래 사자는 얼룩말을 잡아먹는다.

Naturally, he was able to solve the puzzle.
본래 그는 그 퍼즐을 풀 수 있었다.

Naturally, the control group responded favorably to the prompt.
자연히 그 대조군은 자극에 긍정적으로 반응했다.

○ Test ○

❶ 자연히 아빠는 생선구이를 주문했다. (baked fish, order)

❷ 본래 과학자들은 그 처방이 얼마나 효과적일지에 대해서 동의하지 않는다. (treatment, effective, disagree)

21   Normally, it is easy to understand this issue.
Normally, it is impossible to find agreement on every issue.

22   Naturally, my father ordered the baked fish.
Naturally, the scientists disagree about how effective the treatment will be.

23   It is a well-known fact that ...   …라는 것은 널리 알려진 사실이다

'잘 알려진'이란 뜻의 well-known을 이용한 패턴입니다.

It is a well-known fact that Mercury is closest to the sun.
수성이 태양에 가장 가깝다는 것은 널리 알려진 사실이다.

It is a well-known fact that the sun will die someday.
태양이 언젠가 죽는다는 것은 널리 알려진 사실이다.

It is a well-known fact that humans are social creatures.
인간이 사회적 동물이라는 것은 널리 알려진 사실이다.

◦ Test ◦
❶ 남자가 아름다운 여자를 좋아한다는 것은 널리 알려진 사실이다.

❷ 염소가 쓰레기를 먹는다는 것은 널리 알려진 사실이다. (goat, garbage)

24   We live in a world in which ...   우리는 … 세상에 살고 있다

일반 작문에서도 활용도가 높은 패턴으로, 글이 멋들어지게 보이는 효과가 있죠.

We live in a world in which guns speak more loudly than voices.
우리는 총이 목소리보다 더 많은 걸 얘기하는 세상에 살고 있다.

We live in a world in which singers make more money than teachers.
우리는 가수가 교사보다 돈을 더 많이 버는 세상에 살고 있다.

We live in a world in which 20 million people die of starvation each year.
우리는 매년 2천만 명의 사람들이 굶주림으로 죽어 나가는 세상에 살고 있다.

◦ Test ◦
❶ 우리는 모든 것이 연결된 세상에 살고 있다. (connect)

❷ 우리는 하루 만에 홍콩에서 시카고로 가는 것이 가능한 세상에 살고 있다. (in a day, possible)

---

23   It is a well-known fact that men like beautiful women.
      It is a well-known fact that goats eat garbage.

24   We live in a world in which everything is connected.
      We live in a world in which it is possible to go from Hong Kong to Chicago in a day.

25 The world offers us numerous examples of ...

세상에는 …의 예가 많다

일반적인 상황의 예를 들고자 할 때 사용하는 패턴입니다. '많은'이라고 하면 주로 a lot of나 lots of를 떠올리게 될 텐데, 여기서처럼 numerous를 쓰기도 합니다.

The world offers us numerous examples of bad political decisions.
세상에는 나쁜 정책 결정들의 예가 많다.

The world offers us numerous examples of good energy practices.
세상에는 훌륭한 에너지 이용 사례가 많다.

The world offers us numerous examples of sustainable farming.
세상에는 지속 가능한 농업의 예가 많다.

○ Test ○

❶ 세상에는 문화적 오해의 예가 많다. (misunderstanding)

❷ 세상에는 공중 보건 재앙들의 예가 많다. (public health, disaster)

문제의 주안점을 언급할 때

---

26 One of the most striking features of this problem is ...

이 문제의 주안점 중 하나는 …이다

앞서 문제를 제시한 후, 그 중에서 집중적으로 규명할 점으로 범위를 좁혀 나갈 때 사용하기 적절한 패턴입니다.

One of the most striking features of this problem is its complexity.
이 문제의 주안점 중 하나는 그것의 복잡성이다.

One of the most striking features of this problem is its apparent simplicity.
이 문제의 주안점 중 하나는 그것의 명백한 단순성이다.

One of the most striking features of this problem is its public interest.
이 문제의 주안점 중 하나는 그것의 공익이다.

○ Test ○

❶ 이 문제의 주안점 중 하나는 그것의 도덕적 측면이다. (aspect)

❷ 이 문제의 주안점 중 하나는 그것을 해결하는 데 필요한 인원수이다. (require, number)

Answer

25 The world offers us numerous examples of cultural misunderstanding.
The world offers us numerous examples of public health disasters.

26 One of the most striking features of this problem is its moral aspect.
One of the most striking features of this problem is the number of people required to solve it.

문제의 성격을 설명할 때

27 This issue is one that ...   이 문제는 …하는 것이다

다루고자 하는 문제의 성격에 대해 설명할 때 사용할 수 있는 패턴입니다.

This issue is one that we can agree on.
이 문제는 우리가 동의할 수 있는 것이다.

This issue is one that may be complicated.
이 문제는 복잡할지도 모르는 것이다.

This issue is one that everyone knows about.
이 문제는 모든 사람이 아는 것이다.

○ Test ○

❶ 이 문제는 우리가 주의 깊게 고찰해야만 하는 것이다.

❷ 이 문제는 연구되어질 필요가 있는 것이다. (study)

---

27 This issue is one that we must consider carefully.
This issue is one that needs to be studied.

일반적인 통념이나 통설을 언급할 때

28 It is common knowledge that ... …라는 것은 일반 상식이다

지극히 일반적인 통념 등을 상기시켜 줄 때 사용하면 좋은 패턴입니다.

It is common knowledge that golf is played by rich people.
부유한 사람들이 골프를 친다는 것은 일반 상식이다.

It is common knowledge that global warming is caused by carbon emissions.
지구 온난화가 탄소 방출에 의해 야기된다는 것은 일반 상식이다.

It is common knowledge that fast food is unhealthy.
패스트푸드가 건강에 좋지 않다는 것은 일반 상식이다.

◎ Test ◎

❶ 마룻바닥이 쉽게 손상된다는 것은 일반 상식이다. (wood floor, damage)

❷ 원숭이가 인간의 언어를 배울 수 있다는 것은 일반 상식이다.

29 It is generally agreed today that ...

오늘날 일반적으로 …으로 의견이 일치된다

글의 주제와 관련하여 사회 전체적인 면에서나 학설 면에서 일반적인 통설을 언급할 때 사용하는 패턴으로, 주제를 좀 더 풍부하게 다루는 것처럼 보일 수 있죠.

It is generally agreed today that obesity is a serious problem.
오늘날 일반적으로 비만은 심각한 문제인 것으로 의견이 일치된다.

It is generally agreed today that mankind has caused global warming.
오늘날 일반적으로 인류가 지구 온난화를 야기한 것으로 의견이 일치된다.

It is generally agreed today that the dinosaurs were killed by a comet.
오늘날 일반적으로 공룡은 혜성에 의해 멸종된 것으로 의견이 일치된다.

◎ Test ◎

❶ 오늘날 일반적으로 자본주의는 많은 결점을 가진 것으로 의견이 일치된다. (capitalism, flaw)

❷ 오늘날 일반적으로 너무 많은 햇볕은 피부암을 유발하는 것으로 의견이 일치된다. (skin cancer)

28 It is common knowledge that wood floors are easily damaged.
It is common knowledge that monkeys can learn human language.

29 It is generally agreed today that capitalism has many flaws.
It is generally agreed today that too much sun causes skin cancer.

30 For the great majority of people, 대다수의 사람들에게 있어

많은 사람들이 일반적으로 생각하는 통념에 대해 언급하고자 할 때 사용하는 패턴입니다.

For the great majority of people, money equals success.
대다수의 사람들에게 있어 돈은 곧 성공이다.

For the great majority of people, financial considerations are the most important. 대다수의 사람들에게 있어 재정 문제는 가장 중요하다.

For the great majority of people, suicide is a last resort.
대다수의 사람들에게 있어 자살은 마지막 안식처이다.

○ Test ○

❶ 대다수의 사람들에게 있어 의료 서비스는 비싸다. (health care)

❷ 대다수의 사람들에게 있어 요리는 하루 일과이다. (daily activity)

File 013 ●

자신의 주장에 힘을 싣고자 할 때

31 Scholars disagree on ... 학자들은 …에 대해 동의하지 않는다

주장을 뒷받침해 주는 내용으로 학자들의 연구 결과만큼 효과적인 것이 없는데요. 특히 반박하는 글에서 자신과 같은 의견을 가진 학자의 진술을 언급하고자 할 때 사용하면 좋습니다.

Scholars disagree on how the economy works.
학자들은 경제가 운영되는 방법에 대해 동의하지 않는다.

Scholars disagree on the uses of hydrogen.
학자들은 수소의 사용에 대해 동의하지 않는다.

Scholars disagree on the issue of civil rights.
학자들은 시민권 문제에 대해 동의하지 않는다.

○ Test ○

❶ 학자들은 지구 온난화의 영향에 대해 동의하지 않는다. (effect)

❷ 학자들은 목성의 무게에 대해 동의하지 않는다. (planet Jupiter)

---

30 For the great majority of people, health care is expensive.
For the great majority of people, cooking is a daily activity.

31 Scholars disagree on the effects of global warming.
Scholars disagree on the weight of the planet Jupiter.

32 In my decision-making, 결정을 내리는 데 있어서,

스스로 뭔가를 결정하기 위해 어떤 노력을 하고 있는지, 또는 어떤 점을 고려했는지 등에 대해 언급할 때 사용하기 적절한 패턴입니다.

In my decision-making, I try to consider all of the relevant facts.
결정을 내리는 데 있어서, 나는 모든 관련 사실들을 고려하려 애쓰고 있다.

In my decision-making, I try to be as fair as possible.
결정을 내리는 데 있어서, 나는 가능한 한 공정하려고 애쓰고 있다.

In my decision-making, I've found it helpful to write about my choices in a notebook. 결정을 내리는 데 있어서, 나는 노트에 내 결정들에 대해 쓰는 게 도움이 된다는 것을 알았다.

○ Test ○

❶ 결정을 내리는 데 있어서, 나는 모든 것을 고려하려고 노력하고 있다. (take ... into account, strive to)

❷ 결정을 내리는 데 있어서, 나는 시장의 필요성을 평가하려고 애쓰고 있다. (evaluate)

33 Any important decision is ... 어떤 중요한 결정이든 …이다

중요한 결정에 대한 정의나 의미를 강하게 어필하고 들어갈 때 사용하는 패턴으로, '모든 중요한 결정은 …이다'라고도 해석합니다.

Any important decision is difficult to make.
어떤 중요한 결정이든 하기 힘들다.

Any important decision is something to be proud of.
어떤 중요한 결정이든 자랑스러운 것이다.

Any important decision is bound to take a long time.
어떤 중요한 결정이든 오래 걸리기 마련이다.

○ Test ○

❶ 어떤 중요한 결정이든 위험을 동반한다. (risk, be accompanied by)

❷ 어떤 중요한 결정이든 당신의 인생에 심각한 영향을 미칠 것이다. (have repercussions on, be going to)

34 They seem to believe that ... 그들은 …라고 믿는 것처럼 보인다

불확실한 어떤 사실을 언급할 때 적당한 패턴으로, seem에 추측의 의미가 담겨 있죠.

They seem to believe that controlling the economy is impossible.
그들은 경제를 통제하는 것이 불가능하다고 믿는 것처럼 보인다.

They seem to believe that cats can speak.
그들은 고양이가 말을 할 수 있다고 믿는 것처럼 보인다.

They seem to believe that Halloween is just for kids.
그들은 할로윈이 단지 아이들을 위한 것이라고 믿는 것처럼 보인다.

◎ Test ◎
❶ 그들은 작문이 쉽다고 믿는 것처럼 보인다.

❷ 그들은 모두가 건강 보험을 받을 만하다고 믿는 것처럼 보인다. (health insurance, deserve)

35 They may ... 그들은 …할지도 모른다

어떤 사실에 대해 불확실한 가능성을 언급할 땐 may를 활용하세요.

They may not come to the party.
그들은 파티에 오지 않을지도 모른다.

They may lie about their results.
그들은 결과에 대해 거짓말을 할지도 모른다.

They may have to study the issue further.
그들은 그 문제를 더 연구해야 할런지도 모른다.

◎ Test ◎
❶ 그들은 신을 믿지 못할지도 모른다.

❷ 그들은 상을 탈지도 모른다. (award, win)

34 They seem to believe that writing is easy.
They seem to believe that everyone deserves health insurance.

35 They may not believe in God.
They may win the award.

36   Almost everyone ...   거의 모든 사람들이 …

완곡한 주장의 글에서 사용하기 적절한 패턴입니다. '거의'란 뜻의 almost를 빼고 그냥 everyone 이라고 하게 되면 너무 단정적인 표현이 되어 독자로 하여금 거부감을 느끼게 할 수도 있어요.

Almost everyone likes the way he approaches.
거의 모든 사람이 그의 접근 방식을 좋아한다.

Almost everyone wants to learn something new.
거의 모든 사람들이 새로운 것을 배우고 싶어 한다.

Almost everyone believes that we can overcome this crisis.
거의 모든 사람들이 우리가 이번 위기를 극복할 수 있다고 믿는다.

○ Test ○

❶ 거의 모든 사람들이 핸드폰을 사용한다.

❷ 거의 모든 사람들이 민주주의가 잘 돌아가고 있다고 믿는다. (work)

37   There are some people who ...   …하는 몇몇 사람들이 있다

'몇몇의'라는 뜻의 some을 이용하게 되면 자신의 의견이 너무 강하게 내비쳐지지 않게 하면서 문제 제기나 주장을 해나갈 수 있습니다.

There are some people who ignore the political issues.
정치적 문제들을 무시하는 몇몇 사람들이 있다.

There are some people who still believe the earth is flat.
지구는 평평하다고 여전히 믿고 있는 몇몇 사람들이 있다.

There are some people who believe the earth is only two thousand years old.
지구의 나이가 고작 2000년이라고 믿는 몇몇 사람들이 있다.

○ Test ○

❶ 공공 도서관 시스템이 중단되어야 한다고 믿는 몇몇 사람들이 있다. (discontinue, should)

❷ 귀신의 존재를 반박하는 몇몇 사람들이 있다. (refute)

---

36   Almost everyone uses a cellular phone.
      Almost everyone believes that democracy works.

37   There are some people who believe the public library system should be discontinued.
      There are some people who refute the existence of ghosts.

38   Some people ...   어떤 사람들은 …

역시 some을 이용한 패턴으로, 일부 사람들의 의견이나 생각, 주장 등을 언급함으로써 자신의 주장을 완곡히 내세울 수 있죠.

Some people find it difficult to understand the economic crisis.
어떤 사람들은 경제 위기를 이해하는 것이 어려운 일이라고 생각한다.

Some people think the chicken came before the egg.
어떤 사람들은 닭이 달걀보다 먼저라고 생각한다.

Some people argue that the U.S. moon landing was staged.
어떤 사람들은 미국의 달 착륙이 조작된 것이라고 주장한다.

○ Test ○

❶ 어떤 사람들은 신이 여자라고 믿는다.

❷ 어떤 사람들은 FIFA 월드컵을 우리나라가 성취할 수 있는 가장 중요한 것으로 여긴다. (achieve)

39   It is undeniable that ...   …라는 것은 부인할 수 없다

다른 이의 의견을 반박하면서 자신의 주장을 완곡하게 제시하고자 할 때 사용하는 패턴입니다.

It is undeniable that the world needs good doctors.
세상이 훌륭한 의사를 필요로 한다는 것은 부인할 수 없다.

It is undeniable that poverty produces crime.
가난이 범죄를 낳는다는 것은 부인할 수 없다.

It is undeniable that disease is a threat.
질병이 위협의 대상이라는 것은 부인할 수 없다.

○ Test ○

❶ 교사들이 가치 있다는 것은 부인할 수 없다. (valuable)

❷ 광대들이 웃기다는 것은 부인할 수 없다. (clown, funny)

---

38   Some people believe that God is a woman.
      Some people regard the FIFA World Cup as the most important thing our country can achieve.

39   It is undeniable that teachers are valuable.
      It is undeniable that clowns are funny.

40   It seems to me that ...   내겐 …으로 보인다

자신의 주장이나 의견을 조심스럽게 개진할 때 유용한 패턴입니다.

It seems to me that smoking is bad.
내겐 흡연이 나쁜 것으로 보인다.

It seems to me that there are many possible solutions.
내겐 많은 가능성 있는 해결책들이 있는 것으로 보인다.

It seems to me that typing should be taught in preschool.
내겐 타이핑은 유치원에서 가르쳐져야 하는 것으로 보인다.

◎ Test ◎

❶ 내겐 부모들이 아이들을 체벌해서는 안 되는 것으로 보인다. (spank)

❷ 내겐 시험이 너무 많은 것으로 보인다. (there are)

문제 접근의 방향성을 제시할 때

41   In approaching the issue,   그 문제에 접근하는 데 있어서,

일반적으로 서론에서 문제 접근의 방향에 대해 제시하는 경우가 많은데 그럴 때 사용하면 딱 좋은 패턴입니다. 글쓴이가 독자에게 자신이 조작적으로 정의한 문제에 대해 안내하는 셈이죠.

In approaching the issue, we must consider every angle.
그 문제에 접근하는 데 있어서, 우리는 모든 면을 고려해야 한다.

In approaching the issue, you should be careful not to make hasty judgments.
그 문제에 접근하는 데 있어서, 성급한 판단을 내리지 않도록 조심해야 한다.

In approaching the issue, we would do well to begin with the question of race.
그 문제에 접근하는 데 있어서, 우리는 인종 문제로 시작하는 것이 좋을 것이다.

◎ Test ◎

❶ 그 문제에 접근하는 데 있어서, 우리는 우리의 단어들을 현명하게 선택해야 한다. (wisely, choose)

❷ 그 문제에 접근하는 데 있어서, 우리는 많은 노숙자들이 정신적으로 장애가 있다는 것을 명심해야 한다.
   (homeless people, mentally handicapped, remember)

---

40 It seems to me that parents should not spank their children.
It seems to me that there are too many exams.

41 In approaching the issue, we must choose our words wisely.
In approaching the issue, we must remember that many homeless people are mentally handicapped.

42 Everyone has to ... 모두가 …해야 한다

강한 주장을 할 때 활용도가 높은 알짜 패턴입니다. everyone이 단수니까 have to가 아니라 has to로 써야 한다는 점에 주의하세요. 쉬울수록 실수하기도 쉬운 법이니까요.

Everyone has to brush their teeth.
모두가 이를 닦아야 한다.

Everyone has to take care of their family.
모두가 자신의 가족을 보살펴야 한다.

Everyone has to admit that pollution is dangerous.
모두가 오염이 위험하다는 것을 인정해야 한다.

○ Test ○
❶ 모두가 자기 나라의 기본법을 이해해야 한다. (basic)

❷ 모두가 지구 온난화에 대해 알아야 한다.

43 We must contemplate ... 우리는 …을 깊이 생각해야 한다

contemplate은 '~을 깊이 생각하다'의 뜻으로 어떤 것에 대한 심사숙고를 언급할 때 적절한 동사입니다. must는 have to와 마찬가지로 '…해야 한다'의 뜻이지만 have to보다 어감이 더 센 표현이에요.

We must contemplate the consequences of our actions.
우리는 우리의 행동에 대한 결과를 깊이 생각해야 한다.

We must contemplate the meaning of these findings.
우리는 이들 연구 결과의 의미를 깊이 생각해야 한다.

We must contemplate the ethics of his decision.
우리는 그의 결정의 윤리성을 깊이 생각해야 한다.

○ Test ○
❶ 우리는 우리의 연구 방법들을 깊이 생각해야 한다. (research)

❷ 우리는 가능한 결과들을 깊이 생각해야 한다. (consequence)

---

42 Everyone has to understand the basic laws of their country.
Everyone has to know about global warming.

43 We must contemplate our research methods.
We must contemplate the possible consequences.

어떤 사실이나 문제를 상기시킬 때

44   If we think about ..., …에 대해 생각해 본다면,

어떤 것에 대해 상기시키거나 미처 생각지 못할 문제들을 던져 줄 때 안성맞춤인 패턴입니다.

If we think about the meaning of life, we quickly become confused.
삶의 의미에 대해 생각해 본다면, 우리는 금방 혼란스러워진다.

If we think about the way that children learn, the strange-looking toy makes sense. 아이들이 배우는 방식에 대해 생각해 본다면, 이상하게 보이는 장난감도 의미가 있다.

If we think about the issue, we will find an answer.
그 문제에 대해 생각해 본다면, 우리는 답을 찾게 될 것이다.

○ Test ○

❶ 세포의 구조에 대해 생각해 본다면, 약의 역할은 분명하다. (cell, structure, medicine, function)

❷ 도시의 구획에 대해 생각해 본다면, 우리는 잠재적인 버스 경로를 시각화할 수 있다.
　(layout, potential, route, visualize)

45   If you stop to consider ..., 멈추어 …을 생각해 본다면,

돌아보면 금방 알 수 있는 문제 상황이나 일반적으로 쉽게 간과할 수 있는 문제를 제시하고자 할 때 사용하는 패턴입니다.

If you stop to consider the ant, you will see that it is a very complex creature.
멈추어 개미를 생각해 본다면, 여러분은 그것이 매우 복잡한 생물임을 알게 될 것이다.

If you stop to consider the social function of church, you won't be quick to condemn it. 멈추어 교회의 사회적 기능을 생각해 본다면, 여러분은 그것을 성급하게 비난하지 않을 것이다.

If you stop to consider the benefits of vitamins, you will realize how necessary they are. 멈추어 비타민의 이점을 생각해 본다면, 여러분은 그것들이 얼마나 필요한지 깨달을 것이다.

○ Test ○

❶ 멈추어 환경적 영향을 생각해 본다면, 여러분은 놀랄 것이다. (impact, surprise)

❷ 멈추어 대안을 생각해 본다면, 여러분은 아마 학교로 돌아가는 것으로 결정할 것이다. (alternative, might, go back to)

44 If we think about the structure of cells, the function of the medicine is clear.
　　 If we think about the layout of the city, we can visualize potential bus routes.

45 If you stop to consider the environmental impact, you will be surprised.
　　 If you stop to consider the alternatives, you might decide to go back to school.

46 As you probably know, 여러분도 알겠지만,

새로운 사실은 아니지만 한 번쯤 상기시켜 주고 싶은 어떤 사실을 언급하고자 할 때 사용하는 패턴입니다. probably는 '아마(도)'란 뜻의 부사인데요. 여기선 굳이 해석하지 않고 As you probably know를 덩어리로 해서 '여러분도 알겠지만' 정도로 표현합니다.

As you probably know, red has the longest wavelength.
여러분도 알겠지만, 빨간색이 가장 긴 파장을 가지고 있다.

As you probably know, Newton discovered the law of gravity.
여러분도 알겠지만, 뉴턴이 중력의 법칙을 발견했다.

As you probably know, there is much research left to be done.
여러분도 알겠지만, 아직 남은 연구들이 많다.

○ Test ○

❶ 여러분도 알겠지만, 이탈리아인들은 그들의 요리로 유명하다. (be famous for)

❷ 여러분도 알겠지만, 다이아몬드는 아주 단단하다. (hard)

47 As you may have noticed, 여러분이 알아차렸을지도 모르겠지만,

굳이 언급하지 않아도 이미 통설적으로 알려져 있거나 해서 알 법한 사실 등을 상기시키고자 할 때 사용하는 패턴입니다. 새로운 내용은 아니라 좀 민망함이 느껴질 때 활용하면 제격이죠. 내용이 풍부해지는 효과도 챙기면서요.

As you may have noticed, the earth is getting warmer.
여러분이 알아차렸을지도 모르겠지만, 지구는 점점 따뜻해지고 있다.

As you may have noticed, the elbow is a fragile joint.
여러분이 알아차렸을지도 모르겠지만, 팔꿈치는 부서지기(깨지기) 쉬운 관절이다.

As you may have noticed, political parties rarely agree.
여러분이 알아차렸을지도 모르겠지만, 정당들은 서로 합의하는 경우가 드물다.

○ Test ○

❶ 여러분이 알아차렸을지도 모르겠지만, 점점 더 적은 사람들이 신문을 구입하고 있다. (fewer)

❷ 여러분이 알아차렸을지도 모르겠지만, 좋은 교육을 받기란 쉽지 않다. (get)

46 As you probably know, Italians are famous for their cooking.
As you probably know, diamonds are very hard.

47 As you may have noticed, fewer people are buying newspapers.
As you may have noticed, it isn't easy to get a good education.

48 While ..., …하는 반면, / …하지만,

While은 자주 접했던 접속사 중 하나일 텐데요. 간과하기 쉬운 어떤 사실을 상기시켜 줄 때 사용할 수 있습니다.

While most men are honest, some are quick to deceive.
대부분의 남자들은 정직하지만, 어떤 남자들은 속이는 데 잽싸다.

While television is entertaining, it can limit a child's creativity.
텔레비전은 재미는 있지만, 아이의 창의력을 제한할 수 있다.

While the data in Figure 1 is important, we should pay more attention to Figure 2.
도해 1의 자료가 중요하지만, 우리는 도해 2에 좀 더 주의를 기울여야 한다.

○ Test ○
❶ 아이들이 중요하지만, 우리는 노인들을 잊어서는 안 된다. (elderly, forget about)

❷ 진실은 중요하지만, 가끔씩 거짓말을 하는 것이 최선일 때가 있다. (sometimes)

최근 핫 이슈를 언급할 때

49 One of the most significant current discussions in ... is ~
…에서 최근 진행 중인 가장 중요한 논의 중 하나는 ~이다

대부분 독자는 문제가 최근의 것일수록, 그리고 자신과 관련된 것일수록 관심을 보이기 마련이죠. 그래서 시사적인 글을 쓸 때 아주 유용한 패턴입니다.

One of the most significant current discussions in politics **is** health care reform. 정치계에서 최근 진행 중인 가장 중요한 논의 중 하나는 의료 서비스 개혁이다.

One of the most significant current discussions in medicine **is** the prevention of AIDS. 의학계에서 최근 진행 중인 가장 중요한 논의 중 하나는 에이즈 예방이다.

One of the most significant current discussions in science **is** the use of stem cells. 과학계에서 최근 진행 중인 가장 중요한 논의 중 하나는 줄기 세포의 사용이다.

○ Test ○
❶ 언론계에서 최근 진행 중인 가장 중요한 논의 중 하나는 신문을 어떻게 판매하느냐이다. (journalism)

❷ 생태학계에서 최근 진행 중인 가장 중요한 논의 중 하나는 작은 종들의 멸종에 대한 것이다. (ecology, extinction)

Answer

48 While children are important, we must not forget about the elderly.
While the truth is important, sometimes it is best to lie.

49 One of the most significant current discussions in journalism is how to sell newspapers.
One of the most significant current discussions in ecology is about the extinction of small species.

50 In some business cultures, 어떤 비즈니스 문화에서는

본론에서 본격적으로 다룰 주제와 관련된 예시에 해당되는 패턴입니다. business 대신 school, novel(귀족) 등을 넣어 활용해 보세요.

In some business cultures, it is impolite to shake hands.
어떤 비즈니스 문화에서는 악수하는 것이 실례이다.

In some business cultures, it is necessary to work sixty hours per week.
어떤 비즈니스 문화에서는 주당 60시간 일하는 것이 필수이다.

In some business cultures, it is appropriate to lie to make a good impression.
어떤 비즈니스 문화에서는 좋은 인상을 주기 위해 거짓말하는 것이 적절하다.

● Test ●
❶ 어떤 비즈니스 문화에서는 상사에게 반대하는 것이 실례이다. (disagree with, rude)

❷ 어떤 비즈니스 문화에서는 제시간에 오는 것이 중요하다. (on time)

51 In the past, 과거에는

본론에서 다룰 주제에 대한 변천사를 언급하고자 할 때 사용하면 좋은 패턴입니다. 예컨대 할리우드 흑인 스타의 전성기에 관한 글인 경우, 과거에 그들이 받았던 대우 등을 언급함으로써 서론을 풍부하게 만드는 동시에, 본론에서 본격적으로 다룰 그들의 전성기에 대한 내용을 더욱 부각시킬 수 있게 되죠.

In the past, people cooked over log fires.
과거에는 사람들이 장작불 위에 요리를 했다.

In the past, musicians were considered gods.
과거에는 음악가들이 신이라고 여겨졌다.

In the past, scientists believed radium cured disease.
과거에는 과학자들이 라듐이 질병을 치료한다고 믿었다.

● Test ●
❶ 과거에는 냉장고가 없었다. (refrigerator)

❷ 과거에는 여자가 다섯 이상의 아이를 가지는 것이 이상하지 않았다. (or more, unusual)

---

50 In some business cultures, it is rude to disagree with your boss.
In some business cultures, it is important to be on time.

51 In the past, there were no refrigerators.
In the past, it was not unusual for women to have five or more children.

52 At the outset,/ At the outset of ..., (…) 시작 단계에서는

주제와 관련해 그 근원에 대한 설명이나 역사적인 변천사를 언급할 때 사용하는 패턴으로, 주로 현재와 상황이 다른 경우에 씁니다. 예컨대 '프리미엄 진'과 관련된 글인 경우, 글의 서론부에 '처음에 청바지는 일꾼들의 옷이었다'와 같이 언급해 주는 거죠. 본론에서 다룰 주제가 부각되는 효과도 있습니다.

At the outset, this solution seemed workable.
시작 단계에서는 이 해결책이 실행 가능한 것처럼 보였다.

At the outset, I expressed my disapproval.
시작 단계에서는 내 불만을 표현했다.

At the outset of the experiment, the scientists were optimistic.
실험 시작 단계에서는 과학자들이 긍정적이었다.

◉ Test ◉

❶ 엘리자베스 여왕 통치 초기에는 많은 시민 봉기가 있었다. (Queen Elizabeth, reign, much, civil strife)

❷ 21세기 초에는 수상이 평화를 외쳤다. (prime minister, call for)

File 022 ● 독자의 관심을 끌 때

53 Once in a great while, 아주 가끔,

독자의 관심을 끌 만한 얘기를 시작하려고 할 때 자연스레 함께 쓸 수 있는 패턴입니다.

Once in a great while, a leader has a bold vision.
아주 가끔, 지도자는 대담한 통찰력을 가진다.

Once in a great while, lightning strikes the same place twice.
아주 가끔, 번개는 같은 장소를 두 번 친다.

Once in a great while, there is a devastating tsunami.
아주 가끔, 파괴적인 쓰나미가 몰아친다.

◉ Test ◉

❶ 아주 가끔, 우리 부모님은 휴가를 가셨다. (go on vacation)

❷ 아주 가끔, 개기 일식이 있었다. (solar eclipse)

52 At the outset of Queen Elizabeth's reign, there was much civil strife.
At the outset of the twenty-first century, the prime minister called for peace.

53 Once in a great while, my parents went on vacation.
Once in a great while, there was a solar eclipse.

주제를 직·간접적으로 제시할 때

54 I'm going to prove that ...   나는 …라는 것을 입증할 것이다

본론에서 다룰 핵심 내용이나 주장하는 바를 직접적으로 제시하는 패턴입니다. 보통 서론 초반부에 주제와 관련된 광범위한 내용을 다루다가 본론에서 본격적으로 다룰 주제로 얘기를 좁혀 나가면서 마지막에 이 패턴을 사용하게 되죠.

I'm going to prove that my opponents are wrong.
나는 상대편이 틀렸음을 입증할 것이다.

I'm going to prove that quality of sunlight affects people's moods.
나는 햇볕의 질이 사람의 기분에 영향을 미친다는 것을 입증할 것이다.

I'm going to prove that the problem has been exaggerated.
나는 그 문제가 과장되었다는 것을 입증할 것이다.

◎ Test ◎
❶ 나는 우울증이 화학적 불균형임을 입증할 것이다. (depression, imbalance)

❷ 나는 우리의 목적을 달성하기 위해 세금을 올리는 것이 필요하지 않다는 것을 입증할 것이다.
 (accomplish, raise, necessary)

55 I'd like to demonstrate ...   나는 …을 보여 주고 싶다

이 패턴 역시 주제를 직접적으로 언급할 때 사용하면 좋습니다. demonstrate는 '…을 보여 주다', '…을 증명하다'라는 뜻의 동사예요.

I'd like to demonstrate the physics of the wheel.
나는 바퀴의 물리학을 보여 주고 싶다.

I'd like to demonstrate how to bake a cherry pie.
나는 체리 파이를 어떻게 굽는지를 보여 주고 싶다.

I'd like to demonstrate the proper way to floss one's teeth.
나는 치실을 사용하는 올바른 방법을 보여 주고 싶다.

◎ Test ◎
❶ 나는 내가 방금 설명한 과정을 보여 주고 싶다. (just, describe)

❷ 나는 영어 문장을 어떻게 쓰는지를 보여 주고 싶다.

---

54 I'm going to prove that depression is a chemical imbalance.
I'm going to prove that it is not necessary to raise taxes to accomplish our goals.

55 I'd like to demonstrate the process I have just described.
I'd like to demonstrate how to write an English sentence.

56 You may wonder why ... 여러분은 왜 …인지 궁금할지도 모른다

앞으로 다룰 주제에 대해 간접적으로 언급할 때 사용할 수 있는 패턴입니다. '…에 대해 얘기하겠다' 라고 직접적으로 언급하기보다 '왜 …인지 궁금할지도 모른다'와 같이 돌려서 표현함으로써 글을 읽어 나가는 독자의 호기심을 자극하는 효과를 얻게 되죠.

You may wonder why the sky is blue.
여러분은 하늘이 왜 푸른지 궁금할지도 모른다.

You may wonder why Seattle is so cloudy.
여러분은 시애틀의 날씨가 왜 그렇게 흐린지 궁금할지도 모른다.

You may wonder why toilets are made out of porcelain.
여러분은 변기가 왜 자기로 만들어졌는지 궁금할지도 모른다.

◎ Test ◎

❶ 여러분은 개들에게 왜 구취가 나는지 궁금할지도 모른다. (have bad breath)

❷ 여러분은 정부가 왜 불경기에 그렇게 많은 돈을 쓰는 건지 궁금할지도 모른다. (recession, during, so much)

File 024 ● 결론을 일단락 짓고자 할 때

---

57 By many accounts, 여러 얘기를 들어 보니,

서론에서의 결론을 일단락 짓고자 할 때 유용한 패턴입니다. account는 뜻이 아주 많은 다의어인데요. 은행 관련해서는 '계좌' 등으로 사용되지만, 에세이에서는 '사연,' '이야기', '고려 사항' 등의 의미로 쓰이는 경우가 많습니다.

By many accounts, Mozart was the best composer who ever lived.
여러 얘기를 들어 보니, 모차르트는 이제껏 가장 훌륭한 작곡가였다.

By many accounts, Einstein was only half right.
여러 얘기를 들어 보니, 아인슈타인은 반만 옳았다.

By many accounts, her childhood was somewhat unhappy.
여러 얘기를 들어 보니, 그녀의 어린 시절은 다소 불행했다.

◎ Test ◎

❶ 여러 얘기를 들어 보니, 부엉이는 가장 똑똑한 새다. (owl, intelligent)

❷ 여러 얘기를 들어 보니, 레오폴드는 그의 외모에 대해 예민했다. (Leopold, appearance)

Answer

56 You may wonder why dogs have bad breath.
You may wonder why the government is spending so much money during a recession.

57 By many accounts, owls are the most intelligent birds.
By many accounts, Leopold was sensitive about his appearance.

속담이나 명언을 인용할 때

58 There's a saying: 이런 말이 있다:

유명한 속담이나 명언을 인용할 때 사용하는 패턴으로, saying 뒤에 콜론(:)을 찍는다는 점을 기억하세요.

There's a saying: "Too little, too late."
이런 말이 있다: "이젠 늦어버렸어."

There's a saying: "Where there's smoke, there's fire."
이런 말이 있다: "아니 땐 굴뚝에 연기 나랴."

There's a saying: "Give a man an inch, and he'll take five hundred."
이런 말이 있다: "친절을 베풀면, 상투 위에 올라앉으려 한다."

○ Test ○

❶ 이런 말이 있다: "모두의 친구는 사실 그 누구의 친구도 아니다." (to everyone, to nobody)

❷ 이런 말이 있다: "선행은 결코 없어지는 것이 아니다." (선행은 반드시 보답을 받는다) (good deed)

59 In the words of ..., …의 말 중에 보면,

유명한 사람의 말을 인용하고자 할 때 유용한 패턴입니다.

In the words of John Keats, "A thing of beauty is a joy forever."
존 키츠의 말 중에 보면, "아름다운 것은 영원한 기쁨이다."

In the words of Henry David Thoreau, "Sell your clothes and keep your thoughts." 헨리 데이비드 소로의 말 중에 보면, "옷은 내다 팔고 생각은 간직하라."

In the words of Gandhi, "Be the change you want to see in the world."
간디의 말 중에 보면, "당신이 세상에서 보길 원하는 변화가 되어라."

○ Test ○

❶ 마더 테레사의 말 중에 보면, "평화는 미소에서 시작된다." (Mother Teresa, begin with)

❷ 토머스 제퍼슨의 말 중에 보면, "오늘 할 수 있는 것을 절대 내일로 미루지 말라."
(Thomas Jefferson, what, till, put off)

---

58 There's a saying: "A friend to everyone is a friend to nobody."
There's a saying: "A good deed is never lost."

59 In the words of Mother Teresa, "Peace begins with a smile."
In the words of Thomas Jefferson, "Never put off till tomorrow what you can do today."

60   If we take just one example   딱 한 가지 예를 들자면

설명만으로는 이해가 부족할 수 있거나 혼란을 주기 쉬워서 간단히 예를 들고자 할 때 사용하는 패턴입니다.

If we take just one example — the grizzly bear — we can see the damage that humans have done to forest habitats.
딱 한 가지 예를 들자면 회색곰이 있는데, 거기서 우리는 인간이 삼림 서식지에 행한 파괴를 알 수 있다.

If we take just one example — Michael Jackson — it is easy to see how too much fame can be harmful.
딱 한 가지 예를 들자면 마이클 잭슨이 있는데, 거기서 너무 유명하다는 것이 얼마나 유해해질 수 있는지를 쉽게 알 수 있다.

If we take just one example — the automobile — we can see that the gasoline engine is inefficient.
딱 한 가지 예를 들자면 자동차가 있는데, 거기서 우리는 가솔린 엔진이 비효율적이라는 것을 알 수 있다.

◦ Test ◦

❶ 딱 한 가지 예를 들자면 로 대 웨이드 사건이 있는데, 거기서 우리는 명백한 옳고 그름이 없다는 것을 알 수 있다. (Roe vs. Wade)

❷ 딱 한 가지 예를 들자면 단풍나무가 있는데, 거기서 왜 사람들이 원예사를 고용하는지를 쉽게 알 수 있다. (maple tree, tree-trimmer, hire)

60   If we take just one example — Roe vs. Wade — we can see that there is no clear right and wrong.
If we take just one example — the maple tree — it is easy to see why people hire tree-trimmers.

일반적인 통념의 그릇됨을 지적할 때

61 Most people consider ... 대부분의 사람들이 …라고 생각한다

우리가 일반적으로 알고 있는 통념이 잘못되었다는 것을 지적하는 부분에서 사용하기 적절한 패턴입니다.

Most people consider the earthworm a pest.
대부분의 사람들이 지렁이를 해충이라고 생각한다.

Most people consider writing to be a chore.
대부분의 사람들이 글 쓰는 것을 소일거리라고 생각한다.

Most people consider George Washington the founding father of the U.S.
대부분의 사람들이 조지 워싱턴을 미 건국의 아버지라고 생각한다.

○ Test ○
❶ 대부분의 사람들이 재정학을 복잡한 분야라고 생각한다. (finance, field)

❷ 대부분의 사람들이 점성학을 사이비 과학이라고 생각한다. (astrology, bogus)

62 One of the misconceptions about ... is ~

…에 대한 잘못된 인식 중 하나는 ~이다

비판적이거나 분석적인 글을 쓰려고 할 때 일반적으로 잘못된 인식 등을 지적하면서 시작할 수 있는데 이때 사용하면 좋습니다.

One of the misconceptions about cats **is** that they can see in the dark.
고양이에 대한 잘못된 인식 중 하나는 그들이 어둠 속에서도 볼 수 있다는 것이다.

One of the misconceptions about the earth **is** that it can heal itself.
지구에 대한 잘못된 인식 중 하나는 그것이 자정 능력이 있다는 것이다.

One of the misconceptions about orchids **is** that they are fragile.
난초에 대한 잘못된 인식 중 하나는 그들이 쉽게 부서진다는 것이다.

○ Test ○
❶ 시장에 대한 잘못된 인식 중 하나는 그것이 스스로 바로잡는다는 것이다. (correct)

❷ 미국에 대한 잘못된 인식 중 하나는 모두가 금발이라는 것이다. (blond)

---

61 Most people consider finance a complicated field.
Most people consider astrology a bogus science.

62 One of the misconceptions about the market is that it corrects itself.
One of the misconceptions about the U.S. is that everyone is blond.

63　The public in general tend to believe that ...

일반 대중들은 …라고 믿는 경향이 있다

사회적인 통념이 옳은 경우도 있지만, 대중의 믿음이나 의견이 사실과 항상 일치하는 건 아니죠.
이러한 일반 대중의 잘못된 통념을 지적하고자 할 때 유용한 패턴입니다.

The public in general tend to believe that roses are naturally red.
일반 대중들은 장미가 원래 빨갛다고 믿는 경향이 있다.

The public in general tend to believe that early education is desirable.
일반 대중들은 조기 교육이 바람직하다고 믿는 경향이 있다.

The public in general tend to believe that Florida is a good place to retire.
일반 대중들은 플로리다가 은퇴해서 살기 좋은 곳이라 믿는 경향이 있다.

○ Test ○

❶ 일반 대중들은 전쟁이 잘못된 것이라 믿는 경향이 있다.

❷ 일반 대중들은 TV를 보는 것이 해롭다고 믿는 경향이 있다. (harmful)

주장을 뒷받침하는 이유가 많음을 언급할 때

64　There are many reasons why ...　많은 이유로 …

주장하는 글을 쓸 때 본론에서 다룰 주장에 대한 구체적인 이유들을 서론에서 간략히 언급하는 경우가 있는데요. 이때 우선적으로 주장을 뒷받침하는 이유가 많음을 언급할 때 사용하는 패턴입니다.

There are many reasons why this is true.
많은 이유로 이것은 사실이다.

There are many reasons why I believe this.
많은 이유로 나는 이것을 믿는다.

There are many reasons why nations fight each other.
많은 이유로 국가들은 서로 싸운다.

○ Test ○

❶ 많은 이유로 사람들은 사랑에 빠진다. (fall in love)

❷ 많은 이유로 나는 이 대학에 지원하기로 결정했다. (apply to)

63　The public in general tend to believe that war is wrong.
　　The public in general tend to believe that watching TV is harmful.

64　There are many reasons why people fall in love.
　　There are many reasons why I decided to apply to this university.

문제 제기를 할 때

65 Consider this: 이것을 생각해 보라:

직접적인 문제 제기와 함께 강조하는 효과까지 챙기는 패턴입니다.

Consider this: his father was an alcoholic.
이것을 생각해 보라: 그의 아버지는 알코올 중독자였다.

Consider this: subnuclear particles do not behave predictably.
이것을 생각해 보라: 소립자는 예상 가능하게 움직이지 않는다.

Consider this: there are billions of stars in the universe.
이것을 생각해 보라: 우주에는 수십억의 별들이 있다.

◑ Test ◐

❶ 이것을 생각해 보라: 바비 인형이 실재라면, 그녀의 발은 그녀가 서기에 너무 작을 것이다.
(Barbie Doll, real, stand, would)

❷ 이것을 생각해 보라: 고양이는 하루에 강아지보다 더 적은 열량을 필요로 한다. (per day, fewer, require)

66 You may not know ... 여러분은 …을 알지 못할지도 모른다

어떤 것에 대한 문제 제기를 가볍게 하고 넘어갈 때 사용하면 좋은 패턴입니다. may와 같은 조동사를 활용함으로써 단언적인 어조를 피할 수 있게 되죠.

You may not know her very well.
여러분은 그녀를 잘 알지 못할지도 모른다.

You may not know that her husband was killed in a car accident.
여러분은 그녀의 남편이 교통사고로 죽었다는 것을 알지 못할지도 모른다.

You may not know that carbon dioxide is poisoning the oceans.
여러분은 이산화탄소가 바다를 오염시키고 있다는 것을 알지 못할지도 모른다.

◑ Test ◐

❶ 여러분은 수영하는 법을 알지 못할지도 모른다.

❷ 여러분은 치즈가 원래 하얗다는 것을 알지 못할지도 모른다. (naturally)

---

65 Consider this: if Barbie Doll were real, her feet would be too small for her to stand.
Consider this: cats require fewer calories per day than dogs.

66 You may not know how to swim.
You may not know that cheese is naturally white.

67 I question whether ... 나는 …인지 의심스럽다

어떤 것에 대해 부드럽게 문제 제기를 할 때 유용한 패턴으로, '…는 아니라고 생각한다'보다 훨씬 부드러운 어조에 해당됩니다. 여기서 question은 '의심스럽다'라는 뜻의 동사예요.

I question whether the results are valid.
나는 그 결과가 유효한지 의심스럽다.

I question whether her method was sound.
나는 그녀의 방법이 건전했는지 의심스럽다.

I question whether he saw the rainbow or simply imagined it.
나는 그가 무지개를 보았는지, 아니면 단지 그것을 상상한 건지 의심스럽다.

◉ Test ◉

❶ 나는 풍차가 지구 온난화에 대한 해결책인지 의심스럽다. (windmill, solution)

❷ 나는 시장이 시민들에게 세금을 부과한 게 옳았는지 의심스럽다. (mayor, right)

68 Most people don't know ... 대부분의 사람들은 …을 모른다

일반적으로 인지하지 못하고 있는 사실을 언급하면서 문제 제기를 할 때 사용할 수 있는 패턴입니다. 특히 일반적인 통념(예: 지구 온난화를 막아야 한다)과 달리 새로운 관점(예: 지구 온난화는 이데올로기일 뿐이다)을 제시하는 글을 쓸 때 아주 유용하죠.

Most people don't know that he was also a soldier.
대부분의 사람들은 그 사람 역시 군인이었다는 것을 모른다.

Most people don't know what it's like to live in the jungle.
대부분의 사람들은 정글에서 사는 것이 어떤지 모른다.

Most people don't know why he chose to commit suicide.
대부분의 사람들은 그가 왜 자살을 선택했는지 모른다.

◉ Test ◉

❶ 대부분의 사람들은 광속을 모른다. (speed of light)

❷ 대부분의 사람들은 누가 헬리콥터를 만들었는지 모른다. (invent)

Answer

67 I question whether windmills are the solution to global warming.
I question whether the mayor was right to tax the citizens.

68 Most people don't know the speed of light.
Most people don't know who invented the helicopter.

화제를 제시할 때

69 Little is known about ... …에 대해서는 많이 알려지지 않았다

설명하고자 하는 대상에 대한 인식이 부족함을 문제 삼아 화제를 보다 의미 있게 제시할 수 있는 패턴입니다.

Little is known about the universe.
우주에 대해서는 많이 알려지지 않았다.

Little is known about the origin of life.
생명의 기원에 대해서는 많이 알려지지 않았다.

Little is known about evolution.
진화에 대해서는 많이 알려지지 않았다.

○ Test ○
❶ 히틀러의 사생활에 대해서는 많이 알려지지 않았다. (private life)

❷ 인간의 뇌에 대해서는 많이 알려지지 않았다. (human brain)

70 And what about ...? 그럼 …은 어떤가?

다른 화제를 제시할 때 유용한 패턴으로, 여러 가지 의견이나 상황 등을 제시한 후 가장 얘기하고 싶은 바를 던져 줄 때 사용하면 좋습니다.

And what about Mary's theory that home schooling is more effective**?**
그럼 집에서 공부하는 게 보다 효과적이라는 메리의 이론은 어떤가?

And what about Korean husbands**?**
그럼 한국 남편들은 어떤가?

And what about Mr. Ling's argument that video games are educational**?**
그럼 비디오 게임이 교육적이라는 링 씨의 주장은 어떤가?

○ Test ○
❶ 그럼 홀로코스트 생존자들은 어떤가? (Holocaust)

❷ 그럼 지성은 유전된다는 생각은 어떤가? (inherit)

69 Little is known about Hitler's private life.
Little is known about the human brain.

70 And what about the Holocaust survivors?
And what about the idea that intelligence is inherited?

71   It is a complicated question   그것은 복잡한 문제이다

어떤 문제를 제시한 뒤 그것이 단순치 않은 문제임을 인정할 때 사용하는 패턴입니다.

It is a complicated question, but we must do our best to answer it.
그것은 복잡한 문제이다. 그러나 우리는 그것에 답하기 위해 최선을 다해야 한다.

It is a complicated question, and hard to answer.
그것은 복잡한 문제이다. 그리고 답하기도 어렵다.

It is a complicated question for many.
그것은 많은 사람들에게 복잡한 문제이다.

◎ Test ◎
❶ 그것은 복잡한 문제이다. 그러나 답은 간단하다. (simple, has)

❷ 그것은 우리가 보게 되듯이 복잡한 문제이다. (will, as)

72   This situation is not unique;   이 상황은 특수하지 않다;

심각한 문제지만 이미 여러 번 반복되었기 때문에 특수한 상황은 아님을 언급할 때 사용하는 패턴입니다. 문장 끝에 세미콜론(;)을 찍는다는 점에 주의하세요. 세미콜론 다음에는 이유나 예시에 해당하는 내용이 이어집니다.

This situation is not unique; many have experienced it before.
이 상황은 특수하지 않다: 많은 사람들이 전에 그것을 겪어 본 적이 있다.

This situation is not unique; in 1998, there was a much worse recession.
이 상황은 특수하지 않다: 1998년에 훨씬 심각한 불경기가 있었다.

This situation is not unique; we can see it in many countries.
이 상황은 특수하지 않다: 우리는 많은 국가들에서 그것을 볼 수 있다.

◎ Test ◎
❶ 이 상황은 특수하지 않다; 세계 곳곳의 많은 아이들이 불충분한 의료 서비스로 고통 받고 있다.
(around the world, inadequate, health care)

❷ 이 상황은 특수하지 않다; 광부들은 1970년에 비슷한 투쟁을 시도했었다. (mine worker, strike)

71   It is a complicated question, but it has a simple answer.
It is a complicated question, as we will see.

72   This situation is not unique; many children around the world suffer from inadequate health care.
This situation is not unique; mine workers attempted a similar strike in 1970.

다루고자 하는 주제에 대한 통설을 제시할 수 없을 때

73 There is still no general agreement about ...

···에 대해서 일치되는 의견은 아직 없다

다루고자 하는 주제에 대해 여러 가지 의견이 엇갈리고 있어 통설을 제시할 수 없을 때 사용하는 패턴으로, 자신의 의견도 하나의 가능성이 될 수 있음을 부각시키는 데 도움이 됩니다.

There is still no general agreement about the effect of artificial sweeteners on the body. 인공 감미료가 몸에 끼치는 영향에 대해서 일치되는 의견은 아직 없다.

There is still no general agreement about the ultimate fate of the earth.
지구의 최후 운명에 대해서 일치되는 의견은 아직 없다.

There is still no general agreement about who shot John F. Kennedy.
누가 존 F. 케네디에게 총을 쐈는지에 대해서 일치되는 의견은 아직 없다.

o Test o

❶ 라듐의 사용에 대해서 일치되는 의견은 아직 없다. (radium)

❷ 개가 고양이보다 나은 애완동물인지에 대해서 일치되는 의견은 아직 없다. (whether)

74 Today there has been little agreement on ...

오늘날 ···에 대해서는 의견이 분분하다

한참 논쟁 중인 문제를 주제로 삼을 때 이 패턴으로 그러한 상황을 언급해 줄 수 있습니다.

Today there has been little agreement on what causes AIDS.
오늘날 에이즈의 원인에 대해서는 의견이 분분하다.

Today there has been little agreement on how we can solve the problem.
오늘날 우리가 그 문제를 어떻게 해결할 수 있는가에 대해서는 의견이 분분하다.

Today there has been little agreement on the treatment of the disease.
오늘날 그 질병의 치료법에 대해서는 의견이 분분하다.

o Test o

❶ 오늘날 범죄자들을 어떻게 해야 할지에 대해서는 의견이 분분하다. (criminal, what to do)

❷ 오늘날 행복이 무엇인가에 대해서는 의견이 분분하다.

---

73 There is still no general agreement about the uses of radium.
There is still no general agreement about whether dogs are better pets than cats.

74 Today there has been little agreement on what to do with criminals.
Today there has been little agreement on what happiness is.

75 This essay has been organized in the following way:
이 에세이는 다음과 같은 방식으로 구성되었다:

in the following way는 '다음과 같은 방식으로'라는 뜻으로, 글의 구성에 대해 미리 설명해 줄 때 사용하는 패턴입니다.

This essay has been organized in the following way: introduction, body, and conclusion. 이 에세이는 다음과 같은 방식으로 구성되었다: 서론, 본론, 그리고 결론.

This essay has been organized in the following way: causes, effects, and conclusions. 이 에세이는 다음과 같은 방식으로 구성되었다: 원인, 효과, 그리고 결론.

This essay has been organized in the following way: materials, procedures, and outcomes. 이 에세이는 다음과 같은 방식으로 구성되었다: 재료, 절차, 그리고 결과.

○ Test ○
❶ 이 에세이는 다음과 같은 방식으로 구성되었다: 쇼팽의 탄생, 삶, 그리고 죽음. (Chopin, birth)

❷ 이 에세이는 다음과 같은 방식으로 구성되었다: 1950년대의 텔레비전, 1980년대의 텔레비전, 그리고 오늘날의 텔레비전.

76 This paper first gives a brief overview of ...
이 보고서는 먼저 …에 관한 간단한 개요를 제공한다

주제와 관련한 일반 정보를 제공할 때 사용하기도 하지만, 보고서와 같은 글에서 글의 구성에 관해 언급하는 것이 꼭 필요한 경우에도 유용한 패턴이에요.

This paper first gives a brief overview of prenatal care in China.
이 보고서는 먼저 중국의 태아 관리에 관한 간단한 개요를 제공한다.

This paper first gives a brief overview of common prescription drugs.
이 보고서는 먼저 일반적인 처방약에 관한 간단한 개요를 제공한다.

This paper first gives a brief overview of women's traditional clothing in Nepal.
이 보고서는 먼저 네팔의 여성 전통 의상에 관한 간단한 개요를 제공한다.

○ Test ○
❶ 이 보고서는 먼저 과학의 역사에 관한 간단한 개요를 제공한다.

❷ 이 보고서는 먼저 전기에 관한 간단한 개요를 제공한다.

Answer
75 This essay has been organized in the following way: Chopin's birth, life, and death.
This essay has been organized in the following way: television in the 1950's, television in the 1980's, and television today.
76 This paper first gives a brief overview of the history of science.
This paper first gives a brief overview of electricity.

77 In my opinion, 내 의견으론,

어떤 것에 대해 자신의 의견을 제시하고 싶을 땐 In my opinion이라고 일단 자신의 주관적인 생각임을 밝혀 주는 것이 좋습니다.

In my opinion, Shakespeare was a genius.
내 의견으론, 셰익스피어는 천재였다.

In my opinion, politicians should always tell the truth.
내 의견으론, 정치인들은 항상 진실을 말해야 한다.

In my opinion, Christopher Columbus should have stayed in Spain.
내 의견으론, 크리스토퍼 콜럼버스는 스페인에 있어야 했다.

○ Test ○

❶ 내 의견으론, 모든 것은 보기보다 더 복잡하다. (seem, complicated)

❷ 내 의견으론, 도서관은 책 이외에 비디오와 CD도 대여해 줘야 한다. (in addition to, lend)

78 I'd like to suggest that ... 나는 …을 제안하고 싶다

자신의 의견을 아주 조심스럽게 제시하고 싶을 때 사용합니다.

I'd like to suggest that all employees be required to attend the meeting.
나는 전 직원이 그 회의에 참석해야 한다고 제안하고 싶다.

I'd like to suggest that all children be vaccinated.
나는 모든 아이들이 예방 접종을 받기를 제안하고 싶다.

I'd like to suggest that this website be taken down.
나는 이 웹사이트가 없어지길 제안하고 싶다.

○ Test ○

❶ 나는 점심이 12시 반에 제공되길 제안하고 싶다. (serve)

❷ 나는 모든 남자들이 춤을 배우길 제안하고 싶다.

---

77 In my opinion, everything is more complicated than it seems.
In my opinion, libraries should lend videos and CDs in addition to books.

78 I'd like to suggest that lunch be served at 12:30.
I'd like to suggest that all men learn to dance.

79 In my experience, 내 경험으로,

일반적으로 글을 뒷받침해 주는 내용으로 객관적인 사실이 선호되지만, 주관적인 생각이나 느낌 등으로 쓰게 될 경우에는 반드시 본인의 경험임을 밝혀 줘야 합니다.

In my experience, a solution is not too difficult to find.
내 경험으로, 해결책을 찾는 것은 그렇게 어렵지 않다.

In my experience, writers seem to be lonely people.
내 경험으로, 작가들은 외로운 사람 같다.

In my experience, politicians rarely tell the truth.
내 경험으로, 정치인들은 진실을 말하는 경우가 드물다.

○ Test ○

❶ 주방장으로서 내 경험으로, 셀러리보다 더 나은 채소는 없다. (chef, celery)

❷ 내 경험으로, 이메일에 신속히 응답하는 것이 중요하다. (quickly, respond)

---

80 At the very least, 적어도,

At least가 변형되어 만들어진 패턴으로, 문제의 심각성을 강조하거나 경각심을 불러일으키려는 의도가 있을 때 사용하면 좋습니다.

At the very least, we should study the issue.
적어도, 우리는 그 문제를 연구해야 한다.

At the very least, we should reduce our soda consumption.
적어도, 우리는 탄산음료 소비량을 줄여야 한다.

At the very least, you should limit your TV watching.
적어도, 여러분은 TV 보는 시간을 제한해야 한다.

○ Test ○

❶ 적어도, 우리는 그 문제의 원인들을 이해하려고 노력해야 한다. (problem, cause, must)

❷ 적어도, 당신의 견해가 틀릴 가능성을 고려해야 합니다. (position, possibility)

---

79 In my experience as a chef, there is no better vegetable than celery.
In my experience, it is important to respond quickly to e-mails.

80 At the very least, we must try to understand the causes of the problem.
At the very least, you should consider the possibility that your position is wrong.

어떤 문제나 상황에 대해 의문식으로 툭 던질 때

81 How can we be sure ...? 어떻게 …을 확신할 수 있을까?

사람들이 일반적으로 의심 없이 받아들이는 문제에 대해서 의문을 제기할 때 사용합니다.

How can we be sure that we are safe?
어떻게 우리가 안전하다는 걸 확신할 수 있을까?

How can we be sure the findings are correct?
어떻게 그 연구 결과가 맞다는 걸 확신할 수 있을까?

How can we be sure the students did not cheat?
어떻게 학생들이 커닝하지 않았다는 걸 확신할 수 있을까?

○ Test ○
❶ 어떻게 개가 색을 볼 수 있다는 걸 확신할 수 있을까? (see in color)

❷ 어떻게 지구 온난화가 일어나고 있다는 걸 확신할 수 있을까? (happen)

82 What does this have to do with ...? 이게 …과 무슨 관련이 있는 걸까?

서론 첫 부분에서 독자의 관심을 끌어당기는 미끼를 던지고 그 미끼를 주제와 연결시킬 때 유용하게 사용할 수 있는 패턴입니다. have to do with ...는 '…과 관련이 있다'의 뜻으로 에세이에서 매우 자주 쓰이는 표현 중 하나예요.

What does this have to do with science?
이게 과학과 무슨 관련이 있는 걸까?

What does this have to do with history?
이게 역사와 무슨 관련이 있는 걸까?

What does this have to do with the atomic bomb?
이게 원자폭탄과 무슨 관련이 있는 걸까?

○ Test ○
❶ 이게 교육과 무슨 관련이 있는 걸까?

❷ 이게 벨의 전화기 발명과 무슨 관련이 있는 걸까? (invention)

---

81 How can we be sure dogs can see in color?
How can we be sure global warming is happening?

82 What does this have to do with education?
What does this have to do with Bell's invention of the telephone?

83 What if ...? …라면 어떨까?

일반적인 통념 등을 늘어놓은 다음, 앞선 논의와는 다른 신선한 문제를 던지거나 상상력을 자극하는 문제들을 던질 때 사용하면 좋습니다.

What if the world was flat**?**
세상이 평평하다면 어떨까?

What if there were no weekends**?**
주말이 없다면 어떨까?

What if the Internet had not been invented**?**
인터넷이 발명되지 않았다면 어떨까?

○ Test ○

❶ 우리가 서로의 마음을 읽을 수 있다면 어떨까? (mind)

❷ 우리가 밤에 꾸는 꿈을 제어할 수 있다면 어떨까? (control)

84 Could this be due to ...? 이게 … 때문일 수도 있는가?

원인을 분석할 때 유용한 패턴입니다. due to는 '… 때문에'라는 의미의 전치사이기 때문에 뒤에 반드시 명사나 동명사를 써 줘야 한다는 점에 주의하세요.

Could this be due to his weight**?**
이게 그의 체중 때문일 수도 있는가?

Could this be due to high levels of oxygen**?**
이게 높은 수치의 산소 때문일 수도 있는가?

Could this be due to a temperature increase**?**
이게 기온 상승 때문일 수도 있는가?

○ Test ○

❶ 이게 원주민들을 교육시키려는 선교사들의 실패 때문일 수도 있는가? (native, missionary)

❷ 이게 자동차에 대한 우리의 의존 때문일 수도 있는가? (automobile, reliance on)

83 What if we could read each other's minds?
What if we could control our dreams at night?

84 Could this be due to the failure of missionaries to educate the natives?
Could this be due to our reliance on the automobile?

상황을 주면서 전개해 나갈 때

85   In the case of ..., …의 경우,

서론에서 주제를 던지고 나서 간단히 주제와 관련하여 여러 면모를 살펴볼 때 사용하기 적절한 패턴입니다.

In the case of education, I think that all children deserve equal opportunity.
교육의 경우, 모든 아이들이 평등한 기회를 받아 마땅하다고 생각한다.

In the case of basketball, I believe there should be only one referee.
농구의 경우, 한 명의 심판만 있어야 한다고 생각한다.

In the case of the waltz, dancers should be very graceful.
왈츠의 경우, 댄서들은 아주 우아해야 한다.

○ Test ○

❶ 나이가 많은 보행자들의 경우, 차들이 양보해야 한다. (elderly, pedestrian, traffic, yield)

❷ 경제 위기의 경우, 나는 여러분의 돈을 신중하게 투자하길 제안한다. (crisis, carefully, invest)

86   Ideally, 이상적으로는,

유토피아와 같이 개념적으로는 완벽에 가까우나 현실적으로는 실현될 수 없는 경우를 언급할 때 사용할 수 있습니다.

Ideally, there would be world peace.
이상적으로는, 세계 평화가 있을 것이다.

Ideally, we would not need nuclear weapons.
이상적으로는, 우린 핵무기가 필요하지 않을 것이다.

Ideally, you should find a safe investment.
이상적으로는, 여러분은 안전한 투자 대상을 찾아야 한다.

○ Test ○

❶ 이상적으로는, 우린 서로의 언어를 모두 말할 수 있어야 한다. (should)

❷ 이상적으로는, 여러분이 가장 흥미 있어 하는 것을 공부해야 한다. (most, interest, what)

---

85 In the case of elderly pedestrians, traffic should yield.
     In the case of an economic crisis, I suggest investing your money carefully.

86 Ideally, we should all speak each other's language.
     Ideally, you should study what interests you most.

87 These days, 요즘은

말하고자 하는 바가 최근 경향과 연관이 있음을 보여 주는 패턴입니다.

These days, no investment is safe.
요즘은 어떤 투자도 안전하지 않다.

These days, economic development is slowing.
요즘은 경제 발전이 느리다.

These days, you can't throw a plastic bottle away without feeling guilty.
요즘은 죄책감을 느끼지 않고는 플라스틱 병을 내다 버릴 수 없다.

○ Test ○
❶ 요즘은 사람들이 환경에 대한 걱정을 한다. (be concerned about)

❷ 요즘은 낚시 자격증을 따려면 돈을 지불해야 한다. (fishing license, pay for)

88 Nowadays, it is scarcely possible to ...

오늘날, …할 가능성은 희박하다

가능성이 거의 없는 어떤 경향을 언급할 때 사용할 수 있는 패턴입니다.

Nowadays, it is scarcely possible to have a reasonable discussion.
오늘날, 이성적인 토론을 할 가능성은 희박하다.

Nowadays, it is scarcely possible to buy a house with a front porch.
오늘날, 현관이 있는 집을 살 가능성은 희박하다.

Nowadays, it is scarcely possible to find a real fur coat.
오늘날, 진짜 모피 코트를 발견할 가능성은 희박하다.

○ Test ○
❶ 오늘날, 걸어서 출근할 가능성은 희박하다. (work)

❷ 오늘날, 바느질하는 법을 아는 남자를 발견할 가능성은 희박하다. (sew)

87 These days, people are concerned about the environment.
These days, you have to pay for a fishing license.

88 Nowadays, it is scarcely possible to walk to work.
Nowadays, it is scarcely possible to find a man who knows how to sew.

어떤 문제점을 지적할 때

89 Yet we continue to ... 아직도 우리는 …하고 있다

어떤 문제에 대한 사태의 심각성이나 양태 등을 충분히 설명한 후, 현재까지도 지속되고 있는 문제점을 지적할 때 유용한 패턴입니다.

Yet we continue to pollute our environment at an alarming rate.
아직도 우리는 우리의 환경을 급속도로 오염시키고 있다.

Yet we continue to ignore the problem.
아직도 우리는 그 문제를 무시하고 있다.

Yet we continue to buy the product.
아직도 우리는 그 제품을 사고 있다.

● Test ●
❶ 아직도 우리는 그 요금을 내고 있다. (fee)

❷ 아직도 우리는 운명을 믿고 있다. (fate)

90 This is a cause for some confusion, 이것은 혼동을 줄 여지가 있다

동일한 주제에 대한 다른 사람의 의견이나 일반적인 통념, 또는 기존의 논의에 있어서 잘못된 부분 등을 지적할 때 사용하면 좋은 패턴으로, 자신의 글의 차별성을 부각시키는 효과가 있습니다.

This is a cause for some confusion, because people want services, but not taxes.
이것은 혼동을 줄 여지가 있다. 왜냐하면 사람들은 서비스를 원하지 세금 내는 것을 원하지 않기 때문이다.

This is a cause for some confusion, since Iowa is far from the ocean.
이것은 혼동을 줄 여지가 있다. 왜냐하면 아이오와는 바다에서 멀기 때문이다.

This is a cause for some confusion, since Abraham Lincoln did not believe in slavery. 이것은 혼동을 줄 여지가 있다. 왜냐하면 에이브러햄 링컨은 노예제를 믿지 않았기 때문이다.

● Test ●
❶ 이것은 혼동을 줄 여지가 있다. 왜냐하면 파이는 무한수이기 때문이다. (pi, infinite)

❷ 이것은 혼동을 줄 여지가 있다. 왜냐하면 아기들은 일반적으로 읽을 수 없기 때문이다. (typically)

89 Yet we continue to pay the fee.
Yet we continue to believe in fate.

90 This is a cause for some confusion, because pi is infinite.
This is a cause for some confusion, because babies typically can't read.

91 There's just one problem: 단지 한 가지 문제가 있다:

얘기를 진행해 나가는 도중에 '그 부분에 문제가 있다'란 의미로 어떤 문제를 드라마틱하게 제기하고 싶을 때 사용할 수 있습니다.

There's just one problem: we don't have enough trees.
단지 한 가지 문제가 있다: 우리는 충분한 나무가 없다.

There's just one problem: humans can't survive on Mars.
단지 한 가지 문제가 있다: 인간은 화성에서 생존할 수 없다.

There's just one problem: few people believe it is happening.
단지 한 가지 문제가 있다: 그것이 일어날 거라고 믿는 사람은 거의 없다.

◎ Test ◎

❶ 단지 한 가지 문제가 있다: 정부는 돈이 없다.

❷ 단지 한 가지 문제가 있다: 많은 이민자들이 출생 증명서를 가지고 있지 않다. (immigrant, birth certificate)

---

92 It is becoming increasingly difficult to ignore ...

…을 무시하는 것이 점점 어려워지고 있다

문제의 중요성을 부각시키고자 할 때 사용하는 아주 세련된 패턴입니다.

It is becoming increasingly difficult to ignore the air pollution.
대기 오염을 무시하는 것이 점점 어려워지고 있다.

It is becoming increasingly difficult to ignore the problem.
그 문제를 무시하는 것이 점점 어려워지고 있다.

It is becoming increasingly difficult to ignore the African AIDS epidemic.
아프리카의 에이즈 전염병을 무시하는 것이 점점 어려워지고 있다.

◎ Test ◎

❶ 의료 서비스 문제를 무시하는 것이 점점 어려워지고 있다. (health care)

❷ 물 부족을 무시하는 것이 점점 어려워지고 있다. (shortage)

---

91 There's just one problem: the government has no money.
There's just one problem: many immigrants don't have birth certificates.

92 It is becoming increasingly difficult to ignore health care problems.
It is becoming increasingly difficult to ignore water shortages.

93　It is important to recognize ...　…을 인식하는 것이 중요하다

서론에서는 독자에게 글을 읽을 동기 부여를 제공해 주는 것이 필요합니다. 읽는 이로 하여금 관심을 갖게 하지 못하는 글은 제아무리 논리가 훌륭하더라도 무의미하니까요. 그래서 요긴한 패턴으로, 문제의 중요성을 강조해서 관심을 유도하게 되죠.

It is important to recognize the value of life.
삶의 가치를 인식하는 것이 중요하다.

It is important to recognize the symptoms of cancer.
암의 증상을 인식하는 것이 중요하다.

It is important to recognize the implications of the findings.
연구 결과의 의미를 인식하는 것이 중요하다.

⊙ Test ⊙

❶ 그의 공헌의 중요성을 인식하는 것이 중요하다. (contribution)

❷ 이 발명이 나타내는 진보를 인식하는 것이 중요하다. (represent, progress)

문제 상황을 한마디로 설명할 때

94　The problem is that ...　문제는 …라는 것이다

어떤 문제점을 요약적으로 제시할 때 유용한 패턴입니다.

The problem is that Dr. Henderson cannot hear.
문제는 헨더슨 박사가 들을 수 없다는 것이다.

The problem is that hats are difficult to make.
문제는 모자가 만들기 어렵다는 것이다.

The problem is that we are running out of oil.
문제는 우리가 기름이 떨어져간다는 것이다.

⊙ Test ⊙

❶ 문제는 나무가 죽어가고 있다는 것이다.

❷ 문제는 대부분의 사람들이 진화를 이해하지 못한다는 것이다. (evolution)

---

93 It is important to recognize the importance of his contribution.
　　It is important to recognize the progress this invention represents.

94 The problem is that the tree is dying.
　　The problem is that most people do not understand evolution.

95 In any present society,   어떤 현존 사회에서든

경우에 따라 present 대신 past(과거), future(미래) 등을 넣어 활용해 보세요.

In any present society, people strive for peace.
어떤 현존 사회에서든 사람들은 평화를 갈구한다.

In any present society, people are faced with difficult choices.
어떤 현존 사회에서든 사람들은 어려운 선택에 직면해 있다.

In any present society, there is strife.
어떤 현존 사회에서든 투쟁은 있다.

○ Test ○
❶ 어떤 현존 사회에서든 임신한 10대들은 있다. (pregnant)

❷ 어떤 현존 사회에서든 약물 사용의 문제가 있다. (drug)

96 The future direction of ...   …의 미래 방향은

어떤 것의 미래 방향에 대해 언급하고자 할 때 사용합니다.

The future direction of the program is in our hands.
그 프로그램의 미래 방향은 우리 손에 달려 있다.

The future direction of the university will be decided by the president.
대학의 미래 방향은 총장에 의해 결정될 것이다.

The future direction of the country is a matter of great importance.
그 나라의 미래 방향은 정말 중요한 문제이다.

○ Test ○
❶ 그 나라의 미래 방향은 이번 선거에 달려 있다. (depend on)

❷ 그 도시의 미래 방향은 이 시점에서 아주 불명확하다. (juncture, unclear)

95 In any present society, there are pregnant teenagers.
In any present society, there is the problem of drug use.

96 The future direction of the country depends on this election.
The future direction of the city is unclear at this juncture.

어떤 것에 대한 첫 인식을 언급할 때

97   I first became aware of ...   난 …에 대해 처음 알게 되었다

글감을 자연스럽게 소개하는 효과가 있습니다. become aware of ...는 '…을 알게 되다'라는 뜻이에요.

I first became aware of the issue in high school.
난 고등학교 때 그 문제에 대해 처음 알게 되었다.

I first became aware of my mother's illness in 1999.
난 1999년에 엄마의 병에 대해 처음 알게 되었다.

I first became aware of the importance of recycling from the news.
난 뉴스를 통해 재활용의 중요성에 대해 처음 알게 되었다.

◎ Test ◎
❶ 난 화학 수업 때 이 기술에 대해 처음 알게 되었다. (chemistry, technology)

❷ 난 5살 때 인터넷에 대해 처음 알게 되었다.

98   A number of key issues arise from this statement
이 진술로부터 많은 중요한 문제들이 떠오른다

이슈 메이커(issue maker)의 증언 등을 인용한 후, 인용한 문구와 화제를 연결시킬 때 사용하는 패턴입니다.

A number of key issues arise from this statement — most importantly, that of economic justice. 이 진술로부터 많은 중요한 문제들이 떠오른다. 가장 중요하게는, 경제적 정의에 관한 것이다.

A number of key issues arise from this statement, which I will address one at a time. 이 진술로부터 많은 중요한 문제들이 떠오르고, 나는 그것들을 하나씩 얘기할 것이다.

A number of key issues arise from this statement, including the distrust of government. 이 진술로부터 정부에 대한 불신을 포함한 많은 중요한 문제들이 떠오른다.

◎ Test ◎
❶ 이 진술로부터 많은 중요한 문제들이 떠오른다: 총기 제한, 시민권, 그리고 낙태. (gun control, abortion)

❷ 이 진술로부터 많은 중요한 문제들이 떠오르지만 나는 그들 중 하나에만 집중할 것이다. (be going to)

---

97   I first became aware of this technology in a chemistry class.
      I first became aware of the Internet when I was five years old.

98   A number of key issues arise from this statement: gun control, civil rights, and abortion.
      A number of key issues arise from this statement, but I am going to focus only on one of them.

99 Recent developments in ... have heightened the need for ~

최근 …의 발전으로 ~가 더욱 필요하게 되었다

어떤 분야 등의 최근 발전으로 인해 이전보다 필요성이 커진 부분에 대해 언급할 때 사용하는 패턴입니다. heighten은 '~을 증가시키다'라는 뜻이에요.

Recent developments in medicine **have heightened the need for** doctors.
최근 의학계의 발전으로 의사가 더욱 필요하게 되었다.

Recent developments in Africa **have heightened the need for** translators.
최근 아프리카의 발전으로 통역사가 더욱 필요하게 되었다.

Recent developments in the Middle East **have heightened the need for** peace talks. 최근 중동의 발전으로 평화 회담이 더욱 필요하게 되었다.

○ Test ○

❶ 최근 기술의 발전으로 윤리가 더욱 필요하게 되었다.

❷ 최근 컴퓨터 기술의 발전으로 인터넷 보안이 더욱 필요하게 되었다. (security)

100 In recent years, there has been an increasing interest in ...

최근 몇 년간 …에 대한 관심이 높아졌다

서론에서 제재에 대한 관심을 고조시키고자 할 때도 매우 유용하며, 무난히 글을 전개시키는 것을 도와주는 역할을 하기도 합니다.

In recent years, there has been an increasing interest in Henry Miller's political activities. 최근 몇 년간 헨리 밀러의 정치 활동에 대한 관심이 높아졌다.

In recent years, there has been an increasing interest in veterinary medicine.
최근 몇 년간 수의학에 대한 관심이 높아졌다.

In recent years, there has been an increasing interest in plastic surgery.
최근 몇 년간 성형수술에 대한 관심이 높아졌다.

○ Test ○

❶ 최근 몇 년간 유기 농업에 대한 관심이 높아졌다. (organic farming)

❷ 최근 몇 년간 미식축구에 대한 관심이 높아졌다. (American football)

99 Recent developments in technology have heightened the need for ethics.
Recent developments in computer technology have heightened the need for Internet security.

100 In recent years, there has been an increasing interest in organic farming.
In recent years, there has been an increasing interest in American football.

Answer

101 Over the past century there has been a dramatic increase in ... 지난 세기 동안 …에 극적인 증가가 있었다

이 패턴은 특히 과학 기술의 발전이나 정치적, 사회적 문화·풍토 등과 관련된 글을 쓸 때 유용합니다.

Over the past century there has been a dramatic increase in job opportunities.
지난 세기 동안 일자리에 극적인 증가가 있었다.

Over the past century there has been a dramatic increase in college enrollment.
지난 세기 동안 대학 등록에 극적인 증가가 있었다.

Over the past century there has been a dramatic increase in divorce rates.
지난 세기 동안 이혼율에 극적인 증가가 있었다.

◐ Test ◑
❶ 지난 세기 동안 폭력 범죄에 극적인 증가가 있었다.

❷ 지난 세기 동안 약물 사용에 극적인 증가가 있었다.

102 The issue has grown in importance in light of ... …에 비추어 그 문제는 중요성이 더해졌다

예전부터 존재해 왔던 건데 특정 이유로 인해 최근에 부각되고 있는 문제들이 있습니다. 바로 이에 대해 언급할 때 필요한 패턴으로, '…에 비추어'라는 뜻의 in light of 다음에 이어지는 내용이 특정 이유에 해당된다고 볼 수 있죠.

The issue has grown in importance in light of recent developments.
최근 발전에 비추어 그 문제는 중요성이 더해졌다.

The issue has grown in importance in light of Mr. Ling's success.
링 씨의 성공에 비추어 그 문제는 중요성이 더해졌다.

The issue has grown in importance in light of technological advances.
기술적 진보에 비추어 그 문제는 중요성이 더해졌다.

◐ Test ◑
❶ 새로운 정보에 비추어 그 문제는 중요성이 더해졌다.

❷ 전기 자전거의 발명에 비추어 그 문제는 중요성이 더해졌다. (electric)

---

101 Over the past century there has been a dramatic increase in violent crime.
Over the past century there has been a dramatic increase in drug use.

102 The issue has grown in importance in light of new information.
The issue has grown in importance in light of the invention of electric bicycles.

103 So far, there has been little discussion about ...
이제껏 …에 대한 논의는 거의 없었다

아직 여러 탐구자의 손길이 닿지 않은 낯선 분야에 대한 글을 쓸 때 유용한 패턴입니다.

So far, there has been little discussion about the role of poetry in society.
이제껏 사회에서의 시의 역할에 대한 논의는 거의 없었다.

So far, there has been little discussion about immigration policies.
이제껏 이민 정책에 대한 논의는 거의 없었다.

So far, there has been little discussion about video games.
이제껏 비디오 게임에 대한 논의는 거의 없었다.

○ Test ○
❶ 이제껏 이메일의 유용성에 대한 논의는 거의 없었다. (usefulness)

❷ 이제껏 토머스 에디슨의 결혼 생활에 대한 논의는 거의 없었다. (Thomas Edison)

104 Far too little attention has been paid to ...
…에 너무 무관심해 왔다

미지의 영역에 과감히 도전하는 글인 경우, 서론에서 글을 쓰는 이유를 언급하면서 이 패턴을 사용할 수 있습니다.

Far too little attention has been paid to his fourth book.
그의 네 번째 책에 너무 무관심해 왔다.

Far too little attention has been paid to learning foreign languages.
외국어를 배우는 데 너무 무관심해 왔다.

Far too little attention has been paid to helping the homeless.
노숙자를 돕는 데 너무 무관심해 왔다.

○ Test ○
❶ 병든 아프리카인들에게 너무 무관심해 왔다. (sick)

❷ 스포츠에서의 여성의 역할에 너무 무관심해 왔다.

Answer

103 So far, there has been little discussion about the usefulness of e-mail.
So far, there has been little discussion about Thomas Edison's marriage.

104 Far too little attention has been paid to sick Africans.
Far too little attention has been paid to the role of women in sports.

105 It is a topic which is difficult to explore because ...

그것은 탐구하기 어려운 주제이다. 왜냐하면 …

다루기 까다로운 주제에 대한 글인 경우에 이 패턴을 사용해 그 이유를 설명할 수 있습니다.

It is a topic which is difficult to explore because people are sensitive about it.
그것은 탐구하기 어려운 주제이다. 왜냐하면 사람들이 그것에 민감하기 때문이다.

It is a topic which is difficult to explore because it is very complicated.
그것은 탐구하기 어려운 주제이다. 왜냐하면 그것은 매우 복잡하기 때문이다.

It is a topic which is difficult to explore because it is often unclear.
그것은 탐구하기 어려운 주제이다. 왜냐하면 그것은 종종 불분명하기 때문이다.

◦ Test ◦
❶ 그것은 탐구하기 어려운 주제이다. 왜냐하면 아무도 그것에 대해 동의하지 않기 때문이다.

❷ 그것은 탐구하기 어려운 주제이다. 왜냐하면 이제껏 그것에 대해 쓰여진 것이 아무것도 없기 때문이다.

File 046 ● **지배층이나 사회의 권위에 대한 반박을 보여 줄 때**

---

106 Most ... want us to believe that ~ 대부분의 …은 ~라고 우리가 믿길 바란다

지배층이나 사회의 권위에 반박하는 글을 쓸 때 유용한 패턴으로, 이 말에 이어 간단히 상반되는 입장들을 제시할 수 있습니다.

Most scientists **want us to believe that** global warming is real.
대부분의 과학자들은 지구 온난화가 실제 일어나고 있는 것이라고 우리가 믿길 바란다.

Most Republicans **want us to believe that** government intervention is always a mistake. 대부분의 공화당원들은 정부의 간섭이 항상 실수라고 우리가 믿길 바란다.

Most politicians **want us to believe that** they represent the people.
대부분의 정치인들은 그들이 국민을 대표한다고 우리가 믿길 바란다.

◦ Test ◦
❶ 대부분의 의사들은 그들이 노련하다고 우리가 믿길 바란다. (skilled)

❷ 대부분의 변호사들은 법이 우리가 이해하기에 너무 복잡한 것이라고 우리가 믿길 바란다. (lawyer)

---

105 It is a topic which is difficult to explore because no one agrees about it.
It is a topic which is difficult to explore because nothing has been written about it so far.

106 Most doctors want us to believe that they are skilled.
Most lawyers want us to believe that the law is too complicated for us to understand.

Part II

Body
Patterns

글쓰기 전개 패턴 354

107 To begin with, 우선,

뭔가를 본격적으로 시작하겠다는 느낌이 강한 패턴입니다. 본론 중에서도 가장 먼저 다룰 주제를 소개할 때 사용하면 좋죠.

To begin with, we need to define ecosystem.
우선, 우리는 생태계의 정의를 내릴 필요가 있다.

To begin with, we should understand the principle.
우선, 우리는 그 원리를 이해해야 한다.

To begin with, we must introduce ourselves to our neighbors.
우선, 우리는 이웃들에게 우리 자신을 소개해야 한다.

○ Test ○

❶ 우선, 우리는 그 용어들의 정의를 내려야 한다. (should)

❷ 우선, 우리는 반대 주장을 제시할 것이다. (opposing, present)

108 The task at hand is to ... 지금 해야 할 일은 …하는 것이다

at hand는 '바로 가까이에', '당장 해야 하는'의 뜻으로, 지금 우선적으로 해야 할 일에 대한 언급을 할 때 사용하기 적절한 패턴입니다.

The task at hand is to refute the opposing argument.
지금 해야 할 일은 반대 주장을 반박하는 것이다.

The task at hand is to prove that werewolves exist.
지금 해야 할 일은 늑대 인간이 존재한다는 것을 입증하는 것이다.

The task at hand is to change people's attitudes.
지금 해야 할 일은 사람들의 태도를 바꾸는 것이다.

○ Test ○

❶ 지금 해야 할 일은 두 도시를 비교하는 것이다. (compare)

❷ 지금 해야 할 일은 판사에게 피고가 무죄임을 납득시키는 것이다. (jury, accused person, innocent)

109 We must first examine ... 우리는 먼저 …을 고찰해야 한다

보고서에서와 같이 단계적으로 글을 진전시킬 때 이 패턴을 사용하여 먼저 다루게 될 제재를 소개할 수 있습니다.

We must first examine the concept of justice.
우리는 먼저 정의의 개념을 고찰해야 한다.

We must first examine the facts.
우리는 먼저 사실 관계들을 고찰해야 한다.

We must first examine the records.
우리는 먼저 그 기록들을 고찰해야 한다.

○ Test ○
❶ 우리는 먼저 근본적인 원인들을 고찰해야 한다. (underlying)

❷ 우리는 먼저 연구실에서의 동물 사용을 고찰해야 한다. (research lab)

110 Let us start by considering the facts about ...
…에 대한 사실들을 고려하면서 시작하겠다

본론의 시작 부분에 쓰면 좋은 패턴 중 하나입니다.

Let us start by considering the facts about skin cancer.
피부암에 대한 사실들을 고려하면서 시작하겠다.

Let us start by considering the facts about the accident.
그 사고에 대한 사실들을 고려하면서 시작하겠다.

Let us start by considering the facts about electricity.
전기에 대한 사실들을 고려하면서 시작하겠다.

○ Test ○
❶ 기후 변화에 대한 사실들을 고려하면서 시작하겠다.

❷ 이 중요한 주제에 대한 사실들을 고려하면서 시작하겠다. (subject)

---

109 We must first examine the underlying causes.
We must first examine the use of animals in research labs.

110 Let us start by considering the facts about climate change.
Let us start by considering the facts about this important subject.

111 The first thing that needs to be said is that ...

첫 번째로 할 말은 …라는 것이다

본격적으로 논의를 시작하려고 할 때 사용할 수 있는 패턴입니다. 보통은 가장 중요한 논의에 해당되죠.

The first thing that needs to be said is that I am not an impartial witness.
첫 번째로 할 말은 나는 공정한 목격자가 아니라는 것이다.

The first thing that needs to be said is that this is the work of years of research.
첫 번째로 할 말은 이것은 수년간에 걸친 연구 성과라는 것이다.

The first thing that needs to be said is that this essay is not intended to shed light on every aspect of Mendel's life.
첫 번째로 할 말은 이 에세이는 멘델 생애의 모든 면을 조명하기 위함은 아니라는 것이다.

○ Test ○

❶ 첫 번째로 할 말은 글로벌화는 가장 큰 문제라는 것이다. (globalization, main)

❷ 첫 번째로 할 말은 모든 것은 상대적이라는 것이다. (relative)

112 The first aspect to point out is that ...

첫 번째로 지적할 점은 …라는 것이다

본론에서 첫 번째 화제로 진입할 때 사용할 수 있는 패턴입니다.

The first aspect to point out is that individuals affect the environment.
첫 번째로 지적할 점은 각 개개인은 환경에 영향을 끼친다는 것이다.

The first aspect to point out is that the scientific method was not used in this study. 첫 번째로 지적할 점은 그 과학적 방법이 이 연구에서 사용되지 않았다는 것이다.

The first aspect to point out is that there are more women in the workplace now.
첫 번째로 지적할 점은 이제 직장에는 여자가 더 많다는 것이다.

○ Test ○

❶ 첫 번째로 지적할 점은 커피 판매는 추운 날씨일 때 더 는다는 것이다. (in colder climates, higher)

❷ 첫 번째로 지적할 점은 알레르기가 있는 사람은 종종 정기적인 약 복용을 한다는 것이다. (regular, medication)

111 The first thing that needs to be said is that globalization is the main problem.
The first thing that needs to be said is that everything is relative.

112 The first aspect to point out is that coffee sales are higher in colder climates.
The first aspect to point out is that people who have allergies often take regular medication.

113 In the first place, 우선,

가장 근간이 되는 전제를 깔 때 사용하는 패턴입니다. 후에 나올 논의 전체를 위해 반드시 필요한 것들이 언급되죠.

In the first place, the book does not support the war.
우선, 그 책은 전쟁을 지지하지 않는다.

In the first place, ghosts do not exist.
우선, 유령은 존재하지 않는다.

In the first place, theft is illegal.
우선, 도둑질은 불법이다.

○ Test ○

❶ 우선, 프랭크는 뉴욕에 가지 말았어야 했다.

❷ 우선, 그 작가는 모든 시민들이 투표해야 한다고 말한다. (should)

114 To start with, 우선,

이야기의 도입부에서 사용할 수 있는 패턴입니다.

To start with, the class was boring.
우선, 그 수업은 지루했다.

To start with, the committee must hold hearings to determine the facts.
우선, 위원회는 그 사실들을 판단할 청문회를 열어야 한다.

To start with, students should buy their books.
우선, 학생들은 책을 사야 한다.

○ Test ○

❶ 우선, 선생님은 자기 소개를 했다. (himself)

❷ 우선, 좋은 여행 가방을 사라. (suitcase)

---

113 In the first place, Frank shouldn't have gone to New York.
In the first place, the writer says that all citizens should vote.

114 To start with, the teacher introduced himself.
To start with, buy a good suitcase.

115 First of all, 무엇보다도,

중요도나 순서상으로 최우선에 위치하는 내용 앞에 쓰는 패턴입니다. 주장하는 글에서는 우선적으로 가장 기본이 되는 근거 앞에 많이 붙이죠.

First of all, we plan to describe this idea.
무엇보다도, 우리는 이 아이디어를 설명할 계획이다.

First of all, we thank you for reading this.
무엇보다도, 우리는 여러분이 이것을 읽어 준 데 감사한다.

First of all, we will present a new concept.
무엇보다도, 우리는 새로운 개념을 제시할 것이다.

◎ Test ◎

❶ 무엇보다도, 우리는 과거의 성공들에 대해 논할 것이다. (past)

❷ 무엇보다도, 우리는 그 일의 특성을 고찰할 필요가 있다. (nature, examine)

116 First of all, let's try to understand ... 무엇보다도, …을 이해해 보자

본론의 도입부에서 중요도나 순서상 가장 먼저 다룰 것에 대해 간략히 소개할 때 사용할 수 있습니다.

First of all, let's try to understand the current system.
무엇보다도, 현 시스템을 이해해 보자.

First of all, let's try to understand the new concept.
무엇보다도, 새로운 개념을 이해해 보자.

First of all, let's try to understand the reason for the change.
무엇보다도, 변화에 대한 이유를 이해해 보자.

◎ Test ◎

❶ 무엇보다도, 중요한 용어들의 정의를 이해해 보자. (key, definition)

❷ 무엇보다도, 이것이 어떻게 작동하는지 이해해 보자.

115 First of all, we will discuss past successes.
First of all, we need to examine the nature of the work.

116 First of all, let's try to understand the definitions of the key terms.
First of all, let's try to understand how this works.

117 Logically, it follows that ... 당연한 결과로 …하다

직역하자면 '논리적으로 …라는 것이 뒤따른다'로, 앞의 상황에 이어 마땅히 뒤따르는 결과를 설명할 때 유용한 패턴입니다.

Logically, it follows that fish do sleep.
당연한 결과로 어류는 잠을 잔다.

Logically, it follows that tomatoes are a fruit.
당연한 결과로 토마토는 과일이다.

Logically, it follows that toes evolved from fins.
당연한 결과로 발가락은 지느러미에서 진화했다.

○ Test ○

❶ 당연한 결과로 피셔 씨는 그 상을 받을 만하다. (Mr. Fisher)

❷ 당연한 결과로 10대들은 훈육이 필요하다. (discipline)

118 This, in turn, ... 이번에는 이것이 …

서로 물고 물리는 복잡한 관계를 설명할 때 사용하는 패턴입니다. 예컨대 '실업이 경기를 위축시키고, 경기 위축은 다시 실업을 심화시킨다'와 같은 상황에 적절하죠. in turn은 '이번에는', '되레' 정도의 의미에 해당됩니다.

This, in turn, caused unemployment.
이번에는 이것이 실직을 야기했다.

This, in turn, produced dissatisfaction.
이번에는 이것이 불만족을 낳았다.

This, in turn, made people less likely to shop at Wal-Mart.
이번에는 이것이 사람들로 하여금 월마트에서 쇼핑을 덜 하도록 만들었다.

○ Test ○

❶ 이번에는 이것이 가격을 떨어뜨렸다. (decrease)

❷ 이번에는 이것이 문제를 해결했다.

---

117 Logically, it follows that Mr. Fisher deserves the award.
Logically, it follows that teenagers need discipline.

118 This, in turn, decreased the price.
This, in turn, solved the problem.

119 In the meantime, 그동안

앞서 어떤 상황이 진행되고 있는 사이에 해야 할 일에 대해 언급하고자 할 때 사용하는 패턴입니다. 영어 교재 등에서 자주 접하게 되는 패턴이기도 하지만, 글을 쓸 땐 막상 떠오르지 않을 경우가 많으니 이번 기회에 다시 한 번 잘 기억해 두세요.

In the meantime, we must find new sources of energy.
그동안 우리는 새로운 에너지원을 찾아야 한다.

In the meantime, we can only prepare for the next crisis.
그동안 우리는 다음 위기를 대비할 수밖에 없다.

In the meantime, we should research the issue.
그동안 우리는 그 문제를 연구해야 한다.

○ Test ○

❶ 그동안 우리는 우리 스스로를 준비해야 한다. (prepare)

❷ 그동안 우리는 합의를 하도록 애써야 한다. (reach an agreement)

120 And so, 그리고

이야기를 전개할 때나 과정 등을 차례로 설명할 때 뒤따라오는 상황을 연결시켜 주는 패턴입니다.

And so, we have come to a roadblock.
그리고 우리는 장애물에 이르렀다.

And so, wars would not be won without engineers.
그리고 기술자 없이는 전쟁에서 승리할 수 없을 것이다.

And so, many people believe in life after death.
그리고 많은 사람들이 사후 세계를 믿는다.

○ Test ○

❶ 그리고 그 과정은 계속되었다. (process)

❷ 그리고 세금은 경제적 필요성이다. (necessity)

Answer

119 In the meantime, we should prepare ourselves.
In the meantime, we should try to reach an agreement.

120 And so, the process continued.
And so, taxes are an economic necessity.

121 It is true that ... …라는 것은 사실이다

사실에 관한 진술을 할 때 유용한 패턴으로, 다른 이의 주장이지만 사실로 받아들이거나 인정할 때도 사용할 수 있습니다.

It is true that newer computers are faster than old ones.
최신형 컴퓨터가 예전 것보다 더 빠르다는 것은 사실이다.

It is true that Toyota is a successful company.
도요타가 성공한 회사라는 것은 사실이다.

It is true that Julia Child was six feet tall.
줄리아 차일드의 키가 6피트였다는 것은 사실이다.

◦ Test ◦

❶ 대부분의 가정에서 많은 에너지를 낭비하고 있다는 것은 사실이다. (a lot of)

❷ 채식주의자들이 고기를 먹는 사람들보다 더 건강하다는 것은 사실이다. (meat-eater)

---

121 It is true that most homes waste a lot of energy.
It is true that vegetarians are healthier than meat-eaters.

122 From my experience, I think ...

내 경험으로 미루어, 나는 …라고 생각한다

주관적인 경험을 어떤 내용의 뒷받침 문장으로 사용할 땐 이 같은 패턴을 이용해 본인의 경험임을 확실히 밝혀 주는 것이 좋습니다.

From my experience, I think it is important to handwrite letters to friends.
내 경험으로 미루어, 나는 친구에게 편지를 손으로 쓰는 것이 중요하다고 생각한다.

From my experience, I think it is crucial we continue to teach handwriting.
내 경험으로 미루어, 나는 우리가 손글씨를 계속 가르치는 것이 중요하다고 생각한다.

From my experience, I think it is stupid to pay baseball players so much money.
내 경험으로 미루어, 나는 야구 선수에게 그렇게 많은 돈을 주는 것은 어리석은 일이라고 생각한다.

● Test ●
❶ 내 경험으로 미루어, 나는 학생들이 그들의 선생님을 존경하는 것이 필요하다고 생각한다. (respect)

❷ 내 경험으로 미루어, 나는 높은 나무에 오르는 것은 위험하다고 생각한다. (climb)

123 I personally believe that ... 난 개인적으로 …라고 믿는다

개인적인 믿음이나 신념 등을 언급할 때 유용한 패턴입니다.

I personally believe that poetry is dead.
난 개인적으로 시는 죽었다고 믿는다.

I personally believe that chicken is the most delicious meat.
난 개인적으로 닭고기가 가장 맛있는 고기라고 믿는다.

I personally believe that the judge was wrong to sentence John Rogers to death.
난 개인적으로 판사가 존 로저스에게 사형을 선고한 것이 잘못되었다고 믿는다.

● Test ●
❶ 난 개인적으로 술이 금지되어야 한다고 믿는다. (alcohol, ban)

❷ 난 개인적으로 꿈은 우리에게 전달하려는 메시지를 담고 있다고 믿는다. (for us, contain)

122 From my experience, I think it is necessary for students to respect their teachers.
From my experience, I think it is dangerous to climb tall trees.

123 I personally believe that alcohol should be banned.
I personally believe that dreams contain messages for us.

124 My own point of view is that ...   내 견해는 …라는 것이다

이 패턴 역시 자신의 개인적인 생각이나 견해를 제시할 때 사용하면 좋습니다.

My own point of view is that Madonna is a bad singer.
내 견해는 마돈나가 노래를 잘하지 못한다는 것이다.

My own point of view is that movies are better than TV.
내 견해는 영화가 TV보다 낫다는 것이다.

My own point of view is that Chaucer was actually a priest.
내 견해는 초서가 사실 성직자였다는 것이다.

○ Test ○

❶ 내 견해는 토끼가 사악하다는 것이다. (rabbit, evil)

❷ 내 견해는 춤이 여러분이 장수하도록 돕는다는 것이다. (longer)

125 I suppose that ...   나는 …라고 생각한다

자신의 생각을 제시할 때 사용하는 패턴으로, I think that ...과 마찬가지예요.

I suppose that any fear can be overcome.
나는 어떤 두려움도 극복할 수 있다고 생각한다.

I suppose that television is the most popular form of entertainment.
나는 텔레비전이 가장 인기 있는 오락이라고 생각한다.

I suppose that ancient people worried about many of the same things that we
do today. 나는 고대인들도 우리가 오늘날 걱정하는 것과 똑같은 많은 것들을 걱정했다고 생각한다.

○ Test ○

❶ 나는 자동 무기가 없다면 세상은 더 살기 좋을 거라고 생각한다. (automatic weapon, without, better off)

❷ 나는 대부분의 사람들이 더 짧아진 근무일을 즐길 거라고 생각한다. (work week)

124 My own point of view is that rabbits are evil.
My own point of view is that dancing helps you live longer.

125 I suppose that the world would be better off without automatic weapons.
I suppose that most people would enjoy a shorter work week.

사례에서 결론을 이끌어 낼 때

126 This leads us to believe that ... 이것은 우리로 하여금 …라는 것을 믿게 한다

앞서 든 사례를 통해 어떤 결론을 내릴 때 사용할 수 있는 패턴입니다.

This leads us to believe that obesity contributes to health problems.
이것은 우리로 하여금 비만이 건강 문제에 한몫 한다는 것을 믿게 한다.

This leads us to believe that many urban schools are overcrowded.
이것은 우리로 하여금 많은 도시 학교가 북적거린다는 것을 믿게 한다.

This leads us to believe that the world's population will continue to rise.
이것은 우리로 하여금 세계 인구가 계속 증가할 거라는 것을 믿게 한다.

○ Test ○

❶ 이것은 우리로 하여금 많은 젊은이들이 정치에 관심이 있다는 것을 믿게 한다.

_____

❷ 이것은 우리로 하여금 교사들이 학생들의 삶에 큰 영향을 미칠 수 있다는 것을 믿게 한다.
  (major, have an impact on)

_____

126 This leads us to believe that many young people are interested in politics.
This leads us to believe that teachers can have a major impact on students' lives.

전제나 가정, 또는 조건을 달 때

127 This point can be made by comparing ...

이 논점은 …을 비교함으로써 이뤄졌다

닮았지만 서로 다른 두 개의 비교 대상을 언급할 때 사용하는 패턴으로, 주제를 부각시키는 데 도움을 줍니다.

This point can be made by comparing the two studies.
이 논점은 두 연구를 비교함으로써 이뤄졌다.

This point can be made by comparing Susan's argument with Melissa's.
이 논점은 수잔의 주장을 멜리사의 것과 비교함으로써 이뤄졌다.

This point can be made by comparing the Japanese data with the American data.
이 논점은 일본의 자료와 미국의 자료를 비교함으로써 이뤄졌다.

○ Test ○

❶ 이 논점은 18세기의 병원과 오늘날의 병원을 비교함으로써 이뤄졌다. (eighteenth-century)

❷ 이 논점은 책과 비디오 게임을 비교함으로써 이뤄졌다.

128 Here I am presuming that ...   여기서 나는 …라는 것을 가정한다

글쓴이가 원하는 결론으로 글을 이끌어 내기 위해서는 선행 전제가 필요할 때도 있는데요. 그런 경우에 사용하면 좋은 패턴입니다. presume은 '가정하다'라는 뜻이에요.

Here I am presuming that Einstein was correct.
여기서 나는 아인슈타인이 옳았다는 것을 가정한다.

Here I am presuming that the reader is familiar with Freud.
여기서 나는 독자들이 프로이트를 잘 알고 있다는 것을 가정한다.

Here I am presuming that the laws of gravity do not apply on alien planets.
여기서 나는 중력의 법칙이 외계 행성에는 적용되지 않는다는 것을 가정한다.

○ Test ○

❶ 여기서 나는 천국이 존재한다고 가정한다. (heaven)

❷ 여기서 나는 대부분의 남자들이 춤추는 것을 배우기 두려워한다는 것을 가정한다. (be afraid to)

---

127 This point can be made by comparing eighteenth-century hospitals with today's hospitals.
This point can be made by comparing books with video games.

128 Here I am presuming that heaven exists.
Here I am presuming that most men are afraid to learn to dance.

129 If ..., 만약 …한다면,

아주 익숙한 가정법 표현일 텐데요. 어떤 사실이나 사건을 가정할 때 사용합니다.

If classical music improves concentration, then it should be used in classrooms.
만약 클래식 음악이 집중력을 향상시켜 준다면, 그것은 교실에서 사용되어야 한다.

If a child is interested in math, then he should be encouraged.
만약 아이가 수학에 관심이 있다면, 그를 격려해 줘야 한다.

If not for the discovery of penicillin, then many diseases would still be deadly.
만약 페니실린의 발견이 아니었다면, 많은 질병들이 여전히 치명적일 것이다.

◦ Test ◦

❶ 만약 미국이 독립전쟁을 하지 않았더라면, 여전히 영국의 식민지일 수도 있다.
(Revolutionary War, fight, British colony, might)

❷ 만약 지질과학이 없었더라면, 우리는 지구의 역사에 대해 거의 알지 못했을 것이다. (science of geology, very little)

130 If it is the case that ..., 만약 …하는 경우라면,

특정 상황으로 한정지어 논의를 할 때 사용할 수 있는 패턴입니다. 주로 가능성 있는 상황과, 그 상황에 대한 대처법이나 문제점 등을 제시할 때 유용해요.

If it is the case that most of the universe remains unexplored, then astronomers have much to discover. 만약 우주의 대부분이 미개척 상태로 남아 있는 경우라면, 천문학자들이 발견해야 할 것이 많다.

If it is the case that germs are transferred by shaking hands, then we should be sure to wash our hands regularly.
만약 세균들이 악수에 의해 옮겨지는 경우라면, 우리는 규칙적으로 반드시 손을 씻도록 해야 한다.

If it is the case that the healthiest foods are often the most expensive, then people with low incomes may not be able to afford them.
만약 건강에 가장 좋은 음식들이 종종 가장 비싼 것인 경우라면, 저소득층은 그것들을 살 돈이 없을지도 모른다.

◦ Test ◦

❶ 만약 토네이도가 예측될 수 있는 경우라면, 사람들은 미리 경고를 받을 수 있다.
(tornado, predict, in advance, warn)

❷ 만약 관광 사업이 하와이의 경제에 이바지하는 경우라면, 그것은 장려되어야 한다. (tourism, contribute)

Answer

129 If the United States had not fought the Revolutionary War, it might still be a British colony.
If not for the science of geology, we might know very little about the earth's history.

130 If it is the case that tornadoes can be predicted, then people can be warned in advance.
If it is the case that tourism contributes to Hawaii's economy, then it should be encouraged.

131 Assuming that ..., …라고 가정하고,

어떤 내용을 가정하고 들어갈 때 사용할 수 있는 패턴입니다.

Assuming that reading skills are important, elementary school teachers often assign book reports. 읽기 능력이 중요하다고 가정하고, 초등학교 교사들은 종종 독후감을 내준다.

Assuming that consumers want to save money, many grocery stores send out coupons. 소비자들이 돈을 아끼고 싶어 한다고 가정하고, 많은 식료품점들이 쿠폰을 발행한다.

Assuming that vitamins maintain good health, many people take them daily. 비타민이 건강을 유지시켜 준다고 가정하고, 많은 사람들이 매일 비타민을 복용한다.

○ Test ○

❶ 그 문제가 곧 해결된다고 가정하고, 우리는 앞으로 나아갈 수 있다. (move forward)

❷ 라틴어로만 말하는 잔존 문화는 없다고 가정하고, 그것은 사어(死語)로 알려져 있다.
(remaining culture, dead, be known to)

문제의 접근법을 택한 이유를 설명할 때

---

132 My reasons for taking this approach ...

내가 이 접근법을 택한 이유는 …

어떤 문제에 접근하는 데 있어서 그 방법은 아주 많겠지만 글을 쓸 때 하나의 접근법을 선택할 수밖에 없겠죠. 이때 이 패턴을 사용하여 그런 접근법을 선택한 이유를 설명할 수 있습니다.

My reasons for taking this approach are outlined below.
내가 이 접근법을 택한 이유는 아래에 정리해 두었다.

My reasons for taking this approach are complicated.
내가 이 접근법을 택한 이유는 복잡하다.

My reasons for taking this approach are that it is more efficient and more logical. 내가 이 접근법을 택한 이유는 그것이 더 효율적이고 논리적이기 때문이다.

○ Test ○

❶ 내가 이 접근법을 택한 이유는 비슷한 접근법을 택한 학자가 없었기 때문이다. (no other)

❷ 내가 이 접근법을 택한 이유는 이해하기 쉽다.

---

131 Assuming that the problem is solved soon, we can move forward.
Assuming that there are no remaining cultures that only speak Latin, it is known to be a dead language.

132 My reasons for taking this approach are that no other scholar has taken a similar approach.
My reasons for taking this approach are easy to understand.

글을 일반화하려고 할 때

133 It is easy to generalize about ... …에 대해 일반화하는 것은 쉽다

개별 사례들을 언급한 뒤 일반화하여 나름의 법칙을 발견해 내는 소위 '귀납적' 성격의 글을 쓸 때
유용한 패턴입니다.

It is easy to generalize about racial groups.
인종 그룹에 대해 일반화하는 것은 쉽다.

It is easy to generalize about other cultures.
다른 문화에 대해 일반화하는 것은 쉽다.

It is easy to generalize about people and things they do not know.
사람들과 그들이 모르는 것에 대해 일반화하는 것은 쉽다.

○ Test ○

❶ 사회 계층에 대해 일반화하는 것은 쉽다. (class)

❷ 해적에 대해 일반화하는 것은 쉽다. (pirate)

134 Generally speaking, 일반적으로 말하면,

실험이나 사례들을 바탕으로 일반화시키려고 할 때 유용하게 사용할 수 있는 패턴입니다.

Generally speaking, the test was a success.
일반적으로 말하면, 그 테스트는 성공이었다.

Generally speaking, scientists learn from one another.
일반적으로 말하면, 과학자들은 서로 배운다.

Generally speaking, Nelson Mandela was a courageous man.
일반적으로 말하면, 넬슨 만델라는 용감한 사람이었다.

○ Test ○

❶ 일반적으로 말하면, 통계는 우리가 미래 경향을 예측하는 것을 도울 수 있다. (statistics, trend, predict)

❷ 일반적으로 말하면, 아이들은 충분한 채소를 먹지 않는다. (enough)

133 It is easy to generalize about social class.
It is easy to generalize about pirates.

134 Generally speaking, statistics can help us predict future trends.
Generally speaking, children don't eat enough vegetables.

연구나 사례가 시사하는 바를 언급할 때

135 This implies that ...   이것은 …라는 것을 시사한다

연구나 사례가 시사하는 바 등을 언급할 때 사용할 수 있는 패턴으로, imply가 '내포하다', '시사하다'라는 뜻이죠.

This implies that service animals give handicapped people more freedom.
이것은 장애인을 돕는 동물들이 장애인들에게 더 많은 자유를 주고 있음을 시사한다.

This implies that many government programs lack adequate funding.
이것은 많은 정부 프로그램들에 충분한 자금이 없다는 것을 시사한다.

This implies that there are many differences between reptiles and amphibians.
이것은 파충류와 양서류 사이에 많은 차이가 있다는 것을 시사한다.

○ Test ○

❶ 이것은 유럽의 문화가 고대 로마의 건축물을 이상으로 삼았다는 것을 시사한다. (architecture, idealize)

❷ 이것은 비타민이 아이들을 건강하게 지켜 주는 데 도움을 줄 수 있다는 것을 시사한다. (healthy, keep)

---

135 This implies that European cultures idealized the architecture of the ancient Rome.
This implies that vitamins can help keep children healthy.

136 In order to properly understand ..., …을 잘 이해하기 위해서,

이유나 목적을 통해 자신의 주장이나 제안을 이어나가는 상황에서 사용하면 좋은 패턴입니다.

In order to properly understand one another, we must learn to communicate.
서로 잘 이해하기 위해서, 우리는 의사소통하는 법을 배워야 한다.

In order to properly understand English, you must learn from a native speaker.
영어를 잘 이해하기 위해서, 여러분은 원어민에게 배워야 한다.

In order to properly understand the issue, we must study its background.
그 문제를 잘 이해하기 위해서, 우리는 그것의 배경을 살펴봐야 한다.

● Test ●
❶ 다른 문화를 잘 이해하기 위해서, 우리는 먼저 그것을 경험해 봐야 한다. (firsthand)

❷ 경제를 잘 이해하기 위해서, 여러분은 그 나라의 역사를 먼저 공부해야 한다.

137 There has been much debate about ... …에 대한 열띤 논쟁이 있었다

글의 주제와 관련해 논의의 필요성에 대해 언급할 때 유용한 패턴입니다. 이 문장에 이어 자신의
의견을 피력하면 자연스럽죠.

There has been much debate about whether Hollywood actors are overpaid.
할리우드 배우들이 지나치게 돈을 받는지에 대한 열띤 논쟁이 있었다.

There has been much debate about which video game is best.
어떤 비디오 게임이 최고인가에 대한 열띤 논쟁이 있었다.

There has been much debate about the city park.
도시 공원에 대한 열띤 논쟁이 있었다.

● Test ●
❶ 대학의 새로운 정책에 대한 열띤 논쟁이 있었다.

❷ 티켓 가격 인상에 대한 열띤 논쟁이 있었다. (increase)

136 In order to properly understand another culture, we must experience it firsthand.
In order to properly understand the economy, you must first study the history of the country.

137 There has been much debate about the university's new policy.
There has been much debate about the increase in ticket prices.

138 Paradoxically, 역설적으로,

일반적으로 생각했던 바와 다른 상황이나 결과에 대해 언급할 때 사용하기 적절한 패턴입니다.

Paradoxically, the killer was a woman!
역설적으로, 살인자는 여자였다!

Paradoxically, it never rains in Rainville.
역설적으로, 레인빌에는 절대 비가 오지 않는다.

Paradoxically, the statue was destroyed in a house fire.
역설적으로, 그 동상은 집에 난 화재로 파괴되었다.

◦ Test ◦

❶ 역설적으로, 김 씨는 아이들을 좋아하지 않는다.

❷ 역설적으로, 가장 큰 공룡들은 가장 작은 뇌를 가졌다. (dinosaur)

---

138 Paradoxically, Mr. Kim does not like children.
Paradoxically, the largest dinosaurs had the smallest brains.

139 That is why, in my opinion, 그렇기 때문에 내 의견으로는,

앞서 주장을 뒷받침하는 내용들을 열거하고 난 후, 자신의 주장을 내세울 때 사용하면 좋습니다.

That is why, in my opinion, we must vote against the proposition.
그렇기 때문에 내 의견으로는, 우리는 그 제안에 대해 반대 투표를 해야 한다.

That is why, in my opinion, the cost of health care is too high.
그렇기 때문에 내 의견으로는, 의료 서비스 비용이 너무 비싸다.

That is why, in my opinion, every worker should take a vacation.
그렇기 때문에 내 의견으로는, 모든 근로자들은 휴가를 가야 한다.

◎ Test ◎

❶ 그렇기 때문에 내 의견으로는, 미국은 철도 시스템이 필요하다. (train)

❷ 그렇기 때문에 내 의견으로는, 마이클 존슨은 유죄다. (Michael Johnson)

140 For this purpose, 이런 목적으로,

앞서 언급된 목적으로 인한 수단이나 주장을 연결시키고자 할 때 사용할 수 있는 패턴입니다.

For this purpose, I will summarize prior research.
이런 목적으로, 나는 이전의 연구를 요약할 것이다.

For this purpose, I recommend black pepper.
이런 목적으로, 나는 후추를 추천한다.

For this purpose, let us assume X = Y.
이런 목적으로, X=Y라고 가정해 보자.

◎ Test ◎

❶ 이런 목적으로, 여러분은 여러분의 고양이를 1년에 두 번씩 수의사에게 데려가야 한다. (twice, veterinarian, take)

❷ 이런 목적으로, 베어스 박사는 비닐 장갑을 사용한다. (plastic gloves)

139 That is why, in my opinion, the U.S. needs a train system.
That is why, in my opinion, Michael Johnson is guilty.

140 For this purpose, you should take your cat to the veterinarian twice a year.
For this purpose, Dr. Bears uses plastic gloves.

최고인 점을 언급할 때

141 And best of all, 그리고 그 중 최고는,

뭔가에 대해 긍정적인 평가를 내릴 때, 또는 공헌한 바나 의의를 내리는 부분에서 최고로 꼽을 수 있는 점을 언급할 때 사용할 수 있는 패턴입니다.

And best of all, the discovery of the Rosetta Stone unlocked the meaning of ancient Egyptian hieroglyphics.
그리고 그 중 최고는, 로제타 스톤의 발견이 고대 이집트 상형문자의 의미를 풀어냈다는 것이다.

And best of all, the discovery of penicillin saved countless lives.
그리고 그 중 최고는, 페니실린의 발견이 셀 수 없이 많은 생명을 구했다는 것이다.

And best of all, the Renaissance ushered in a new era in art and architecture.
그리고 그 중 최고는, 르네상스가 예술과 건축의 새 시대를 알렸다는 것이다.

○ Test ○

❶ 그리고 그 중 최고는, 부정적인 결과들이 없다는 것이다. (consequence)

❷ 그리고 그 중 최고는, 우리가 그 문제를 쉽게 풀 수 있다는 것이다.

141 And best of all, there are no negative consequences.
And best of all, we can solve the problem easily.

의미를 명확히 하기 위한 설명을 덧붙일 때

142 ~, by which I mean ...   여기서는 …을 의미한다

글을 쓰다 보면 혼란을 줄 수 있는 부분이 생길 수도 있는데, 이때 이 패턴을 덧붙여 그 의미를 명확히 해주거나 단어를 재정의할 수 있습니다.

~, by which I mean children.
~, 여기서는 아이들을 의미한다.

~, by which I mean the majority of people.
~, 여기서는 대다수의 사람들을 의미한다.

~, by which I mean that she was wrong.
~, 여기서는 그녀가 틀렸음을 의미한다.

● Test ●
❶ ~, 여기서는 여자는 드레스를 입고 남자는 검정옷을 입는 것을 의미한다.

❷ ~, 여기서는 무죄를 의미한다. (innocent)

143 ~, which seems to confirm the idea that ...

~, 그것은 …라는 의견에 쐐기를 박는 것처럼 보이는 것이다

관계대명사의 계속적 용법에 해당하는 which가 활용된 패턴으로, 앞 문장에 대한 부가 설명을 덧붙일 때 사용합니다.

~, which seems to confirm the idea that there is life on other planets.
~, 그것은 다른 행성에 생명체가 있다는 의견에 쐐기를 박는 것처럼 보이는 것이다.

~, which seems to confirm the idea that teachers are underpaid.
~, 그것은 교사들이 급료를 적게 받는다는 의견에 쐐기를 박는 것처럼 보이는 것이다.

~, which seems to confirm the idea that milk is good for you.
~, 그것은 우유가 당신에게 좋다는 의견에 쐐기를 박는 것처럼 보이는 것이다.

● Test ●
❶ ~, 그것은 마법이 존재한다는 의견에 쐐기를 박는 것처럼 보이는 것이다. (magic)

❷ ~, 그것은 그 화재가 고장 난 난로 때문에 발생했다는 의견에 쐐기를 박는 것처럼 보이는 것이다. (broken, cause)

142   ~, by which I mean that the women wear dresses and the men wear black.
　　　~, by which I mean innocent.

143   ~, which seems to confirm the idea that magic exists.
　　　~, which seems to confirm the idea that the fire was caused by a broken stove.

일부의 의견을 제시할 때

144 Some people think that ... 어떤 사람들은 …라고 생각한다

일부 사람들의 의견을 제시할 때 사용하는 패턴입니다.

Some people think that college sports should be eliminated.
어떤 사람들은 대학 스포츠가 사라져야 한다고 생각한다.

Some people think that there should be a separation of church and state.
어떤 사람들은 교회와 주정부가 분리되어야 한다고 생각한다.

Some people think that healthy food tastes bad.
어떤 사람들은 건강 음식이 맛이 없다고 생각한다.

○ Test ○
❶ 어떤 사람들은 세계 평화가 불가능하다고 생각한다. (possible)

❷ 어떤 사람들은 고등 교육이 무료여야 한다고 생각한다. (higher education)

---

144 Some people think that world peace is not possible.
Some people think that higher education should be free.

문제점을 지적할 때

145 It would be negligent not to address ...

…을 다루지 않는 것은 무관심한 것이다

어떤 문제를 그냥 지나치려는 것에 대해 지적할 때 유용한 패턴입니다.

It would be negligent not to address the issue of homelessness.
노숙자 문제를 다루지 않는 것은 무관심한 것이다.

It would be negligent not to address her devotion to God.
신에 대한 그녀의 헌신을 다루지 않는 것은 무관심한 것이다.

It would be negligent not to address the role of the computer.
컴퓨터의 역할을 다루지 않는 것은 무관심한 것이다.

○ Test ○

❶ 프로그램의 성공을 다루지 않는 것은 무관심한 것이다.

❷ 인종주의에 관한 문제를 다루지 않는 것은 무관심한 것이다. (racism)

146 And that doesn't take into account the fact that ...

그리고 그것은 …라는 사실을 고려하지 않는다

다른 사람의 연구나 주장 등의 문제점을 지적할 때 사용하기 적절한 패턴입니다.

And that doesn't take into account the fact that researchers often have personal biases. 그리고 그것은 연구자들이 종종 개인적 편견이 있다는 사실을 고려하지 않는다.

And that doesn't take into account the fact that technology is changing every day. 그리고 그것은 기술이 매일 변하고 있다는 사실을 고려하지 않는다.

And that doesn't take into account the fact that illegal immigration is a controversial topic. 그리고 그것은 불법 이민이 논란의 주제라는 사실을 고려하지 않는다.

○ Test ○

❶ 그리고 그것은 많은 사람들이 의학 용어에 혼란스러워한다는 사실을 고려하지 않는다. (terminology)

❷ 그리고 그것은 그 어느 때보다도 오늘날 더 많은 사람들이 텔레비전을 보고 있다는 사실을 고려하지 않는다.
   (than ever before)

---

145 It would be negligent not to address the program's success.
It would be negligent not to address the problem of racism.

146 And that doesn't take into account the fact that many people are confused by medical terminology.
And that doesn't take into account the fact that more people watch television today than ever before.

어떤 것의 단점을 지적할 때

147 The downside is that ... 단점은 …라는 것이다

어떤 것의 단점을 지적할 때 사용하는 패턴입니다.

The downside is that cheese cake makes you fat.
단점은 치즈 케이크를 먹으면 뚱뚱해진다는 것이다.

The downside is that office work is boring.
단점은 사무직은 지루하다는 것이다.

The downside is that the high taxes discourage spending.
단점은 높은 세금이 소비 의욕을 저하시킨다는 것이다.

○ Test ○
❶ 단점은 오토바이가 위험하다는 것이다. (motorcycle)

❷ 단점은 이혼이 증가하고 있다는 것이다. (increase)

148 One of the most serious drawbacks of ... is that ~
…의 가장 심각한 결점 중 하나는 ~라는 것이다

어떤 것의 심각한 결점을 지적할 때 사용하는 패턴으로, drawback이 '약점', '결점'이라는 뜻이죠.

One of the most serious drawbacks of smoking cigarettes **is that** it causes lung cancer. 흡연의 가장 심각한 결점 중 하나는 그것이 폐암을 유발한다는 것이다.

One of the most serious drawbacks of not attending college **is that** it limits one's career options.
대학에 다니지 않는 것의 가장 심각한 결점 중 하나는 그것이 직업 선택을 제한한다는 것이다.

One of the most serious drawbacks of skydiving **is that** it is dangerous.
스카이다이빙의 가장 심각한 결점 중 하나는 그것이 위험하다는 것이다.

○ Test ○
❶ 자유시장의 가장 심각한 결점 중 하나는 예측이 불가능하다는 것이다. (unpredictable)

❷ 선택적 수술의 가장 심각한 결점 중 하나는 회복이 길고 고통스러울 수 있다는 것이다.
(elective surgery, recovery, painful)

---

147 The downside is that motorcycles are dangerous.
The downside is that divorce is increasing.

148 One of the most serious drawbacks of the free market is that it is unpredictable.
One of the most serious drawbacks of elective surgery is that recovery can be long and painful.

연구의 목적을 밝힐 때

149 This study was developed in response to ...

이 연구는 …에 대한 응답으로 전개되었다

서론이나 본론 도입부에서 연구의 목적을 밝힐 때 사용할 수 있는 패턴입니다.

This study was developed in response to a need for more accurate information.
이 연구는 좀 더 정확한 정보 요구에 대한 응답으로 전개되었다.

This study was developed in response to the results of the previous study.
이 연구는 이전 연구의 결과에 대한 응답으로 전개되었다.

This study was developed in response to last year's investigation.
이 연구는 작년 조사에 대한 응답으로 전개되었다.

⊙ Test ⊙

❶ 이 연구는 의학계의 완전한 자료 요구에 대한 응답으로 전개되었다. (medical community, set of data)

❷ 이 연구는 대중의 강력한 항의에 대한 응답으로 전개되었다. (outcry)

149 This study was developed in response to the medical community's need for a complete set of data.
This study was developed in response to public outcry.

어떤 결과를 보여 줄 때

150 To this end, 이 때문에,

앞서 모든 이유가 설명된 다음, 그에 따른 소결론이 뒤따르게 되는데, 이때 사용하면 좋은 패턴입니다.

To this end, she sold all her belongings.
이 때문에, 그녀는 그녀의 모든 소지품을 팔았다.

To this end, the doctor washed his hands.
이 때문에, 그 의사는 그의 손을 씻었다.

To this end, energy companies are building windmills all over the world.
이 때문에, 에너지 회사들이 전 세계에 풍차를 세우고 있다.

○ Test ○
❶ 이 때문에, 그들은 꽃밭을 만들었다. (flower garden, plant)

❷ 이 때문에, 그 화가는 그의 그림을 기부했다. (painting, donate)

151 In as much as ..., …이므로/ … 때문에

이 패턴이 이끄는 문장이 원인에 해당되며, 이어지는 주절이 그 원인으로 인한 결과가 되죠.

In as much as energy can never be destroyed, we will continue creating it.
에너지는 결코 파괴될 수 없으므로 우리는 계속 그것을 만들어 낼 것이다.

In as much as history has yet to show a better type of government, capitalism seems to work. 역사가 아직 더 좋은 형태의 정부를 보여 주지 못했으므로 자본주의는 잘 돌아가는 것처럼 보인다.

In as much as humans can protect the environment, they should try to do it.
인간은 환경을 보호할 수 있기 때문에 그렇게 하도록 노력해야 한다.

○ Test ○
❶ 더 과학적이기 때문에 이 설명이 더 낫다. (scientific, explanation)

❷ 이 건물은 철거될 수 없으므로 보호받고 있다. (demolish)

---

150 To this end, they planted a flower garden.
To this end, the artist donated his painting.

151 In as much as it is more scientific, this explanation is better.
In as much as this building cannot be demolished, it is protected.

152 In response to ..., ...에 대한 반응으로

사람들 간의 오고 가는 반응이나 사회적 상호 작용 등으로 인한 결과를 보여 줄 때 사용하기 적절한 패턴입니다.

In response to our protest, the program was reexamined.
우리의 항의에 대한 반응으로 그 프로그램은 재검토되었다.

In response to pressure from the public, the mayor resigned.
대중의 압박에 대한 반응으로 시장은 사임했다.

In response to the accusation, Microsoft took the service down.
비난에 대한 반응으로 마이크로 소프트 사는 서비스를 중단했다.

○ Test ○
❶ 우리의 경고에 대한 반응으로 소년들은 그들의 행동을 바꾸었다. (warning, behavior)

❷ 북한의 미사일 실험에 대한 반응으로 대통령은 연설을 했다. (missile, give a speech)

153 Resulting from this ... is ~ 이 ...의 결과는 ~이다

앞서 언급한 논의들을 통해 나온 결과를 보여 주는 패턴입니다.

Resulting from this study **is** the fact that people rely on public transportation.
이 연구의 결과는 사람들이 대중교통에 의존한다는 사실이다.

Resulting from this investigation **is** the fact that insomnia can be dangerous.
이 조사의 결과는 불면증이 위험할 수 있다는 사실이다.

Resulting from this study **is** the idea that animals' behavior is based mostly on instinct. 이 연구의 결과는 동물의 행동이 대부분 본능에 근거한다는 생각이다.

○ Test ○
❶ 이 연구의 결과는 진실은 상대적이라는 생각이다. (research, relative)

❷ 이 전통의 결과는 유월절이다. (Passover holiday)

Answer

152 In response to our warning, the boys changed their behavior.
In response to North Korea's missile test, the president gave a speech.

153 Resulting from this research is the idea that truth is relative.
Resulting from this tradition is the Passover holiday.

사실적인 진술을 할 때

154 In truth, 사실을 말하자면, / 사실대로라면,

실상이 어떠함을 강조할 때 사용할 수 있는 패턴으로, To tell the truth와 마찬가지 의미입니다.

In truth, we all make mistakes.
사실을 말하자면, 우리 모두 실수를 한다.

In truth, people will do anything to survive.
사실을 말하자면, 사람들은 살아남기 위해 무엇이든 할 것이다.

In truth, I want to become a teacher because I like being with children.
사실을 말하자면, 난 선생님이 되고 싶다. 왜냐하면 아이들과 함께 시간을 보내는 것을 좋아하기 때문이다.

○ Test ○

❶ 사실을 말하자면, 미래 실험은 실패할 것 같다. (it, likely)

❷ 사실을 말하자면, 더 많은 사람들이 현금보다 신용카드를 가지고 다닌다. (cash, carry)

---

154 In truth, it is likely that future experiments will fail.
In truth, more people carry credit cards than cash.

155 Because of this, 이 때문에,

앞서 언급된 문제의 원인과 이로 인한 결과나 결론을 이어주는 역할을 합니다.

Because of this, many years of schooling are required to become a doctor.
이 때문에, 박사가 되기 위해서는 수년간 학교를 다녀야 한다.

Because of this, engineers and architects work together on building projects.
이 때문에, 기술자와 건축가가 건축 시공 프로젝트에서 함께 일한다.

Because of this, it has been shown that smoking cigarettes can cause lung cancer. 이 때문에, 흡연이 폐암을 유발할 수 있다는 것이 밝혀졌다.

○ Test ○

❶ 이 때문에, 의료 서비스 비용이 오르고 있다. (rise)

❷ 이 때문에, 음주 운전은 불법이다. (alcohol, influence, under, while)

156 Thus, 따라서

본론이나 결론에서 중간 결론을 지을 때 자주 사용하는 패턴입니다.

Thus, it can be proven that the number of children born with autism has increased. 따라서 자폐를 가지고 태어난 아이들의 수가 증가했다는 것은 입증될 수 있다.

Thus, mystery has always surrounded the assassination of John F. Kennedy.
따라서 미스터리가 늘 존 F. 케네디의 암살을 둘러싸고 있다.

Thus, children who learn to read at an early age are more successful in school.
따라서 어릴 때 읽기를 배우는 아이들이 학교에서 더 우수하다.

○ Test ○

❶ 따라서 과학자들은 매일 새로운 발견을 하고 있다. (make)

❷ 따라서 우리는 어떤 약들은 부작용을 지니고 있다는 것을 알 수 있다. (certain, negative side effect)

155 Because of this, the costs of health care are rising.
Because of this, driving while under the influence of alcohol is illegal.

156 Thus, scientists are making new discoveries every day.
Thus, we can see that certain drugs have negative side effects.

157 Hence, 그래서

앞서 이유를 간단히 제시한 다음, 그 이유에 따른 결론이나 결과를 언급할 때 사용할 수 있습니다.

Hence, more and more people are using cellular phones.
그래서 점점 더 많은 사람들이 핸드폰을 사용하고 있다.

Hence, Lincoln is known as the Great Emancipator.
그래서 링컨은 위대한 해방자로 알려져 있다.

Hence, fewer trees are being used for the production of paper goods.
그래서 더 적은 나무들이 종이 제품 생산을 위해 사용되고 있다.

○ Test ○

❶ 그래서 우리는 그 문제를 더 잘 이해할 수 있었다. (better, be able to)

❷ 그래서 과학자들이 탄탄한 수학 실력을 갖추는 것이 중요하다. (strong, skill)

158 For this reason, 이런 이유로,

주장하는 글에서 앞서 제시한 주장의 근거 등에 따른 결론을 언급할 때 사용할 수 있는 패턴입니다.

For this reason, it is believed that electric cars are better for our environment.
이런 이유로, 전기 자동차가 우리 환경에 더 좋은 것으로 여겨진다.

For this reason, farmers use pesticides to keep their crops free of insects.
이런 이유로, 농부들은 해충으로부터 작물을 보호하기 위해 살충제를 사용한다.

For this reason, life on earth depends on the sun.
이런 이유로, 지구상의 생명체는 태양에 의존한다.

○ Test ○

❶ 이런 이유로, 케냐는 아이들을 위한 무상 공교육 정책을 채택했다. (Kenya, free, adopt)

❷ 이런 이유로, 중앙아메리카에 사는 대부분의 사람들은 스페인어를 말한다. (Central America)

157 Hence, we were able to understand the problem better.
Hence, it is important for scientists to have strong math skills.

158 For this reason, Kenya has adopted a policy of free public education for children.
For this reason, most people living in Central America speak Spanish.

159 I shall argue this point at greater length in ...
나는 이 점을 …에서 더 자세히 논할 것이다

내용이 어렵고 긴 글에서는 독자가 잘 이해할 수 있도록 단계적으로 차근차근 설명해 주는 것이
바람직한데요. 복잡한 얘기까지 가기엔 아직 이른 상황이라면 이 패턴을 사용해서 나중으로 미룰
수 있습니다.

I shall argue this point at greater length in the following pages.
나는 이 점을 다음 페이지들에서 더 자세히 논할 것이다.

I shall argue this point at greater length in chapter five.
나는 이 점을 챕터 5에서 더 자세히 논할 것이다.

I shall argue this point at greater length in part two.
나는 이 점을 파트 2에서 더 자세히 논할 것이다.

○ Test ○

❶ 나는 이 점을 추후 글에서 더 자세히 논할 것이다. (future, article)

❷ 나는 이 점을 다음 단락에서 더 자세히 논할 것이다. (subsequent)

159 I shall argue this point at greater length in future articles.
I shall argue this point at greater length in the subsequent paragraph.

관심을 끄는 화제를 던질 때

160 Much more interesting is ... …은 훨씬 더 흥미롭다

흥미롭다는 점을 강조하기 위해 도치된 문장 형태의 패턴입니다.

Much more interesting is the love story between them.
그들 사이의 사랑 얘기는 훨씬 더 흥미롭다.

Much more interesting is George's affair with his secretary.
조지와 그의 비서 사이의 스캔들은 훨씬 더 흥미롭다.

Much more interesting is the question of inspiration.
영감에 관한 질문은 훨씬 더 흥미롭다.

○ Test ○

❶ 창의력의 문제는 훨씬 더 흥미롭다. (creativity, issue)

❷ 기후 변화의 과학은 훨씬 더 흥미롭다.

161 Of even greater appeal is ... …은 더 호소력이 있다

호소력이 있다는 점을 강조하기 위해 도치된 문장 형태의 패턴입니다.

Of even greater appeal is the democratic system.
민주주의 제도는 더 호소력이 있다.

Of even greater appeal is the artist's fifth painting.
그 화가의 다섯 번째 그림은 더 호소력이 있다.

Of even greater appeal is the theory of evolution.
진화론은 더 호소력이 있다.

○ Test ○

❶ 평화의 개념은 더 호소력이 있다. (concept)

❷ 〈로미오와 줄리엣〉은 학생들에게 더 호소력이 있다. (Romeo and Juliet, schoolchildren)

---

160 Much more interesting is the issue of creativity.
Much more interesting is the science of climate change.

161 Of even greater appeal is the concept of peace.
Of even greater appeal to schoolchildren is *Romeo and Juliet*.

의미 있는 논의를 제시할 때

162 ... made a good point that ~   …는 ~라는 일리 있는 말을 했다

역사적으로 의미 있는 논의를 제시하거나 특정 이론에서 시사점을 도출할 때 유용한 패턴입니다.

Adam Smith **made a good point that** no complaint is more common than that of a scarcity of money.
아담 스미스는 돈의 희소성에 대한 불만보다 더 흔한 불만은 없다는 일리 있는 말을 했다.

Victor Hugo **made a good point that** opening more schools might equate to closing more prisons.
빅터 휴고는 더 많은 학교를 여는 것은 더 많은 교도소를 닫는 것과 같을지도 모른다는 일리 있는 말을 했다.

Benjamin Franklin **made a good point that** haste makes waste.
벤자민 프랭클린은 성급함이 낭비를 만든다는 일리 있는 말을 했다.

○ Test ○

❶ 아리스토텔레스는 모든 사람의 친구는 그 누구의 친구도 아니라는 일리 있는 말을 했다. (Aristotle, to all, to none)

❷ 칼 마르크스는 역사는 반복된다는 일리 있는 말을 했다. (Karl Marx, itself)

162 Aristotle made a good point that a friend to all is a friend to none.
Karl Marx made a good point that history repeats itself.

확신하는 내용을 제시할 때

163 To be sure, 물론,

문장 전체 내용에 대한 강한 확신을 나타내고자 할 때 사용하는 패턴입니다.

To be sure, the world is shrinking.
물론, 세상은 줄어들고 있다.

To be sure, we need to control immigration.
물론, 우리는 이민을 통제해야 한다.

To be sure, the coat was expensive, but he had to have it.
물론, 그 코트는 비쌌지만, 그는 그걸 사야만 했다.

○ Test ○

❶ 물론, 버스를 타는 것이 직장까지 운전하는 것보다는 낫다. (ride, to work)

❷ 물론, 태닝은 피부에 좋지 않다. (bad for)

164 Undoubtedly, 의심할 여지 없이,

역시 문장 전체 내용에 대한 강한 확신을 나타낼 때 사용합니다.

Undoubtedly, the man is qualified for the job.
의심할 여지 없이, 그 남자는 그 일에 적합하다.

Undoubtedly, this is the worst music I've ever heard.
의심할 여지 없이, 이것은 내가 이제껏 들어 본 최악의 음악이다.

Undoubtedly, college is an important experience.
의심할 여지 없이, 대학은 중요한 경험이다.

○ Test ○

❶ 의심할 여지 없이, 정부는 예술을 지원해야 한다.

❷ 의심할 여지 없이, 셰익스피어는 가난했다.

---

163 To be sure, riding the bus is better than driving to work.
To be sure, tanning is bad for the skin.

164 Undoubtedly, the government should support the arts.
Undoubtedly, Shakespeare was poor.

165 Just as surely, 당연히

'확실히', '틀림없이'라는 뜻의 surely가 들어간 패턴으로, 문장 전체 내용을 확신하는 역할을 합니다.

Just as surely, the army invaded Poland.
당연히 군대는 폴란드를 침략했다.

Just as surely, the government will fail to solve the problem.
당연히 정부는 그 문제를 해결하는 데 실패할 것이다.

Just as surely, the imported fish are a threat to the river.
당연히 외래종 어류는 강의 위협 대상이다.

◦ Test ◦
❶ 당연히 시장은 공원을 폐쇄해야만 했다. (mayor, close)

❷ 당연히 사람들은 낙태를 반대한다. (protest)

File 072 ◦ 불필요한 어떤 행위를 언급할 때

---

166 There is no need to ... …할 필요는 없다

어떤 행위에 대해 필요성이 없음을 단정적으로 제시하는 패턴입니다.

There is no need to hurry.
서두를 필요는 없다.

There is no need to discuss it.
그것을 의논할 필요는 없다.

There is no need to demolish the building.
그 건물을 철거할 필요는 없다.

◦ Test ◦
❶ 이것을 상세하게 설명할 필요는 없다. (in detail)

❷ 전쟁을 시작할 필요는 없다. (begin)

Answer

165 Just as surely, the mayor had to close the park.
Just as surely, people protest abortion.

166 There is no need to explain this in detail.
There is no need to begin a war.

여러 국면을 두루 살펴보려고 할 때

167 On the one hand, 한편으론,

어떤 상황을 이런저런 면으로 두루 살펴볼 수 있을 때 사용할 수 있는 패턴입니다.

On the one hand, taxes pay for valuable public services.
한편으론, 세금은 매우 유익한 공공 서비스를 위해 쓰여진다.

On the one hand, people need cars to get from place to place.
한편으론, 사람들은 이곳저곳 다니기 위해 차가 필요하다.

On the one hand, most people do not like paying taxes.
한편으론, 대부분의 사람들은 세금 내는 것을 좋아하지 않는다.

● Test ●
❶ 한편으론, 다른 언어를 배우는 것은 어려울 수 있다.

❷ 한편으론, 패스트푸드는 맛있다. (taste)

168 On the other hand, 다른 한편으론,

어떤 상황이 여러 측면에서 분석될 수 있을 경우, 다른 한 면으로의 입장 전환, 혹은 관점 전환을 할 때 사용할 수 있습니다.

On the other hand, money is not the most important factor.
다른 한편으론, 돈이 가장 중요한 요소는 아니다.

On the other hand, Islam and Christianity have much in common.
다른 한편으론, 이슬람과 기독교는 공통점이 많다.

On the other hand, soldiers returning home from war deserve excellent medical care. 다른 한편으론, 전쟁에서 귀환하는 군인들은 훌륭한 의료 서비스를 받을 만하다.

● Test ●
❶ 다른 한편으론, 다른 언어를 할 줄 아는 것은 이득이 될 수 있다. (beneficial)

❷ 다른 한편으론, 패스트푸드는 대개 건강에 좋지 않다. (usually, healthy)

---

167 On the one hand, learning another language can be difficult.
On the one hand, fast food tastes good.

168 On the other hand, speaking another language can be beneficial.
On the other hand, fast food is usually not healthy.

169 If, on the one hand, it can be said that ..., it can also be said that ~   한편, …라고 얘기할 수 있다면, 또한 ~라고 얘기할 수도 있다

하나의 정해진 사실 없이 여러 측면으로 살펴볼 수 있는 상황에서, 어떤 사람은 A라고 볼 수도 있고 어떤 사람은 B라고 볼 수도 있을 텐데요. 이처럼 양쪽의 입장을 두루 살피며 글을 전개해 나갈 때 사용하기 적절한 패턴입니다.

If, on the one hand, it can be said that dogs make the best pets**, it can also be said that** cats are cleaner.
한편, 개가 최고의 애완동물이라고 얘기할 수 있다면, 또한 고양이는 청소부라고 얘기할 수도 있다.

If, on the one hand, it can be said that life begins at conception**, it can also be said that** life begins four months later.
한편, 삶이 태아에서 시작된다고 얘기할 수 있다면, 또한 4개월 후에 인생이 시작된다고 얘기할 수도 있다.

If, on the one hand, it can be said that dancing is fun**, it can also be said that** it is embarrassing. 한편, 춤이 재미있다고 얘기할 수 있다면, 또한 그것이 당황스럽다고 얘기할 수도 있다.

○ Test ○
❶ 한편, 보리스 박사가 범죄를 저질렀다고 얘기할 수 있다면, 또한 그가 사람들의 목숨을 구했다고 얘기할 수도 있다.
   (commit, save)

❷ 한편, 1969년이 미국 역사상 폭력적인 해였다고 얘기할 수 있다면, 또한 음악에 있어서 훌륭한 해였다고 얘기할 수도 있다. (great)

170 The same is not true for ...   이것은 …에 대해서는 사실이 아니다

앞서 한 가지 사례를 제시한 후, 상반되는 또 다른 사례를 살펴보고자 할 때 사용하는 패턴입니다.

The same is not true for the fifteenth century.
이것은 15세기에 대해서는 사실이 아니다.

The same is not true for honeybees.
이것은 꿀벌에 대해서는 사실이 아니다.

The same is not true for winter.
이것은 겨울에 대해서는 사실이 아니다.

○ Test ○
❶ 이것은 나머지 인도 사람들에 대해서는 사실이 아니다. (rest, population)

❷ 이것은 여성에 대해서는 사실이 아니다.

169 If, on the one hand, it can be said that Dr. Boris committed a crime, it can also be said that he saved people's lives.
        If, on the one hand, it can be said that 1969 was a violent year in U.S. history, it can also be said that it was a great year for music.

170 The same is not true for the rest of India's population.
        The same is not true for women.

171 Perhaps I should also point out the fact that ...

아마도 나는 …라는 사실도 지적해야 할지 모른다

앞서 여러 가지 문제들을 지적한 후, 조심스럽게 또 다른 문제점을 제기할 때 사용하면 좋은 패턴입니다.

Perhaps I should also point out the fact that Costa Rica has no army.
아마도 나는 코스타리카에는 군대가 없다는 사실도 지적해야 할지 모른다.

Perhaps I should also point out the fact that Jesus was a carpenter.
아마도 나는 예수가 목수였다는 사실도 지적해야 할지 모른다.

Perhaps I should also point out the fact that there are many Jewish people in New York City. 아마도 나는 뉴욕에 많은 유대인들이 있다는 사실도 지적해야 할지 모른다.

○ Test ○
❶ 아마도 나는 그녀가 작가와 결혼했다는 사실도 지적해야 할지 모른다.

❷ 아마도 나는 내가 민주당원이라는 사실도 지적해야 할지 모른다.

172 To look at this another way, 이걸 또 다른 식으로 보면,

하나의 현상을 다각도로 분석하려고 할 때 사용하기 적절한 패턴입니다. 예컨대 '복지 예산 증대' 와 관련한 찬반의 입장을 정계, 수혜자 측면, 재정 운용기관 등으로 나눠서 살펴본다든지 할 경우에 유용하죠.

To look at this another way, we are the sons and daughters of very strong people. 이걸 또 다른 식으로 보면, 우리는 매우 강한 사람들의 아들과 딸이다.

To look at this another way, there are many solutions to any problem.
이걸 또 다른 식으로 보면, 어떤 문제이든 많은 해결책이 있다.

To look at this another way, there are too many unknown factors.
이걸 또 다른 식으로 보면, 알려지지 않은 요인들이 너무나 많다.

○ Test ○
❶ 이걸 또 다른 식으로 보면, 매일 4억이 넘는 사람들이 웹사이트를 방문한다. (each day, more than)

❷ 이걸 또 다른 식으로 보면, 90퍼센트의 사람들이 투표하지 않았다.

---

171 Perhaps I should also point out the fact that she married a writer.
Perhaps I should also point out the fact that I am a Democrat.

172 To look at this another way, more than 400 million people visit the website each day.
To look at this another way, ninety percent of the people didn't vote.

약간 무리수를 던지며 주장할 때

173 I would even go so far as to say that ... 나는 심지어 …라고 말하겠다

상황에 따라 약간 무리수를 던지는 것일 수도 있지만 과감히 얘기하고자 할 때 사용하기 적절한 패턴입니다.

I would even go so far as to say that the current economic slump will get worse before it gets better. 나는 심지어 현재의 경제 슬럼프가 회복되기 전에 더 악화될 거라고 말하겠다.

I would even go so far as to say that private cars should be outlawed in big cities. 나는 심지어 대도시에서 자가용은 불법화돼야 한다고 말하겠다.

I would even go so far as to say that cigarette smokers are asking for health problems. 나는 심지어 흡연자들은 건강 문제로 고생을 하게 될 거라고 말하겠다.

◎ Test ◎

❶ 나는 심지어 아인슈타인이 20세기의 가장 위대한 과학자였다고 말하겠다. (Einstein)

❷ 나는 심지어 세상에는 언제나 종교적 갈등이 있을 거라고 말하겠다. (religious)

173 I would even go so far as to say that Einstein was the greatest scientist of the twentieth century.
I would even go so far as to say that there will always be religious conflict in the world.

Answer

174 The first argument suggests that ... 첫 번째 주장은 …라고 말한다

다른 사람의 주장을 인용하고 싶을 때 사용하는 패턴입니다.

The first argument suggests that the author was racist.
첫 번째 주장은 그 작가가 인종주의자였다고 말한다.

The first argument suggests that the election was rigged.
첫 번째 주장은 그 선거가 조작되었다고 말한다.

The first argument suggests that Harriet Tubman was a man.
첫 번째 주장은 헤리엇 터브만이 남자였다고 말한다.

○ Test ○
❶ 첫 번째 주장은 초콜릿이 영양가 있다고 말한다. (nutritious)

❷ 첫 번째 주장은 기도가 무지개를 발생시킨다고 말한다. (prayer, cause)

175 While the second argument suggests that ...

반면, 두 번째 주장은 …라고 말한다

다른 사람의 주장을 인용할 때, 특히 첫 번째 주장과 상반되는 내용의 주장일 경우에 사용합니다.

While the second argument suggests that homosexuality is unnatural.
반면, 두 번째 주장은 동성애는 부자연스럽다고 말한다.

While the second argument suggests that the election was legal.
반면, 두 번째 주장은 그 선거는 합법적이었다고 말한다.

While the second argument suggests that she was a former slave.
반면, 두 번째 주장은 그녀는 이전 노예였다고 말한다.

○ Test ○
❶ 반면, 두 번째 주장은 초콜릿이 당신에게 좋지 않다고 말한다. (bad for)

❷ 반면, 두 번째 주장은 무지개는 빛과 물에 의해 생긴다고 말한다. (cause)

---

174 The first argument suggests that chocolate is nutritious.
The first argument suggests that prayer causes rainbows.

175 While the second argument suggests that chocolate is bad for you.
While the second argument suggests that rainbows are caused by light and water.

176 In the second place, 두 번째로, / 다음으로,

두 번째 주장을 제시할 때 사용할 수 있는 패턴입니다.

In the second place, if the army does not retreat, it will be destroyed.
두 번째로, 군이 퇴각하지 않는다면, 그것은 파괴될 것이다.

In the second place, he was wrong about many things.
두 번째로, 그는 많은 것들에 대해 잘못했다.

In the second place, our tools were broken.
두 번째로, 우리의 도구들은 망가졌다.

◎ Test ◎

❶ 두 번째로, 지난 2주간 매일 비가 내렸다. (past)

❷ 두 번째로, 그 사실은 입증될 수 없다.

상대방의 반론을 원천봉쇄하고자 할 때

---

177 Many of us may ask ... 우리들 중 다수가 …을 물을지도 모른다

자신의 주장에 대해 후에 제기될 수 있는 반론을 사전에 막고자 할 때 아주 유용한 패턴입니다.

Many of us may ask what we can do to repair the forest.
우리들 중 다수가 삼림을 되살리기 위해 우리가 무엇을 할 수 있는지를 물을지도 모른다.

Many of us may ask our senators about the bill.
우리들 중 다수가 우리의 상원의원에게 법안에 대해 물을지도 모른다.

Many of us may ask what the point of the program is.
우리들 중 다수가 그 프로그램의 요지가 무엇인지를 물을지도 모른다.

◎ Test ◎

❶ 우리들 중 다수가 얼마나 오래 우리가 해결책을 기다려야 하는지를 물을지도 모른다. (will)

❷ 우리들 중 다수가 다른 이들을 위해 우리가 무엇을 할 수 있는지를 물을지도 모른다.

Answer

176 In the second place, it has rained every day for the past two weeks.
In the second place, the fact cannot be proven.

177 Many of us may ask how long we will have to wait for a solution.
Many of us may ask what we can do for others.

178 Nevertheless, one should accept that ...

그럴지만, …라는 것을 받아들여야 한다

nevertheless는 '그럴지만', '그럼에도 불구하고'라는 뜻의 부사입니다. 앞서 살펴본 상황에도 불구하고 어떤 사실을 받아들이도록 조언할 때 사용할 수 있는 패턴이에요.

Nevertheless, one should accept that time travel is impossible.
그럴지만, 시간 여행이 불가능하다는 것을 받아들여야 한다.

Nevertheless, one should accept that skiing is dangerous.
그럴지만, 스키가 위험하다는 것을 받아들여야 한다.

Nevertheless, one should accept that religion often causes war.
그럴지만, 종교가 종종 전쟁을 일으킨다는 것을 받아들여야 한다.

○ Test ○
❶ 그럴지만, 우주가 유한하다는 것을 받아들여야 한다. (finite)

❷ 그럴지만, 예수가 존재했다는 것을 받아들여야 한다. (Jesus)

179 One must admit that ...   …라는 것을 인정해야 한다

사람들이 모두 수긍할 만한 일반적인 얘기에 대해 사용할 수 있는 패턴입니다. must는 원래 '…해야 한다'는 의미지만, 여기서는 다들 동의할 것이라는 전제가 깔려 있죠.

One must admit that he was a genius.
그가 천재였다는 것을 인정해야 한다.

One must admit that she has a sense of humor.
그녀가 유머 감각이 있다는 것을 인정해야 한다.

One must admit that power corrupts people.
권력이 사람을 타락시킨다는 것을 인정해야 한다.

○ Test ○
❶ 상황이 결국에는 좋아졌다는 것을 인정해야 한다. (eventually, improve)

❷ 그의 근로 조건이 열악했다는 것을 인정해야 한다. (poor)

---

178 Nevertheless, one should accept that the universe is finite.
Nevertheless, one should accept that Jesus existed.

179 One must admit that the situation eventually improved.
One must admit that his working conditions were poor.

180　One should always remember that ... ...라는 것을 늘 명심해야 한다

글 전체에서 말하고자 하는 바를 that 이하에 넣어 강조할 수 있습니다. 특히 다른 사람을 설득하는 글의 마지막 부분에서 자주 사용되죠.

One should always remember that people are more alike than different.
사람들은 서로 다른 점보다는 닮은 점이 더 많다는 것을 늘 명심해야 한다.

One should always remember that people are basically good.
사람들은 근본적으로 착하다는 것을 늘 명심해야 한다.

One should always remember that safety is important.
안전이 중요하다는 것을 늘 명심해야 한다.

◎ Test ◎

❶ 아기들은 끊임없는 관심을 필요로 한다는 것을 늘 명심해야 한다. (constant, attention)

❷ 높은 가격이 고급 품질을 의미하지는 않는다는 것을 늘 명심해야 한다. (high)

181　One should, however, not forget that ...

하지만 ...라는 것을 잊어서는 안 된다

역시 글 전체에서 말하고자 하는 바를 that 이하에 넣어 강조할 수 있는데요. 특히 다른 사람을 설득하는 글의 본론에서 주제 의식을 다시 한 번 강조하면서 마무리하고자 할 때 유용합니다.

One should, however, not forget that children need guidance.
하지만 아이들은 지도가 필요하다는 것을 잊어서는 안 된다.

One should, however, not forget that mathematics is the language of science.
하지만 수학은 과학의 언어라는 것을 잊어서는 안 된다.

One should, however, not forget that ours is one of the best universities in the country. 하지만 우리 학교가 이 나라에서 최고의 대학 중 하나라는 것을 잊어서는 안 된다.

◎ Test ◎

❶ 하지만 러시아가 초강대국이라는 것을 잊어서는 안 된다. (superpower)

❷ 하지만 그 문제가 매우 복잡하다는 것을 잊어서는 안 된다. (issue, complex)

182 We must distinguish carefully between ... and ~

우리는 …과 ~을 신중하게 구별해야 한다

본론 초반부에 헷갈릴 수 있는 용어나 개념 등을 설명해 주면서 사용할 수 있는 패턴입니다.

We must distinguish carefully between right **and** wrong.
우리는 옳고 그름을 신중하게 구별해야 한다.

We must distinguish carefully between moral **and** immoral activities.
우리는 도덕적인 행위와 비도덕적인 행위를 신중하게 구별해야 한다.

We must distinguish carefully between what politicians say **and** what they do.
우리는 정치인들이 말하는 것과 그들이 행하는 것을 신중하게 구별해야 한다.

○ Test ○
❶ 우리는 돈을 쓰는 것과 투자하는 것을 신중하게 구별해야 한다.

❷ 우리는 우리가 필요한 것과 우리가 원하는 것을 신중하게 구별해야 한다.

183 But don't take my word for it;   그러나 내 말을 그대로 받아들이지 마라;

자신의 주장을 제시했지만 독자에게 독자 스스로의 입장을 가지기를 권고하는 패턴입니다.

But don't take my word for it; see for yourself.
그러나 내 말을 그대로 받아들이지 마라; 직접 확인하라.

But don't take my word for it; do your own research.
그러나 내 말을 그대로 받아들이지 마라; 스스로 탐구하라.

But don't take my word for it; others have written on this topic as well.
그러나 내 말을 그대로 받아들이지 마라; 다른 이들도 이 주제에 관해 썼다.

○ Test ○
❶ 그러나 내 말을 그대로 받아들이지 마라; 이 문제에 관한 다음 공개 토론에 참석하라. (public debate)

❷ 그러나 내 말을 그대로 받아들이지 마라; 그 주제에 관해 출판된 다른 글들 중 어떤 것이라도 읽어라. (article)

---

182 We must distinguish carefully between spending and investing.
We must distinguish carefully between what we need and what we want.

183 But don't take my word for it; attend the next public debate on this question.
But don't take my word for it; read any of the other articles that have been published on the subject.

184 We must take ... on its own terms

우리는 그 자체의 논리로 …을 받아들여야 한다

독자로 하여금 오해하지 않도록 의미를 분명히 해주고자 할 때 주로 사용하게 되는 패턴입니다. 여러 가지 논의를 하다 보면 개념이 이리저리 뒤섞이는 경우도 많기 때문에 그런 점을 경계하는 것이죠.

We must take the field of computer science **on its own terms**.
우리는 그 자체의 논리로 컴퓨터 과학 분야를 받아들여야 한다.

We must take the theory of evolution **on its own terms**.
우리는 그 자체의 논리로 진화론을 받아들여야 한다.

We must take the matter **on its own terms**.
우리는 그 자체의 논리로 그 사안을 받아들여야 한다.

○ Test ○
❶ 우리는 그 자체의 논리로 그 문제를 받아들여야 한다.

❷ 우리는 그 자체의 논리로 이 놀라운 진보의 의미를 받아들여야 한다. (breakthrough, implication)

185 One should note here that ...   여기서 …라는 것을 유념해야 한다

글의 중간부에서 중요한 점을 다시 강조할 때, 또는 독자가 오해할지도 모르는 부분에서 추가 설명을 덧붙일 때 사용할 수 있는 패턴입니다.

One should note here that the Berlin Wall was demolished in 1989.
여기서 베를린 장벽이 1989년에 무너졌다는 것을 유념해야 한다.

One should note here that Art Deco designs originated in the 1920s.
여기서 아르데코 디자인이 1920년대에 생겨났다는 것을 유념해야 한다.

One should note here that the sun is the center of our solar system.
여기서 태양이 우리 태양계의 중심이라는 것을 유념해야 한다.

○ Test ○
❶ 여기서 사유지 침입이 불법이라는 것을 유념해야 한다. (private property, trespassing)

❷ 여기서 성경이 역대 가장 많이 팔린 책이라는 것을 유념해야 한다. (of all time, highest)

Answer

184 We must take the problem on its own terms.
We must take the implication of this breakthrough on its own terms.

185 One should note here that trespassing on private property is illegal.
One should note here that the Bible is the highest selling book of all time.

이전 연구의 한계점을 지적할 때

186 However, the study is limited in that ...

그러나 그 연구는 …라는 점에서 한계를 가진다

동일한 주제의 선행 연구에 대한 반성, 그에 따른 연구의 필요성 등을 제시하고자 할 때 유용한 패턴입니다.

However, the study is limited in that it did not describe the researcher's methodology. 그러나 그 연구는 연구원들의 방법론을 기술하지 않았다는 점에서 한계를 가진다.

However, the study is limited in that it cannot be applied in another environment. 그러나 그 연구는 다른 환경에는 적용될 수 없다는 점에서 한계를 가진다.

However, the study is limited in that its findings cannot be validated. 그러나 그 연구는 연구 결과가 입증될 수 없다는 점에서 한계를 가진다.

○ Test ○

❶ 그러나 그 연구는 참여자들이 너무 많은 정보를 얻었다는 점에서 한계를 가진다. (participant, give)

❷ 그러나 그 연구는 다양한 외부의 힘을 고려하지 않는다는 점에서 한계를 가진다.
(a variety of, external, take into account)

---

186 However, the study is limited in that the participants were given too much information.
However, the study is limited in that it does not take into account a variety of external forces.

187 Indeed, 실제로,

주장한 내용을 현 사실과 연결시켜 강조하고자 할 때 사용하기 적절한 패턴입니다.

Indeed, this is the case.
실제로, 이것은 그 경우에 해당된다.

Indeed, she became a teacher.
실제로, 그녀는 선생님이 되었다.

Indeed, atoms are the building blocks of life.
실제로, 원자들은 생명의 건축재이다.

● Test ●

❶ 실제로, 손글씨는 사라진 예술이다. (lost)

❷ 실제로, 세상은 더 많은 예술가들을 필요로 한다.

188 In fact, 사실,

조심스럽게 어떤 사실을 밝히거나 방금 언급한 말에 대해 자세한 내용을 덧붙이고자 할 때 사용할 수 있는 패턴입니다.

In fact, mathematics is an important field.
사실, 수학은 중요한 분야이다.

In fact, the earth is getting cooler.
사실, 지구는 점점 더 차가워지고 있다.

In fact, light affects mood.
사실, 조명이 분위기에 영향을 미친다.

● Test ●

❶ 사실, 마빈은 지역 레스토랑의 주방장이었다. (Marvin, local)

❷ 사실, 많은 종교들은 사후 세계를 믿는다. (life after death)

---

187 Indeed, handwriting is a lost art.
Indeed, the world needs more artists.

188 In fact, Marvin was a chef at the local restaurant.
In fact, many religions believe in life after death.

189 In reality, it is found that ... 실제로는, …라는 것이 밝혀졌다

이론과 현실 사이의 상관 관계(이론과 현실의 일치/불일치) 등을 밝힐 때 유용한 패턴입니다.

In reality, it is found that this is not the case.
실제로는, 이것이 그 경우에 해당되지 않는다는 것이 밝혀졌다.

In reality, it is found that prayer soothes the mind.
실제로는, 기도가 마음을 진정시킨다는 것이 밝혀졌다.

In reality, it is found that some people are naturally smarter than others.
실제로는, 어떤 사람들은 원래 다른 사람들보다 조금 더 똑똑하다는 것이 밝혀졌다.

◎ Test ◎

❶ 실제로는, 많은 가게들이 파손된 제품들을 판다는 것이 밝혀졌다. (broken)

❷ 실제로는, 심술궂은 아이들이 그들의 부모에 의해 종종 학대받는다는 것이 밝혀졌다. (mean, abuse)

190 The fact is that ... 사실은 …라는 것이다

충격적인 사실 등을 드라마틱하게 밝히고 싶을 때 자주 사용하는 패턴입니다.

The fact is that no one informed me of the schedule change.
사실은 그 어느 누구도 내게 스케줄 변경에 대해서 알려주지 않았다는 것이다.

The fact is that there is not enough money in the budget.
사실은 예산안에 충분한 돈이 책정되어 있지 않다는 것이다.

The fact is that the Chicago Bulls beat the L.A. Lakers.
사실은 시카고 불스가 L.A. 레이커스를 이겼다는 것이다.

◎ Test ◎

❶ 사실은 실업률이 지속적으로 상승한다는 것이다. (rise)

❷ 사실은 아이들이 그들의 부모에게 거짓말을 했다는 것이다.

189 In reality, it is found that many stores sell broken products.
In reality, it is found that mean children are often abused by their parents.

190 The fact is that the unemployment rate continues to rise.
The fact is that the children lied to their parents.

보충 설명 후 글의 요지로 되돌아갈 때

191 To return to an earlier point, 이전의 요지로 돌아가서,

보다 폭넓은 이해를 돕기 위해 자세한 설명을 하거나 내용을 덧붙여 설명하다가 다시 글의 요지로 돌아갈 때 사용하는 패턴입니다.

To return to an earlier point, dogs can be trained to do many things.
이전의 요지로 돌아가서, 개는 많은 것을 하도록 훈련받을 수 있다.

To return to an earlier point, the outcome of World War I led to the outbreak of World War II. 이전의 요지로 돌아가서, 제 1차 세계 대전의 결과는 제 2차 세계 대전의 발발을 이끌었다.

To return to an earlier point, the world's rainforests should be protected.
이전의 요지로 돌아가서, 세계의 열대 우림은 보호되어야 한다.

◦ Test ◦

❶ 이전의 요지로 돌아가서, 환경은 반드시 보호되어야 한다.

❷ 이전의 요지로 돌아가서, 커피는 다량의 카페인을 함유하고 있다. (large amounts of)

---

191 To return to an earlier point, the environment must be protected.
To return to an earlier point, coffee contains large amounts of caffeine.

192 As for ..., …라면,

어떤 것에 한정지어 의견을 제시할 때 사용하는 패턴입니다. 예컨대 아래 예처럼 As for me라고 하면 '나라면', '나에 관한 한'이란 뜻으로, 어떤 의견이나 논제를 자신에게로 한정시키게 되는 거죠.

As for me, I'd rather stay single.
나라면, 차라리 싱글로 남겠다.

As for coffee, Brazil produces the best.
커피라면, 브라질산이 최고다.

As for Chicago, there are many good restaurants.
시카고라면, 좋은 식당들이 많이 있다.

○ Test ○
❶ 결혼이라면, 평등한 동반자 관계가 되어야 한다고 생각한다. (partnership)

❷ 야구라면, 베이브 루스가 최고의 선수였다는 데 동의한다. (Babe Ruth)

193 As to ..., …에 대해서(는),

앞서 얘기하던 화제에서 다른 화제로 옮겨 갈 때 사용할 수 있는 패턴입니다.

As to law school, I'm not sure I want to go.
로스쿨에 대해서, 난 가고 싶은지 확신이 없다.

As to swimwear, I prefer bikinis.
수영복에 대해서, 난 비키니를 더 좋아한다.

As to her children, Ms. Mason replied, "They are doing well."
그녀의 아이들에 대해서, 메이슨 씨는 "그들은 잘하고 있어요."라고 대답했다.

○ Test ○
❶ 인류의 미래에 대해서, 난 큰 희망을 가지고 있다. (mankind, great)

❷ 질병의 예방에 대해서, 낙관적이 되도록 하자. (prevention, optimistic)

---

192 As for marriage, I think it should be an equal partnership.
As for baseball, I agree that Babe Ruth was the best player.

193 As to the future of mankind, I have great hope.
As to the prevention of disease, let us be optimistic.

194 With respect to ..., ...에 관해서(는),

앞서 소개한 As to ...와 마찬가지로 다른 화제로 옮겨 갈 때 사용할 수 있습니다.

With respect to French cooking, Julia Child was a master.
프랑스 요리에 관해서는, 줄리아 차일드가 장인이었다.

With respect to architecture, Wright was a pioneer.
건축에 관해서는, 라이트가 선구자였다.

With respect to dance, Fred Astaire is a legend.
춤에 관해서는, 프레드 아스테어가 전설의 인물이다.

○ Test ○

❶ 우리의 한정된 예산에 관해서는, 이 지출이 불필요하다. (limited, expense)

❷ 그녀의 작품에 관해서, 클라라 바턴은 꾸준했다. (Clara Barton, tireless)

195 Regarding ..., ...에 관해서,

격식을 차리는 글을 쓸 때 꼭 등장하는 패턴 중 하나입니다.

Regarding diet, one should try to eat fresh fruits and vegetables.
식이요법에 관해서, 신선한 과일과 채소를 먹으려고 노력해야 한다.

Regarding slavery, I think the U.S. was right to end it.
노예제에 관해서, 나는 미국이 그것을 끝낸 것이 옳았다고 생각한다.

Regarding the production of toys, we should be more careful.
장난감의 제조에 관해서, 우리는 좀 더 신중해야 한다.

○ Test ○

❶ 지구 온난화에 관해서, 나는 몇 가지 이론을 가지고 있다. (several)

❷ 빈곤 문제에 관해서, 긍정적이 되도록 하자. (poverty, issue)

Answer

194 With respect to our limited budget, this expense is unnecessary.
With respect to her work, Clara Barton was tireless.

195 Regarding global warming, I have several theories.
Regarding the issue of poverty, let us be positive.

196 With regard to ..., …에 관해서,

주제를 환기시키고자 할 때 유용하게 사용할 수 있는 패턴입니다.

With regard to the lunch break, no employee should leave the office before 11:30.
점심 시간에 관해서, 어떤 직원도 11시 30분 전에 사무실을 나가서는 안 된다.

With regard to the issue of nuclear weapons, there is no right and wrong.
핵무기 문제에 관해서, 옳고 그름은 없다.

With regard to literature, the prize should be given to Annie.
문학에 관해서, 그 상은 애니에게 주어져야 한다.

◉ Test ◉
❶ 출석에 관해서, 학생들은 매일 수업에 반드시 참석해야 한다. (attendance, be sure to, come)

❷ 이 문제에 관해서, 우리는 신중하게 고찰해야 한다. (matter, consider)

197 As far as ... is concerned, …에 관한 한,

조건이나 한계 등을 명확히 할 때 유용한 패턴입니다. 즉 이 패턴 뒤에 이어지는 문장에서 언급될 어떤 사실이 일반적으로 모두에 통하는 것이 아니라 패턴에서 언급된 조건하에서만 해당된다는 것이죠.

As far as politics **is concerned,** we must always expect there to be disagreement.
정치에 관한 한, 우린 항상 불일치가 있을 것으로 예상해야 한다.

As far as cheese **is concerned,** Vermont makes the best.
치즈에 관한 한, 버몬트가 가장 잘 만든다.

As far as mathematics **is concerned,** Dr. Jordan is a genius.
수학에 관한 한, 조던 박사가 천재이다.

◉ Test ◉
❶ 패션에 관한 한, 난 관심 없다. (uninterested)

❷ 런던에 관한 한, 난 언제나 그 도시가 너무 크다고 느껴 왔다. (large)

196 With regard to attendance, students should be sure to come to class each day.
With regard to this matter, we should consider carefully.

197 As far as fashion is concerned, I am uninterested.
As far as London is concerned, I have always felt that the city is too large.

198 And yet, 그럼에도,

아직 끝나지 않은 문제에 대해 언급하고자 할 때 사용할 수 있는 패턴입니다.

And yet, scientists do not agree on these issues.
그럼에도, 과학자들은 이들 문제에 동의하지 않는다.

And yet, many researchers have been unable to see a connection between the two phenomena. 그럼에도, 많은 연구원들은 두 현상 사이의 연관성을 발견하지 못했다.

And yet, many students have no interest in studying economics.
그럼에도, 많은 학생들이 경제학을 공부하는 데 흥미가 없다.

◉ Test ◉

❶ 그럼에도, 사람들은 여전히 차를 구매하고 있다.

❷ 그럼에도, 천연가스 비용은 최근 몇 년간 상승했다. (in recent years, rise)

198 And yet, people are still buying cars.
And yet, the cost of natural gas has risen in recent years.

Answer

상반되는 주장이나 내용을 제시할 때

199 Although I sometimes ...,   이따금씩 난 …하지만,

'때때로'라는 뜻의 sometimes는 주장하는 글에서 자신의 주장을 완곡하게 표현하기 위한 수단으로 자주 쓰이는 말입니다. 여기서는 although와 함께 쓰여 한정적인 의미를 나타내죠.

Although I sometimes doubt the usefulness of this plan, I think we should discuss it. 이따금씩 난 이 계획의 유용성을 의심하지만, 우리가 그것에 대해 논의해야 한다고 생각한다.

Although I sometimes go to McDonalds, I never go to Burger King.
이따금씩 난 맥도날드에 가지만, 버거킹에는 절대 가지 않는다.

Although I sometimes write fiction, I usually write poetry.
이따금씩 난 소설을 쓰기도 하지만, 대개는 시를 쓴다.

○ Test ○
❶ 이따금씩 난 프랭크 옆에 있으면 불편하지만, 그가 호의를 가지고 있는 걸 알고 있다.
   (around, uncomfortable, mean well)

❷ 이따금씩 난 면도를 하지만, 턱수염 기르는 걸 더 좋아한다. (shave one's face, have a beard)

200 Nonetheless, many people believe that ...
그럼에도, 많은 사람들은 …라고 생각한다

주장과 상반되는 내용이 있긴 하지만 잠정적인 결론을 내릴 때 사용하는 패턴입니다.

Nonetheless, many people believe that it is important to make large amounts of money. 그럼에도, 많은 사람들은 돈을 아주 많이 버는 것이 중요하다고 생각한다.

Nonetheless, many people believe that bay leaves are poisonous.
그럼에도, 많은 사람들은 월계수 잎이 유독하다고 생각한다.

Nonetheless, many people believe that rock music is evil.
그럼에도, 많은 사람들은 록 음악이 나쁘다고 생각한다.

○ Test ○
❶ 그럼에도, 많은 사람들은 노란색이 예쁜 색이라고 생각한다.

❷ 그럼에도, 많은 사람들은 운동이 지루하다고 생각한다. (exercise)

199 Although I sometimes feel uncomfortable around Frank, I know that he means well.
     Although I sometimes shave my face, I prefer to have a beard.

200 Nonetheless, many people believe that yellow is a pretty color.
     Nonetheless, many people believe that exercise is boring.

201 Thus, although it is true that ... 따라서 …이 사실일지라도,

결론을 내는 데 있어 거슬리는 사실이긴 하지만 그 사실이 결론에 큰 영향을 끼치지는 않을 거라는 의미에서 사용하는 패턴입니다. 즉 그런 사실이 있음에도 잠정적인 결론을 내릴 수 있는 경우에 쓸 수 있는 거죠.

Thus, although it is true that few people have swimming pools, many people know how to swim.
따라서 수영장을 가지고 있는 사람이 거의 없다는 것이 사실일지라도, 많은 사람들이 수영하는 법을 알고 있다.

Thus, although it is true that dogs are allowed in the park, they are not particularly welcomed. 따라서 개가 공원에 들어올 수 있는 것이 사실일지라도, 특별히 환영받지는 않고 있다.

Thus, although it is true that fish is a healthy food, I don't like it.
따라서 생선이 건강 식품이라는 것이 사실일지라도, 나는 그것을 좋아하지 않는다.

○ Test ○
❶ 따라서 페이스북이 유용하다는 것이 사실일지라도, 친구들을 직접 만나는 것만은 못하다. (face-to-face, as good as)

❷ 따라서 그가 유죄라는 것이 사실일지라도, 그가 감옥에 가야 한다고는 생각지 않는다. (go to prison)

202 Rather, 오히려,

앞서 말한 내용과 다르거나 반대되는 얘기를 꺼내게 될 때 사용하기 적절한 패턴입니다.

Rather, the universe is expanding.
오히려, 우주는 팽창 중이다.

Rather, he made the table out of oak.
오히려, 그는 오크로 테이블을 만들었다.

Rather, the director gave the part to Susan.
오히려, 감독은 수잔에게 그 역할을 주었다.

○ Test ○
❶ 오히려, 그 주장은 설득력이 없고 부적절하다. (weak, faulty)

❷ 오히려, 그 문제는 복잡하다. (problem)

201 Thus, although it is true that Facebook is useful, it is not as good as meeting friends face-to-face.
Thus, although it is true that he is guilty, I don't think he should go to prison.

202 Rather, the argument is weak and faulty.
Rather, the problem is complicated.

독자의 가능성을 인정해 줄 때

203 Of course, you can ... 물론, 여러분은 …할 수 있다

본론의 주로 뒷부분에서 앞서 충분히 논의한 바를 바탕으로 독자의 가능성을 비추어 보는 패턴입니다.

Of course, you can believe what you choose to.
물론, 여러분은 여러분이 선택하는 것을 믿을 수 있다.

Of course, you can form your own conclusion.
물론, 여러분은 여러분 자신의 결론을 내릴 수 있다.

Of course, you can decide for yourself.
물론, 여러분은 여러분 자신을 위해 결정할 수 있다.

○ Test ○

❶ 물론, 여러분은 결과가 어떨지 알 수 있다. (what, would, see)

❷ 물론, 여러분은 내 근심을 이해할 수 있다. (concern)

---

203 Of course, you can see what the results would be.
Of course, you can understand my concern.

설명을 덧붙일 때

204 Moreover, 게다가

앞 내용에 이어 설명을 추가하고자 할 때 사용하는 패턴입니다.

Moreover, I have tried to be kind.
게다가 난 친절하려고 노력해 왔다.

Moreover, no one should be forced to marry.
게다가 누구도 결혼하도록 강요받아서는 안 된다.

Moreover, there were simply too many riders on the bus.
게다가 버스에 타는 사람이 너무 많았다.

○ Test ○

❶ 게다가 나는 우리가 우리의 지도자들이 새로운 법안을 지지하도록 촉구하길 원한다. (bill, urge)

❷ 게다가 통계학은 사기적일 수 있다. (statistics, deceiving)

205 Furthermore, 더욱이

앞서 소개한 Moreover와 마찬가지로 부연하는 상황에서 사용하기 적절한 패턴입니다.

Furthermore, you will not be allowed to attend the ceremony.
더욱이 당신은 그 의식에 참석하지 못할 것이다.

Furthermore, we are responsible for our children's behavior.
더욱이 우리는 우리 아이들의 행동에 책임을 져야 한다.

Furthermore, I think it is important that a husband and a wife are best friends.
더욱이 나는 부부가 가장 좋은 친구라는 것이 중요하다고 생각한다.

○ Test ○

❶ 더욱이 커피는 차보다 맛이 좋다. (taste)

❷ 더욱이 스티븐스 씨는 범죄 현장에 있었다. (at the site)

206 Further, 더 나아가서,

부연이나 심화적인 설명을 할 때 사용합니다.

Further, the waiter dropped the plates.
더 나아가서, 그 웨이터는 접시를 떨어뜨렸다.

Further, the teacher lied to his student.
더 나아가서, 그 선생님은 그의 학생에게 거짓말을 했다.

Further, the scientist failed to report his findings.
더 나아가서, 그 과학자는 그의 연구 결과를 보고하는 데 실패했다.

○ Test ○

❶ 더 나아가서, 우리는 우리의 일상생활에서 친절을 연습해야 한다. (everyday lives, kindness)

❷ 더 나아가서, 그 목수는 지붕을 덮는 것을 깜빡했다. (carpenter, put on)

207 What is more, 게다가

역시 부연 설명을 할 때 사용하는 패턴으로, more를 통해 뒤에 이어지는 내용이 강조되는 효과가 있죠.

What is more, the lawyer broke the law.
게다가 그 변호사는 법을 어겼다.

What is more, it won't solve the problem.
게다가 그것은 문제를 해결하지 않을 것이다.

What is more, they have found several errors.
게다가 그들은 몇 가지 오류를 발견했다.

○ Test ○

❶ 게다가 과학자들이 나에게 동의했다.

❷ 게다가 그 책은 매우 교훈적이다. (instructive)

---

206 Further, we should practice kindness in our everyday lives.
Further, the carpenter forgot to put on the roof.

207 What is more, scientists agreed with me.
What is more, the book is very instructive.

208 As well as ..., ··· 뿐만 아니라

추가 사실을 언급하는 동시에 그 내용을 강조하는 효과가 있는 패턴입니다.

As well as an actor, Louie was a chef.
루이는 배우일 뿐만 아니라 요리사였다.

As well as doing research, Marie Curie painted.
마리 퀴리는 연구를 하는 것뿐만 아니라 그림도 그렸다.

As well as writing plays, Shakespeare was an actor.
셰익스피어는 희곡을 쓰는 것뿐만 아니라 배우였다.

○ Test ○

❶ 정치 문제뿐만 아니라 경제적 측면도 고려되었다. (question, economics)

❷ 그는 팔이 부러진 것뿐만 아니라 다리도 부러졌다. (broken, have)

209 Not only ..., but (also) ~ ··· 뿐만 아니라 ~도

앞서 소개한 As well as ...와 마찬가지 맥락에서 사용할 수 있는 패턴입니다.

Not only is he gorgeous, **but (also)** he is very nice.
그는 멋질 뿐만 아니라 매우 친절하다.

Not only does the restaurant serve beef, **but (also)** it serves fish.
그 식당은 소고기 요리를 제공할 뿐만 아니라 생선 요리도 제공한다.

Not only is it cloudy, **but (also)** it's raining.
구름이 꼈을 뿐만 아니라 비가 오기까지 한다.

○ Test ○

❶ 메리가 그 그룹에 동의했을 뿐만 아니라 카를로스도 동의했다. (Carlos, too)

❷ 지구가 점점 따뜻해질 뿐만 아니라 대양도 죽어가고 있다. (get, ocean)

210 Besides, 게다가

새로운 정보를 추가할 때 사용하는 패턴으로, '~ 옆에'라는 뜻의 beside와 헷갈리지 않도록 주의하세요.

Besides, the house was too small.
게다가 그 집은 너무 작았다.

Besides, stem cells can cure cancer.
게다가 줄기 세포는 암을 치료할 수 있다.

Besides, she had already eaten lunch.
게다가 그녀는 이미 점심을 먹었다.

o Test o

❶ 게다가 나는 농구를 더 좋아한다.

❷ 게다가 흡연은 당신의 치아를 누렇게 만든다. (smoking, yellow)

211 And that's not all — 그리고 그것이 전부가 아니다

앞서 여러 가지를 언급한 다음, 추가적으로 무언가를 덧붙일 때 사용하는 패턴입니다.

And that's not all — he's a doctor, too.
그리고 그것이 전부가 아니다. 그는 의사이기도 하다.

And that's not all — in 2004, the city banned smoking in all bars and restaurants.
그리고 그것이 전부가 아니다. 2004년에 그 도시는 모든 술집과 식당에서 흡연을 금지시켰다.

And that's not all — the hotel will do your laundry, too.
그리고 그것이 전부가 아니다. 그 호텔은 세탁도 해줄 것이다.

o Test o

❶ 그리고 그것이 전부가 아니다. 우주 비행사는 키도 작아야 한다. (astronaut, also, have to)

❷ 그리고 그것이 전부가 아니다. 그들은 칼도 발견했다. (too)

---

210 Besides, I prefer basketball.
Besides, smoking makes your teeth yellow.

211 And that's not all — astronauts also have to be short.
And that's not all — they found a knife, too.

212 Apart from this, 이것과 별개로,

추가 정보를 줄 때 사용하는 패턴으로, this 대신에 that을 써도 의미는 비슷합니다. 화제를 전환하거나 비교 · 대조를 할 때 유용하죠.

Apart from this, the company is planning another project in Taiwan.
이것과 별개로, 그 회사는 태국에서 또 다른 프로젝트를 계획하고 있다.

Apart from this, I have no objections to this plan.
이것과 별개로, 나는 이 계획에 반대하지 않는다.

Apart from this, the arguments are the same.
이것과 별개로, 그 주장들은 같다.

◎ Test ◎

❶ 이것과 별개로, 나는 그 발표에 동의한다. (announcement)

❷ 이것과 별개로, 우리는 어떠한 심각한 문제에도 직면하지 않았다. (face)

213 In addition, 게다가

부연 설명을 할 때 사용하는 패턴입니다. 비슷한 의미로 In addition to ...도 있는데, 이건 '~에 더하여', '~ 이외에도'의 뜻으로 전치사구에 해당되기 때문에 바로 뒤에 명사나 동명사를 취한 형태가 이어지죠.

In addition, the house will look better with new floors.
게다가 그 집은 바닥을 새로 하면 더 좋아 보일 것이다.

In addition, the president speaks three languages.
게다가 대통령은 3개 국어를 한다.

In addition, the policeman found bullets near the fence.
게다가 경찰은 담장 근처에서 총알을 발견했다.

◎ Test ◎

❶ 게다가 아이들은 게임을 했다.

❷ 게다가 그녀는 요리를 썩 잘하지는 못한다.

Answer

212 Apart from this, I agree with the announcement.
Apart from this, we haven't faced any serious problems.

213 In addition, the children played games.
In addition, she is not a very good cook.

214 In addition to this, 이와 더불어,

앞서 제시했던 논의에 덧붙여 추가 설명을 할 때 사용하는 패턴입니다.

In addition to this, parents should read to their children.
이와 더불어, 부모들은 아이들에게 책을 읽어 줘야 한다.

In addition to this, children should be protected from offensive content on the Internet. 이와 더불어, 아이들은 인터넷의 공격적인 콘텐츠로부터 보호받아야 한다.

In addition to this, the family will donate money to charity.
이와 더불어, 그 가족은 자선 단체에 돈을 기부할 것이다.

◉ Test ◉

❶ 이와 더불어, 파티에는 춤도 있을 것이다. (include)

❷ 이와 더불어, 우리는 우리의 친구들이 행동을 취하도록 용기를 불어넣어 줘야 한다. (take action, encourage)

215 In addition to that, 그와 더불어,

앞서 소개한 In addition to this와 유사한 패턴입니다. 다만 this는 앞선 논의와 현재 논의 사이의 거리가 좁을 때, 즉 한 가지를 언급하고 바로 다음 것을 덧붙여 언급할 때 사용하고, that은 두 논의 사이의 거리가 멀 때, 즉 중간에 부연 설명 등을 하고 나서 새로운 내용을 덧붙이는 경우에 사용합니다.

In addition to that, the magazine will print her life story.
그와 더불어, 그 잡지는 그녀의 인생 이야기를 펴낼 것이다.

In addition to that, you can eat a mushroom to grow larger.
그와 더불어, 여러분은 키가 더 크기 위해 버섯을 먹을 수 있다.

In addition to that, I was invited to speak at the event.
그와 더불어, 나는 그 행사에서 연설을 하도록 초대받았다.

◉ Test ◉

❶ 그와 더불어, 전화기에는 계산기가 있었다. (calculator)

❷ 그와 더불어, 그 소녀는 심각하게 아팠다. (ill)

---

214 In addition to this, the party will include dancing.
In addition to this, we should encourage our friends to take action.

215 In addition to that, the phone has a calculator.
In addition to that, the girl was seriously ill.

216 Additionally, 게다가

앞서 소개한 Besides, In addition과 마찬가지로 추가적인 정보 등을 제시할 때 사용하는 패턴입니다.

Additionally, workers needed a day off.
게다가 근로자들은 하루 휴가가 필요했다.

Additionally, Homer wrote songs.
게다가 호머는 노래를 썼다.

Additionally, he was a soldier.
게다가 그는 군인이었다.

◦ Test ◦

❶ 게다가 시장은 결국 스스로 균형을 잡아야 한다. (eventually, itself, balance out)

❷ 게다가 대통령은 연설을 했다. (give a speech)

217 Also, 또한

역시 추가적인 정보 등을 제시할 때 사용할 수 있는 패턴으로, 문두에서뿐 아니라 문장 중간에 쓰이는 경우도 많습니다.

Also, she was a talented musician.
또한 그녀는 재능 있는 음악가였다.

Also, the Brooklyn Zoo donated $500.
또한 브룩클린 동물원은 500달러를 기부했다.

Also, the disease can be caused by poor nutrition.
또한 그 질병은 영양 결핍으로 인해 생길 수도 있다.

◦ Test ◦

❶ 또한 비타민이 포함돼 있을 가능성이 있다. (involve, possible)

❷ 또한 위원회는 새로운 법을 제안했다. (propose)

216 Additionally, the market should balance itself out eventually.
Additionally, the president gave a speech.

217 Also, it is possible that vitamins are involved.
Also, the committee proposed a new law.

218 Then, too, ... 게다가 또 …

too 하면 문장 끝에 쓰는 것에 익숙할 텐데요. 여기서처럼 문장 앞에서 then과 함께 추가 정보 등을 덧붙일 때 사용하기도 합니다.

Then, too, people need water.
게다가 또 사람들은 물이 필요하다.

Then, too, the economy needs as much help as it can get.
게다가 또 경제는 얻을 수 있는 한 많은 도움이 필요하다.

Then, too, Mr. Peters is a nice man.
게다가 또 피터스 씨는 좋은 사람이다.

◎ Test ◎
❶ 게다가 또 음악은 중요한 과목이다. (subject)

❷ 게다가 또 아이들은 훈육이 필요하다. (discipline)

219 Yet another ... 하지만 또 다른 …

앞선 내용과 상반되는 내용을 덧붙일 때 사용하기 적절한 패턴입니다.

Yet another reason to give blood is that it saves lives.
하지만 헌혈을 하는 또 다른 이유는 그것이 생명을 구한다는 데 있다.

Yet another argument has been offered by Dr. Moody.
하지만 또 다른 주장이 무디 박사에 의해 제기되었다.

Yet another reason for the plane crash was the rainy weather.
하지만 비행기 추락에 대한 또 다른 이유는 우천이었다.

◎ Test ◎
❶ 하지만 동성 결혼에 대한 또 다른 주장은 평등이었다. (gay, equality)

❷ 하지만 또 다른 회의가 베를린에서 열렸다. (conference)

---

218 Then, too, music is an important subject.
Then, too, children need discipline.

219 Yet another argument for gay marriage was equality.
Yet another conference was held in Berlin.

220 One argument in support of ... is that ~

…을 지지하는 한 가지 주장은 ~라는 것이다

자신의 주장과 관련해 주장을 지지할 수 있는 근거를 제시하려고 할 때 사용합니다.

One argument in support of stem cell research **is that** it might save lives.
줄기세포 연구를 지지하는 한 가지 주장은 그것이 생명을 구할 수도 있다는 것이다.

One argument in support of outlawing tobacco **is that** it would cut down on the number of cases of lung cancer.
담배를 불법화하는 것을 지지하는 한 가지 주장은 그것이 폐암 사례 수를 줄일 것이라는 것이다.

One argument in support of buying a new telescope **is that** the university would attract more students.
새로운 망원경 구매를 지지하는 한 가지 주장은 대학이 더 많은 학생들을 끌어들이게 될 거라는 것이다.

○ Test ○

❶ 새로운 세금 인상을 지지하는 한 가지 주장은 정부가 그 돈을 우리나라의 사회 기반 시설을 강화하기 위해 사용할 수 있다는 것이다. (increase, infrastructure, strengthen, could)

❷ 벌목 사업을 지속하는 것을 지지하는 한 가지 주장은 그것이 많은 사람을 고용한다는 것이다.
(logging, maintain, a lot of, employ)

220 One argument in support of a new tax increase is that the government could use the money to strengthen our country's infrastructure.
One argument in support of maintaining the logging industry is that it employs a lot of people.

자신의 주장이나 핵심 내용을 강조할 때

221 This point is often overlooked: 이 점은 종종 간과되었다:

자신의 주장 등을 강조하고자 할 때 주로 사용하는 패턴입니다.

This point is often overlooked: that men need more calories than women.
이 점은 종종 간과되었다: 바로 남자는 여자보다 더 많은 칼로리를 필요로 한다는 것이다.

This point is often overlooked: that pollution can be controlled.
이 점은 종종 간과되었다: 바로 오염은 통제될 수 있다는 것이다.

This point is often overlooked: that all public services cost money.
이 점은 종종 간과되었다: 바로 모든 공공 서비스는 돈이 든다는 것이다.

○ Test ○

❶ 이 점은 종종 간과되었다: 바로 성인의 몸은 우유를 필요로 하지 않는다는 것이다. (human body, require)

❷ 이 점은 종종 간과되었다: 바로 야구는 배우기에 비싼 스포츠라는 것이다. (expensive)

222 Again, 다시 말하지만,

글의 핵심 주장이 되거나 중요한 내용이어서 반복적으로 언급하는 경우가 있는데요. 이때 사용하면 적절한 패턴으로, 그 주장하는 내용을 강조해 주는 역할을 합니다.

Again, the next Olympics should be held in San Francisco.
다시 말하지만, 다음 올림픽은 샌프란시스코에서 개최되어야 한다.

Again, there is no pot of gold at the end of a rainbow.
다시 말하지만, 무지개 끝에 금단지는 없다.

Again, I assert that nurses should be paid more.
다시 말하지만, 나는 간호사들이 더 많은 돈을 받아야 한다고 주장한다.

○ Test ○

❶ 다시 말하지만, 책을 불태우는 것은 범죄이다. (burn)

❷ 다시 말하지만, 진실을 말했기 때문에 아무도 벌을 받아서는 안 된다. (for, punish, should)

---

221 This point is often overlooked: that adult human bodies do not require milk.
This point is often overlooked: that baseball is an expensive sport to learn.

222 Again, it is a crime to burn books.
Again, no one should be punished for telling the truth.

223 Above all, 무엇보다도,

여러 가지를 나열할 때 가장 마지막에 써서 강조하는 패턴입니다.

Above all, we should exercise.
무엇보다도, 우리는 운동을 해야 한다.

Above all, we should focus on Africa.
무엇보다도, 우리는 아프리카에 초점을 맞춰야 한다.

Above all, science should seek to help people.
무엇보다도, 과학은 사람들에게 도움이 되도록 해야 한다.

○ Test ○

❶ 무엇보다도, 그는 훌륭한 사진 작가였다. (excellent, photographer)

❷ 무엇보다도, 그녀의 관대함을 기억하자. (generosity, let)

224 At this point, 이 점에서,

논거들을 제시하고 중요한 점을 도출해 내는 과정에서 한두 번쯤 사용하게 되는 패턴입니다.

At this point, it is too late to start over.
이 점에서, 그것은 다시 시작하기에 너무 늦었다.

At this point, we can proceed with our investigation.
이 점에서, 우리는 우리의 조사를 계속해 나갈 수 있다.

At this point, scientists need to focus on environmental issues.
이 점에서, 과학자들은 환경 문제에 초점을 맞출 필요가 있다.

○ Test ○

❶ 이 점에서, 황열병은 더 이상 주요한 건강 문제가 아니다. (yellow fever, no longer, concern)

❷ 이 점에서, 우리는 라듐이 위험하다는 걸 알고 있다. (radium)

223 Above all, he was an excellent photographer.
Above all, let us remember her generosity.

224 At this point, yellow fever is no longer a major health concern.
At this point, we know that radium is dangerous.

225 Most importantly, 가장 중요한 점은

가장 중요하다고 생각되는 부분, 강조하고 싶은 부분 앞에 이 패턴을 넣어 줌으로써 글을 읽는 사람의 의식을 집중시킬 수 있습니다.

Most importantly, it should be noted that not all snakes are venomous.
가장 중요한 점은 모든 뱀에 독성이 있진 않다는 점을 유념해야 한다는 것이다.

Most importantly, the ancient Egyptians believed in life after death.
가장 중요한 점은 고대 이집트인들은 사후 세계를 믿었다는 것이다.

Most importantly, most urban centers have a diverse population.
가장 중요한 점은 대부분의 도심은 다양한 인구를 가지고 있다는 것이다.

○ Test ○
❶ 가장 중요한 점은 대학들은 과학 실험에 돈을 대야 한다는 것이다. (fund)

❷ 가장 중요한 점은 공산주의의 부상은 20세기의 주요한 국제적 긴장의 원인이었다는 것이다.
(rise, Communism, tension, source)

자신의 주장과 일치하는 예를 들고자 할 때

---

226 In the following example, we will see ...

다음 예에서, 우리는 …을 확인할 것이다

자신이 주장한 내용과 일치하는 예를 들고자 할 때 유용한 패턴입니다.

In the following example, we will see that this is true.
다음 예에서, 우리는 이것이 사실이라는 것을 확인할 것이다.

In the following example, we will see how the legal system works.
다음 예에서, 우리는 법 체제가 어떻게 운영되는지를 확인할 것이다.

In the following example, we will see the importance of workplace safety.
다음 예에서, 우리는 작업장 안전의 중요성을 확인할 것이다.

○ Test ○
❶ 다음 예에서, 우리는 개개인의 투표가 얼마나 중요한지를 확인할 것이다. (vote, matter)

❷ 다음 예에서, 우리는 치료가 항상 효과가 있지는 않다는 것을 확인할 것이다. (therapy, work)

---

225 Most importantly, universities should fund scientific experiments.
Most importantly, the rise of Communism was a source of major international tension in the twentieth century.

226 In the following example, we will see how each person's vote matters.
In the following example, we will see that therapy does not always work.

순서를 붙여 글을 정돈시키고자 할 때

227 First(ly), 우선,

여러 가지를 열거할 때 가장 먼저 열거하는 것에 붙이는 패턴으로, 한 단락에 한 가지 주제가 들어가는 짧은 글에서는 일반적으로 첫 번째 단락 앞에 사용합니다.

First(ly), she asked the university for money.
우선, 그녀는 대학에 돈을 요구했다.

First(ly), let us assume the bear was a female.
우선, 곰이 암컷이었다고 가정해 보자.

First(ly), let's examine the facts.
우선, 그 사실들을 조사해 보자.

○ Test ○

❶ 우선, 여러분은 여러분의 자료를 기록해야 한다.

❷ 우선, 우리는 행복에 대한 우리의 관념에 의문을 던져야 한다. (notion, question, must)

228 Second(ly), 두 번째로,

여러 가지를 열거할 때 두 번째로 열거하는 것에 붙이는 패턴으로, 한 단락에 한 가지 주제가 들어가는 짧은 글에서는 일반적으로 두 번째 단락 앞에 사용합니다.

Second(ly), she set up her laboratory.
두 번째로, 그녀는 그녀의 실험실을 세웠다.

Second(ly), we will devise a thesis statement.
두 번째로, 우리는 주제문을 생각해 낼 것이다.

Second(ly), we should ask the zoo how the animal died.
두 번째로, 우리는 그 동물이 어떻게 죽었는지 동물원에 물어봐야 한다.

○ Test ○

❶ 두 번째로, 여러분은 여러분의 자료가 정확하다는 것을 확신시켜야 한다. (accurate, make sure)

❷ 두 번째로, 우리는 우리의 용어를 정의 내릴 것이다.

227 First(ly), you should record your data.
First(ly), we must question our notion of happiness.

228 Second(ly), you should make sure your data is accurate.
Second(ly), we will define our terms.

229 In the second place, 다음으로,

Second(ly)와 마찬가지로 두 번째로 열거하는 내용 앞에 사용하는 패턴입니다.

In the second place, maps are rarely accurate.
다음으로, 지도들은 거의 정확하지 않다.

In the second place, most of the patients were Scottish.
다음으로, 대부분의 환자들은 스코틀랜드 출신이었다.

In the second place, the company provides valuable equipment.
다음으로, 그 회사는 값비싼 장비를 제공한다.

◦ Test ◦

❶ 다음으로, 피카소는 아프리카 춤에 영감을 받았다. (Picasso, inspire)

❷ 다음으로, 그 클럽은 우리 집에서 너무 멀다. (too far)

230 Third(ly), 세 번째로,

여러 가지를 열거할 때 세 번째로 열거하는 것에 붙이는 패턴으로, 한 단락에 한 가지 주제가 들어가는 짧은 글에서는 일반적으로 세 번째 단락 앞에 사용합니다.

Third(ly), let us review the literature.
세 번째로, 그 문학을 재검토해 보자.

Third(ly), we must disprove the argument.
세 번째로, 우리는 그 주장을 논박해야 한다.

Third(ly), we will discuss the application of our findings.
세 번째로, 우리는 우리의 연구 결과의 적용에 대해 논할 것이다.

◦ Test ◦

❶ 세 번째로, 우리는 나무를 심을 것이다.

❷ 세 번째로, 우리는 현행법을 고찰할 것이다. (current, examine)

229 In the second place, Picasso was inspired by African dance.
In the second place, the club is too far from my house.

230 Third(ly), we will plant the tree.
Third(ly), we will examine the current law.

231 Lastly, 마지막으로,

여러 가지를 열거할 때 가장 마지막에 열거되는 것에 붙이는 패턴으로, 짧은 글에서는 일반적으로 마지막 결론 단락 앞에 사용합니다.

Lastly, Maple Street is wide enough to allow parking.
마지막으로, 메이플 가는 주차를 허용할 만큼 충분히 넓다.

Lastly, the student did not follow instructions.
마지막으로, 학생들은 지시 사항을 따르지 않았다.

Lastly, the British taxed the Americans too much.
마지막으로, 영국은 미국인들에게 지나치게 많은 세금을 부과했다.

○ Test ○

❶ 마지막으로, 과일은 비타민을 함유하고 있다.

❷ 마지막으로, 대학은 내게 훈육의 가치를 가르쳐 주었다. (discipline)

232 Finally, 결국

짧은 글을 쓸 때 본론의 마지막 단락 시작 부분에 사용하기도 하고, 결론부에서도 자주 쓰이는 패턴입니다.

Finally, we will offer suggestions for improvement.
결국, 우리는 향상을 위한 제안을 할 것이다.

Finally, we will present our argument.
결국, 우리는 우리의 주장을 펼칠 것이다.

Finally, the man was taken to jail.
결국, 그 남자는 감옥으로 보내졌다.

○ Test ○

❶ 결국, 안전의 필요성을 강조하는 것이 중요하다. (safety, stress)

❷ 결국, 대기 오염을 줄이기 위해서 우리는 중국과 협력해야 한다. (decrease, must)

231 Lastly, fruit contains vitamins.
Lastly, college taught me the value of discipline.

232 Finally, it is important to stress the need for safety.
Finally, we must work with China to decrease air pollution.

233 And to conclude, 그리고 결론적으로,

본론의 마지막 단락을 시작하는 도입부로 쓰일 때도 많고, 마지막 화제를 제시할 때 사용하기도 합니다.

And to conclude, I will make several recommendations.
그리고 결론적으로, 나는 몇 가지 추천을 할 것이다.

And to conclude, we must recognize the difference between knowledge and information. 그리고 결론적으로, 우리는 지식과 정보의 차이를 알아야 한다.

And to conclude, I'd like to give a final example.
그리고 결론적으로, 나는 마지막 예를 들고 싶다.

○ Test ○

❶ 그리고 결론적으로, 우리가 지구촌 사회의 일부임을 명심하자. (global community, remember)

❷ 그리고 결론적으로, 우리는 우리의 연구 방법들을 열거할 것이다. (method, list)

234 Last, 마지막으로,

본론 마지막 단락의 도입부나 결론부에서 주로 사용하는 패턴으로, 글이 마무리되는 느낌을 주죠.

Last, I will list the books I read for this paper.
마지막으로, 나는 이 보고서를 위해 읽은 책들을 열거할 것이다.

Last, eating vegetables gives you more energy.
마지막으로, 채소를 먹는 것은 여러분에게 더 많은 에너지를 준다.

Last, he was an excellent teacher.
마지막으로, 그는 훌륭한 교사였다.

○ Test ○

❶ 마지막으로, 그녀는 그녀의 이야기를 펴냈다. (publish)

❷ 마지막으로, 우리는 우리 각자가 변화를 만들어 낼 수 있음을 명심해야 한다. (make a difference)

---

233 And to conclude, let us remember that we are part of a global community.
And to conclude, we will list our research methods.

234 Last, she published her story.
Last, we must remember that each of us can make a difference.

235 Eventually, 결국에,

가장 최후에 발생한 일이나 결과적으로 발생한 일 등을 언급할 때 사용하기 적절한 패턴입니다.

Eventually, she had the baby.
결국에, 그녀는 아기를 가졌다.

Eventually, he opened his own bakery.
결국에, 그는 자신의 베이커리를 열었다.

Eventually, the university recognized the importance of their work.
결국에, 그 대학은 그들 연구의 중요성을 깨달았다.

◎ Test ◎

❶ 결국에, 그들은 그 책을 영화로 만들었다. (turn ... into)

❷ 결국에, 그들의 계획은 수포로 돌아갔다. (fall through)

236 Next, 다음으로,

단계적으로 차근차근 설명하는 글이나 지시 사항을 주는 글에 자주 등장하는 패턴입니다.

Next, we will show you how to write a Chinese character.
다음으로, 우리는 한자를 어떻게 쓰는지를 보여 줄 것이다.

Next, we will prove that the formula is correct.
다음으로, 우리는 그 공식이 옳다는 것을 입증할 것이다.

Next, the professor will discuss *Moby Dick*.
다음으로, 그 교수는 〈모비딕〉을 논할 것이다.

◎ Test ◎

❶ 다음으로, 나는 시를 어떻게 쓰는지를 보여 줄 것이다. (demonstrate)

❷ 다음으로, 우리는 두 개의 사진을 제시할 것이다. (present)

235 Eventually, they turned the book into a movie.
Eventually, their plans fell through.

236 Next, I will demonstrate how to write a poem.
Next, we will present two photographs.

237 **Then,** 그 다음에,

앞서 소개한 Next와 마찬가지 경우에 사용할 수 있는 패턴입니다.

Then, I will show you how to write an English sentence.
그 다음에, 나는 영어 문장을 어떻게 쓰는지를 보여 줄 것이다.

Then, we will treat the subject of memory.
그 다음에, 우리는 기억에 관한 주제를 다룰 것이다.

Then, I'm going to list my data.
그 다음에, 나는 내 자료들을 열거할 것이다.

◦ Test ◦

❶ 그 다음에, 나는 내 미래 계획을 설명할 것이다. (describe)

❷ 그 다음에, 무슨 일이 일어날지 상상해 보자. (would)

어떤 과정의 다음 단계를 설명할 때

238 **Now, here is the next step:** 자, 이것이 다음 단계이다:

어떤 과정의 다음 단계를 설명할 때 사용하는 패턴입니다. 요리 과정을 설명하거나 지시 사항을 전달하는 글에서 유용하게 쓸 수 있죠.

Now, here is the next step: place the potatoes in the oven.
자, 이것이 다음 단계이다: 감자를 오븐에 넣어라.

Now, here is the next step: grade your students' papers.
자, 이것이 다음 단계이다: 학생들의 페이퍼에 점수를 매겨라.

Now, here is the next step: plant the tomato seeds two inches deep.
자, 이것이 다음 단계이다: 토마토 씨앗을 2인치 깊이에 심어라.

◦ Test ◦

❶ 자, 이것이 다음 단계이다: 차에서 타이어를 빼내어라. (remove)

❷ 자, 이것이 다음 단계이다: 여러분의 이웃들에게 청원서에 서명할 것을 요구하라. (neighbor, petition)

---

237 Then, I will describe my plans for the future.
Then, let us imagine what would happen.

238 Now, here is the next step: remove the tire from the car.
Now, here is the next step: ask your neighbors to sign a petition.

믿기 어려운 사실을 서술할 때

239 It is difficult to believe that ... …라는 것은 믿기 어렵다

일반적으로 믿기 어려운 사실을 서술할 때 사용하는 패턴입니다.

It is difficult to believe that someday we might find life on another planet.
언젠가 우리가 다른 행성에서 생명체를 발견할지도 모른다는 것은 믿기 어렵다.

It is difficult to believe that some people don't believe in the reality of global warming. 일부 사람들이 지구 온난화의 현실을 믿지 않는다는 것은 믿기 어렵다.

It is difficult to believe that there are animal species that we have not yet discovered. 우리가 아직 발견하지 못한 동물 종이 있다는 것은 믿기 어렵다.

◎ Test ◎

❶ 1860년대까지 노예제가 미국 일부에서 합법이었다는 것은 믿기 어렵다. (slavery, parts of)

❷ 드라큘라 캐릭터가 실존 인물에 바탕을 두었다는 것은 믿기 어렵다. (Dracula, real person)

239 It is difficult to believe that slavery was legal in parts of the United States until the 1860s.
It is difficult to believe that the character of Dracula was based on a real person.

Answer

240 Another ...   또 다른 …

another는 한정사로 쓰이는 '또 하나의'라는 의미 외에 '또 다른'의 의미가 있습니다. 내용을 열거할 때 first, second, third와 같은 서수를 이용해도 괜찮지만, one, another, the other와 같은 표현을 활용하는 것도 좋은 방법이죠.

Another option for dinner is to have a picnic.
저녁 식사에 대한 또 다른 선택은 소풍을 가는 것이다.

Another way to solve this is to form a committee.
이것을 해결하는 또 다른 방법은 위원회를 구성하는 것이다.

Another possible date for the wedding is June 11th.
결혼식을 위한 또 다른 가능한 날은 6월 11일이다.

○ Test ○
❶ 이것을 해결하는 또 다른 방법은 소비를 줄이는 것이다. (reduce)

❷ 또 다른 가능한 해결책이 민주당 지도부에 의해서 제안되었다. (leadership, propose)

241 Or,   또는

앞선 제안에 이어 또 다른 제안을 할 때 사용할 수 있는 패턴입니다.

Or, the scientists could wait until April, when the tree bloomed.
또는 과학자들은 나무가 만개하는 4월까지 기다릴 수도 있다.

Or, alternatively, smoking could be completely banned.
또는, 대안으로, 흡연을 완전히 금지할 수도 있다.

Or, if that fails, we can try to increase spending.
또는, 만약 그게 실패한다면, 우리는 소비 증가를 시도할 수 있다.

○ Test ○
❶ 또는, 충분한 자원이 없다면, 우리는 태양 에너지를 시도할 수 있다. (solar power)

❷ 또는, 만약 날씨가 좋다면, 우리는 소풍을 갈 수도 있다.

240 Another way to solve this is to reduce spending.
Another possible solution has been proposed by the Democratic leadership.

241 Or, if there aren't enough resources, we can try solar power.
Or, if the weather is good, we can have a picnic.

242 Instead, 대신에,

앞서 해결책으로 제시한 것이 있지만 그것으로 충분하지 못해 다른 제안을 제시하거나 다른 선택을 하는 맥락에서 사용할 수 있습니다.

Instead, we should focus on treating the cause of the problem, not the symptoms.
대신에, 우리는 문제의 증상이 아니라 원인을 다루는 데 집중해야 한다.

Instead, many people prefer public transportation.
대신에, 많은 사람들이 대중교통을 선호한다.

Instead, some students choose to study abroad.
대신에, 몇몇 학생들은 유학을 선택한다.

○ Test ○

❶ 대신에, 의사들은 그들의 환자와 의사소통을 하도록 노력해야 한다. (seek to)

❷ 대신에, 내 에세이는 미국 원주민 사회가 매우 복잡했다고 주장할 것이다. (Native American, complex)

243 Another way of viewing this is as ...

이것을 보는 또 다른 방법은 …으로 보는 것이다

한 가지 현상을 두고 서로 다른 입장의 사람들끼리 보는 방식에 대립이 있을 때, 이 패턴을 사용해 그와 같은 상황을 제시할 수 있습니다.

Another way of viewing this is as a complicated puzzle.
이것을 보는 또 다른 방법은 복잡한 퍼즐로 보는 것이다.

Another way of viewing this is as a movie.
이것을 보는 또 다른 방법은 영화로 보는 것이다.

Another way of viewing this is as a child's game.
이것을 보는 또 다른 방법은 어린이 게임으로 보는 것이다.

○ Test ○

❶ 이것을 보는 또 다른 방법은 개인적인 도전으로 보는 것이다.

❷ 이것을 보는 또 다른 방법은 일련의 질문들로 보는 것이다. (a series of)

242 Instead, doctors should seek to communicate with their patients.
Instead, my essay will argue that Native American societies were very complex.

243 Another way of viewing this is as a personal challenge.
Another way of viewing this is as a series of questions.

244 Alternatively, 대안으로,

문제를 보는 새로운 시각이나 색다르게 문제를 해결하는 또 다른 방법을 제시할 때 사용하면 좋습니다.

Alternatively, mothers can carry their babies on their backs.
대안으로, 엄마들은 자신의 아기를 등에 업을 수 있다.

Alternatively, children can walk to school.
대안으로, 아이들은 걸어서 학교에 갈 수 있다.

Alternatively, we could start our own business.
대안으로, 우리는 우리 자신의 사업을 시작할 수 있다.

○ Test ○
❶ 대안으로, 우리는 금요일에 외출할 수 있다. (go out)

❷ 대안으로, 미국 의회는 여름 기간에 열릴 수 있다. (U.S. Congress, meet)

245 One alternative is ... 대안 중 하나는 ···이다

여러 가지 해결책 중 하나를 제시할 때 사용할 수 있는 패턴인데요. 가장 먼저 제시하는 대안은 one alternative, 그 다음에 제시하는 대안은 another alternative가 됩니다.

One alternative is adoption.
대안 중 하나는 입양이다.

One alternative is driving under the speed limit.
대안 중 하나는 속도 제한을 두고 운전하는 것이다.

One alternative is solar power.
대안 중 하나는 태양 에너지이다.

○ Test ○
❶ 대안 중 하나는 그 여자가 병원에 가는 것이다.

❷ 대안 중 하나는 학생들이 버스를 타고 학교에 가는 것이다.

244 Alternatively, we could go out on Friday.
Alternatively, the U.S. Congress could meet during the summers.

245 One alternative is that the woman go to the hospital.
One alternative is that students take the bus to school.

246 Taken as a whole, 전체적으로 봤을 때,

본론에서 예시, 비교, 대조 등의 수사 방법을 통해 대상을 탐구한 다음, 종합적인 판단을 내릴 때 사용하는 패턴입니다.

Taken as a whole, the school system is in trouble.
전체적으로 봤을 때, 학교 체제에 문제가 있다.

Taken as a whole, it seems likely that the industry will fail.
전체적으로 봤을 때, 그 산업은 망할 것처럼 보인다.

Taken as a whole, the game is well designed.
전체적으로 봤을 때, 그 게임은 잘 고안되었다.

○ Test ○

❶ 전체적으로 봤을 때, 잡지는 읽을 만한 가치가 없다. (worth)

❷ 전체적으로 봤을 때, 뉴욕은 흥미진진한 곳이다. (New York City)

246 Taken as a whole, magazines are not worth reading.
Taken as a whole, New York City is an exciting place.

247 The first part of the analysis will examine ...

분석의 첫 번째 파트는 …을 고찰할 것이다

분석적인 글을 쓸 때, 본격적인 분석에 앞서 도입부에 사용할 수 있는 패턴입니다. 사회학이나 정책학과 관련한 보고서 등에서 유용하죠.

The first part of the analysis will examine pregnancy.
분석의 첫 번째 파트는 임신을 고찰할 것이다.

The first part of the analysis will examine radio.
분석의 첫 번째 파트는 라디오를 고찰할 것이다.

The first part of the analysis will examine television.
분석의 첫 번째 파트는 텔레비전을 고찰할 것이다.

○ Test ○

❶ 분석의 첫 번째 파트는 은행 대출을 고찰할 것이다. (loan)

❷ 분석의 첫 번째 파트는 연구 결과를 고찰할 것이다.

248 The second part of this analysis will consider ...

이 분석의 두 번째 파트는 …을 고찰할 것이다

분석의 두 번째 파트를 소개할 때 사용하는 패턴으로, consider는 앞서 본 패턴의 examine과 마찬가지 뜻입니다.

The second part of this analysis will consider the sport of boxing.
이 분석의 두 번째 파트는 권투 경기를 고찰할 것이다.

The second part of this analysis will consider Greek religion.
이 분석의 두 번째 파트는 그리스 종교를 고찰할 것이다.

The second part of this analysis will consider gambling.
이 분석의 두 번째 파트는 도박을 고찰할 것이다.

○ Test ○

❶ 이 분석의 두 번째 파트는 출판 산업을 고찰할 것이다.

❷ 이 분석의 두 번째 파트는 교육을 고찰할 것이다.

247 The first part of the analysis will examine bank loans.
The first part of the analysis will examine the findings.

248 The second part of this analysis will consider the publishing industry.
The second part of this analysis will consider education.

249 The final level of the analysis consists of ...

분석의 마지막 단계는 …으로 구성되어 있다

분석의 마지막 부분을 소개할 때 사용하는 패턴입니다.

The final level of the analysis consists of disproving the opposing argument.
분석의 마지막 단계는 반대 주장의 그릇됨을 입증하는 것으로 구성되어 있다.

The final level of the analysis consists of making suggestions.
분석의 마지막 단계는 제안들을 하는 것으로 구성되어 있다.

The final level of the analysis consists of refuting his data.
분석의 마지막 단계는 그의 자료를 반박하는 것으로 구성되어 있다.

○ Test ○

❶ 분석의 마지막 단계는 새로운 예들을 제시하는 것으로 구성되어 있다. (provide)

❷ 분석의 마지막 단계는 내 논제를 입증하는 것으로 구성되어 있다. (thesis)

화제 전환을 할 때

---

250 But when ..., 하지만 …한다면[했을 때],

앞서 언급했던 것과 다른 상황으로 전환시키고자 할 때 사용하는 패턴으로, but이 이 경우에 가장 쉽게 쓸 수 있는 접속사죠.

But when we consider the victims, the issue becomes complex.
하지만 우리가 희생자들을 고려한다면, 문제는 복잡해진다.

But when we examined our data, we realized we'd made a mistake.
하지만 우리가 자료들을 검토했을 때, 우리는 우리가 실수한 것을 깨달았다.

But when the car was tested, it fell apart.
하지만 자동차를 테스트했을 때, 그것은 산산조각났다.

○ Test ○

❶ 하지만 다른 식으로 질문이 던져졌을 때, 사람들의 대답은 바뀌었다. (in another way, ask)

❷ 하지만 아이들이 위험에 처해 있다면, 뭔가 행해져야 한다. (at risk, must)

---

249 The final level of the analysis consists of providing new examples.
The final level of the analysis consists of proving my thesis.

250 But when the question was asked in another way, people's answers changed.
But when children are at risk, something must be done.

251 Building off this idea, 이 생각에서 벗어나,

새로운 대상을 논의하고자 할 때나 글의 진도를 수월하게 나가려고 할 때 유용한 패턴입니다.

Building off this idea, let's continue.
이 생각에서 벗어나, 계속하자.

Building off this idea, we can establish a working theory.
이 생각에서 벗어나, 우리는 잠재적인 이론을 만들 수 있다.

Building off this idea, we can go on to say that the nation was founded on religious ethics. 이 생각에서 벗어나, 우리는 국가가 종교적 윤리에 의거해 세워졌다고까지 말할 수 있다.

○ Test ○

❶ 이 생각에서 벗어나, 오브라이언은 정확한 정사각형 집을 지었다. (O'Brien, perfectly, square)

❷ 이 생각에서 벗어나, 나는 몇몇 흥미로운 결과에 도달할 수 있었다. (conclusion, come to, able to)

252 Meanwhile, 반면,

어떤 얘기를 하다가 다른 얘기로 넘어갈 때 사용할 수 있는 패턴입니다.

Meanwhile, the smoker's lungs have turned black.
반면, 흡연자들의 폐는 검게 변해 있었다.

Meanwhile, the ship was sinking.
반면, 그 배는 가라앉고 있었다.

Meanwhile, the university hired a new professor.
반면, 그 대학은 새 교수를 임용했다.

○ Test ○

❶ 반면, 그 사업은 망했다. (fail)

❷ 반면, 일본은 항복했다. (surrender)

---

251 Building off this idea, O'Brien built a perfectly square house.
Building off this idea, I was able to come to some interesting conclusions.

252 Meanwhile, the business failed.
Meanwhile, Japan surrendered.

253 Equally important is ... …도 똑같이 중요하다

앞서 언급된 어떤 사실에 못지않게 중요하다는 점을 강조하고자 할 때 사용하는 패턴입니다.

Equally important is the fact that Henry was married.
헨리가 결혼했다는 사실도 똑같이 중요하다.

Equally important is her devotion to science.
과학에 대한 그녀의 헌신도 똑같이 중요하다.

Equally important is the relationship between the automobile industry and climate change. 자동차 산업과 기후 변화 간의 관계도 똑같이 중요하다.

○ Test ○

❶ 당신이 먹는 음식의 양도 똑같이 중요하다. (the amount of)

❷ 바디 랭귀지도 똑같이 중요하다.

254 It must also be noted that ... …라는 것 또한 유념해야 한다

중요한 점을 덧붙일 때 사용할 수 있는 패턴입니다.

It must also be noted that eyeglasses are expensive.
안경이 비싸다는 것 또한 유념해야 한다.

It must also be noted that Emily was an orphan.
에밀리가 고아였다는 것 또한 유념해야 한다.

It must also be noted that July is a popular month for tourism.
7월이 관광객들에게 인기 있는 달이라는 것 또한 유념해야 한다.

○ Test ○

❶ 저녁 시간 동안 교통량이 많다는 것 또한 유념해야 한다. (traffic, heavy)

❷ 화성이 매우 춥다는 것 또한 유념해야 한다. (Mars)

253 Equally important is the amount of food that you eat.
Equally important is body language.

254 It must also be noted that traffic is heavy during the evening.
It must also be noted that Mars is very cold.

255 It must also be remembered that ... …라는 것 또한 명심해야 한다

마찬가지로 중요한 점을 덧붙일 때 사용하기 적절한 패턴입니다.

It must also be remembered that soda contains a lot of sugar.
탄산음료에는 설탕이 많이 들어가 있다는 것 또한 명심해야 한다.

It must also be remembered that the southern U.S. has a warm climate.
미국 남부지방은 날씨가 따뜻하다는 것 또한 명심해야 한다.

It must also be remembered that many businesses are run by women.
많은 사업들이 여성에 의해 운영되고 있다는 것 또한 명심해야 한다.

○ Test ○
❶ 미국은 신생 국가라는 것 또한 명심해야 한다. (young country)

❷ 링컨이 1865년에 총살당했다는 것 또한 명심해야 한다. (Lincoln, shoot)

분명한 목적이 있는 행동을 언급할 때

256 With this purpose in mind, 이 목적을 명심하고,

목적이 뚜렷한 어떤 행동을 언급할 때 사용할 수 있습니다.

With this purpose in mind, Jenny moved to Boston.
이 목적을 명심하고, 제니는 보스턴으로 이사를 갔다.

With this purpose in mind, Doris became a nurse.
이 목적을 명심하고, 도리스는 간호사가 되었다.

With this purpose in mind, George Orwell wrote *1984*.
이 목적을 명심하고, 조지 오웰은 〈1984〉를 썼다.

○ Test ○
❶ 이 목적을 명심하고, 계속해 나가자. (proceed)

❷ 이 목적을 명심하고, 결과를 고찰해 보자. (examine)

---

255 It must also be remembered that the U.S. is a young country.
It must also be remembered that Lincoln was shot in 1865.

256 With this purpose in mind, let us proceed.
With this purpose in mind, let us examine the results.

257 Afterward, 후에,

이야기 서술식의 글에서 자주 사용하는 패턴입니다. -ward는 접미사로 방향의 의미를 나타내죠.

Afterward, the sailor returned to his ship.
후에, 그 선원은 자신의 배로 돌아왔다.

Afterward, the soldiers waved the flag.
후에, 군인들은 깃발을 흔들었다.

Afterward, the woman took a bath.
후에, 그 여자는 목욕을 했다.

○ Test ○
❶ 후에, 그 상품은 회사로 반품되었다. (return)

❷ 후에, 우리는 우리의 연구를 재검토할 수 있다. (review)

258 Ane then ... 그리고 나서 …

뭔가를 순서대로 설명하는 글에서 자주 사용하는 패턴입니다.

And then the door slammed shut.
그리고 나서 문이 쾅 닫혔다.

And then the waiter brought the food.
그리고 나서 웨이터는 음식을 가져왔다.

And then there was the issue of social class.
그리고 나서 사회적 계급의 문제가 있었다.

○ Test ○
❶ 그리고 나서 인종의 문제가 있었다. (matter)

❷ 그리고 나서 난 마음을 바꿨다. (mind)

257 Afterward, the product was returned to the company.
Afterward, we can review our research.

258 And then there was the matter of race.
And then I changed my mind.

259 Before ..., ⋯ 전에,

시간상, 진행상, 단계상 앞에 일어난 일에 대해 언급할 때 사용합니다.

Before that, Ms. Todd was a schoolteacher.
그 전에, 토드 씨는 학교 교사였다.

Before I continue, I'd like to add that my native language is German.
계속하기 전에, 나는 내 모국어가 독일어라는 것을 덧붙이고 싶다.

Before we discuss Dr. Curie, we should mention her husband, Pierre.
퀴리 박사를 논하기 전에, 우리는 그녀의 남편 피에르를 얘기해야 한다.

○ Test ○
❶ 결론을 내리기 전에, 나는 여러분 모두가 여러분의 상원의원에게 글을 쓸 것을 촉구하고자 한다.
(conclude, senator, want)

❷ 넘어가기 전에, 멈춰서 인종주의에 대해 생각해 보자. (move on, racism)

중간 결론을 내릴 때

---

260 The upshot is that ... 결론은 ⋯라는 것이다

본문에서 중간 결론을 한 번 내리고 들어갈 때 사용하는 패턴입니다.

The upshot is that the city will gain a beautiful bridge.
결론은 도시에 아름다운 다리가 생길 거라는 것이다.

The upshot is that the war will end.
결론은 전쟁이 끝날 거라는 것이다.

The upshot is that Chicago will profit from increased tourism.
결론은 시카고가 늘어난 관광객들로부터 이익을 얻을 거라는 것이다.

○ Test ○
❶ 결론은 우리가 돈을 많이 벌 거라는 것이다. (a lot of, make)

❷ 결론은 치즈가 칼슘을 함유하고 있다는 것이다. (calcium)

---

259 Before I conclude, I want to urge you all to write to your senators.
Before moving on, let us stop and think about racism.

260 The upshot is that we will make a lot of money.
The upshot is that cheese contains calcium.

261 In the past, 과거에는

주제와 관련해 과거 · 현재 · 미래 등을 살펴보는 것은 글쓰기를 할 때 흔한 기법이면서 주제의 다방면을 살펴보는 효과가 있습니다. 상황에 따라 past 대신 present, future를 넣어 활용해 보세요.

In the past, there were many other ways to make money.
과거에는 돈을 버는 다른 방법들이 많았다.

In the past, people believed that the world was flat.
과거에는 사람들이 세계가 평평하다고 믿었다.

In the past, local farmers raised chickens.
과거에는 지역 농부들이 닭을 길렀다.

○ Test ○
❶ 과거에는 홍수가 마을 전체를 파괴했다. (whole, destroy)

❷ 과거에는 이들 모든 문제가 작아 보였다. (seem)

262 Lately, 최근에

late은 '늦은'이지만, lately는 '최근에'라는 뜻이에요. 한 가지 더 주의할 건, 이 패턴을 쓸 때 뒤에 이어지는 문장의 시제가 현재완료나 현재완료진행 시제여야 한다는 겁니다.

Lately, there has been an increase in the number of people getting married.
최근에 결혼하는 사람들의 수가 늘었다.

Lately, the company has been trying to save money.
최근에 그 회사는 돈을 아끼려고 노력해 오고 있다.

Lately, the president has been traveling around the world.
최근에 대통령은 세계 곳곳을 돌고 있다.

○ Test ○
❶ 최근에 두 명의 과학자가 새로운 행성을 발견했다.

❷ 최근에 토네이도가 많았다. (a lot of)

Answer

261 In the past, floods destroyed whole towns.
In the past, all of these problems seemed small.

262 Lately, two scientists have discovered a new planet.
Lately, there have been a lot of tornadoes.

263 In an effort to ..., …하려는 노력으로,

어떤 목적을 밝힐 때 사용할 수 있는 패턴으로, 글 전체의 목적이나 사례를 제시하는 목적이 될 수도 있습니다.

In an effort to explain it, I will begin with an illustration.
그것을 설명하려는 노력으로, 나는 삽화로 시작하겠다.

In an effort to move forward, the researchers chose new participants.
앞으로 나아가려는 노력으로, 연구자들은 새로운 참여자들을 뽑았다.

In an effort to make myself clear, let me begin with a simple example.
내 자신을 분명히 하려는 노력으로, 간단한 예부터 시작하겠다.

◉ Test ◉

❶ 배우려는 노력으로, 학생들은 수업에 참석한다. (attend)

❷ 인도로 가는 새로운 항로를 찾으려는 노력으로 콜럼버스는 신세계를 발견했다. (Indies, route, locate)

---

263 In an effort to learn, students attend class.
In an effort to find a new route to the Indies, Columbus located the New World.

가까운 미래를 전망할 때

264 Shortly ... 곧 …

short은 '짧은'이라는 뜻이지만, 부사인 shortly는 '이내', '곧'이라는 뜻을 나타냅니다. 시간상, 순서상 그리 멀지 않은 상황을 언급할 때 사용하기 적절하죠.

Shortly Antarctica will melt.
곧 남극은 녹을 것이다.

Shortly the company will fire its engineer.
곧 그 회사는 기술자를 해고할 것이다.

Shortly we will reveal our discovery.
곧 우리는 우리의 발견을 내보일 것이다.

○ Test ○

❶ 곧 킹 씨가 그 상을 받을 것이다. (receive)

❷ 곧 우리는 진실을 발견할 것이다. (discover)

265 Soon ... 곧 …

시간상, 순서상 곧 다가올 일에 대해 언급할 때 사용합니다.

Soon it will start to rain.
곧 비가 올 것이다.

Soon there will be world peace.
곧 세계 평화가 올 것이다.

Soon Hollywood will stop making such stupid movies.
곧 할리우드는 그런 멍청한 영화들을 만드는 걸 그만둘 것이다.

○ Test ○

❶ 곧 나는 대학을 졸업할 것이다.

❷ 곧 학생들은 그 수업에 등록할 것이다. (register for)

264 Shortly Mr. King will receive the award.
Shortly we will discover the truth.

265 Soon I will graduate from college.
Soon the students will register for the class.

몰랐던 문제에 대한 인식을 언급할 때

266 What I didn't know was that ...   내가 몰랐던 것은 …라는 것이었다

문제 의식을 제기하거나 글쓴이가 자기 반성을 하는 부분에서 주로 등장하게 되는 패턴입니다.

What I didn't know was that my theory had already been proposed.
내가 몰랐던 것은 내 이론이 이미 제안되었다는 것이었다.

What I didn't know was that allergies can be developed later in life.
내가 몰랐던 것은 알레르기가 후천적으로 생길 수 있다는 것이었다.

What I didn't know was that the Catholic Church was responsible for many deaths during the Spanish Inquisition.
내가 몰랐던 것은 가톨릭 교회가 스페인 종교 재판 동안의 많은 죽음에 대해 책임이 있었다는 것이었다.

◎ Test ◎

❶ 내가 몰랐던 것은 그 프로그램의 요구 사항이 매우 엄격했다는 것이었다. (requirement, strict)

❷ 내가 몰랐던 것은 하얀색은 무색이라는 것이었다. (absence of)

---

266 What I didn't know was that the requirements of the program were very strict.
What I didn't know was that white is the absence of color.

267 Since ..., ··· 때문에

보통 since 하면 '··· 이래로'라는 의미가 가장 먼저 떠오를 텐데요. 실제로는 because의 의미로 더 많이 쓰입니다. since 다음에는 절(주어+동사)이 와야 한다는 것도 명심하세요.

Since the bird flew away, we can't study it.
새가 날아가 버렸기 때문에 우리는 그것을 연구할 수가 없다.

Since we have ten cats, we have no mice.
우리는 열 마리의 고양이가 있기 때문에 쥐는 없다.

Since there was a full moon that night, she didn't need a flashlight.
그날 밤은 보름달이 떴기 때문에 그녀는 손전등이 필요 없었다.

● Test ●
❶ 그 책을 안 읽었기 때문에 나는 페이퍼를 쓸 수가 없다.

❷ 그녀가 90세였기 때문에 그녀는 제 2차 세계 대전을 기억한다.

268 Owing to ..., ··· 때문에

because of와 마찬가지 의미의 패턴입니다.

Owing to my lack of information, I can't make an informed decision.
내가 가진 정보의 부족 때문에 나는 정보에 근거한 결정을 내릴 수 없다.

Owing to instinct, many animals migrate at the same time each year.
본능 때문에 많은 동물들이 매해 동시에 이동한다.

Owing to solar panels, we can harness energy from the sun.
태양 전지판 때문에 우리는 태양으로부터의 에너지를 동력화할 수 있다.

● Test ●
❶ 망원경 때문에 우리는 다른 행성들도 볼 수 있다. (telescope)

❷ 자금 부족 때문에 그 프로그램은 망했다. (funding)

267 Since I haven't read the book, I can't write the paper.
Since she is ninety years old, she remembers World War II.

268 Owing to telescopes, we can see other planets.
Owing to a lack of funding, the program failed.

269 Due to ..., … 때문에

앞서 소개한 Owing to ...와 마찬가지 의미의 패턴입니다.

Due to this vaccine, polio is no longer a serious threat.
이 백신 때문에 소아마비는 더 이상 심각한 위협이 아니다.

Due to its lack of progress, the project was shut down.
진전이 없기 때문에 그 프로젝트는 중단되었다.

Due to shorter days, leaves change color in the fall.
짧아진 낮 시간 때문에 나뭇잎들은 가을에 색이 변한다.

○ Test ○

❶ 더운 기후 때문에 많은 사람들이 에어컨이 등장하기 전 특정 지역에 사는 것을 회피했었다.
   (hot, the advent of, certain, region, avoid)

❷ 경제 위기 때문에 많은 대학 졸업생들이 일자리를 찾지 못하고 있다. (graduate)

File 105 ● **통념을 뒤집는 사실을 언급할 때**

---

270 It may seem odd that ..., but …이 이상해 보일지도 모르나,

'양보의 부사절' 하면 흔히 (al)though를 떠올리게 되겠지만, 이 패턴도 마찬가지 역할을 합니다. odd는 '이상한'이란 뜻이에요.

It may seem odd that women spend so much money on clothing, **but** it makes them happy. 여자들이 그 많은 돈을 옷에 쓰는 것이 이상해 보일지도 모르나, 그것이 그들을 행복하게 해준다.

It may seem odd that he never shaves, **but** his religion requires it.
그가 절대 면도를 하지 않는 것이 이상해 보일지도 모르나, 그의 종교에서는 그것이 필수이다.

It may seem odd that Americans smile all the time, **but** they are just being polite. 미국인들이 항상 웃는 것이 이상해 보일지도 모르나, 그들은 단지 예의상 그러는 것이다.

○ Test ○

❶ 그 과학자가 그의 연구에 관해 거짓말한 것이 이상해 보일지도 모르나, 만약 그가 거짓말을 하지 않았더라면, 그 일을 얻지
   못했을 것이다. (get the job)

❷ 토마토가 과일이라는 것이 이상해 보일지도 모르나, 세상에는 많은 이상한 과일들이 있음을 명심하라. (strange)

---

269 Due to the hot climate, many people avoided living in certain regions before the advent of air conditioning.
Due to the economic crisis, many college graduates can't find jobs.

270 It may seem odd that the scientist lied about his research, but if he hadn't lied, he wouldn't have gotten the job.
It may seem odd that tomatoes are fruit, but remember that there are many strange fruits in the world.

271 There are many different kinds of ... ...에는 많은 종류가 있다

분류나 분석을 하는 글에서 자주 사용하는 패턴입니다.

There are many different kinds of employment.
고용에는 많은 종류가 있다.

There are many different kinds of solutions.
해결책에는 많은 종류가 있다.

There are many different kinds of arguments.
논쟁에는 많은 종류가 있다.

○ Test ○
❶ 집에는 많은 종류가 있다.

❷ 애완동물에는 많은 종류가 있다.

272 Assuredly, there are certain ... 확실히, 특정한 ...이 있다

적어도 글쓴이 자신의 입장에서 어떤 것의 특징에 대해 확실한 증언을 할 때 사용할 수 있는 패턴입니다. 때론 글쓴이의 주장 자체를 표현하는 경우에도 써요.

Assuredly, there are certain valid points.
확실히, 특정한 타당점이 있다.

Assuredly, there are certain rules we must follow.
확실히, 우리가 따라야 하는 특정한 규칙이 있다.

Assuredly, there are certain procedures scientists must perform.
확실히, 과학자들이 수행해야 하는 특정한 절차가 있다.

○ Test ○
❶ 확실히, 고속도로가 필요한 특정한 이유가 있다.

❷ 확실히, 모든 사람이 필요로 하는 특정한 비타민이 있다.

271 There are many different kinds of homes.
There are many different kinds of pets.

272 Assuredly, there are certain reasons why the highway is necessary.
Assuredly, there are certain vitamins everyone needs.

독자의 궁금증을 불러일으킬 때

273 Can it be that ...? …일 수 있을까?

질문을 던짐으로써 독자의 궁금증을 불러일으킬 수 있죠.

Can it be that some birds live to be over one hundred years old?
어떤 새들은 100년 이상 살 수 있을까?

Can it be that it's only been forty years since the U.S. moon landing?
미국이 달 착륙을 한 지 겨우 40년밖에 되지 않았을 수가 있을까?

Can it be that there are more cell phones in China than anywhere else?
다른 어떤 곳보다 중국에 더 많은 핸드폰이 있을 수 있을까?

● Test ●

❶ 매일 수천 명의 사람들이 에이즈로 죽을 수 있을까? (AIDS, die from)

❷ 우리가 여전히 수많은 질병들의 치료법을 찾지 못했을 수 있을까? (so many, illness, cure)

---

273 Can it be that thousands of people die from AIDS every day?
Can it be that we still have not found a cure for so many illnesses?

274 Similarly, 마찬가지로,

유사한 것들 간에 비교를 할 때나 유사한 사례를 제시할 때 사용할 수 있는 패턴입니다.

Similarly, I support gay marriage.
마찬가지로, 나는 동성 결혼을 지지한다.

Similarly, the Boyd building is made of brick.
마찬가지로, 보이드 건물은 벽돌로 지어져 있다.

Similarly, restaurants require that customers wear shoes and shirts.
마찬가지로, 레스토랑에서 손님들은 구두를 신고 셔츠를 입어야 한다.

○ Test ○

❶ 마찬가지로, 나는 일본식 총을 가지고 있다. (own)

❷ 마찬가지로, 훌륭한 학생은 꼼꼼한 노트를 지닌다. (organized, keep)

275 Correspondingly, 마찬가지로,

'상응하다', '유사하다'의 뜻을 지닌 correspond의 부사 형태로, 앞서 소개한 Similarly와 마찬가지 의미예요.

Correspondingly, the quality of products was not satisfactory.
마찬가지로, 제품의 질은 만족스럽지 않았다.

Correspondingly, the Jewish community was excited.
마찬가지로, 유대인 사회는 흥미로웠다.

Correspondingly, the insect evolved white wings.
마찬가지로, 그 곤충에 하얀 날개가 돋았다.

○ Test ○

❶ 마찬가지로, 그 방은 완전히 어두웠다.

❷ 마찬가지로, 그 차는 천천히 움직였다. (travel)

---

274 Similarly, I own a Japanese gun.
Similarly, good students keep an organized notebook.

275 Correspondingly, the room was completely dark.
Correspondingly, the car traveled slowly.

276 **In the same way,** 마찬가지로,

글을 쓸 때 상당히 많이 사용하게 되는 패턴입니다. 앞서 뭔가를 설명하고 난 후, 같은 방식으로 좀 더 추가적인 설명을 하게 될 때 사용하면 좋죠.

In the same way, poetry is a learning tool.
마찬가지로, 시는 배움의 도구이다.

In the same way, businesses fight for market share.
마찬가지로, 기업들은 시장 점유를 위해 싸운다.

In the same way, my theory predicts an increase in travel costs.
마찬가지로, 내 이론은 여행 비용의 증가를 예견한다.

○ Test ○
❶ 마찬가지로, 난 내 자신이 실패하게 내버려 둘 수 없다. (let)

❷ 마찬가지로, 우리는 아프리카를 도와야 한다. (need)

277 **Like ...,** …과 같이,

유사한 사례를 제시할 때 사용할 수 있는 패턴입니다. like는 동사로는 '좋아하다'지만, 전치사로는 '…과 같이'라는 뜻으로 쓰여요.

Like his wife, Bob disliked seafood.
그의 아내와 같이, 밥도 해산물을 싫어했다.

Like most nurses, she worked too much.
대부분의 간호사들과 같이, 그녀도 너무 많이 일했다.

Like all the international travelers, we were jet-lagged.
모든 해외 여행객들과 같이, 우리도 시차 때문에 힘들었다.

○ Test ○
❶ 다른 아이들과 같이, 마리아도 어둠을 무서워했다.

❷ 내 부모님과 같이, 나도 학자이다.

---

276 In the same way, I cannot let myself fail.
In the same way, we need to help Africa.

277 Like the other children, Maria was afraid of the dark.
Like my parents, I am a scholar.

278 Analogous to ..., ···과 유사하게,

성격상 유사한 사례들을 이용해 용이하게 설명하고자 할 때 유용한 패턴입니다.

Analogous to the seeds in a garden, knowledge must be planted and cultivated over time. 정원의 씨앗들과 유사하게, 지식은 심어지고 시간이 지남에 따라 가꿔져야 한다.

Analogous to a gear in a machine, each employee is an integral part of a factory's assembly line. 기계의 기어와 유사하게, 직원 개개인은 공장 조립 라인의 없어서는 안 될 부분이다.

Analogous to a computer, the human brain is capable of completing multiple processes simultaneously. 컴퓨터와 유사하게, 인간의 뇌는 동시에 여러 가지 일을 처리해 낼 수 있다.

○ Test ○

❶ 산불과 유사하게, 두려움도 사람들 사이에 빠르게 번진다. (forest fire, population, through, spread)

❷ 배의 선장과 유사하게, 학교 교장은 많은 책임을 지니고 있다. (commander, principal)

대안을 선택할 때

279 Rather than ..., ···보다는,

어떤 상황에서 대안을 선택할 때 사용할 수 있는 패턴입니다.

Rather than visit Canada, the Jones family stayed home.
캐나다를 방문하기보다는, 존 가족은 집에 머물렀다.

Rather than fix the problem, the government ignored it.
그 문제를 해결하기보다는, 정부는 그것을 무시했다.

Rather than cut down trees, I propose we plant them.
나무를 자르기보다는, 나는 우리가 나무를 심을 것을 제안한다.

○ Test ○

❶ 아파트를 사기보다는, 베라는 그것을 임대했다. (Vera)

❷ 그 문제에 대해 토론하기보다는, 그것을 해결하도록 해보자. (problem, solve)

278 Analogous to a forest fire, fear can spread quickly through a population.
Analogous to the commander of a ship, the principal of a school has many responsibilities.

279 Rather than buy the apartment, Vera rented it.
Rather than discuss the problem, let's try to solve it.

280 By contrast, 대조적으로

대조를 할 때 쓸 수 있는 가장 기본적인 패턴입니다.

By contrast, the population of the U.S. grew three percent.
대조적으로, 미국의 인구는 3퍼센트 증가했다.

By contrast, Americans are getting shorter.
대조적으로, 미국인들은 점점 키가 줄고 있다.

By contrast, dogs cannot watch television.
대조적으로, 개는 텔레비전을 볼 수 없다.

◦ Test ◦

❶ 대조적으로, 그 새 호텔에는 인터넷 카페가 있다. (have)

❷ 대조적으로, 밴쿠버의 겨울은 춥다. (Vancouver, have)

281 On the contrary, 그와는 반대로,

서로 반대되는 점을 지적할 때 사용하는 패턴입니다.

On the contrary, Sigmund Freud was widely-known in his own time.
그와는 반대로, 지그문트 프로이트는 당대에 널리 알려졌다.

On the contrary, a glass of red wine every now and then is healthy.
그와는 반대로, 때때로 한 잔의 적포도주는 건강에 좋다.

On the contrary, many people are allergic to pollen.
그와는 반대로, 많은 사람들이 꽃가루에 알레르기가 있다.

◦ Test ◦

❶ 그와는 반대로, 많은 주요 대학들이 재활용을 장려한다. (recycling)

❷ 그와는 반대로, 많은 사람들이 정부 일에 관련되어 있다. (be engaged in)

280 By contrast, the new hotel has an Internet cafe.
By contrast, Vancouver has cold winters.

281 On the contrary, many major universities encourage recycling.
On the contrary, many people are engaged in government work.

282 In contrast, 대조적으로,

On the contrary와 마찬가지 상황에서 사용할 수 있는 패턴입니다.

In contrast, anthropologists study human society and culture.
대조적으로, 인류학자들은 인류 사회와 문화를 연구한다.

In contrast, Martin Luther King, Jr. was a pacifist.
대조적으로, 마틴 루터 킹은 평화주의자였다.

In contrast, a chemist works to understand the properties of elementary matter.
대조적으로, 화학자는 기본 물질의 특성을 이해하기 위해 연구한다.

○ Test ○

❶ 대조적으로, 채식주의자들은 고기를 먹지 않는다.

❷ 대조적으로, 치타는 시속 100킬로미터 이상의 속도로 달릴 수 있다. (cheetah, km/h, over, at speeds)

283 Conversely, 반대로,

글을 쓸 때 어김없이 사용하게 되는 단골 패턴입니다.

Conversely, China is 5,000 years old.
반대로, 중국은 5,000년이 되었다.

Conversely, how did Egypt view its past?
반대로, 이집트는 어떻게 그것의 과거를 봤을까?

Conversely, being gay is not a matter of choice.
반대로, 게이가 되는 것은 선택의 문제가 아니다.

○ Test ○

❶ 반대로, 나는 무언가를 잘하는 것은 어렵다는 걸 깨달았다. (be good at)

❷ 반대로, 많은 인디안 부족들이 백인과 친하게 지냈다. (tribe, white people, befriend)

282 In contrast, vegetarians do not eat meat.
In contrast, the cheetah can run at speeds over 100km/h.

283 Conversely, I realized that being good at something is difficult.
Conversely, many Indian tribes befriended the white people.

Answer

284 In comparison, 비교해 보면,

두 가지 대상을 비교할 때 유용한 패턴으로, 유사성을 비교하거나 상이성을 견주는 경우에 사용하죠.

In comparison, the U.S. is huge.
비교해 보면, 미국은 거대하다.

In comparison, the drug is useless.
비교해 보면, 그 약은 쓸모없다.

In comparison, Democrats believe that something must be done.
비교해 보면, 민주당은 무언가가 행해져야 한다고 믿는다.

○ Test ○

❶ 비교해 보면, 공화당은 지구 온난화가 일어나지 않을 것이라고 믿는다.

❷ 비교해 보면, 국산 자동차가 싸다. (cheap)

285 This is consistent with ... 이것은 …과 일치한다

비교할 수 있는 대상끼리 비교할 때 사용하는 패턴입니다.

This is consistent with current theories.
이것은 최근의 이론들과 일치한다.

This is consistent with the results of the survey.
이것은 조사 결과와 일치한다.

This is consistent with expert opinion.
이것은 전문가의 의견과 일치한다.

○ Test ○

❶ 이것은 나의 주장과 일치한다.

❷ 이것은 지구상의 생물체가 단순한 유기체로부터 진화했다는 생각과 일치한다. (organism, evolve, idea)

---

284 In comparison, Republicans believe that global warming is not happening.
In comparison, domestic cars are cheap.

285 This is consistent with my argument.
This is consistent with the idea that life on earth evolved from a simple organism.

의견 차이로 생긴 어떤 상황을 언급할 때

286 It is precisely these differences of opinion that ...
…은 정확히 이들 의견의 차이다

의견의 차이로 인해 생긴 어떤 상황에 대해 언급하고자 할 때 사용할 수 있는 패턴입니다.

It is precisely these differences of opinion that bring us together.
우리를 화해시키는 것은 정확히 이들 의견의 차이다.

It is precisely these differences of opinion that have given the subject so much attention. 그 주제에 그렇게 많은 관심을 쏟은 것은 정확히 이들 의견의 차이다.

It is precisely these differences of opinion that have caused so much trouble over the past few years. 지난 몇 년간 그렇게 많은 문제를 일으킨 것은 정확히 이들 의견의 차이다.

⊙ Test ⊙

❶ 우리가 앞으로 나아가는 것을 막는 것은 정확히 이들 의견의 차이다. (move forward, prevent)

❷ 이 토론을 아주 흥미롭게 만드는 것은 정확히 이들 의견의 차이다.

286 It is precisely these differences of opinion that prevent us from moving forward.
It is precisely these differences of opinion that make this discussion so interesting.

Answer

287 This contradicts the statement that ... 이것은 …라는 진술에 모순된다

사회 현상이나 다른 사람의 주장에서 나타난 모순을 지적할 때 사용하기 적절한 패턴입니다.

This contradicts the statement that history repeats itself.
이것은 역사는 반복된다는 진술에 모순된다.

This contradicts the statement that patience is a virtue.
이것은 인내가 미덕이라는 진술에 모순된다.

This contradicts the statement that truth is stronger than fiction.
이것은 진실이 허구보다 강하다는 진술에 모순된다.

○ Test ○
❶ 이것은 보는 것이 믿는 것이라는 진술에 모순된다.

❷ 이것은 자선은 가정에서 시작된다는 진술에 모순된다. (charity)

288 There exists a contradiction between ... and ~
…과 ~ 사이에는 모순이 있다

이론과 현실 사이의 불일치를 지적하거나 동일 학자의 이론에서 드러나는 모순 등 여러 가지 문제점과 괴리를 지적할 때 유용한 패턴입니다.

There exists a contradiction between what politicians say **and** what politicians do.
정치인들이 말하는 것과 실제 행하는 것 사이에는 모순이 있다.

There exists a contradiction between the theory of evolution **and** the theory of divine creation. 진화론과 창조론 사이에는 모순이 있다.

There exists a contradiction between the desire for services **and** the hatred of taxation. 서비스에 대한 욕구와 과세에 대한 반감 사이에는 모순이 있다.

○ Test ○
❶ 나의 첫 번째 이론과 내 최근 실험 결과 사이에는 모순이 있다. (latest)

❷ 많은 정치인들의 외면적인 이미지와 그들의 개인적인 삶 사이에는 모순이 있다. (outward)

---

287 This contradicts the statement that seeing is believing.
This contradicts the statement that charity begins at home.

288 There exists a contradiction between my first theory and the results of my latest experiment.
There exists a contradiction between many politicians' outward images and their personal lives.

289 With this statement, 이 한마디로,

독자에게 강렬한 한마디를 선사하고 싶거나 훌륭한 격언 등을 인용하려고 할 때 사용하면 좋은 패턴입니다.

With this statement, I intend to make my meaning clear.
이 한마디로, 나는 내 말의 의미를 분명히 하고자 한다.

With this statement, I will conclude my argument.
이 한마디로, 나는 내 주장을 마무리할 것이다.

With this statement, President Nixon resigned.
이 한마디로, 닉슨 대통령은 사임했다.

○ Test ○

❶ 이 한마디로, 그 작가는 영원히 기억될 것이다. (author)

❷ 이 한마디로, 내 논거를 시작하겠다. (argument, let)

Answer

289 With this statement, the author will be remembered forever.
With this statement, let me begin my argument.

다른 가능성을 제시할 때

290 Another possibility is ... 또 다른 가능성은 …이다

상황이나 양태를 분석할 때 가장 유력한 원인 다음으로 또 다른 가능성을 제시하는 패턴입니다.

Another possibility is that your computer has a virus.
또 다른 가능성은 당신의 컴퓨터가 바이러스에 걸렸다는 것이다.

Another possibility is that high prices are to blame.
또 다른 가능성은 높은 가격이 문제라는 것이다.

Another possibility is the construction of windmills.
또 다른 가능성은 풍차의 건설이다.

○ Test ○

❶ 또 다른 가능성은 정부가 도울 수 없다는 것이다. (unable to)

❷ 또 다른 가능성은 다른 직원의 고용이다. (employee)

291 There are other possible causes ... … 다른 가능한 원인들이 있다

어떤 문제나 사건, 또는 현상의 원인을 밝히기 위한 서두에 주로 사용하는 패턴입니다.

There are other possible causes for this phenomenon.
이 현상에 대한 다른 가능한 원인들이 있다.

There are other possible causes of this accident.
이 사건에 관한 다른 가능한 원인들이 있다.

There are other possible causes of death.
죽음에 관한 다른 가능한 원인들이 있다.

○ Test ○

❶ 우리가 검토할 필요가 있는 다른 가능한 원인들이 있다.

❷ 이 문제에 관한 다른 가능한 원인들이 있다.

290 Another possibility is that the government is unable to help.
Another possibility is the hiring of another employee.

291 There are other possible causes we need to examine.
There are other possible causes of this problem.

다양한 관점에서 살펴볼 때

292 In view of this, 이런 관점에서,

From this point of view와 마찬가지 의미로, 사회적 현상을 관점별로 나누어 분석하고자 할 때 주로 사용하는 패턴입니다. 또 찬반과 관련한 논점을 정리할 경우에도 아주 유용하죠.

In view of this, we are not in favor of the policy.
이런 관점에서, 우리는 그 정책에 호의적이지 않다.

In view of this, let us think about the problem differently.
이런 관점에서, 그 문제를 다른 방향에서 생각해 보자.

In view of this, we must find a new solution.
이런 관점에서, 우리는 새로운 해결책을 찾아야 한다.

◌ Test ◌
❶ 이런 관점에는, 우리는 좀 더 주의해야 한다.

❷ 이런 관점에서, 어쩌면 우린 새로운 후보자를 찾아야 할지도 모른다. (candidate, look for)

293 From that standpoint, 그 견지에서,

standpoint는 '관점'이라는 의미로, From that point of view와 마찬가지 패턴으로 볼 수 있습니다.

From that standpoint, Darwin's theory cannot be true.
그 견지에서, 다윈의 이론은 사실일 리 없다.

From that standpoint, the failure of the test was a major setback.
그 견지에서, 그 테스트의 실패는 큰 퇴보였다.

From that standpoint, archeological excavations merely slow down construction projects. 그 견지에서, 고고학적 발굴은 건축 프로젝트의 진행을 더디게 할 뿐이다.

◌ Test ◌
❶ 그 견지에서, 차보다 비행기로 여행하는 것이 더 안전하다. (by car)

❷ 그 견지에서, 줄리어스 시저는 죽을 만했다. (Julius Caesar, deserve)

292 In view of this, we should be more careful.
In view of this, perhaps we should look for a new candidate.

293 From that standpoint, it is safer to travel by airplane than by car.
From that standpoint, Julius Caesar deserved to die.

294 Considered from another perspective, 또 다른 관점에서 생각하면,

하나의 관점에서 다른 관점으로의 전환을 할 때 사용하는 패턴입니다. 이를 통해 새로운 문제 제기나 의식의 전환을 꾀할 수 있죠.

Considered from another perspective, the problem is not intimidating.
또 다른 관점에서 생각하면, 그 문제는 위협적이지 않다.

Considered from another perspective, this investigation is unnecessary.
또 다른 관점에서 생각하면, 이 조사는 불필요하다.

Considered from another perspective, the argument takes a new form.
또 다른 관점에서 생각하면, 그 주장은 새로운 형태를 띤다.

○ Test ○
❶ 또 다른 관점에서 생각하면, 조깅은 재미있을 수 있다.

❷ 또 다른 관점에서 생각하면, 표준화된 테스트는 학생들이 발전하는 것을 돕는다. (standardized, testing, progress)

File 116 ● 원래의 논의로 돌아갈 때

295 Turning now to the question of ..., 이제 …의 문제로 넘어가,

글을 쓰다 보면 개념을 명확히 하기 위해 논의와 직접적인 관련이 없더라도 추가적인 설명을 해야 할 때가 있죠. 이런 추가적인 설명을 마치고 다시 원래의 논의로 돌아갈 때 두 문장 사이를 자연스럽게 연결시켜 주는 패턴입니다.

Turning now to the question of reform, we hope to suggest some good ideas.
이제 개혁의 문제로 넘어가, 우리는 좋은 의견을 제시하길 희망한다.

Turning now to the question of identity, I think that the crime was committed by Larry. 이제 신원의 문제로 넘어가, 난 래리가 그 범죄를 저질렀다고 생각한다.

Turning now to the question of race, let me say that Rogers has missed the point. 이제 인종의 문제로 넘어가, 로저스가 핵심을 놓쳤다고 말하겠다.

○ Test ○
❶ 이제 세계 기아의 문제로 넘어가, 우리는 왜 그렇게 많은 사람들이 죽어 가고 있는지 판단해야 한다. (hunger)

❷ 이제 자살의 문제로 넘어가, 우리는 질문해야 한다: 왜 사람들은 자살을 할까? (suicide)

---

294 Considered from another perspective, jogging can be fun.
Considered from another perspective, standardized testing helps students progress.

295 Turning now to the question of world hunger, we must determine why so many people are dying.
Turning now to the question of suicide, we must ask: why do people do it?

296 With this in mind, 이것을 염두에 두고,

중요한 논의 이후 다음 논점으로 넘어가려고 할 때 이전 논의의 중요성을 다시 한 번 상기시키는 차원에서 사용할 수 있습니다.

With this in mind, we can begin our investigation.
이것을 염두에 두고, 우리는 조사를 시작할 수 있다.

With this in mind, I'll outline three strategies.
이것을 염두에 두고, 나는 세 가지 전략의 개요를 보여 줄 것이다.

With this in mind, I recommend that the building be fixed.
이것을 염두에 두고, 나는 그 건물이 수리될 것을 권한다.

○ Test ○

❶ 이것을 염두에 두고, 문제의 원인들을 검토해 보자.

❷ 이것을 염두에 두고, 나는 작가들의 이름을 열거할 것이다. (author, list)

297 Bearing this in mind, 이것을 염두에 두고[두면],

앞서 논의한 것을 다시 한 번 강조하면서 다음 화제로 넘어갈 때 사용할 수 있는 패턴입니다.

Bearing this in mind, it is not surprising that many travelers to foreign countries suffer from culture shock.
이것을 염두에 두면, 많은 해외 여행자들이 문화 충격을 겪는다는 것은 놀랄 일도 아니다.

Bearing this in mind, we can find a more appropriate solution.
이것을 염두에 두고, 우리는 더 적절한 해결책을 찾을 수 있다.

Bearing this in mind, both sides of the argument make sense.
이것을 염두에 두면, 양론 모두 일리가 있다.

○ Test ○

❶ 이것을 염두에 두고, 우리는 지시 사항을 신중하게 읽을 필요가 있다.

❷ 이것을 염두에 두고, 우리는 거대한 태양계를 고찰할 수 있다. (vast)

296 With this in mind, let us examine the causes of the problem.
With this in mind, I will list the names of the authors.

297 Bearing this in mind, we need to read the instructions carefully.
Bearing this in mind, we can consider the vast solar system.

298 **Bearing in mind the previous points,** 앞서 논의했던 것들을 명심하고,

앞서 제시된 논의들을 다시 한 번 상기시키면서 주제를 심화시키거나 다음 단계로 나아갈 때 유용한 패턴입니다.

Bearing in mind the previous points, let us examine the usefulness of the system.
앞서 논의했던 것들을 명심하고, 그 제도의 유용성을 검토해 보자.

Bearing in mind the previous points, we can now consider the matter.
앞서 논의했던 것들을 명심하고, 우리는 이제 그 문제를 고찰할 수 있다.

Bearing in mind the previous points, we will attempt to solve the problem.
앞서 논의했던 것들을 명심하고, 우리는 그 문제를 해결하려 시도할 것이다.

○ Test ○

❶ 앞서 논의했던 것들을 명심하고, 우리는 이제 인종의 문제로 넘어갈 것이다. (issue, turn to)

❷ 앞서 논의했던 것들을 명심하고, 비자 기간을 생각해 보자. (length, consider)

예를 들 때

299 **For example,** 예컨대

예를 들 때 흔히 사용하는 대표적인 패턴입니다.

For example, I exercise five days a week.
예컨대 나는 일주일에 5일을 운동한다.

For example, he wrote an English textbook.
예컨대 그는 영어 교과서를 저술했다.

For example, the manager of the company makes a million dollars a year.
예컨대 그 회사 부장은 1년에 100만 달러를 번다.

○ Test ○

❶ 예컨대 자동차는 다른 나라에서 더 싸게 만들어질 수 있다. (cheaply)

❷ 예컨대 우리는 체리 나무와 감자를 심었다.

---

298 Bearing in mind the previous points, we will now turn to the issue of race.
Bearing in mind the previous points, let us consider the length of the visa.

299 For example, cars can be made more cheaply in other countries.
For example, we planted cherry trees and potatoes.

300 For instance, 예컨대

For example과 같은 의미로, 예를 들어 설명하고자 할 때 사용합니다.

For instance, the library is closed.
예컨대 도서관 문은 닫혀 있다.

For instance, red wine can be good for you.
예컨대 적포도주는 당신에게 좋을 수 있다.

For instance, she does not obey traffic lights.
예컨대 그녀는 교통 신호를 지키지 않는다.

○ Test ○
❶ 예컨대 오렌지에는 비타민 C가 함유되어 있다.

❷ 예컨대 창문이 깨졌다.

301 An example of this is ... 이것의 예는 …이다

한 가지 예를 들고자 할 때 사용할 수 있는 패턴으로, 앞서 일반적인 사례가 제시되는 것이 보통이죠.

An example of this is the attendance policy.
이것의 예는 출석 정책이다.

An example of this is Stephen King's book, *The Stand*.
이것의 예는 스티븐 킹의 책인 〈미래의 묵시록〉이다.

An example of this is pizza.
이것의 예는 피자이다.

○ Test ○
❶ 이것의 예는 야구이다.

❷ 이것의 예는 중국 새해이다.

302　including ...　…을 포함해

일반적인 논의를 한 뒤에 구체적인 예를 들 때 사용합니다. 또 어디까지가 범위인지 구체적인 예를 들 경우에도 사용해요.

I have taken many classes, **including** Japanese literature.
일본 문학을 포함해 나는 많은 수업을 들었다.

They visited many countries, **including** South Korea.
한국을 포함해 그들은 많은 나라를 방문했다.

He had three wives, **including** Marilyn Monroe.
마릴린 먼로를 포함해 그는 아내가 셋이었다.

○ Test ○
❶ 점심을 포함해 당신은 5달러로 많은 것을 살 수 있다.

❷ 아카데미상을 포함해 그녀는 많은 상을 받았다. (win)

303　such as ...　…과 같은

어떤 것에 대한 구체적인 예를 제시할 때 사용하는 패턴입니다.

Loud noises, **such as** bells and alarms, hurt my ears.
벨이나 알람 같은 시끄러운 소리는 귀를 상하게 한다.

Many foods, **such as** pizza and bacon, contain a lot of salt.
피자나 베이컨과 같은 많은 음식들은 다량의 소금을 함유하고 있다.

Several computer games, **such as** Frogger, were invented in the 1980s.
프로거와 같은 몇몇 컴퓨터 게임은 1980년대에 만들어졌다.

○ Test ○
❶ 목성과 같은 행성들은 가스로 이루어져 있다. (Jupiter, be made of)

❷ 기독교와 같은 종교들은 유일신을 믿는다. (Christianity, one god)

---

302 You can buy many things for five dollars, including lunch.
　　She won many prizes, including an Academy Award.

303 Planets such as Jupiter are made of gas.
　　Religions such as Christianity believe in one god.

304 Particularly, 특히

앞서 일반적인 내용을 다루고 난 뒤에 세부적으로나 구체적으로 강조하고 싶은 바가 있을 때 유용한 패턴으로, 문장 중간에 쓸 수도 있습니다.

Particularly, the park on 4th St. is poor.
특히 4번가 공원은 보잘것없다.

Particularly, Harlem is a dangerous place to drive.
특히 할렘은 운전하기에 위험한 곳이다.

Russia will be **particularly** hurt by global warming.
러시아는 지구 온난화 때문에 특히 피해가 많을 것이다.

○ Test ○
❶ 특히 한국은 알맞은 가격의 차들을 제조할 수 있다. (affordable)

❷ 왜 미국인들은 특히 죽음을 두려워할까?

305 In particular, 특히

앞서 소개한 Particularly와 마찬가지 상황에서 사용합니다.

In particular, students may not use calculators or cell phones during the exam.
특히 시험 기간 동안에 학생들은 계산기나 핸드폰을 사용할 수 없다.

In particular, the company recommends that employees take longer lunch breaks. 특히 그 회사는 직원들이 점심 시간을 더 오래 가질 것을 권한다.

In particular, we are seeing people switch from Coke to Pepsi.
특히 우리는 사람들이 코카콜라에서 펩시로 옮겨 가는 것을 보고 있다.

○ Test ○
❶ 특히 우리는 해변에서 많은 게들을 발견했다. (crab)

❷ 특히 그들은 이벤트를 기획하는 데 매우 능숙하다. (organize)

304 Particularly, Korea can manufacture affordable cars.
Why are Americans particularly afraid of death?

305 In particular, we found many crabs on the beach.
In particular, they are very good at organizing events.

306 Notably 특히/ 현저히

'주목하다', '언급하다' 등의 뜻을 지닌 note의 부사 형태로, 문두나 문장 중간에서 사용할 수 있습니다.

Notably it's still illegal to distribute the technology.
특히 그 기술을 배포하는 것은 아직 불법이다.

The relationship between the U.S. and China has **notably** improved.
미국과 중국의 관계는 현저히 개선되었다.

I am going to list five **notably** terrible video games.
나는 특히 끔찍한 다섯 개의 비디오 게임을 열거할 것이다.

○ Test ○
❶ 과학에서 특히 교수들은 너무 많이 가르친다.

❷ 대형 백화점들, 특히 월마트는 가격이 싸다. (large, low, have)

307 especially 특히

구체적인 예 중에서도 각별한 것을 언급할 때 사용합니다.

Professional baseball players make too much money, **especially** Alex Rodriguez.
프로 야구 선수들, 특히 알렉스 로드리게스는 매우 많은 돈을 번다.

Brian is **especially** good at gardening.
브라이언은 원예에 특히 소질이 있다.

Many workers die in accidents, **especially** in factories.
많은 근로자들이 특히 공장에서 사고로 죽는다.

○ Test ○
❶ 우리 부모님은 특히 저녁에 TV를 많이 보신다. (a lot of)

❷ 나는 특히 금요일에 신문을 읽는 것을 좋아한다. (enjoy)

---

306 Notably in the sciences, professors teach too much.
Large department stores, notably Wal-Mart, have low prices.

307 My parents watch a lot of TV, especially in the evenings.
I enjoy reading the newspaper, especially on Fridays.

308 Specifically, 구체적으로,

특별히 강조하고 싶은 점이나 구체적으로 언급하려는 내용 앞에서 사용함으로써 분위기를 전환시키는 효과를 줍니다.

Specifically, she was a fan of Hugh Jackman.
구체적으로, 그녀는 휴 잭맨의 팬이었다.

Specifically, the horse had broken its left rear leg.
구체적으로, 그 말은 왼쪽 뒷다리가 부러졌다.

Specifically, they saw UFOs in June, August, and September.
구체적으로, 그들은 6월, 8월, 그리고 9월에 UFO를 봤다.

◉ Test ◉

❶ 구체적으로, 우리는 참가자 수를 알아야 한다. (need to)

❷ 구체적으로, 공화당원들은 '가족의 가치'에 관심이 있다. (be concerned with)

309 More specifically, 더 구체적으로,

일반적인 논의, 구체적인 논의를 지나서 더욱더 구체적인 논의로 진입하려고 할 때 사용하기 적절한 패턴입니다.

More specifically, students should take 19 credit hours.
더 구체적으로, 학생들은 19학점을 따야 한다.

More specifically, I recommend that the city pay for a new bus.
더 구체적으로, 나는 시가 새 버스 비용을 부담할 것을 권한다.

More specifically, we need to drink more water and exercise more.
더 구체적으로, 우리는 더 많은 물을 마시고 더 많은 운동을 해야 한다.

◉ Test ◉

❶ 더 구체적으로, 125,097명이 일자리를 잃었다.

❷ 더 구체적으로, 그들은 실험실 문 잠그는 것을 깜빡했다. (laboratory, lock)

첫인상에 대해 언급할 때

310 At first glance, it seemed ... 첫눈에, 그것은 …처럼 보였다

어떤 것에 대한 첫인상을 언급할 때 사용하는 패턴으로, 보통 화제를 처음 제시할 때 쓰게 되죠.

At first glance, it seemed incomprehensible.
첫눈에, 그것은 이해할 수 없는 것처럼 보였다.

At first glance, it seemed like a simple problem.
첫눈에, 그것은 단순한 문제처럼 보였다.

At first glance, it seemed as though the answer might never be found.
첫눈에, 그것은 마치 답이 절대 나오지 않을 것처럼 보였다.

○ Test ○

❶ 첫눈에, 그것은 매우 쉬워 보였다.

❷ 첫눈에, 그것은 간단한 조사처럼 보였다. (straightforward)

---

310 At first glance, it seemed very easy.
At first glance, it seemed like a straightforward survey.

주된 경우를 설명할 때

311 Chiefly 주로

100% 그런 건 아니지만 대부분 그렇다는 얘기를 하게 될 때 사용하는 패턴으로, 문두나 문장 중간에서 사용할 수 있습니다.

Chiefly I am concerned with nursing care.
주로 나는 간호에 관심이 있다.

The paintings came **chiefly** from Belgium.
그 그림들은 주로 벨기에에서 왔다.

Bamboo is **chiefly** grown in China.
대나무는 중국에서 주로 자란다.

● Test ●
❶ 주로 그 시들은 그의 십대 시절 동안 쓰여졌다. (teenage years)

❷ 이 글은 주로 새로운 놀이터의 필요성에 대한 것이다. (article, playground)

312 Mainly 대개/ 주로

앞서 소개한 Chiefly와 마찬가지 상황에서 사용할 수 있는 패턴입니다.

Mainly the classical radio station plays Mozart.
대개 클래식 라디오 방송국은 모차르트 곡을 틀어 준다.

Mainly slaves were Christian.
대개 노예들은 기독교 신자였다.

The book is **mainly** about trees of Illinois.
그 책은 주로 일리노이의 나무에 대한 것이다.

● Test ●
❶ 그 은행의 성공은 주로 경제 덕분이다. (due to)

❷ 나는 주로 광고를 맡고 있다. (in charge of)

---

311 Chiefly the poems were written during his teenage years.
This article is chiefly about the need for a new playground.

312 The bank's success is mainly due to the economy.
I am mainly in charge of advertising.

313 Mostly 대부분

이 패턴 역시 대부분 그렇다는 얘기를 할 때 사용할 수 있습니다.

Snakes are mostly harmless.
뱀들은 대부분 해를 끼치지 않는다.

Mostly the problem is found in older cars.
대부분 그 문제는 오래된 차에서 발견된다.

The highway is now mostly cleared of snow.
고속도로에는 이제 대부분 눈이 제거되었다.

○ Test ○

❶ 그 요리사는 대부분 경제적인 이유들로 그의 식당을 팔았다. (financial)

❷ 변호사의 진술은 대부분 사실이다.

File 122 ○ 이유를 강조할 때

314 So that is why ... 바로 그것이 …하는 이유이다

이유를 강조하는 효과가 있는 패턴입니다.

So that is why we should be less reliant on automobiles.
바로 그것이 우리가 자동차에 대한 의존을 줄여야 하는 이유이다.

So that is why Latin is a dead language.
바로 그것이 라틴어가 사어인 이유이다.

So that is why I want to be a botanist.
바로 그것이 내가 식물학자가 되고 싶어 하는 이유이다.

○ Test ○

❶ 바로 그것이 내가 진화론이 입증될 수 있다고 생각하는 이유이다. (evolution)

❷ 바로 그것이 시간 여행이 불가능한 이유이다. (possible)

---

313 The chef sold his restaurant mostly for financial reasons.
The lawyer's statement is mostly true.

314 So that is why I think the theory of evolution can be proven.
So that is why time travel is not possible.

315 In this situation, 이런 상황에서는

특정 상황으로 한정시켜 얘기를 해나갈 때 사용할 수 있는 패턴입니다.

In this situation, how should I act?
이런 상황에서는 내가 어떻게 행동해야 할까?

In this situation, use the past tense.
이런 상황에서는 과거형을 사용하라.

In this situation, the baby should be taken to the doctor.
이런 상황에서는 아기를 의사에게 데려가야 한다.

○ Test ○

❶ 이런 상황에서는 여러분의 친구들에게 도움을 청하라. (ask … for)

❷ 이런 상황에서는 가장 가까운 출구로 뛰어야 한다. (nearest, exit)

316 In that case, 그 경우,

특정 사례를 제시하고 그 사례에 대한 설명을 덧붙이거나 사례의 논점을 분석할 때 자주 사용하는 패턴이에요. that 대신 this를 써도 의미상 차이는 거의 없습니다.

In that case, there could be a problem with the screen.
그 경우, 화면에 문제가 있을 수도 있다.

In that case, we will withdraw our support.
그 경우, 우리는 우리의 지지를 철회할 것이다.

In that case, we may have to raise prices.
그 경우, 우리는 가격을 더 올려야 할지도 모른다.

○ Test ○

❶ 그 경우, 대통령은 그의 참모들과 만날 것이다. (staff, would)

❷ 그 경우, 우리는 국내 소비를 진작시켜야 한다. (stimulate, need to)

Answer

315 In this situation, ask your friends for help.
In this situation, you should run to the nearest exit.

316 In that case, the president would meet with his staff.
In that case, we need to stimulate domestic spending.

많은 연구가 있음을 언급할 때

317 There is a great deal of research ... ··· 연구가 많다

앞으로 행해져야 할 연구나 자신의 주장을 지지하는 연구 등이 많음을 언급할 때 주로 사용하게 되는 패턴입니다.

There is a great deal of research behind us.
우리 뒤에 남은 연구가 많다.

There is a great deal of research yet to be done.
아직 행해져야 할 연구가 많다.

There is a great deal of research to back up this theory.
이 이론을 지지하는 연구가 많다.

● Test ●

❶ 출판되지 않은 연구가 많다.

❷ 그 주제에 관한 연구가 많다.

---

317 There is a great deal of research that has not been published.
There is a great deal of research on the subject.

318 As an illustration, 그림과 같이,

시각적인 자료 활용을 위해 그래프나 표, 삽화 등을 제시하는 경우도 많은데요. 이 패턴은 삽화를 이용해 설명할 때 유용합니다.

As an illustration, I will describe a strategy you can use to make women like you.
그림과 같이, 나는 여자가 당신을 좋아하게 만들기 위해 사용할 수 있는 전략을 설명할 것이다.

As an illustration, let's consider the following equation.
그림과 같이, 다음 등식을 생각해 보자.

As an illustration, he dropped a leaf on the ground.
그림과 같이, 그는 땅에 나뭇잎을 떨어뜨렸다.

○ Test ○
❶ 그림과 같이, 영국 정부를 고찰해 보자.

❷ 그림과 같이, 내 연설의 앞부분 반을 그대로 옮겨 적겠다. (first half of, transcribe)

319 To illustrate, 도식화하기 위해,/ 도식화하자면,

글을 읽는 사람의 이해를 돕기 위해 때론 묘사나 삽화 등이 활용되기도 하는데요. 이 같은 방법적인 수단을 언급해 줄 때 사용할 수 있는 패턴입니다.

To illustrate, a bird may make a nest in an oak tree but not a maple tree.
도식화하자면, 한 마리 새가 단풍나무가 아닌 오크나무 위에 둥지를 지을지도 모른다.

To illustrate this, I will include a graph.
이를 도식화하기 위해, 나는 그래프를 포함시킬 것이다.

To illustrate, I will tell you a story.
도식화하기 위해, 얘기 하나를 하겠다.

○ Test ○
❶ 도식화하기 위해, 나는 내 자료에 관한 두 개의 차트를 포함시켰다.

❷ 이를 도식화하기 위해, 나는 칠판에 원을 하나 그렸다. (chalkboard, circle)

318 As an illustration, let us examine the British government.
As an illustration, I will transcribe the first half of my speech.

319 To illustrate, I have included two charts of my data.
To illustrate this, I drew a circle on the chalkboard.

320 ... is best described as ~ ···은 ~로서 가장 잘 설명된다

자신의 주장을 가장 잘 뒷받침해 주는 이론을 소개하려고 할 때 주로 사용하는 패턴으로, 이 문장 뒤에 그 이론에 대한 자세한 설명을 이어나가면 됩니다.

Religion **is best described as** a set of beliefs.
종교는 일련의 믿음으로서 가장 잘 설명된다.

A theory **is best described as** an educated guess.
이론은 경험에 근거한 추측으로서 가장 잘 설명된다.

Physics **is best described as** the study of matter, energy, motion, and force.
물리학은 물질, 에너지, 운동, 그리고 힘에 관한 학문으로서 가장 잘 설명된다.

○ Test ○

❶ 에너지는 사용 가능한 동력 자원으로서 가장 잘 설명된다. (soure of power)

❷ 평화는 여러 무리의 사람들 사이에서의 상호 조화의 상태로서 가장 잘 설명된다. (groups of, mutual, state)

---

320 Energy is best described as a source of usable power.
Peace is best described as a state of mutual harmony between groups of people.

321 In short, 요컨대,

앞서 길게 설명했던 것들을 압축적이고 간결하게 다시 정리해서 보여 줄 때 유용한 패턴입니다.

In short, the meal was simple and wonderful.
요컨대, 그 식사는 단순하면서도 훌륭했다.

In short, the book will help you get around London.
요컨대, 그 책은 당신의 런던 여행을 도울 것이다.

In short, the ability of a person to learn is related to his or her age.
요컨대, 사람의 학습 능력은 나이와 연관이 있다.

○ Test ○

❶ 요컨대, 운동은 건강을 위해 필요하다. (necessary)

❷ 요컨대, 대통령은 전쟁에 대해 잘못 생각했다. (wrong)

322 The point is, 요점은,

늘어놓았던 주장을 깔끔하게 한마디로 요약 정리할 때 사용하는 패턴입니다.

The point is, public schools should teach students a second language.
요점은, 공립학교는 학생들에게 제 2언어를 가르쳐야 한다는 것이다.

The point is, Charles Darwin's theory of evolution is only a theory.
요점은, 찰스 다윈의 진화론은 이론일 뿐이라는 것이다.

The point is, each person is responsible for his or her own actions.
요점은, 각 개인은 자신의 행동에 책임을 져야 한다는 것이다.

○ Test ○

❶ 요점은, 그 실험 결과가 입증되어야 한다는 것이다. (verify, need to)

❷ 요점은, 인터넷이 우리가 의사소통하는 방식에 대변혁을 일으켰다는 것이다. (revolutionize)

321 In short, exercise is necessary for good health.
In short, the president was wrong about the war.

322 The point is, the results of the experiment need to be verified.
The point is, the Internet has revolutionized the way we communicate.

323 That is (to say), 즉

앞서 했던 얘기를 반복하거나 더 간단히 압축적으로 설명할 때 사용하는 패턴입니다.

That is (to say), the patient could not feel any pain.
즉 환자들은 어떠한 고통도 느낄 수 없었다.

That is (to say), they published inaccurate data.
즉 그들은 부정확한 자료를 펴냈다.

That is (to say), the men had to join a club.
즉 그 남자들은 클럽에 가입해야만 했다.

◦ Test ◦

❶ 즉 태양이 불보다 더 뜨겁다.

❷ 즉 음악은 너무 시끄러웠다. (loud)

진행 사항을 정리할 때

324 So far, 지금까지

현재까지의 진행 사항을 정리해 언급할 때 사용하기 적절한 패턴입니다.

So far, everything is normal.
지금까지 모든 것이 정상이다.

So far, there are no problems.
지금까지 아무 문제 없다.

So far, the patient has not died.
지금까지 그 환자는 살아 있다.

◦ Test ◦

❶ 지금까지 그 레스토랑은 잘되고 있다. (do well)

❷ 지금까지 승자는 없다.

---

323 That is (to say), the sun is hotter than fire.
That is (to say), the music was too loud.

324 So far, the restaurant is doing well.
So far, there is no winner.

내용의 사실성을 강조하고 싶을 때

325 Of course, 물론,

자신이 확신하는 정보 등을 언급할 때 그 사실성을 강조하기 위해 사용할 수 있습니다.

Of course, modern cell phones can do many things.
물론, 최신 핸드폰은 많은 것들을 할 수 있다.

Of course, the tree died after the storm.
물론, 폭풍이 지나간 후 그 나무는 죽었다.

Of course, organic fruit is the best.
물론, 유기농 과일이 최고이다.

○ Test ○

❶ 물론, 그 영화는 대단한 성공작이었다. (huge)

❷ 물론, 이혼은 매일 발생한다. (happen)

326 Truly, 사실,/ 엄밀히,

뒤에 이어질 주장을 강조하거나 진실성을 강조하는 효과가 있습니다.

Truly, it is easy to talk about what should have been done to prevent the crisis.
사실, 그 위기를 막기 위해 무엇이 행해졌어야 했는지에 대해서 말하는 것은 쉽다.

Truly, I have wept too much.
사실, 난 너무 많이 울었다.

Truly, it is a tragedy.
사실, 그것은 비극이다.

○ Test ○

❶ 사실, 우리는 다른 시대에 살고 있다.

❷ 사실, 난 그것을 설명할 수가 없다.

325 Of course, the movie was a huge success.
Of course, divorces happen every day.

326 Truly, we live in difficult times.
Truly, I cannot explain it.

명언을 인용할 때

327 Consider the following quotation: 다음의 인용구를 생각해 보자:

유명한 사람의 격언 등을 직접적으로 인용할 때 사용하는 패턴입니다.

Consider the following quotation: "Humanity is acquiring all the right technology for all the wrong reasons."
다음의 인용구를 생각해 보자: "인류는 모든 그릇된 이유들을 위한 모든 올바른 기술을 획득하고 있다."

Consider the following quotation: "Men have become the tools of their tools."
다음의 인용구를 생각해 보자: "인간은 그들 도구의 도구가 되었다."

Consider the following quotation: "God cannot alter the past, though historians can." 다음의 인용구를 생각해 보자: "역사학자들은 할 수 있지만, 신은 과거를 바꿀 수 없다."

○ Test ○

❶ 다음의 인용구를 생각해 보자: "어려움은 역사가 결코 받아들이지 않는 변명이다." (excuse)

❷ 다음의 인용구를 생각해 보자: "기술은 발명되거나 채택되어야 한다." (adopt)

---

327 Consider the following quotation: "Difficulty is the excuse history never accepts."
Consider the following quotation: "Technology has to be invented or adopted."

328 Nonetheless, 그럼에도 불구하고,

주장과 상반되는 내용이 있긴 하지만 잠정적으로 결론을 내릴 때 사용할 수 있는 패턴입니다.

Nonetheless, he asked her to marry him.
그럼에도 불구하고, 그는 그녀에게 청혼을 했다.

Nonetheless, I attempted to solve the problem.
그럼에도 불구하고, 나는 그 문제를 해결하려고 시도했다.

Nonetheless, we cannot stop trying.
그럼에도 불구하고, 우리는 도전을 멈출 수 없다.

○ Test ○

❶ 그럼에도 불구하고, 나는 우리가 그 위기를 극복할 수 있다고 생각한다.

❷ 그럼에도 불구하고, 나는 그의 이론을 받아들일 준비가 되어 있다.

329 Despite ..., …에도 불구하고,

뒤에 명사(구)가 온다는 점을 기억하세요.

Despite Jack's many years of experience, he is still not qualified for the position.
잭의 수년간 경험에도 불구하고, 그는 여전히 그 지위에 적합지 못하다.

Despite twenty years of searching, I have never found a four-leaf clover.
20년을 찾아다녔음에도 불구하고, 나는 네잎클로버를 찾지 못했다.

Despite her broken leg, she won the race.
다리가 부러졌음에도 불구하고, 그녀는 경주에서 이겼다.

○ Test ○

❶ 초기 언어 장벽에도 불구하고, 그 두 문화는 협력했다. (initial, barrier, work together)

❷ 내재된 어려움에도 불구하고, 나는 우리가 그 문제를 해결할 수 있다고 믿는다. (involved)

328 Nonetheless, I think we can overcome the crisis.
Nonetheless, I am ready to accept his theory.

329 Despite the initial language barrier, the two cultures worked together.
Despite the difficulties involved, I believe we can solve the problem.

330 Despite that, 그럼에도 불구하고,

여기서 that은 앞서 얘기했던 내용을 가리킵니다.

Despite that, I still believe this is the best plan.
그럼에도 불구하고, 나는 여전히 이것이 최선책이라고 믿는다.

Despite that, the story of Oedipus lives on.
그럼에도 불구하고, 오이디푸스의 이야기는 계속 전해진다.

Despite that, industrial waste has continued to build.
그럼에도 불구하고, 산업 쓰레기는 계속 쌓였다.

○ Test ○

❶ 그럼에도 불구하고, 러시아와 미국의 관계는 여전히 긴장되어 있었다. (relations with, remain)

❷ 그럼에도 불구하고, 나는 철학을 공부할 계획이다.

331 Notwithstanding ..., …에도 불구하고,

Despite ...과 마찬가지 의미로, 역시 뒤에 명사(구)가 옵니다.

Notwithstanding the true story, rumors persist.
실화임에도 불구하고, 소문은 없어지지 않고 있다.

Notwithstanding the initial confusion, the project was a success.
초기의 혼란에도 불구하고, 그 프로젝트는 성공이었다.

Notwithstanding the danger, some marine biologists swim with sharks.
위험에도 불구하고, 어떤 해양 생물학자들은 상어와 함께 수영한다.

○ Test ○

❶ 악천후에도 불구하고, 그 행사는 대성공이었다. (great)

❷ 그녀의 병에도 불구하고, 마리 퀴리는 그녀의 연구를 계속했다. (illness, Marie Curie)

---

330 Despite that, the United States' relations with Russia remained tense.
Despite that, I plan to study philosophy.

331 Notwithstanding the bad weather, the event was a great success.
Notwithstanding her illness, Marie Curie continued her research.

332 Even so, 그렇다 할지라도,

여기서 so는 앞서 논의한 것의 전체를 가리킵니다. 즉 의미상 '앞서 언급한 모든 내용이 사실일지라도'란 뜻이 되는 거죠.

Even so, many children are not vaccinated.
그렇다 할지라도, 많은 아이들은 아직 백신 접종을 받지 않았다.

Even so, the research will continue.
그렇다 할지라도, 연구는 계속될 것이다.

Even so, women have few rights in some cultures.
그렇다 할지라도, 몇몇 문화에서 여성들은 권리가 거의 없다.

○ Test ○

❶ 그렇다 할지라도, 통계는 이전 추정치가 너무 낮았다는 걸 보여 준다. (statistics, estimate, low)

❷ 그렇다 할지라도, 지도자들은 합의에 도달할 수가 없었다. (unable to)

333 For all that, 그럼에도 불구하고,

앞서 소개한 Even so와 마찬가지 패턴으로, 여기서 all that 역시 앞서 논의한 전체 내용을 가리킵니다.

For all that, the cure is years away.
그럼에도 불구하고, 치료제가 나오려면 몇 년 더 있어야 한다.

For all that, additional research is needed.
그럼에도 불구하고, 추가적인 연구가 요구된다.

For all that, experts were unable to reach a conclusion.
그럼에도 불구하고, 전문가들은 결론을 내리지 못했다.

○ Test ○

❶ 그럼에도 불구하고, 나는 여전히 그 후보자를 지지한다. (candidate)

❷ 그럼에도 불구하고, 실업률은 여전히 높다. (remain)

332 Even so, statistics show that the previous estimate was too low.
Even so, leaders were unable to reach an agreement.

333 For all that, I still support the candidate.
For all that, unemployment rates remain high.

334 In spite of ..., …에도 불구하고,

of가 전치사이므로 뒤에 명사(구)가 이어져야 한다는 점에 유의하세요.

In spite of my reluctance, I will describe my personal and professional biases.
마음이 내키지 않음에도 불구하고, 나는 나의 개인적이면서 직업적인 편견을 설명할 것이다.

In spite of the overwhelming evidence, some people refuse to believe in the Holocaust. 압도적인 증거에도 불구하고, 몇몇 사람들은 홀로코스트를 믿길 거부한다.

In spite of dwindling funds, the project must be carried forward.
점차 줄어드는 자금에도 불구하고, 그 프로젝트는 앞으로 계속 진행되어야 한다.

◦ Test ◦
❶ 천연자원의 부족에도 불구하고, 사람들은 수천 년 동안 사막 기후에서 살고 있다. (thousands of years)

❷ 위험에도 불구하고, 사람들은 약물 테스트에 자원한다. (danger, drug)

335 Even though ..., …이더라도, / …인데도,

though 뒤에는 주어와 동사를 갖춘 완전한 문장이 와야 합니다.

Even though the study has been completed, a further examination of its implications is needed. 연구가 끝났더라도, 그것이 의미하는 바에 관한 추가 실험이 요구된다.

Even though college can be expensive, many students enroll every year.
대학이 비쌀 수 있더라도, 많은 학생들이 매년 등록한다.

Even though his life was short, he changed world history.
그의 생애는 짧았지만, 그는 세계 역사를 바꿔 놓았다.

◦ Test ◦
❶ 그들이 수적으로 열세했더라도, 그 탄원서의 지지자들은 투표에 참여했다. (outnumber, petition, cast one's vote)

❷ 흡연이 폐암을 유발할 수 있는데도, 매년 많은 십대들이 흡연을 시작한다. (lung cancer, many)

---

334 In spite of a lack of natural resources, people have been living in desert climates for thousands of years.
In spite of the danger, people volunteer for drug tests.

335 Even though they were outnumbered, supporters of the petition cast their votes.
Even though smoking can cause lung cancer, many teenagers begin smoking each year.

336 However, 그러나

많은 사람들이 however를 접속사라고 생각하는데 실제로는 부사입니다. 즉 문두나 문장 중간에서 '그러나'의 뜻으로 쓰이죠.

However, it should be noted that this is an unofficial report.
그러나 이것이 비공식적인 보고서임을 주목해야 한다.

However, researchers remain optimistic that the cure isn't far away.
그러나 연구자들은 치료제가 곧 나올 것이라며 여전히 낙관하고 있다.

However, it has been proven that water is an excellent conductor of electricity.
그러나 물이 훌륭한 전도체라는 것은 입증되었다.

◉ Test ◉

❶ 그러나 많은 사람들이 새로운 정책에 동의하지 않는다.

❷ 그러나 학생들이 저녁 세미나에 늘 참석하지는 못한다. (attend, able to)

337 Though ..., 비록 …지만

양보의 뜻을 가진 접속사로, though절이 부수적인 내용이고, 뒤따라오는 주절의 내용이 말하고자 하는 주된 내용에 해당됩니다.

Though it is illegal, smuggling persists.
비록 그것이 불법이지만 밀수는 사라지지 않고 있다.

Though a bit confused, the basic idea is clear.
비록 조금 혼란스럽지만 기본 아이디어는 명확하다.

Though rock climbing is dangerous, many people find it fun.
비록 암벽 등반은 위험하지만 많은 사람들이 그것이 재밌다고 생각한다.

◉ Test ◉

❶ 비록 우리가 지금 그 문제를 해결할 수는 없지만 나중에 할 수 있을지도 모른다. (able to)

❷ 비록 그것은 이해하기 어렵지만 우리는 계속 노력해야 한다. (hard, must)

336 However, many people disagree with the new policy.
However, students are not always able to attend evening seminars.

337 Though we can't solve the problem now, we may be able to later.
Though it is hard to understand, we must continue to try.

338 It is tempting to characterize ... as ~ …을 ~로 보는 것에 끌린다

하나의 문제를 보는 여러 가지 관점 중에서 선호하는 관점으로 한정지으려 할 때 사용하는 패턴입니다.

It is tempting to characterize Adolf Hitler **as** evil incarnate.
아돌프 히틀러를 악의 화신으로 보는 것에 끌린다.

It is tempting to characterize history **as** a set of useless facts.
역사를 일련의 쓸모없는 사실들로 보는 것에 끌린다.

It is tempting to characterize the results of this study **as** redundant and unenlightening. 이 연구 결과를 장황하고 계몽적이지 않은 것으로 보는 것에 끌린다.

○ Test ○

❶ 마더 테레사를 일생의 성자로 보는 것에 끌린다. (lifelong)

❷ 텔레비전을 쓸데없는 시간 낭비로 보는 것에 끌린다. (useless)

---

338 It is tempting to characterize Mother Theresa as a lifelong saint.
It is tempting to characterize television as a useless waste of time.

339 Even if ... is true, 비록 …이 사실이더라도,

보통 주장하는 글을 쓸 때 자신의 의견과 반대되는 의견도 살펴보면서 반박하게 되는데요. 이때 상대방의 의견을 살펴보았지만 여전히 자신의 의견을 고수하겠다는 맥락에서 사용할 수 있는 패턴입니다.

Even if it **is true** that he has cancer, it does not mean that he will die.
비록 그가 암에 걸린 것이 사실이더라도, 그가 죽을 것임을 뜻하진 않는다.

Even if the story **is true,** we are in no danger.
비록 그 얘기가 사실이더라도, 우리는 전혀 위험하지 않다.

Even if the rumor **is true,** I will continue to be his friend.
비록 그 소문이 사실이더라도, 나는 그의 친구로 계속 남을 것이다.

◦ Test ◦
❶ 비록 고양이의 시력이 좋은 게 사실이더라도, 나는 여전히 그들이 어둠 속에서 볼 수 있다고는 생각지 않는다.
(have good eyesight)

❷ 비록 그 진술이 사실이더라도, 우리나라가 전쟁에 나간다는 말은 아니다. (go to war, suggest)

340 Although ... may have a good point, …가 좋은 지적을 했더라도,

이 패턴 역시 자신의 의견을 고수하려는 맥락에서 사용합니다. 다른 의견의 의의나 합리성 등을 인정하는 한편 반대 의견을 제시할 때 유용하죠.

Although the car salesman **may have a good point,** I can't afford to buy a car.
자동차 판매원이 좋은 지적을 했더라도, 나는 차를 살 돈이 없다.

Although Professor Harris **may have a good point,** Dr. Peter's argument is stronger.
해리스 교수가 좋은 지적을 했더라도, 피터 박사의 주장이 더 강력하다.

Although my doctor **may have a good point** about exercise, I don't have time to jog every day. 내 주치의가 운동에 대해 좋은 지적을 했더라도, 난 매일 조깅할 시간이 없다.

◦ Test ◦
❶ 마야가 좋은 지적을 했더라도, 나는 여전히 요금이 너무 비싸다고 생각한다. (fee, high)

❷ 존스 박사가 좋은 지적을 했더라도, 그의 주장은 논리적이지 못하다. (illogical)

---

339 Even if it is true that cats have good eyesight, I still don't think they can see in the dark.
Even if the statement is true, it does not suggest that our country go to war.

340 Although Maya may have a good point, I still think that the fee is too high.
Although Dr. Jones may have a good point, his argument is illogical.

Answer

341 All the same, it is possible that ... 그래도 …할 수도 있다

바로 앞서 소개한 패턴들과 마찬가지 맥락에서 자주 사용하는 패턴입니다. 여기서 All the same 은 의미상 '다른 것들을 감안하더라도'라는 뜻이에요.

All the same, it is possible that life on other planets exists somewhere in the universe. 그래도 우주 어딘가 다른 행성의 생명체가 존재할 수도 있다.

All the same, it is possible that further experiments will disprove my theory. 그래도 추가적인 실험이 내 이론에 대한 반증을 제시할 수도 있다.

All the same, it is possible that there is another explanation for the statues on Easter Island. 그래도 이스터 섬의 조각상들에 대한 또 다른 설명이 있을 수도 있다.

○ Test ○

❶ 그래도 고대인들은 우리가 알고 있는 것보다 기술적으로 더 진보되었을 수도 있다. (technologically, advanced)

❷ 그래도 암 연구에서의 획기적인 발전이 머지않았을 수도 있다. (breakthrough, just around the corner)

342 Although it may be true that ..., …라는 게 사실일지라도,

자신의 의견과 반대되는 의견의 일부 주장을 받아들이면서도 여전히 자신의 주장이 유효함을 내세우는 패턴입니다.

Although it may be true that my conclusion is only a theory, in time I will be able to prove it. 내 결론이 오직 이론일 뿐이라는 게 사실일지라도, 나는 그것을 제때 입증할 수 있을 것이다.

Although it may be true that two snowflakes are alike, this cannot be proven for certain. 두 눈송이가 같아 보인다는 게 사실일지라도, 이것은 확실히 입증될 수 없다.

Although it may be true that solar energy can be used in more ways than it is currently, it can't replace traditional forms of energy entirely. 태양 에너지가 현재 사용되고 있는 것보다 더 많은 방식으로 사용될 수 있다는 게 사실일지라도, 그것이 전통적인 에너지 형태를 완전히 대체할 수는 없다.

○ Test ○

❶ 대부분의 과학자들이 숙련된 수학자들이라는 게 사실일지라도, 이것이 항상 그런 것은 아니다.
(skilled, mathematician, the case)

❷ 태양으로의 약간의 노출이 건강에 좋다는 게 사실일지라도, 너무 많은 노출은 해로울 수 있다. (harmful)

---

341 All the same, it is possible that ancient peoples were more technologically advanced than we know.
All the same, it is possible that a breakthrough in cancer research is just around the corner.

342 Although it may be true that most scientists are skilled mathematicians, this is not always the case.
Although it may be true that some exposure to the sun is healthy, too much exposure can be harmful.

흥미로운 부분을 지적할 때

343 It is interesting, though, that ...   하지만 …라는 것은 흥미롭다

다양한 일련의 사실들 중에서 흥미로운 부분을 지적하고자 할 때 사용하는 패턴입니다.

It is interesting, though, that Van Gogh didn't sell many of his paintings while he was alive. 하지만 반 고흐가 살아생전에 많은 그림을 팔지 못했다는 것은 흥미롭다.

It is interesting, though, that women are thought to be better communicators than men. 하지만 여자가 남자보다 의사소통에 더 능하다는 것은 흥미롭다.

It is interesting, though, that this theory has not been discredited. 하지만 이 이론이 신뢰받아 왔다는 것은 흥미롭다.

○ Test ○

❶ 하지만 대나무가 가장 빨리 자라는 식물 중 하나라는 것은 흥미롭다. (bamboo)

❷ 하지만 더 많은 학생들이 그 어느 때보다도 지금 대학에 진학하고 있다는 것은 흥미롭다. (enroll)

343 It is interesting, though, that bamboo is one of the fastest growing plants.
It is interesting, though, that more students are enrolled in college now than ever before.

명백한 사실을 짚어 줄 때

344 It is clear that ... …라는 것은 분명하다

확신하는 사실에 대해서 서술할 때 사용하는 패턴입니다.

It is clear that she knows what she is talking about.
그녀가 자신이 무슨 얘기를 하고 있는지 알고 있다는 것은 분명하다.

It is clear that he has studied the problem for many years.
그가 수년간 그 문제를 연구했다는 것은 분명하다.

It is clear that farming has changed in the past hundred years.
지난 수백년 동안 농업이 변화했다는 것은 분명하다.

◎ Test ◎

❶ 그가 학교로 돌아가고 싶어 한다는 것은 분명하다. (return)

❷ 충분한 기름이 없다는 것은 분명하다.

345 It is obvious that ... …라는 것은 분명하다

앞서 소개한 It is clear that …과 마찬가지 의미로, 일반적으로 모두 인정하는 사실이지만 개인적으로 굳게 믿고 있는 진술을 할 때 사용합니다.

It is obvious that boys and girls behave differently.
소년과 소녀가 다르게 행동한다는 것은 분명하다.

It is obvious that sharks cannot live in fresh water.
상어가 민물에서 살 수 없다는 것은 분명하다.

It is obvious that human beings need food and water to survive.
인류가 살아남기 위해 물과 음식을 필요로 한다는 것은 분명하다.

◎ Test ◎

❶ 텔레비전이 오락의 주요 원천이라는 것은 분명하다. (entertainment)

❷ 다방면에서 과학이 사람들의 삶을 향상시켰다는 것은 분명하다. (in many ways)

---

344 It is clear that he wants to return to school.
It is clear that there is not enough oil.

345 It is obvious that television is a major source of entertainment.
It is obvious that science has improved peoples' lives in many ways.

346 It is evident that ... ···라는 것은 명백하다

이 패턴 역시 앞서 소개한 It is clear that ..., It is obvious that ...과 마찬가지 의미예요.

It is evident that military force has been used by many nations throughout history. 역사를 통틀어 군사력이 많은 국가에 의해 사용되었다는 것은 명백하다.

It is evident that children need to be reminded to brush their teeth.
아이들에게 이를 닦을 것을 상기시켜 줘야 한다는 것은 명백하다.

It is evident that television has replaced radio as a means of mass communication.
매스컴 수단으로서 텔레비전이 라디오를 대체했다는 것은 명백하다.

○ Test ○
❶ 정치인들이 역사의 학생이라는 것은 명백하다.

❷ 영문학이 시간이 지남에 따라 서서히 발전했다는 것은 명백하다. (English literature, evolve)

347 So far, it is clear that ... 지금까지 살펴본 결과, ···라는 것은 분명하다

앞서 제시된 내용들을 통해 확신하는 사실에 대해서 서술할 때 유용한 패턴으로, 글의 중간에서 중간 점검을 하거나 중요한 점을 강조할 때 사용할 수 있습니다.

So far, it is clear that the polar ice caps are melting.
지금까지 살펴본 결과, 극지방의 얼음들이 녹고 있는 것은 분명하다.

So far, it is clear that we need to find alternate forms of energy.
지금까지 살펴본 결과, 우리가 대체 에너지 형태를 찾아야 한다는 것은 분명하다.

So far, it is clear that genetics play a large part in cancer studies.
지금까지 살펴본 결과, 유전학이 암 연구에 있어서 큰 역할을 한다는 것은 분명하다.

○ Test ○
❶ 지금까지 살펴본 결과, 추가적인 약 실험이 요구된다는 것은 분명하다. (further)

❷ 지금까지 살펴본 결과, 많은 사람들이 그들의 일에 만족하지 못하는 것은 분명하다. (unhappy)

346 It is evident that politicians are students of history.
It is evident that English literature has evolved over time.

347 So far, it is clear that further drug tests are needed.
So far, it is clear that many people are unhappy in their work.

348 Doubtless, 의심할 여지 없이,

Surely, Of course와 같은 의미로, 확실한 사실이나 정보를 언급할 때 사용합니다.

Doubtless, the test was a success.
의심할 여지 없이, 그 테스트는 성공이었다.

Doubtless, the Vikings were avid sailors.
의심할 여지 없이, 바이킹들은 탐욕스런 항해자들이었다.

Doubtless, historians rely on archeological evidence.
의심할 여지 없이, 역사학자들은 고고학적 증거에 의존한다.

○ Test ○

❶ 의심할 여지 없이, 행동은 말보다 더 큰 목소리를 낸다. (word, speak)

❷ 의심할 여지 없이, 소년과 소녀는 다르게 길러진다. (raise)

349 One cannot deny that ... 아무도 …라는 것을 부인할 수 없다

확실한 사실이나 일반적으로 이견 없이 받아들여지는 것을 제시할 때의 패턴입니다.

One cannot deny that creation stories exist in many cultures.
아무도 창조 이야기가 많은 문화에 존재한다는 것을 부인할 수 없다.

One cannot deny that women are denied equal rights in some countries.
아무도 몇몇 나라에서 여성들이 평등한 권리를 거부당하고 있다는 것을 부인할 수 없다.

One cannot deny that the purpose of medical science is to help mankind.
아무도 의학의 목적이 인류를 돕기 위함이라는 것을 부인할 수 없다.

○ Test ○

❶ 아무도 핸드폰이 그 어느 때보다 지금 더 인기가 높다는 것을 부인할 수 없다.

❷ 아무도 전쟁이 폭력적이라는 것을 부인할 수 없다.

348 Doubtless, actions speak louder than words.
Doubtless, boys and girls are raised differently.

349 One cannot deny that cell phones are more popular now than ever before.
One cannot deny that wars are violent.

드문 현상을 지적할 때

350 Rarely is it the case that ... ...하는 것은 드문 경우다

발생할 가능성이 거의 없는 어떤 현상을 언급하고자 할 때 사용할 수 있는 패턴으로, rarely가 앞으로 나오면서 주어와 동사가 도치된 형태입니다.

Rarely is it the case that a wild animal will attack a person without a good reason.
야생동물이 별다른 이유 없이 사람을 공격하는 것은 드문 경우다.

Rarely is it the case that a woman dies during childbirth these days.
요즘 여자가 출산 동안에 사망하는 것은 드문 경우다.

Rarely is it the case that this medication will cause any side effects.
이 약물이 어떤 부작용을 일으키는 것은 드문 경우다.

○ Test ○
❶ 새로운 동물 종이 발견되는 것은 드문 경우다.

❷ 마취가 듣지 않는 것은 드문 경우다. (anesthesia, fail)

350 Rarely is it the case that a new animal species is discovered.
Rarely is it the case that anesthesia fails to work.

351 As is obvious from the previous discussion,
이전의 논의로부터 분명하듯이,

이전의 논의를 통해 밝혀진 분명한 사실을 다시 한 번 강조하거나 여러 가지 논의를 비교하고자 할 때 사용하기 적절한 패턴입니다.

As is obvious from the previous discussion, people can live in harmony with nature. 이전의 논의로부터 분명하듯이, 사람들은 자연과 조화롭게 살 수 있다.

As is obvious from the previous discussion, farming is no longer a leading occupation. 이전의 논의로부터 분명하듯이, 농업은 더 이상 주된 직업이 아니다.

As is obvious from the previous discussion, military action was a last resort. 이전의 논의로부터 분명하듯이, 군사 행동은 최후의 수단이었다.

◦ Test ◦
❶ 이전의 논의로부터 분명하듯이, 우리의 해저에 대해서 배울 것이 훨씬 많다. (ocean floor, much more)

❷ 이전의 논의로부터 분명하듯이, 일부 하와이 부족은 그들 섬의 지위에 분개한다.
(native Hawaiian, statehood, resent)

352 As previously demonstrated, 앞서 증명되었듯이,

앞선 논의로부터 증명된 사실을 다시 언급하면서 상기시킬 때 사용할 수 있는 패턴입니다.

As previously demonstrated, the universe is infinite in size.
앞서 증명되었듯이, 우주는 크기가 무한하다.

As previously demonstrated, electrons are the fastest things on earth.
앞서 증명되었듯이, 전자는 지구상에서 가장 빠른 것이다.

As previously demonstrated, no amount of testing can prove this theory.
앞서 증명되었듯이, 아무리 많은 테스트들도 이 이론을 입증할 수 없다.

◦ Test ◦
❶ 앞서 증명되었듯이, 거울은 빛을 반사시킴으로써 작용한다. (reflect)

❷ 앞서 증명되었듯이, 숯은 나무보다 더 뜨겁게 탄다. (coal, wood, burn)

351 As is obvious from the previous discussion, there is much more to learn about our ocean floors.
As is obvious from the previous discussion, some native Hawaiians resent their islands' statehood.

352 As previously demonstrated, mirrors work by reflecting light.
As previously demonstrated, coal burns hotter than wood does.

가능성을 인정하면서 신중하게 문제 제기를 할 때

353 While this may be true, 이것이 사실일지도 모르나,

주장하는 글에서 특정 주제와 관련하여 자신과 다른 입장을 인정하면서도 조심스레 문제를 제기하거나 자신의 주장을 내세워야 할 때 아주 유용한 패턴입니다.

While this may be true, researchers still don't believe that a high-fat diet is healthy. 이것이 사실일지도 모르나, 연구원들은 여전히 고지방 식단이 건강에 좋다는 것을 믿지 않는다.

While this may be true for some people, it is not true for all.
이것이 몇몇 사람들에게는 사실일지도 모르나, 모두에게 진실인 것은 아니다.

While this may be true, little has changed.
이것이 사실일지도 모르나, 변한 것은 거의 없다.

○ Test ○
❶ 이것이 사실일지도 모르나, 우리는 물어야만 한다: 얼마나 시간이 걸릴까? (have to)

❷ 이것이 사실일지도 모르나, 반대 의견 역시 타당하다. (valid)

353 While this may be true, we have to ask: how long will it take?
While this may be true, the opposite opinion is also valid.

354 It is necessary to ... ···하는 것이 필요하다

필요성을 언급하는 패턴으로, 주장하는 바를 간결하고 정확하게 전달할 수 있다는 장점이 있습니다.

It is necessary to read poetry.
시를 읽는 것이 필요하다.

It is necessary to reduce the sale of weapons.
무기의 판매를 줄이는 것이 필요하다.

It is necessary to value life.
삶을 소중히 하는 것이 필요하다.

○ Test ○

❶ 우리 모두가 지구 온난화에 맞서 싸우는 것이 필요하다. (fight)

❷ 여러분의 가족사를 아는 것이 필요하다.

355 It is important to ... ···하는 것이 중요하다

앞서 소개한 It is necessary to ...와 마찬가지 맥락에서 사용할 수 있는 패턴입니다.

It is important to understanding design principles.
디자인 원리를 이해하는 것이 중요하다.

It is important to read this before you begin.
시작하기 전에 이것을 읽는 것이 중요하다.

It is important to remember our main purpose.
우리의 주된 목적을 기억하는 것이 중요하다.

○ Test ○

❶ 숙제를 하는 것이 중요하다.

❷ 질문을 계속하는 것이 중요하다.

---

354 It is necessary for all of us to fight global warming.
It is necessary to know your family's history.

355 It is important to do your homework.
It is important to continue asking questions.

356 It is useful to ... …하면 유용하다

유효하고 타당한 해결책을 제시하거나 자신의 주장을 완곡히 표현할 때도 종종 사용합니다.

It is useful to note that consumers prefer fresh foods.
고객들이 신선한 음식을 선호한다는 점을 알면 유용하다.

It is useful to keep accurate notes.
정확하게 적어 두면 유용하다.

It is useful to speak more than one language.
한 가지 이상의 언어를 말할 줄 알면 유용하다.

○ Test ○
❶ 기초 과학 원리를 이해하면 유용하다. (principle)

❷ 연구 결과를 비교하면 유용하다. (study)

File 140 양자택일의 상황을 언급할 때

---

357 Either ..., or ~ …하든지, 아니면 ~

either는 대개 or와 함께 양자택일의 상황에서 쓰게 되는데요. 딱 두 가지의 대안만이 있을 때 둘 중 하나를 선택하도록 종용하거나, 때론 오직 한 가지만의 해결책과 그것을 하지 않을 때 생길 불상사 등을 표현함으로써 그 필요성을 강력히 주장하는 역할을 하기도 합니다.

Either we fix global warming, **or** live with the consequences.
우리는 지구 온난화를 해결하든지, 아니면 그 결과를 떠안고 살든지 할 것이다.

Either the city must build a new swimming pool, **or** else fix the old one.
시가 새로운 수영장을 짓든지, 아니면 오래된 것을 고쳐야 한다.

Either the currency must be stable, **or** economic growth must be strong.
통화가 안정되든지, 아니면 경제 성장이 강해야 한다.

○ Test ○
❶ 근무일이 줄든지, 아니면 내가 그만둘 것이다. (workday, shorten, quit)

❷ 회사가 운영 방식을 바꾸든지, 아니면 회사는 망한다. (operate, fail)

---

356 It is useful to understand basic scientific principles.
It is useful to compare study results.

357 Either the workday is shortened, or I am quitting.
Either the company changes the way it operates, or it fails.

358 This is to point out that ... 이것은 …라는 것을 지적하기 위해서이다

앞서 주장과 관련한 사례나 다른 이론들을 끌어들인 후, 그것들의 목적을 밝히는 패턴입니다.

This is to point out that young children are often more susceptible to airborne **illnesses.** 이것은 어린 아이들이 종종 공기로 옮겨지는 질병에 더 민감하다는 것을 지적하기 위해서이다.

This is to point out that my theory can only be proven by scientific experimentation. 이것은 내 이론이 과학적 실험에 의해 입증될 수밖에 없다는 것을 지적하기 위해서이다.

This is to point out that two people can have different understandings of the **same subject.** 이것은 두 사람이 동일한 주제를 다르게 이해할 수 있다는 것을 지적하기 위해서이다.

● Test ●
❶ 이것은 두 정당 모두의 책임이라는 것을 지적하기 위해서이다. (be to blame)

❷ 이것은 문제는 어디서든 발견될 수 있다는 것을 지적하기 위해서이다. (anywhere)

359 This is to highlight ... 이것은 …을 강조하기 위해서이다

앞선 주장과 관련한 사례나 다른 이론들에 대한 목적을 밝히는 동시에 어떤 사실을 강조하는 역할을 합니다.

This is to highlight the fact that healthcare can be very expensive.
이것은 의료 서비스가 매우 비쌀 수 있다는 사실을 강조하기 위해서이다.

This is to highlight the similarities between native cultures.
이것은 원주민 문화들 간의 유사성을 강조하기 위해서이다.

This is to highlight the importance of Frank Lloyd Wright's career as an American **architect.** 이것은 미국 건축가로서의 프랭크 로이드 라이트 이력의 중요성을 강조하기 위해서이다.

● Test ●
❶ 이것은 좋은 식습관과 꾸준한 운동의 이점을 강조하기 위해서이다. (diet, regular)

❷ 이것은 결혼이 사회에 끼치는 영향을 강조하기 위해서이다. (influence)

358 This is to point out that both political parties are to blame.
This is to point out that a problem can be found anywhere.

359 This is to highlight the benefits of a good diet and regular exercise.
This is to highlight the influence of marriage on society.

360 This is to emphasize that ... 이것은 …라는 것을 강조하기 위해서이다

앞서 소개한 This is to highlight ...와 마찬가지 맥락에서 사용할 수 있는 패턴입니다.

This is to emphasize that Charles Darwin's theory of evolution is reasonable.
이것은 찰스 다윈의 진화론이 타당하다는 것을 강조하기 위해서이다.

This is to emphasize that people from different cultures can live together in peace.
이것은 다른 문화에서 온 사람들이 평화롭게 함께 살 수 있다는 것을 강조하기 위해서이다.

This is to emphasize that climate change will have a negative impact on our environment. 이것은 기후 변화가 우리의 환경에 부정적인 영향을 끼칠 것임을 강조하기 위해서이다.

◦ Test ◦
❶ 이것은 정당 간에 많은 차이가 있음을 강조하기 위해서이다.

❷ 이것은 아이들이 가능한 한 일찍 읽는 법을 배워야 한다는 것을 강조하기 위해서이다.

File 142

주장을 압축적으로 제시할 때

361 My point will be that ... 내 요점은 …라는 것이 될 것이다

서론이나 본론의 초반부에서 글 전체를 통해 주장하고자 하는 바에 대해 간략히 소개할 때 사용하면 좋습니다.

My point will be that the workday is too long.
내 요점은 하루 근무 시간이 너무 길다는 것이 될 것이다.

My point will be that there are many ways to look at history.
내 요점은 역사를 살펴보는 데 많은 방법이 있다는 것이 될 것이다.

My point will be that science is advancing too quickly.
내 요점은 과학이 너무 빨리 진보하고 있다는 것이 될 것이다.

◦ Test ◦
❶ 내 요점은 그 소설이 오류투성이라는 것이 될 것이다. (be full of)

❷ 내 요점은 동물도 영혼을 가지고 있다는 것이 될 것이다. (soul)

360 This is to emphasize that there are many differences between political parties.
This is to emphasize that children should learn to read as early as possible.

361 My point will be that the novel is full of errors.
My point will be that animals have souls.

362 The key aspect of this argument is that ...

이 주장의 핵심은 …라는 것이다

주로 관련된 이론이나 연구 사례들을 앞서 언급한 다음, 주장의 핵심 사항을 뽑아낼 때 사용하는 패턴입니다.

The key aspect of this argument is that men and women respond differently in various situations. 이 주장의 핵심은 남자와 여자가 다양한 상황에서 다르게 반응한다는 것이다.

The key aspect of this argument is that stress can cause people to lose sleep. 이 주장의 핵심은 스트레스가 불면의 원인이 될 수 있다는 것이다.

The key aspect of this argument is that the sale of organic produce is on the rise. 이 주장의 핵심은 유기농 제품의 판매가 증가하고 있다는 것이다.

○ Test ○

❶ 이 주장의 핵심은 전 세계의 많은 고대 문화가 비슷한 종교적 믿음을 갖고 있다는 것이다. (across the world)

❷ 이 주장의 핵심은 실업이 범죄를 낳는다는 것이다. (lead to)

363 The most crucial point made so far is that ...

지금까지 가장 중요한 점은 …라는 것이다

본론에서 중간까지의 논의를 점검하고 중요한 점을 강조하고자 할 때 효과적인 패턴입니다.

The most crucial point made so far is that history does not repeat itself. 지금까지 가장 중요한 점은 역사는 반복되지 않는다는 것이다.

The most crucial point made so far is that classical music reduces students' stress levels. 지금까지 가장 중요한 점은 클래식 음악은 학생들의 스트레스 수치를 낮춘다는 것이다.

The most crucial point made so far is that slavery was not the only cause of the American Civil War. 지금까지 가장 중요한 점은 노예제가 남북전쟁의 유일한 원인은 아니었다는 것이다.

○ Test ○

❶ 지금까지 가장 중요한 점은 심리학은 정밀 과학이 아니라는 것이다. (psychology, exact)

❷ 지금까지 가장 중요한 점은 가난과 비만 간에 관련이 있다는 것이다. (poverty, obesity, link)

---

362 The key aspect of this argument is that many ancient cultures across the world had similar religious beliefs.
The key aspect of this argument is that unemployment leads to crime.

363 The most crucial point made so far is that psychology is not an exact science.
The most crucial point made so far is that there is a link between poverty and obesity.

양쪽 모두에 해당되지 않는 상황을 언급할 때

364 Neither A nor B   A도 B도 … 않다

either A or B의 반대 개념으로, 어느 쪽에도 해당되지 않는 경우에 사용합니다.

Neither I **nor** my sister agrees with the changes.
나도 내 여동생도 그 변화에 동의하지 않는다.

Neither Chicago **nor** Los Angeles has free parking.
시카고에도 LA에도 무료 주차장은 없다.

Neither Madame Curie **nor** her husband, Pierre, was wealthy.
퀴리 부인도 그녀의 남편 피에르도 부유하지 않았다.

◎ Test ◎

❶ 그 영화도 그 책도 아주 좋지는 않았다.

❷ 시간도 돈도 이 문제를 해결할 수 없다.

364 Neither the movie nor the book was very good.
Neither time nor money can solve this problem.

사례들의 의미를 내비칠 때

365 This suggests that ...   이것은 …을 시사한다

복잡한 사례에서 압축적인 내용을 뽑아 정리해 주거나 사례를 통해 알 수 있는 바를 설명할 때 주로 사용하는 패턴입니다.

This suggests that certain fish contain high levels of mercury.
이것은 특정 어류들이 높은 수치의 수은을 함유하고 있음을 시사한다.

This suggests that there are many differences between plant and animal cells.
이것은 식물과 동물 세포 간에 많은 차이가 있음을 시사한다.

This suggests that a bicycle can be a reliable form of transportation in a large city.
이것은 대도시에서 자전거가 믿을 만한 교통수단 형태가 될 수 있음을 시사한다.

○ Test ○
❶ 이것은 박물관이 주요 관광명소임을 시사한다. (tourist attraction)

❷ 이것은 바람이 유용한 에너지원이 될 수 있음을 시사한다. (useful)

366 It follows that ...   그것은 …과 일맥상통한다

비슷한 사례끼리 서로 연관지어 설명하거나 같은 원리로 설명될 수 있는 것들을 함께 묶어 설명할 때 유용한 패턴입니다.

It follows that children learn from their parents.
그것은 아이들이 그들의 부모로부터 배운다는 것과 일맥상통한다.

It follows that senior citizens need better healthcare.
그것은 고령 시민들에게 더 좋은 의료 서비스가 필요하다는 것과 일맥상통한다.

It follows that more cities should have recycling centers.
그것은 더 많은 도시들에 재활용 센터가 있어야 한다는 것과 일맥상통한다.

○ Test ○
❶ 그것은 태양으로의 노출이 피부암을 유발할 수 있다는 것과 일맥상통한다.

❷ 그것은 세금이 공공 시설 비용을 부담하는 데 필요하다는 것과 일맥상통한다. (public facilities, pay for, necessary)

---

365 This suggests that museums are major tourist attractions.
This suggests that wind can be a useful source of energy.

366 It follows that exposure to the sun can cause skin cancer.
It follows that taxes are necessary to pay for public facilities.

367 Sometimes 가끔씩

주장하는 글에서는 설령 본인이 확실하다고 생각하는 것도 sometimes와 같은 말을 붙여 완곡하게 표현하기도 합니다. 상대편의 반론 제기 가능성을 낮추기 위해서죠. 또한 조금은 애매하게 들릴 수도 있는 주장에 대한 정확한 출처를 밝혀야 하는 부담감을 피하기 위한 방법이기도 합니다.

Sometimes it is not possible to find an ideal solution.
가끔씩 이상적인 해결책을 찾는 것은 불가능하다.

Sometimes the world is a scary place.
가끔씩 세상은 신성한 곳이다.

Sometimes we dream in color.
가끔씩 우리는 컬러로 꿈을 꾼다.

○ Test ○

❶ 가끔씩 블루베리는 거의 검정색이다. (almost)

❷ 가끔씩 한 사람이 세상을 바꾸기도 한다. (can)

368 It could be said that ... ···라고 말할 수 있다

자신의 주장을 완곡히 표현하거나 다른 이들의 의견을 제시할 때도 사용할 수 있습니다.

It could be said that the disappearance of dinosaurs is a mystery.
공룡의 멸종은 미스터리라고 말할 수 있다.

It could be said that computers and the Internet will soon replace television.
컴퓨터와 인터넷이 곧 텔레비전을 대체할 거라고 말할 수 있다.

It could be said that Charles Dickens is the greatest English author of all time.
찰스 디킨스는 역대 가장 훌륭한 영작가라고 말할 수 있다.

○ Test ○

❶ 우주는 최후의 미개척지라고 말할 수 있다. (frontier)

❷ 직장에서의 스트레스가 너무 많다고 말할 수 있다. (workplace)

Answer

367 Sometimes blueberries are almost black.
Sometimes one person can change the world.

368 It could be said that space is the last frontier.
It could be said that there is too much stress in the workplace.

369 It might be said that ... ...라고 말할 수 있을지도 모른다

앞서 소개한 It could be said that ...과 마찬가지 맥락에서 사용할 수 있는 패턴입니다.

It might be said that spending money on new clothes is wasteful.
새 옷 사는데 돈을 쓰는 것은 낭비라고 말할 수 있을지도 모른다.

It might be said that pet owners are generally happy people.
애완동물을 가진 사람은 대개 행복한 사람이라고 말할 수 있을지도 모른다.

It might be said that the advent of air conditioning has changed the American landscape. 에어컨의 출현은 미국의 풍경을 바꿔 놓았다고 말할 수 있을지도 모른다.

○ Test ○

❶ 고속 기차는 교통수단의 미래라고 말할 수 있을지도 모른다. (high-speed)

❷ 비만은 음식 중독에 의해 유발되는 것이라고 말할 수 있을지도 모른다. (addiction to)

370 It seems that ... ...처럼[해] 보인다

that 이하의 내용만으로 문장을 구성해 제시하더라도 문맥상 그리 이상하진 않지만, 이 패턴을 넣어 언급하면 반론 제기 가능성을 줄일 수 있고 정확한 출처를 언급해야 하는 번거로움도 피할 수 있는 장점이 있습니다. 견해를 표현한다는 점에서는 I think that ...과 같죠.

It seems that fertilized crops grow more quickly than non-fertilized crops.
비료를 사용한 작물들은 그렇지 않은 작물들보다 더 빨리 자라는 것처럼 보인다.

It seems that some dog breeds are smarter than others.
어떤 견종들은 다른 것들보다 영리해 보인다.

It seems that our oceans are being overfished.
우리 바다가 물고기 남획을 당하고 있는 것처럼 보인다.

○ Test ○

❶ 어떤 학교 교사들은 충분한 훈련을 받지 않는 것처럼 보인다. (adequate, receive)

❷ 시카고는 더 이상 육류 포장 산업으로 유명하지 않은 것처럼 보인다. (no longer, packing, be known for)

---

369 It might be said that high-speed trains are the future of transportation.
It might be said that obesity is caused by an addiction to food.

370 It seems that some school teachers do not receive adequate training.
It seems that Chicago is no longer known for its meat packing industry.

371 It appears that ... ···으로 보인다

앞서 소개한 It seems that ...과 마찬가지 맥락에서 사용할 수 있는 패턴입니다.

It appears that the ancient Romans understood the benefits of supplying their cities with clean water.
고대 로마인들은 그들의 도시에 깨끗한 물을 공급해서 얻는 이점들을 이해했던 것으로 보인다.

It appears that most libraries have digitized their catalogs.
대부분의 도서관들이 그들의 목록을 디지털화한 것으로 보인다.

It appears that voting is an important part of democracy.
투표는 민주주의의 중요한 부분인 것으로 보인다.

◉ Test ◉

❶ 1968년은 많은 나라에서 혁명적인 해였던 것으로 보인다. (revolutionary)

❷ 원숭이들은 수화를 배울 수 있는 것으로 보인다. (sign language)

372 I believe that ... 나는 ···라고 믿는다

활용도가 높은 패턴으로, 자신이 믿고 있는 바나 주장하는 바를 완곡하게 제시하고자 할 때 사용합니다.

I believe that necessity is a great teacher.
나는 필요가 훌륭한 스승이라고 믿는다.

I believe that we can reduce the speed of global warming.
나는 우리가 지구 온난화의 속도를 늦출 수 있다고 믿는다.

I believe that children should be taught the benefits of physical fitness.
나는 아이들이 육체적 건강의 이점을 배워야 한다고 믿는다.

◉ Test ◉

❶ 나는 폭력은 잘못된 것이라고 믿는다. (wrong)

❷ 나는 더 많은 아이들이 악기 연주를 배워야 한다고 믿는다. (musical instrument)

371 It appears that the year 1968 was a revolutionary year in many countries.
It appears that monkeys can learn sign language.

372 I believe that violence is wrong.
I believe that more children should learn to play musical instruments.

일반적 견해를 제시할 때

373 It is generally thought that ...   일반적으로 …으로 생각된다

통상적으로 사람들이 믿고 있는 생각, 혹은 학계의 통설 등을 제시할 때 사용할 수 있는 패턴입니다.

It is generally thought that gingivitis is the main cause of tooth decay.
일반적으로 치은염은 충치의 주요 원인인 것으로 생각된다.

It is generally thought that ancient people navigated by the stars.
일반적으로 고대인들은 별을 보고 항해한 것으로 생각된다.

It is generally thought that Napoleon was short.
일반적으로 나폴레옹은 키가 작았다고 생각된다.

○ Test ○

❶ 일반적으로 콜럼버스는 세계가 평평하다고 믿었던 것으로 생각된다. (flat)

❷ 일반적으로 아이들은 학교에 가야 한다고 생각된다.

374 It is considered that ...   …으로 여겨진다

앞서 소개한 It is generally thought that ...과 마찬가지 맥락에서 사용할 수 있는 패턴입니다.

It is considered that Cleopatra committed suicide.
클레오파트라는 자살한 것으로 여겨진다.

It is considered that there are undiscovered species of fish living in the deepest oceans. 알려지지 않은 어종이 심해에 살고 있는 것으로 여겨진다.

It is considered that researchers should be aware of their own biases.
연구자들은 그들 자신의 편견을 알아야 한다고 여겨진다.

○ Test ○

❶ 청바지는 세계적인 패션인 것으로 여겨진다. (worldwide)

❷ 모든 아이들은 균형 잡힌 식생활을 해야 한다고 여겨진다. (balanced)

---

373 It is generally thought that Columbus believed the world was flat.
It is generally thought that children should go to school.

374 It is considered that blue jeans are a worldwide fashion.
It is considered that every child should have a balanced diet.

375 Many people believe that ... 많은 사람들이 …라고 믿고 있다

이 패턴 역시 통상적으로 사람들이 믿고 있는 생각을 제시할 때 사용합니다.

Many people believe that violence cannot solve the world's problems.
많은 사람들이 폭력은 세계 문제를 해결할 수 없다고 믿고 있다.

Many people believe that doctors earn a lot of money.
많은 사람들이 의사들은 돈을 많이 번다고 믿고 있다.

Many people believe that global warming can be stopped.
많은 사람들이 지구 온난화는 멈춰질 수 있다고 믿고 있다.

◎ Test ◎

❶ 많은 사람들이 그 문제에 대한 해결책이 없다고 믿고 있다.

❷ 많은 사람들이 경제 상황이 더 안 좋아질 것이라고 믿고 있다. (get worse)

연구 결과를 제시할 때

---

376 It has been found that ... …으로 밝혀졌다

연구에 의해서 지지되거나 증명된 사실을 언급할 때 사용하는 패턴입니다.

It has been found that red wine contains vitamins.
적포도주에 비타민이 함유되어 있는 것으로 밝혀졌다.

It has been found that many people suffer from depression.
많은 사람들이 우울증을 겪는 것으로 밝혀졌다.

It has been found that education is related to financial success.
교육이 경제적 성공과 연관돼 있는 것으로 밝혀졌다.

◎ Test ◎

❶ 충분한 연구가 행해진다면 해결책이 나올 것으로 밝혀졌다. (work, find)

❷ 열악한 지역 사회에 살고 있는 아이들은 학교를 그만두는 경우가 많은 것으로 밝혀졌다. (poor, drop out of, often)

---

375 Many people believe that there is no solution to the problem.
Many people believe that the economic situation will get worse.

376 It has been found that if enough work is done, a solution will be found.
It has been found that children in poor communities often drop out of school.

377 Research has shown that ... 연구는 …라는 것을 보여 줬다

앞서 소개한 It has been found that ...과 마찬가지 맥락에서 사용할 수 있는 패턴입니다.

Research has shown that mosquitoes can carry disease.
연구는 모기들이 질병을 옮길 수 있다는 것을 보여 줬다.

Research has shown that homeownership has increased in recent years.
연구는 주택 보유자가 최근 몇 년간 증가했다는 것을 보여 줬다.

Research has shown that eating chocolate has certain health benefits.
연구는 초콜릿을 먹는 것이 약간의 건강상 이점이 있다는 것을 보여 줬다.

○ Test ○

❶ 연구는 화산 가스가 치명적일 수 있다는 것을 보여 줬다. (volcanic, deadly)

❷ 연구는 운송 교통이 종종 아침과 오후에 가장 붐빈다는 것을 보여 줬다. (vehicular traffic, heavy)

주장의 결정적 근거를 제시할 때

---

378 The most compelling evidence of this is that ...

이것의 가장 강력한 증거는 …라는 점이다

현상이나 문제점 등을 제시한 다음, 가장 강력하다고 생각하는 증거를 내세울 때 사용합니다.

The most compelling evidence of this is that every culture has had its own unique traditions. 이것의 가장 강력한 증거는 모든 문화가 각각의 독특한 전통을 지녔다는 점이다.

The most compelling evidence of this is that since the widespread use of the polio vaccine, very few cases have been reported.
이것의 가장 강력한 증거는 소아마비 백신의 광범위한 사용 이후로 매우 적은 사례만이 보고되었다는 점이다.

The most compelling evidence of this is that people all over the world are still fighting for civil rights.
이것의 가장 강력한 증거는 전 세계의 사람들이 여전히 시민권을 위해 싸우고 있다는 점이다.

○ Test ○

❶ 이것의 가장 강력한 증거는 대학 졸업자들이 돈을 더 많이 번다는 점이다. (earn)

❷ 이것의 가장 강력한 증거는 멕시코 만이 기름으로 덮혔다는 점이다. (Gulf, be filled with)

---

377 Research has shown that volcanic gases can be deadly.
Research has shown that vehicular traffic is often heaviest in the morning and afternoon.

378 The most compelling evidence of this is that college graduates earn more money.
The most compelling evidence of this is that the Gulf is filled with oil.

379 Further evidence for ... is that ~

…을 뒷받침해 주는 추가 증거는 ~라는 점이다

가장 강력한 근거를 먼저 제시하고 나서 또 다른 근거를 제시할 때 아주 유용한 패턴입니다.

Further evidence for this argument **is that** the GDP is decreasing.
이 주장을 뒷받침해 주는 추가 증거는 GDP가 감소하고 있다는 점이다.

Further evidence for this conclusion **is that** slavery was not abolished in the United States until the nineteenth century.
이 결론을 뒷받침해 주는 추가 증거는 노예제가 19세기에 와서야 미국에서 폐지되었다는 점이다.

Further evidence for my argument **is that** scientists are still learning new things about human DNA.
내 주장을 뒷받침해 주는 추가 증거는 과학자들이 여전히 인간 DNA에 대해 새로운 것을 배우고 있다는 점이다.

○ Test ○

❶ 이 이론을 뒷받침해 주는 추가 증거는 많은 군인들이 충격을 겪고 있다는 것이다.

❷ 이 결론을 뒷받침해 주는 추가 증거는 바이킹들이 뱃사람들로 알려졌다는 것이다. (Viking, seafaring people)

380 And to prove it, here is ...   그리고 그것을 입증하기 위해 여기 …가 있다

주장이나 상황을 내세운 다음, 그것에 대한 근거를 제시하는 부분으로 넘어가려고 할 때 사용할 수 있는 패턴입니다.

And to prove it, here is the data.
그리고 그것을 입증하기 위해 여기 자료가 있다.

And to prove it, here is the evidence that has been given by many scientists.
그리고 그것을 입증하기 위해 여기 많은 과학자들이 제공한 증거가 있다.

And to prove it, here is a list of facts that cannot be disputed.
그리고 그것을 입증하기 위해 여기 반박할 수 없는 일련의 사실들이 있다.

○ Test ○

❶ 그리고 그것을 입증하기 위해 여기 내 실험 결과 도표가 있다. (experiment, diagram)

❷ 그리고 그것을 입증하기 위해 여기 그 상원의원 자신의 진술이 있다.

독자의 입장을 전환시킬 때

381 Suppose you are ... 여러분이 …라고 가정해 보자

논의를 진행시키기 위해 기본 전제를 깔거나 특정 입장으로 한정시킬 때 사용할 수 있는 패턴입니다.

Suppose you are a scientist.
여러분이 과학자라고 가정해 보자.

Suppose you are a student from a poor community.
여러분이 열악한 지역 사회에서 온 학생이라고 가정해 보자.

Suppose you are a Roman citizen living in Pompeii in 79 AD.
여러분이 기원전 79년 폼페이에 살고 있는 로마 시민이라고 가정해 보자.

○ Test ○

❶ 여러분이 인류학자로서 전문적으로 훈련받는다고 가정해 보자. (anthropologist, professionally)

❷ 여러분이 치명적인 바이러스에 대한 백신 접종을 받는다고 가정해 보자. (vaccine, give)

382 But what if you could ...? 하지만 만약 여러분이 …할 수 있다면?

주로 본론의 초반부에서 문제를 제기하거나 입장의 전환을 나타낼 때 사용하는 패턴입니다.

But what if you could conduct a new survey in less time?
하지만 만약 여러분이 더 짧은 시간 동안 새로운 조사를 할 수 있다면?

But what if you could look at this problem from another perspective?
하지만 만약 여러분이 이 문제를 다른 시각에서 볼 수 있다면?

But what if you could ignore the directive?
하지만 만약 여러분이 그 지시문을 무시할 수 있다면?

○ Test ○

❶ 하지만 만약 여러분이 연구 결과를 바꿀 수 있다면? (study)

❷ 하지만 만약 여러분이 동물의 행동을 통제할 수 있다면?

---

381 Suppose you are professionally trained as an anthropologist.
Suppose you are given a vaccine to a deadly virus.

382 But what if you could change the results of the study?
But what if you could control the animal's behavior?

383 An important aspect of the problem is ...

그 문제의 중요한 측면은 …이다

놓치고 넘어가기 쉬운 문제의 핵심이나 중요한 부분을 짚어 줄 때 유용한 패턴입니다.

An important aspect of the problem is the amount of money that should be spent on the project. 그 문제의 중요한 측면은 그 프로젝트에 들여야 할 돈의 액수이다.

An important aspect of the problem is the fact that some public schools do not receive adequate funding.
그 문제의 중요한 측면은 몇몇 공립학교는 충분한 자금을 받지 않고 있다는 사실이다.

An important aspect of the problem is that prescription medication can be expensive. 그 문제의 중요한 측면은 처방약이 비쌀 수 있다는 것이다.

○ Test ○

❶ 그 문제의 중요한 측면은 우리의 해외 유전 의존도이다. (reliance on)

❷ 그 문제의 중요한 측면은 공기로의 노출이 고대 공예품에 손상을 입힌다는 것이다. (artifact, damage)

384 It is worth stating at this point that ...

이 점에서 …라는 것은 언급할 만한 가치가 있다

주로 본론 초반부에서 연구의 필요성을 제시할 때, 혹은 본론 중반부에서 주제를 옮길 때 자주 사용하는 패턴입니다.

It is worth stating at this point that forest fires are often naturally occurring.
이 점에서 산불이 종종 자연 발생한다는 것은 언급할 만한 가치가 있다.

It is worth stating at this point that Christmas has become an increasingly secular holiday. 이 점에서 크리스마스가 점점 세속적인 휴일이 되고 있다는 것은 언급할 만한 가치가 있다.

It is worth stating at this point that I do not agree with the current theory.
이 점에서 내가 현재의 이론에 동의하지 않는다는 것은 언급할 만한 가치가 있다.

○ Test ○

❶ 이 점에서 과학자들이 이 문제에 동의하지 않는다는 것은 언급할 만한 가치가 있다. (issue)

❷ 이 점에서 재활용 센터가 제 기능을 하려면 거액의 돈이 필요하다는 것은 언급할 만한 가치가 있다. (to function)

Answer

383 An important aspect of the problem is our reliance on foreign oil.
An important aspect of the problem is that exposure to air damages ancient artifacts.

384 It is worth stating at this point that scientists disagree on this issue.
It is worth stating at this point that recycling centers need a large amount of money to function.

385 It is worth noting that ...   ···라는 것은 주목할 만한 가치가 있다

앞서 소개한 It is worth stating at this point that ...과 마찬가지 맥락에서 사용할 수 있습니다.

It is worth noting that a child generally learns a new language more quickly than an adult. 아이가 대개 어른보다 새로운 언어를 더 빨리 배운다는 것은 주목할 만한 가치가 있다.

It is worth noting that animals that are extinct can never be brought back to life.
멸종한 동물이 부활하지 못한다는 것은 주목할 만한 가치가 있다.

It is worth noting that computer education is taught in most public schools.
컴퓨터 교육이 대부분의 공립학교에서 이루어지고 있다는 것은 주목할 만한 가치가 있다.

◦ Test ◦

❶ 도시에 사는 많은 사람들이 차를 가지고 있지 않다는 것은 주목할 만한 가치가 있다. (own)

❷ 많은 사람들이 현대 미술이 이해하기 힘들다고 생각하는 것은 주목할 만한 가치가 있다. (modern art, find)

양쪽 측면을 살펴볼 때

386 On the one hand, ...; on the other hand, ~

한편으로, ···지만, 다른 한편으로, ~

상황이 두 가지 정도의 측면에서 분석될 수 있어서 우선적으로 한 면을 먼저 살펴본 후, 뒤이어 다른 한 면을 살펴볼 경우에 유용한 패턴입니다.

On the one hand, we must pay attention to politics; **on the other hand,** we need to think about the moral aspects.
한편으로, 우리는 정치에 관심을 가져야 하지만, 다른 한편으로, 도덕적 측면에 대해 생각할 필요가 있다.

On the one hand, having a pet is fun; **on the other hand,** it is a big responsibility.
한편으로, 애완동물을 기르는 것이 재미있지만, 다른 한편으로, 큰 책임이 필요하다.

On the one hand, I like to make money; **on the other hand,** it takes too much time.
한편으로, 돈을 버는 것이 좋지만, 다른 한편으로, 너무 많은 시간이 걸린다.

◦ Test ◦

❶ 한편으로, 라듐의 발견이 과학에 이로웠지만, 다른 한편으로, 그것 때문에 많은 사람이 죽었다. (be good for, many)

❷ 한편으로, 우리는 더 많은 작가가 필요하지만, 다른 한편으로, 작가들은 너무 비싸다. (writer)

---

385 It is worth noting that many people who live in cities do not own cars.
It is worth noting that many people find modern art difficult to understand.

386 On the one hand, the discovery of radium was good for science; on the other hand, many people died because of it.
On the one hand, we need more writers; on the other hand, writers are too expensive.

전문가의 의견을 인용할 때

387 Experts believe that ... 전문가들은 …라고 믿는다

글의 신뢰성을 높이기 위해 전문가나 학자들의 의견을 인용할 때 사용하면 좋습니다.

Experts believe that sharks have existed for millions of years.
전문가들은 상어가 수백만 년 동안 존재해 왔다고 믿는다.

Experts believe that global warming is the result of human activity.
전문가들은 지구 온난화가 인류 활동의 결과라고 믿는다.

Experts believe that obesity leads to heart disease.
전문가들은 비만이 심장병을 유발한다고 믿는다.

◌ Test ◌
❶ 전문가들은 역사적 보존이 일부 지역 사회의 경제 발전을 증가시킬 수 있다고 믿는다.
   (preservation, development, increase)

❷ 전문가들은 대머리 독수리는 더 이상 멸종 위기의 종이 아니라고 믿는다. (bald eagle, no longer, endangered)

388 Experts say that ... 전문가들은 …라고 말한다

앞서 소개한 Experts believe that ...과 마찬가지 맥락에서 사용할 수 있는 패턴입니다.

Experts say that the human brain is composed of 75% water.
전문가들은 인간의 뇌는 75퍼센트가 수분으로 이루어져 있다고 말한다.

Experts say that 1 out of every 100 people is color-blind.
전문가들은 100명 중 1명이 색맹이라고 말한다.

Experts say that dinosaurs lived more than 65 million years ago.
전문가들은 공룡이 6500만 년도 더 전에 살았다고 말한다.

◌ Test ◌
❶ 전문가들은 어떤 약들은 중독성이 있을 수 있다고 말한다. (addictive)

❷ 전문가들은 오트밀 섭취는 사람의 콜레스테롤 수치를 낮춘다고 말한다. (cholesterol level, reduce)

387 Experts believe that historic preservation can increase economic development in some communities.
Experts believe that bald eagles are no longer an endangered species.

388 Experts say that some medicines can be addictive.
Experts say that eating oatmeal reduces a person's cholesterol levels.

389 Experts suggest that ...   전문가들은 …라고 제안한다

전문가나 학자들의 제안을 인용할 때 사용하는 패턴입니다.

Experts suggest that teeth should be brushed twice a day.
전문가들은 이를 하루에 두 번 닦아야 한다고 제안한다.

Experts suggest that the government should act quickly.
전문가들은 정부가 신속히 행동해야 한다고 제안한다.

Experts suggest that the problem should resolve itself.
전문가들은 그 문제가 자연적으로 해결되어야 한다고 제안한다.

○ Test ○

❶ 전문가들은 우리의 석유 의존을 끝내야 한다고 제안한다. (dependence, end, need to)

❷ 전문가들은 경제가 곧 회복되어야 한다고 제안한다. (recover)

390 Experts are convinced that ...   전문가들은 …라고 확신한다

전문가나 학자들이 확신하는 사실을 인용할 때 사용합니다. 글을 쓸 때 말할 때와 달리 여기서처럼 수동형을 취하는 경우가 많다는 점을 기억해 두세요.

Experts are convinced that mosquitoes are attracted to the color blue.
전문가들은 모기가 파란색에 이끌린다고 확신한다.

Experts are convinced that there is a hole in the ozone layer.
전문가들은 오존층에 구멍이 났다고 확신한다.

Experts are convinced that calcium builds strong bones.
전문가들은 칼슘이 튼튼한 뼈를 만든다고 확신한다.

○ Test ○

❶ 전문가들은 기억 상실이 노화의 일반적인 한 부분이라고 확신한다. (loss, aging process, common)

❷ 전문가들은 균형 잡힌 식생활이 건강에 좋다고 확신한다. (healthy)

389 Experts suggest that we need to end our dependence on oil.
Experts suggest that the economy should recover soon.

390 Experts are convinced that memory loss is a common part of the aging process.
Experts are convinced that a balanced diet is healthy.

391 Experts point out that ... 전문가들은 …라고 지적한다

전문가나 학자들이 지적한 바를 인용할 때 사용하는 패턴입니다.

Experts point out that the habitat of the polar bear is shrinking.
전문가들은 북극곰의 서식지가 줄어들고 있다고 지적한다.

Experts point out that more and more children are born with autism.
전문가들은 점점 더 많은 아이들이 자폐를 가지고 태어난다고 지적한다.

Experts point out that sharks cannot swim backwards.
전문가들은 상어가 뒤로 수영할 수 없다는 것을 지적한다.

○ Test ○

❶ 전문가들은 음식을 소화하는 데 12시간이 걸린다고 지적한다. (digest)

❷ 전문가들은 매립지는 일시적인 해결책일 뿐이라고 지적한다. (landfill, temporary)

392 Experts emphasize that ... 전문가들은 …라고 강조한다

emphasize는 '…을 강조하다'의 뜻으로, 전문가나 학자들이 강조한 바를 인용할 때 사용합니다.

Experts emphasize that in the event of a tornado, it is safest to seek shelter in a basement. 전문가들은 토네이도가 올 경우, 지하실에 숨는 것이 가장 안전하다고 강조한다.

Experts emphasize that children can recognize patterns very early on.
전문가들은 아이들이 매우 어린 시기에 행동 양식들을 인식할 수 있다고 강조한다.

Experts emphasize that illegal hunting is reducing the number of wild African elephants. 전문가들은 불법 밀렵이 야생 아프리카 코끼리의 수를 감소시키고 있다고 강조한다.

○ Test ○

❶ 전문가들은 가장 독성이 강한 개구리들 중 일부는 또한 가장 작은 개구리들이라고 강조한다. (poisonous)

❷ 전문가들은 백신이 생명을 살린다고 강조한다.

391 Experts point out that it takes twelve hours to digest food.
Experts point out that landfills are only a temporary solution.

392 Experts emphasize that some of the most poisonous frogs are also the smallest.
Experts emphasize that vaccines save lives.

393 According to some experts, 일부 전문가들에 의하면,

영어로 글을 쓸 때 아주 많이 쓰는 표현 중 하나가 '…에 따라서', '…에 의하면'이라는 뜻의 according to …입니다. 전문가들의 말을 빌릴 때 유용하죠.

According to some experts, it is possible to genetically engineer our children.
일부 전문가들에 의하면, 우리 아이들을 유전적으로 설계하는 것은 가능하다.

According to some experts, cockroaches have been around for millions of years.
일부 전문가들에 의하면, 바퀴벌레는 수백만 년 동안 도처에 있어 왔다.

According to some experts, there will always be war somewhere in the world.
일부 전문가들에 의하면, 세계 어느 곳이든 전쟁은 항상 있을 것이다.

○ Test ○

❶ 일부 전문가들에 의하면, 아돌프 히틀러는 정신적으로 불안했다. (unstable)

❷ 일부 전문가들에 의하면, 고대 이집트인들은 뇌수술을 할 수 있었다. (perform, able to)

File 154

어떤 것을 강조할 때

---

394 It is just as … 그건 정확히 …이다

강조를 위한 패턴으로, 여기서 just는 '바로', '정확히'란 의미를 나타냅니다. as 뒤에 「주어+동사」 형태가 와야 한다는 점에 주의하세요.

It is just as she wanted it.
그건 정확히 그녀가 원했던 것이다.

It is just as I have described.
그건 정확히 내가 묘사한 것이다.

It is just as it seems.
그건 정확히 눈에 보이는 그대로이다.

○ Test ○

❶ 그건 정확히 존 스튜어트가 그러리라 말한 그대로이다. (John Stewart, would)

❷ 그건 정확히 내가 의심한 그대로이다. (suspect)

---

393 According to some experts, Adolf Hitler was mentally unstable.
According to some experts, the ancient Egyptians were able to perform brain surgery.

394 It is just as John Stewart said it would be.
It is just as I suspected.

395 Take, for example, ...을 예로 들어보자

일반적인 논의를 해오다가 한 가지 사례로 범위를 좁혀 집중 조명하고자 할 때 사용할 수 있는 패턴입니다.

Take, for example, the United Nations.
UN을 예로 들어보자.

Take, for example, the work of Leonardo da Vinci.
레오나르도 다빈치의 작품을 예로 들어보자.

Take, for example, the fact that newspaper subscriptions have decreased.
신문 구독이 줄었다는 사실을 예로 들어보자.

○ Test ○

❶ 작년의 환율을 예로 들어보자. (currency exchange rate)

❷ 아인슈타인의 상대성 이론을 예로 들어보자. (Einstein, relativity)

396 To illustrate this point, 이 점을 자세히 하기 위해,

그림을 그리듯이 상세한 설명을 할 때, 즉 자세한 예시나 분석으로 넘어가려고 할 때 사용하면 좋습니다.

To illustrate this point, I have conducted an informal survey of married college students. 이 점을 자세히 하기 위해, 나는 결혼한 대학생들을 대상으로 비공식 설문 조사를 실시했다.

To illustrate this point, I will research the rate of automobile sales from year to year.
이 점을 자세히 하기 위해, 나는 매년 자동차 판매율을 조사할 것이다.

To illustrate this point, I submitted the fact that salmon swim upstream every year to spawn. 이 점을 자세히 하기 위해, 나는 연어가 알을 낳기 위해 매년 상류로 헤엄쳐 올라간다는 사실을 제시했다.

○ Test ○

❶ 이 점을 자세히 하기 위해, 나는 미국이 1941년 후반이 되어서야 제 2차 세계 대전에 참전한 것을 지적할 것이다.
  (late, until, fighting, begin)

❷ 이 점을 자세히 하기 위해, 나는 내 결과표를 포함시켰다. (table)

395 Take, for example, last year's currency exchange rates.
Take, for example, Einstein's theory of relativity.

396 To illustrate this point, I will point out that the United States did not begin fighting World War II until late 1941.
To illustrate this point, I have included a table of my results.

397 To offer one example, 한 가지 예를 들자면,

한 가지 예를 들어 설명하고자 할 때 사용하는 패턴으로, Take one example과 마찬가지 의미예요.

To offer one example, Columbus discovered the New World by mistake.
한 가지 예를 들자면, 콜럼버스는 신세계를 실수로 발견했다.

To offer one example, the gangster Al Capone was arrested for income tax evasion. 한 가지 예를 들자면, 알 카포네 갱단은 소득세 탈세로 체포되었다.

To offer one example, researchers must validate their findings.
한 가지 예를 들자면, 연구자들은 그들의 연구 결과의 정당성을 입증해야 한다.

◉ Test ◉

❶ 한 가지 예를 들자면, 해외로 여행을 가는 사람들은 여권이 필요하다. (foreign country, require)

❷ 한 가지 예를 들자면, 팀 스포츠는 건강에도 좋고 재미도 있다. (both)

자신의 일반적 습성을 언급할 때

398 I usually ... 나는 보통 …

usually는 '대개', '평소에'라는 의미로, 자신의 일반적인 습성 등을 진술할 때 주로 사용하는 패턴입니다.

I usually base my opinions on facts.
나는 보통 사실을 기초로 내 의견을 낸다.

I usually consider it a bad idea to make assumptions before I have evidence.
나는 보통 증거를 가지기 전에 추정하는 것은 좋지 않은 생각이라고 여긴다.

I usually ask my parents before buying a car .
나는 보통 차를 사기 전에 부모님께 여쭤 본다.

◉ Test ◉

❶ 나는 보통 의견보다는 자료를 믿는다. (over)

❷ 나는 보통 수업 시작할 때 몇 가지 질문을 던진다. (at the beginning of, a few)

---

397 To offer one example, travelers to foreign countries require passports.
To offer one example, team sports are both healthy and fun.

398 I usually believe data over opinions.
I usually ask a few questions at the beginning of class.

시대적 맥락에서 어떤 사실을 살펴볼 때

399 Given the history of ..., …의 역사를 볼 때,

특정 대상과 관련해 역사적인 측면을 살펴보는 것은 본론의 글을 풍부하게 만들어 주는 효과가 있는데요. 이때 사용하면 좋은 패턴입니다.

Given the history of conflict in the Middle East**,** it is not a popular vacation spot.
중동 내부 갈등의 역사를 볼 때, 그곳은 인기 있는 휴가지는 아니다.

Given the history of violence in urban ghettos**,** many people fear those areas.
도시 빈민가의 폭력의 역사를 볼 때, 많은 사람들이 그 지역들을 무서워한다.

Given the history of assistance given by the Red Cross**,** it is not surprising that the group is often the first to help out in a crisis.
적십자 원조의 역사를 볼 때, 그 단체가 종종 위기에 처했을 때 가장 먼저 도움을 준다는 것은 놀랄 일도 아니다.

○ Test ○
❶ 이 나라의 폭력의 역사를 볼 때, 경찰은 무장되어야만 한다. (arm)

❷ 종교 간의 오해의 역사를 볼 때, 갈등이 여전히 나타나고 있다는 것은 놀랄 일도 아니다. (misunderstanding, emerge)

400 Until recently ... 최근까지도 …

최근까지의 사회 현상을 설명할 때 유용한 패턴입니다.

Until recently there were more home phones than cell phones.
최근까지도 핸드폰보다 가정용 전화가 더 많았다.

Until recently all cars ran on gasoline alone.
최근까지도 모든 차들은 오직 휘발유로만 달렸다.

Until recently bald eagles were an endangered species.
최근까지도 대머리 독수리는 멸종 위기에 처한 종이었다.

○ Test ○
❶ 최근까지도 대부분의 사람들은 지구 온난화에 대해 알지 못했다. (be unaware of)

❷ 최근까지도 우주 여행은 상상할 수도 없었다. (inconceivable)

399 Given the history of violence in this country, the police must be armed.
Given the history of misunderstanding between religions, it is not surprising that conflicts are still emerging.

400 Until recently most people were unaware of global warming.
Until recently space travel was inconceivable.

401 Over the course of the 20th century, 20세기 동안,

주제와 관련하여 역사적인 변천사 등을 되짚어 보게 되는 경우가 많은데요. 세기별로 분류하여 서술하게 될 때 사용하기 적절한 패턴입니다.

Over the course of the 20th century, the American bison population was nearly wiped out. 20세기 동안, 미국 들소 개체군은 거의 다 사라졌다.

Over the course of the 20th century, populations became more mobile.
20세기 동안, 인구는 보다 유동적이 되었다.

Over the course of the 20th century, literacy rates rose.
20세기 동안, 식자율이 올랐다.

○ Test ○
❶ 20세기 동안, 두 번의 세계 대전이 벌어졌다. (fight)

❷ 20세기 동안, 많은 기술적 진보들이 이뤄졌다. (advance, make)

402 Nowadays we don't ... 요즘 우리는 … 않는다

급격히 변해서 달라진 사회 현상을 설명할 때 자주 사용하는 패턴입니다.

Nowadays we don't discriminate between genders.
요즘 우리는 성차별을 하지 않는다.

Nowadays we don't rely upon newspapers as primary information sources.
요즘 우리는 신문을 주요한 정보통으로 의존하지 않는다.

Nowadays we don't believe in a policy of isolationism.
요즘 우리는 고립주의 정책을 믿지 않는다.

○ Test ○
❶ 요즘 우리는 인종주의를 참지 않는다. (tolerate)

❷ 요즘 우리는 환경을 고려하지 않고 새로운 공장을 짓지 않는다. (without, build)

---

401 Over the course of the 20th century, two world wars were fought.
Over the course of the 20th century, many technological advances were made.

402 Nowadays we don't tolerate racism.
Nowadays we don't build a new factory without considering the environment.

403 Still, 여전히,

시대는 변했어도 여전히 타당성 있는 주장 등을 제시하거나 미해결된 문제를 제시할 때 유용한 패턴입니다.

Still, he is the best teacher I've ever had.
여전히, 그는 내가 겪어 본 선생님들 가운데 최고의 선생님이시다.

Still, there's no substitute for a professional symphony orchestra.
여전히, 전문적인 심포니 오케스트라를 대체할 것은 없다.

Still, it is hard to say how another researcher might have reacted.
여전히, 다른 연구자가 어떻게 반응했을지 말하기는 힘들다.

◑ Test ◐
❶ 여전히, 정보 기술은 성장하는 분야이다. (growing)

❷ 여전히, 날씨 조건이 추가 실험을 허용하지 않는다. (testing, permit)

404 By this time, 이때까지, / 이때쯤에는,

이야기 서술식의 글이나 새로운 사회 변화와 관련된 것이 주제인 글에서 활용도가 높은 패턴입니다.

By this time, the study will be complete.
이때까지, 그 연구는 완료될 것이다.

By this time, the German army occupied Poland.
이때까지, 독일군은 폴란드를 점령했다.

By this time, Alexander the Great was already dead.
이때쯤에는, 알렉산더 대왕은 이미 죽었다.

◑ Test ◐
❶ 이때까지, 우리는 해결책을 제안할 준비가 되어야 한다. (propose)

❷ 이때까지, 우리는 이미 다음 문제를 연구하고 있을 것이다. (problem, work on, will)

403 Still, information technology is a growing field.
Still, weather conditions do not permit further testing.

404 By this time, we should be ready to propose a solution.
By this time, we will already be working on the next problem.

명백한 근거를 제시할 때

405 This is most clearly seen in ... 이것은 …에서 가장 명백히 알 수 있다

가장 유력하거나 확정적인 근거를 제시하고자 할 때 사용하는 패턴으로, in 뒤에는 그와 같은 사실을 밝힌 사례나 연구 저서의 이름 등을 넣어 주면 됩니다.

This is most clearly seen in the case of Pavlov's dog.
이것은 파블로프의 개의 사례에서 가장 명백히 알 수 있다.

This is most clearly seen in Daniel Defoe's *Robinson Crusoe.*
이것은 다니엘 데포의 〈로빈슨 크루소〉에서 가장 명백히 알 수 있다.

This is most clearly seen in the number of AIDS victims in Africa.
이것은 아프리카의 에이즈 희생자 수에서 가장 명백히 알 수 있다.

○ Test ○
❶ 이것은 부동산 가격의 상승에서 가장 명백히 알 수 있다. (real estate, rising)

❷ 이것은 20세기 미국과 쿠바 사이의 마찰에서 가장 명백히 알 수 있다. (friction)

406 This is also evident in ... 이것은 또한 …에서 명백하다

앞서 근거를 제시한 후에 또 다른 명백한 근거를 제시할 때 사용하는 패턴입니다.

This is also evident in Jane Austen's narrative style.
이것은 또한 제인 오스틴의 이야기체에서 명백하다.

This is also evident in the amount of destruction caused by Hurricane Katrina.
이것은 또한 허리케인 카트리나에 의해 야기된 파괴 정도에서 명백하다.

This is also evident in the fact that high school sports can bring communities together. 이것은 또한 고등학교 스포츠가 지역 사회들을 단합시킨다는 사실에서 명백하다.

○ Test ○
❶ 이것은 또한 브라운 대 교육 위원회 재판 사례에서 명백하다. (Brown vs. Board of Education)

❷ 이것은 또한 2001년 9월 11일 이후로 공항 검색이 강화되었다는 사실에서 명백하다. (security, increase)

405 This is most clearly seen in the rising cost of real estate.
This is most clearly seen in the friction between the United States and Cuba in the 20th century.

406 This is also evident in the Brown vs. Board of Education court case.
This is also evident in the fact that airport security has increased since September 11, 2001.

407 Needless to say, 말할 것도 없이,

앞서 충분히 주장이 뒷받침되었다고 생각될 때 사용할 수 있는 패턴입니다.

Needless to say, major universities benefit from the work of their graduate students. 말할 것도 없이, 주요 대학들은 졸업생들의 성과에서 이득을 얻는다.

Needless to say, most people like to save money.
말할 것도 없이, 대부분의 사람들은 돈을 저축하는 것을 좋아한다.

Needless to say, those who break the law should be punished.
말할 것도 없이, 법을 어기는 사람들은 벌을 받아야 한다.

○ Test ○

❶ 말할 것도 없이, 많은 아이들이 채소보다 단 것을 더 좋아한다. (many, sweet)

❷ 말할 것도 없이, 대학 장학금은 그것들을 받을 만한 사람들에게 돌아가야 한다. (scholarship, go to)

408 Regardless of whether ..., …든 말든 상관없이,

whether는 양자택일의 상황에서 주로 쓰이는 표현이죠. 두 가지 상황 중 어떤 것이든 무관하게 적용될 수 있는 주장을 펼 때 사용하기 적절한 패턴입니다.

Regardless of whether or not all his theories are correct, the man is still a great thinker. 그의 모든 이론들이 옳든 말든 상관없이, 그 남자는 여전히 훌륭한 사상가이다.

Regardless of whether we agree or not, we must continue our discussion.
우리가 동의하든 말든 상관없이, 우린 토론을 계속해야 한다.

Regardless of whether we will ever find a cure for cancer, we should keep trying.
우리가 암 치료법을 발견하든 말든 상관없이, 우린 계속 노력해야 한다.

○ Test ○

❶ 그 계획이 먹혀들든 말든 상관없이, 우린 그것을 노력해야 한다. (work, must)

❷ 그의 장애가 대중에 알려졌든 말든 상관없이, 루즈벨트는 강력한 지도자였다. (handicap, strong)

---

407 Needless to say, many children prefer sweets to vegetables.
Needless to say, college scholarships should go to those who deserve them.

408 Regardless of whether the plan works or not, we must try it.
Regardless of whether his handicap was known to the public, Roosevelt was a strong leader.

409 Not to mention the fact that ...   ...라는 사실을 굳이 언급할 필요도 없다

너무 당연해서 굳이 언급할 필요가 없는 내용이나 일반적으로 응당 받아들여지고 있는 것들을 언급할 때 주로 사용하는 패턴입니다.

Not to mention the fact that Mr. Jobs is rich.
잡스 씨가 부자라는 사실을 굳이 언급할 필요도 없다.

Not to mention the fact that murder is a crime.
살인이 범죄라는 사실을 굳이 언급할 필요도 없다.

Not to mention the fact that Mexican food is hard on your stomach.
멕시코 음식이 위에 부담스럽다는 사실을 굳이 언급할 필요도 없다.

◎ Test ◎
❶ 그 식물이 이미 죽었다는 사실을 굳이 언급할 필요도 없다. (dead)

❷ 다이아몬드가 비싸다는 사실을 굳이 언급할 필요도 없다.

File 160 ● **간단히 정리해 언급할 때**

410 To put it (more) simply,   (더) 간단히 말해,

복잡하게 설명했던 것을 좀 더 단순한 원리로 설명해서 독자의 이해를 돕고자 할 때 사용하는 패턴입니다.

To put it (more) simply, better late than never.
(더) 간단히 말해, 하지 않는 것보다 늦게라도 하는 게 낫다.

To put it (more) simply, I don't have an answer.
(더) 간단히 말해, 나는 답을 모른다.

To put it (more) simply, there is no such thing as evil.
(더) 간단히 말해, 악과 같은 것은 없다.

◎ Test ◎
❶ (더) 간단히 말해, 인생은 너무 짧다.

❷ (더) 간단히 말해, 정부는 부채가 있다. (in debt)

---

409 Not to mention the fact that the plant was already dead.
Not to mention the fact that diamonds are expensive.

410 To put it (more) simply, life is too short.
To put it (more) simply, the government is in debt.

411 Another reason why ... is that ~ …하는 또 다른 이유는 ~ 때문이다

앞서 한 가지 이유를 든 다음, 또 다른 이유를 제시할 때 사용하는 패턴입니다.

Another reason why I agree with Darwin's theory **is that** it is supported by parts of the fossil record.
내가 다윈의 이론에 동의하는 또 다른 이유는 그것이 여러 화석 기록에 의해 입증되기 때문이다.

Another reason why there are more homeless people in California **is that** the area has a temperate climate.
캘리포니아에 노숙자가 더 많은 또 다른 이유는 그 지역이 온화한 기후를 지니고 있기 때문이다.

Another reason why we must act **is that** the problem will only get worse.
우리가 행동해야만 하는 또 다른 이유는 문제가 더 악화되기만 할 것이기 때문이다.

◎ Test ◎
❶ 달에 생명체가 없는 또 다른 이유는 물이 없기 때문이다.

❷ 대학이 모두를 위한 선택이 아닌 또 다른 이유는 그것이 비싸기 때문이다. (option)

412 The second reason for ... …에 대한[…하는] 두 번째 이유는

두 번째 이유를 제시할 때 사용하는 패턴입니다.

The second reason for the South's secession from the Union was the issue of states' rights. 남부의 연방 탈퇴에 대한 두 번째 이유는 주의 권리 문제 때문이었다.

The second reason for learning to play an instrument is that it is relaxing.
악기 연주를 배우는 두 번째 이유는 그것이 안정을 주기 때문이다.

The second reason for studying medicine is that it can help people.
의학을 공부하는 두 번째 이유는 그것이 사람을 도울 수 있기 때문이다.

◎ Test ◎
❶ 이 주장을 펴는 두 번째 이유는 첫 번째 이유만큼 중요하기 때문이다. (make, as ... as)

❷ 매일 조깅을 하는 두 번째 이유는 그것이 재미있기 때문이다.

411 Another reason why there is no life on the moon is that it has no water.
Another reason why college is not an option for everyone is that it is expensive.

412 The second reason for making this argument is as important as the first.
The second reason for jogging every day is that it is fun.

현실과 다른 상황을 가정할 때

413 What would happen if ...? 만약 …라면 어떻게 될까?

문제 제기를 하거나 다른 상황을 가정할 때 사용하는 패턴입니다. 극단적일 수 있지만 조작적인 상황을 제시하여 효과적으로 주제 의식을 전달할 수 있게 되죠.

What would happen if there was another world war**?**
만약 또 다른 세계 대전이 벌어진다면 어떻게 될까?

What would happen if education was only for an elite few**?**
만약 교육이 소수의 엘리트들만을 위한 거라면 어떻게 될까?

What would happen if all the world's governments were democratic**?**
만약 세상 모든 정부가 민주적이라면 어떻게 될까?

○ Test ○

❶ 만약 학교에서 더 이상 수학을 가르치지 않는다면 어떻게 될까? (no longer)

❷ 만약 더 이상 굶주림이 없다면 어떻게 될까? (no more, famine)

414 Imagine what it would be like if ... 만약 …라면 어떨지 상상해 보라

앞서 소개한 What would happen if ...?와 마찬가지 맥락에서 사용할 수 있는 패턴입니다.

Imagine what it would be like if we no longer had to worry about this issue.
만약 우리가 더 이상 이 문제에 대해 걱정하지 않아도 된다면 어떨지 상상해 보라.

Imagine what it would be like if everyone spoke the same language.
만약 모두가 같은 언어를 말한다면 어떨지 상상해 보라.

Imagine what it would be like if there was no electricity.
만약 전기가 없다면 어떨지 상상해 보라.

○ Test ○

❶ 만약 여자에게 아무 권리가 없다면 어떨지 상상해 보라.

❷ 만약 모두가 채식주의자라면 어떨지 상상해 보라.

---

413 What would happen if schools no longer taught math?
What would happen if there were no more famines?

414 Imagine what it would be like if women had no rights.
Imagine what it would be like if everyone was a vegetarian.

415 Those in favour of ...   …에 찬성하는 사람들은

자신의 주장을 밝히기 전에 주제와 관련해 찬반의 의견을 가진 사람들의 입장을 살펴보는 경우가 있는데요. 문제에 호의적이거나 찬성의 입장을 가진 사람들을 나타낼 때 이 패턴을 사용합니다.

Those in favour of tax cuts for the wealthy are almost always wealthy themselves.
부자들의 세금 감면에 찬성하는 사람들은 거의 항상 그들 자신이 부자인 경우다.

Those in favour of the individuals' right to own firearms are often hunters.
개인의 소화기 소유권에 찬성하는 사람들은 종종 사냥꾼들이다.

Those in favour of women's right to vote were called suffragists.
여성의 투표권에 찬성하는 사람들은 여성 참정권론자라고 불렸다.

○ Test ○

❶ 보수적인 정치에 찬성하는 사람들은 종종 공화당 사람들이다. (conservative, member)

❷ 동물의 권리에 찬성하는 사람들은 종종 채식주의자이다.

416 Those opposed to ...   …에 반대하는 사람들은

앞서 소개한 Those in favour of ...와 반대의 의미를 지니는 패턴입니다. 즉 어떤 문제에 적대적이거나 반대 입장을 가진 사람들을 표현할 때 사용하죠.

Those opposed to equal rights for all citizens are now in the minority.
모든 시민의 평등권에 반대하는 사람들은 이제 소수이다.

Those opposed to this petition should be sure to vote.
이 청원에 반대하는 사람들은 반드시 투표해야 한다.

Those opposed to government policies have the right to speak out.
정부 정책에 반대하는 사람들은 자신의 의견을 말할 권리가 있다.

○ Test ○

❶ 개혁에 반대하는 사람들은 그 토론에 참석해야 한다. (reform)

❷ 전쟁에 반대하는 사람들은 평화주의자라고 불린다. (pacifist)

---

415 Those in favour of conservative politics are often members of the Republican Party.
Those in favour of animal rights are often vegetarians.

416 Those opposed to reform should attend the discussion.
Those opposed to the war are called pacifists.

예시되는 내용을 언급할 때

417 ... is as follows: …는 다음과 같다:

대부분 콜론 뒤에는 직접적으로 인용하는 내용이나 하나하나 읊어 주는 내용이 들어갑니다. 주어에 따라 is 대신 goes나 are 등이 쓰일 수 있다는 점에 주의하세요.

The saying is **as follows:** when it rains, it pours.
속담은 다음과 같다: 설상가상.

The rule is **as follows:** no shirt, no shoes, no service.
규칙은 다음과 같다: 셔츠를 입지 않고 신발을 신지 않으면 서비스를 제공하지 않는다.

The song goes **as follows:** row, row, row your boat.
노래는 다음과 같다: 저어라, 저어라, 너의 배를 저어라.

○ Test ○

❶ 재료는 다음과 같다: 우유, 버터, 설탕, 밀가루. (ingredient, flour)

❷ 시는 다음과 같다: 장미는 붉고, 바이올렛은 푸르다, 설탕은 달콤하고, 당신도 달콤하다. (poem, so)

---

417 The ingredients are as follows: milk, butter, sugar, flour.
The poem goes as follows: Roses are red, Violets are blue, Sugar is sweet, And so are you.

418 In other words, 다른 말로,

부연 설명을 하거나 다른 말로 다시 설명할 때 사용하는 패턴입니다. 또한 사례를 제시하고 일반화할 때도 유용하죠.

In other words, architects should focus on reusing existing buildings.
다른 말로, 건축은 기존의 건물을 재사용하는 데 초점을 맞춰야 한다.

In other words, a hypothesis can be described as an educated guess.
다른 말로, 가정은 경험에서 나온 추측으로 설명될 수 있다.

In other words, craftsman architecture grew out of the Arts and Crafts movement.
다른 말로, 건축 장인은 미술 공예 운동에서 생겨났다.

○ Test ○

❶ 다른 말로, 대중교통의 유용성은 도로 위의 자동차 수를 줄인다. (availability, reduce)

❷ 다른 말로, 대통령은 국민의 신하이다. (servant)

419 To put it another way, 달리 말하자면,

논의를 설명하는 방식을 바꿀 때, 특히 앞선 논의를 좀 더 간략하고 쉬운 방식으로 설명하고자 할 때 사용하기 적절한 패턴입니다.

To put it another way, more vacation time reduced employees' stress levels.
달리 말하자면, 더 길어진 휴가가 직원들의 스트레스 수치를 낮췄다.

To put it another way, high-speed trains have made commuting between cities easy. 달리 말하자면, 고속 열차는 도시 간 통근을 쉽게 만들었다.

To put it another way, more effort should be made to interest young people in science. 달리 말하자면, 젊은이들이 과학에 흥미를 갖도록 더 많은 노력이 이루어져야 한다.

○ Test ○

❶ 달리 말하자면, 1918년의 유행성 독감은 전쟁 그 자체보다 더 많은 사람들을 죽였다. (influenza pandemic)

❷ 달리 말하자면, 인류는 깨끗한 물 없이는 살아남을 수 없다. (human beings)

418 In other words, the availability of public transportation reduces the number of cars on the road.
In other words, the President is a servant of the people.

419 To put it another way, the influenza pandemic of 1918 killed more people than the war itself.
To put it another way, human beings cannot survive without clean water.

420 In brief, 짧게 말하면,

앞서 논의했던 것들에 추가 설명을 덧붙이거나 앞선 내용을 요약할 때 사용할 수 있는 패턴입니다.

In brief, we must consider all possible side effects before proceeding with this research. 짧게 말하면, 우리는 이 연구에 착수하기 전에 가능성 있는 모든 부작용을 고려해야 한다.

In brief, Zeus was considered to be the king of the gods in Greek mythology.
짧게 말하면, 제우스는 그리스 신화의 최고신으로 여겨졌다.

In brief, hospitals must be kept as clean as possible.
짧게 말하면, 병원은 가능한 한 깨끗하게 유지되어야 한다.

◦ Test ◦
❶ 짧게 말하면, 인간이 46개의 염색체를 가진 것은 이제 분명하다. (humans, chromosome)

❷ 짧게 말하면, 사하라 사막은 세상에서 가장 크며, 매우 위험한 곳이 될 수 있다. (Sahara Desert, large, deadly)

File 166 ◦
주어진 예를 따르도록 언급할 때

---

421 as in the following examples 다음의 예처럼,

설명하는 글이나 교육적인 성격의 글에서 자주 사용하게 되는 패턴입니다.

Cite your references, **as in the following examples**.
다음의 예처럼, 참고 문헌을 인용하라.

You must insert a comma, **as in the following examples**.
다음의 예처럼, 콤마를 삽입해야 한다.

The apostrophe is used to make a noun possessive, **as in the following examples**.
다음의 예처럼, 아포스트로피는 소유격 명사를 만드는 데 사용된다.

◦ Test ◦
❶ 다음의 예처럼, 간단한 묘사를 포함시켜라. (brief)

❷ 다음의 예처럼, 청첩장은 매우 격식 차린 언어를 사용한다. (wedding invitation, formal)

---

420 In brief, it is now clear that humans have 46 chromosomes.
In brief, the Sahara Desert is the largest in the world and can be a deadly place.

421 Please include a brief description, as in the following examples.
Wedding invitations use very formal language, as in the following examples.

다른 출처에서 개념이나 자료를 빌려 올 때

422 The UN has published an interesting survey ...
UN은 … 흥미로운 조사 연구를 펴냈다

신뢰할 만한 연구 결과를 본론에서 뒷받침 근거로 제시할 때 사용할 수 있는 패턴입니다. UN 대신 다른 기구나 학자, 혹은 기관명을 넣어 다양하게 활용해 보세요.

The UN has published an interesting survey that supports my argument.
UN은 나의 주장을 지지하는 흥미로운 조사 연구를 펴냈다.

The UN has published an interesting survey that contradicts the previous study.
UN은 이전 연구를 반박하는 흥미로운 조사 연구를 펴냈다.

The UN has published an interesting survey relating to emergency response to diseases. UN은 질병에 대한 응급 반응과 관련한 흥미로운 조사 연구를 펴냈다.

○ Test ○
❶ UN은 경제와 환경 정책 사이의 관계에 관한 흥미로운 조사 연구를 펴냈다. (environmental)

❷ UN은 종교 간 대화의 중요성에 관한 흥미로운 조사 연구를 펴냈다. (interreligious, dialogue)

423 ... presents a useful concept   …은 유용한 개념을 제시한다

학자나 기관 등의 연구 결과를 소개하는 패턴으로, 뒤이어서 연구 결과에 대한 자세한 설명과 의의 등을 제시하면 됩니다.

The scientist **presents a useful concept**.
과학자들은 유용한 개념을 제시한다.

This article **presents a useful concept**.
이 글은 유용한 개념을 제시한다.

Dr. Forester **presents a useful concept**.
포레스터 박사는 유용한 개념을 제시한다.

○ Test ○
❶ 교과서는 유용한 개념을 제시한다.

❷ 그 연구는 유용한 개념을 제시한다.

---

422 The UN has published an interesting survey on the relationship between economics and environmental policy.
The UN has published an interesting survey on the importance of interreligious dialogue.

423 The textbook presents a useful concept.
The study presents a useful concept.

이미 언급한 것을 다시 얘기할 때

424 As noted before, 이전에 언급했듯이,

중요한 핵심 사항은 여러 번 언급해 주는 것이 좋은데, 이때 사용하기 적절한 패턴입니다.

As noted before, frogs are amphibians.
이전에 언급했듯이, 개구리는 양서류이다.

As noted before, blindness is not hereditary.
이전에 언급했듯이, 시각 장애는 유전이 아니다.

As noted before, milk contains high amounts of calcium.
이전에 언급했듯이, 우유는 많은 양의 칼슘을 함유하고 있다.

○ Test ○

❶ 이전에 언급했듯이, 이 보고서는 해결책을 제시하기 위한 것이 아니다. (give, intend)

❷ 이전에 언급했듯이, 금속 공업은 수천 년 동안 존재해 왔다. (metalworking)

425 As already mentioned, 이미 언급했듯이,

앞서 소개한 As noted before와 마찬가지 맥락에서 사용할 수 있는 패턴입니다.

As already mentioned, whales were once hunted to near extinction.
이미 언급했듯이, 고래는 한때 거의 멸종에 이르도록 사냥되었다.

As already mentioned, studies have shown that the influenza virus mutate into various forms. 이미 언급했듯이, 연구들은 인플루엔자 바이러스가 다양한 형태로 돌연변이하는 것을 보여 줬다.

As already mentioned, teachers should be good listeners.
이미 언급했듯이, 교사들은 남의 얘기를 잘 들어 주어야 한다.

○ Test ○

❶ 이미 언급했듯이, 크리스토퍼 콜럼버스는 신대륙을 발견하기 위해 떠난 건 아니었다.
  (Christopher Columbus, continent, set out)

❷ 이미 언급했듯이, 통밀은 균형 잡힌 식생활에 중요하다. (whole wheat)

424 As noted before, this paper is not intended to give a solution.
As noted before, metalworking has existed for thousands of years.

425 As already mentioned, Christopher Columbus did not set out to discover a new continent.
As already mentioned, whole wheat is important in a balanced diet.

426 **I agree that ...** 나는 …라는 데 동의한다

어떤 문제에 대해 동의를 표하는 자신의 입장을 밝히고자 할 때 사용하는 패턴입니다.

I agree that cigarettes should be taxed.
나는 담배에 세금을 부과해야 한다는 데 동의한다.

I agree that television has made people lazy.
나는 텔레비전이 사람들을 게으르게 만들었다는 데 동의한다.

I agree that Plato was the greatest philosopher of all time.
나는 플라톤이 역대 가장 위대한 철학자였다는 데 동의한다.

○ Test ○

❶ 나는 도박이 불법이어야 한다는 데 동의한다. (gambling)

❷ 나는 줄기세포 연구가 인류에게 이익을 줄 것이라는 데 동의한다. (stem cell, humanity)

427 **I totally agree that ...** 나는 …라는 데 전적으로 동의한다

어떤 문제에 대해 전적인 동의를 표하고자 할 때 사용하는 패턴으로, totally 대신 fully를 써도 좋습니다.

I totally agree that the results of this research were compromised.
나는 이 연구 결과가 절충된 것이라는 데 전적으로 동의한다.

I totally agree that vitamins are no substitute for a healthy diet.
나는 비타민이 건강식에 대한 대체물이 아니라는 데 전적으로 동의한다.

I totally agree that pigs are as intelligent as dogs.
나는 돼지가 개만큼 똑똑하다는 데 전적으로 동의한다.

○ Test ○

❶ 나는 우리가 의학 연구에 더 많은 돈을 써야 한다는 데 전적으로 동의한다. (research, should)

❷ 나는 몇몇 실수가 불가피하다는 데 전적으로 동의한다. (unavoidable)

---

426 I agree that gambling should be illegal.
I agree that stem cell research will benefit humanity.

427 I totally agree that we should spend more money on medical research.
I totally agree that some mistakes are unavoidable.

428 I admit that ...   나는 …라는 점을 인정한다

비록 자신의 의견과 입장이 다를지라도 다른 이의 의견에 동의를 표할 때 사용하는 패턴입니다.

I admit that not all people find reading to be an enjoyable pastime.
나는 모든 사람들이 독서를 재미있는 취미거리로 생각지는 않는다는 점을 인정한다.

I admit that government-run healthcare has its drawbacks.
나는 정부 운영의 의료 서비스가 단점이 있다는 점을 인정한다.

I admit that the early American economy was dependent on large cash crops.
나는 초기 미국 경제가 대규모 환금 작물에 의존했다는 점을 인정한다.

◉ Test ◉

❶ 나는 몇몇 공립학교 교사들이 급료를 적게 받는다는 점을 인정한다. (underpay)

❷ 나는 건강 음식이 항상 맛있지는 않다는 점을 인정한다. (healthy, taste)

429 I disagree with ...   나는 …에(게) 동의하지 않는다

어떤 의견에 반대를 표할 때 사용하는 패턴입니다.

I disagree with the leading scholars.
나는 앞서 나가는 학자들에게 동의하지 않는다.

I disagree with most literary critics.
나는 대부분의 문학 비평가들에게 동의하지 않는다.

I disagree with the idea that there could be life on Mars.
나는 화성에 생명체가 있을 수 있다는 생각에 동의하지 않는다.

◉ Test ◉

❶ 나는 기독교의 가르침에 동의하지 않는다. (Christianity)

❷ 나는 현 정부 정책에 동의하지 않는다.

428 I admit that some public school teachers are underpaid.
I admit that healthy food does not always taste good.

429 I disagree with the teachings of Christianity.
I disagree with current government politics.

430 I don't agree with the statement that ...

나는 …라는 진술에 동의하지 않는다

자신의 반대 입장을 확실하고 깔끔하게 제시할 수 있는 패턴입니다.

I don't agree with the statement that all cities should have public libraries.
나는 모든 도시에 공공 도서관이 있어야 한다는 진술에 동의하지 않는다.

I don't agree with the statement that Napoleon was a tyrant.
나는 나폴레옹이 독재자였다는 진술에 동의하지 않는다.

I don't agree with the statement that Shakespeare was a genius.
나는 셰익스피어가 천재였다는 진술에 동의하지 않는다.

○ Test ○

❶ 나는 부모 노릇이 쉽다는 진술에 동의하지 않는다. (parenting)

❷ 나는 모든 사람들이 애완동물을 길러야 한다는 말에 동의하지 않는다. (own)

431 However, I disagree with ... because I think ~

그러나 나는 …에(게) 동의하지 않는다. 왜냐하면 ~라고 생각하기 때문이다

앞서 상대편 입장을 살펴본 다음, 그에 대한 자신의 반대 입장을 제시하며 그 이유를 설명하고자 할 때 사용하는 패턴입니다.

However, I disagree with this theory **because I think** it lacks support.
그러나 나는 이 이론에 동의하지 않는다. 왜냐하면 근거가 부족하다고 생각하기 때문이다.

However, I disagree with my classmates **because I think** they have been misled.
그러나 나는 내 학우들에게 동의하지 않는다. 왜냐하면 그들이 오해했다고 생각하기 때문이다.

However, I disagree with the validity of public opinion **because I think** it is controlled by the media.
그러나 나는 여론의 유효성에 동의하지 않는다. 왜냐하면 그것이 매체에 의해 통제되고 있다고 생각하기 때문이다.

○ Test ○

❶ 그러나 나는 오바마 대통령에게 동의하지 않는다. 왜냐하면 정부 운영의 의료 서비스가 비쌀 것이라 생각하기 때문이다.
(government-run, healthcare)

❷ 그러나 나는 그 생각에 동의하지 않는다. 왜냐하면 공룡은 유성 충돌의 영향으로 멸망했다고 생각하기 때문이다.
(idea, dinosaur, meteor, crash, effect, destroy)

---

430 I don't agree with the statement that parenting is easy.
I don't agree with the statement that all people should own pets.

431 However, I disagree with President Obama because I think government-run healthcare would be expensive.
However, I disagree with the idea because I think the dinosaurs were destroyed by the effects of a meteor crash.

동시적 상황에 대한 설명을 할 때

432 At the same time, 동시에,

이야기 형식의 에세이를 쓸 때 유용한 패턴으로, 동시 다발적으로 일어나는 일들을 서술할 때 사용합니다.

At the same time, Karl Marx said that he was not a Marxist.
동시에, 칼 마르크스는 그가 마르크스주의자가 아니라고 말했다.

At the same time, I do not see the need for additional research.
동시에, 나는 추가적인 연구의 필요성을 모르겠다.

At the same time, I will attempt to explain the origins of my theory.
동시에, 나는 내 이론의 기원을 설명하려고 시도할 것이다.

◎ Test ◎

❶ 동시에, 나는 반대 견해를 이해한다. (viewpoint)

❷ 동시에, 연구자들은 그들 연구의 한계를 알고 있어야 한다. (be aware of, need to)

433 But at the same time, 그러나 동시에,

앞서 제시한 상황의 다른 양상을 동시에 언급하고자 할 때 사용할 수 있는 패턴입니다.

But at the same time, unemployment rates can't be ignored.
그러나 동시에, 실업률은 무시될 수 없다.

But at the same time, recycling our garbage requires energy as well.
그러나 동시에, 우리의 쓰레기를 재활용하는 것도 에너지를 필요로 한다.

But at the same time, there is a shortage of medical facilities in some areas.
그러나 동시에, 몇몇 지역에는 의료 시설이 부족하다.

◎ Test ◎

❶ 그러나 동시에, 법이 바뀔 수도 있다.

❷ 그러나 동시에, 폭력은 용납될 수 없다. (condone)

---

432 At the same time, I understand the opposing viewpoint.
At the same time, researchers need to be aware of the limits of their research.

433 But at the same time, laws can be changed.
But at the same time, violence can't be condoned.

경고를 할 때

434 Otherwise, 그렇지 않으면,

앞서 주장한 바대로 되지 않을 경우 발생할 수 있는 문제에 대해 경고를 할 때 사용하면 좋은 패턴입니다.

Otherwise, the project would come to an end.
그렇지 않으면, 그 프로젝트는 끝날 것이다.

Otherwise, rehabilitation would not be possible.
그렇지 않으면, 재활치료는 불가능할 것이다.

Otherwise, new problems would be caused.
그렇지 않으면, 새로운 문제들이 야기될 것이다.

○ Test ○

❶ 그렇지 않으면, 그 게임은 끝날 것이다. (over)

❷ 그렇지 않으면, 성공은 무의미할 것이다. (meaningless)

435 Make no mistake about it, 그것에 대해 실수하지 마라,

일종의 경고를 나타내는 패턴이라 할 수 있겠는데요. 글쓴이가 문제의 심각성 등을 강조해서 독자의 경각심 등을 불러일으킬 때 사용할 수 있습니다.

Make no mistake about it, radium is dangerous.
그것에 대해 실수하지 마라, 라듐은 위험하다.

Make no mistake about it, universities need funding.
그것에 대해 실수하지 마라, 대학들은 자금이 필요하다.

Make no mistake about it, science is important.
그것에 대해 실수하지 마라, 과학은 중요하다.

○ Test ○

❶ 그것에 대해 실수하지 마라, 아이들은 긍정적인 역할 모델들이 필요하다. (role model)

❷ 그것에 대해 실수하지 마라, 우리는 더 많은 녹지 공간이 필요하다. (green space)

434 Otherwise, the game would be over.
Otherwise, success would be meaningless.

435 Make no mistake about it, children need positive role models.
Make no mistake about it, we need more green space.

436 Another way of looking at this question is to ...

이 문제를 보는 또 다른 방식은 …하는 것이다

문제를 여러 가지 관점에서 분석적으로 살펴볼 경우, 한 가지 관점으로의 분석을 마친 후 다른 분석으로 논점을 옮길 때 사용하는 패턴입니다.

Another way of looking at this question is to put yourself in the victim's position. 이 문제를 보는 또 다른 방식은 여러분 자신을 희생자 입장에 두는 것이다.

Another way of looking at this question is to look at it as a scientist might. 이 문제를 보는 또 다른 방식은 그것을 과학자의 힘으로 보는 것이다.

Another way of looking at this question is to examine the possibilities. 이 문제를 보는 또 다른 방식은 가능성을 고찰하는 것이다.

○ Test ○

❶ 이 문제를 보는 또 다른 방식은 관련 없는 세부사항을 무시하는 것이다. (irrelevant, details)

❷ 이 문제를 보는 또 다른 방식은 그 자료를 분석하는 것이다.

437 Look at it this way: 그것을 이렇게 보자:

문제를 보는 다른 관점을 제시하거나 입장을 한정지을 때 사용하는 패턴입니다.

Look at it this way: beauty is in the eye of the beholder. 그것을 이렇게 보자: 아름다움은 보는 사람의 눈에 있다.(제 눈에 안경)

Look at it this way: if you don't try, you will never succeed. 그것을 이렇게 보자: 도전하지 않으면, 성공도 없다.

Look at it this way: civil disobedience is a peaceful form of protest. 그것을 이렇게 보자: 시민 불복종은 평화로운 형태의 저항이다.

○ Test ○

❶ 그것을 이렇게 보자: 실패는 종종 성공을 이끈다. (failure)

❷ 그것을 이렇게 보자: 제 2언어를 말하는 것은 다양한 직업에서 유용한 기술이 될 수 있다. (a variety of, career)

---

436 Another way of looking at this question is to ignore the irrelevant details.
Another way of looking at this question is to analyze the date.

437 Look at it this way: failure often leads to success.
Look at it this way: speaking a second language can be a useful skill in a variety of careers.

438 One should, nevertheless, consider the problem from another angle — ...

그럼에도, 우리는 다른 관점에서, 즉 …에서 그 문제를 고찰해야 한다

한 가지 관점에서 문제를 충분히 분석하고 난 후, 자연스레 관점을 전환할 때 사용합니다.

One should, nevertheless, consider the problem from another angle — perhaps the perspective of the victims.
그럼에도, 우리는 다른 관점에서, 즉 어쩌면 피해자의 시각에서 그 문제를 고찰해야 한다.

One should, nevertheless, consider the problem from another angle — the researchers' perspective. 그럼에도, 우리는 다른 관점에서, 즉 연구자의 시각에서 그 문제를 고찰해야 한다.

One should, nevertheless, consider the problem from another angle — the economic viewpoint. 그럼에도, 우리는 다른 관점에서, 즉 경제적인 시각에서 그 문제를 고찰해야 한다.

◉ Test ◉

❶ 그럼에도, 우리는 다른 관점에서, 즉 부모의 관점에서 그 문제를 고찰해야 한다. (point of view)

❷ 그럼에도, 우리는 다른 관점에서, 즉 세계적 시각에서 그 문제를 고찰해야 한다.

문제 의식을 환기시키고자 할 때

439 We could go further and ask ourselves whether ...

우리는 좀 더 나아가 우리 자신에게 …하는지를 물을 수 있다

독자의 문제 의식 자체를 환기시키는 역할을 합니다. 본론 초반에 사람들의 관심을 끌기 위해, 혹은 후반에 글을 마무리하면서 사람들의 문제 의식을 다시 상기시키기 위해 사용할 수 있죠.

We could go further and ask ourselves whether men think differently than women do. 우리는 좀 더 나아가 우리 자신에게 남자는 여자와 다르게 생각하는지를 물을 수 있다.

We could go further and ask ourselves whether there is life on other planets.
우리는 좀 더 나아가 우리 자신에게 다른 행성에 생명체가 있는지를 물을 수 있다.

We could go further and ask ourselves whether there should be a national poet.
우리는 좀 더 나아가 우리 자신에게 국민적 시인이 있어야 하는지를 물을 수 있다.

◉ Test ◉

❶ 우리는 좀 더 나아가 우리 자신에게 우리가 세상을 위해 무언가 더 할 수 있는지를 물을 수 있다. (more)

❷ 우리는 좀 더 나아가 우리 자신에게 그가 맨 처음 범죄를 저질렀는지를 물을 수 있다. (in the first place)

---

438 One should, nevertheless, consider the problem from another angle — the point of view of the parents.
One should, nevertheless, consider the problem from another angle — a global perspective.

439 We could go further and ask ourselves whether we can do more for the world.
We could go further and ask ourselves whether he committed the crime in the first place.

문제 제기를 할 때

440 It is interesting to note that ... …라는 것에 주목하는 것은 흥미로운 일이다

문제 제기를 할 때 주로 사용하는 패턴으로, 여기서 interesting은 '재미있다'는 의미보다 '관심이 간다', '문제가 있다'란 의미에 더 가깝습니다.

It is interesting to note that many public schools do not receive adequate funding. 많은 공립학교가 충분한 자금을 받지 않고 있다는 것에 주목하는 것은 흥미로운 일이다.

It is interesting to note that polluted water harms our environment.
오염된 물이 우리의 환경을 해치고 있다는 것에 주목하는 것은 흥미로운 일이다.

It is interesting to note that women are often believed to be better communicators.
여자들이 의사소통에 더 능하다고 종종 믿어지고 있다는 것에 주목하는 것은 흥미로운 일이다.

○ Test ○
❶ 사람들이 항상 천문학에 관심 있어 왔다는 것에 주목하는 것은 흥미로운 일이다. (astronomy)

❷ 많은 동물들이 삼림 벌채 때문에 위험에 처해 있다는 것에 주목하는 것은 흥미로운 일이다.
 (deforestation, due to, endanger)

441 What's worse is that ... 더한 것은 …라는 것이다

점층적으로 문제를 제기할 때 사용하기 적절한 패턴입니다.

What's worse is that the cost of housing is rising every day.
더한 것은 주거 비용이 매일 오르고 있다는 것이다.

What's worse is that he was never credited for his work.
더한 것은 그가 그의 연구에 대해 인정받지 못했다는 것이다.

What's worse is that the survey was never completed.
더한 것은 연구 조사가 끝나지 않았다는 것이다.

○ Test ○
❶ 더한 것은 많은 사람들이 의사에게 갈 돈이 없기 때문에 고통 받고 있다는 것이다. (visit a doctor, afford)

❷ 더한 것은 우리는 그 조사에 관한 결과를 알 수 없을 거라는 것이다. (outcome, never)

---

440 It is interesting to note that people have always been interested in astronomy.
It is interesting to note that many animals are endangered due to deforestation.

441 What's worse is that many people are suffering because they can't afford to visit a doctor.
What's worse is that we will never know the outcome of the investigation.

442 The real problem, however, is that ... 하지만 진짜 문제는 …라는 것이다

역시 점층적으로 문제를 제기할 때의 패턴으로, 간단한 문제에서 더 복잡한 문제순으로 제기하거나, 중요성이 낮은 문제에서 중요성이 높은 문제순으로 제기할 때 사용합니다.

The real problem, however, is that our experiment failed.
하지만 진짜 문제는 우리의 실험이 실패했다는 것이다.

The real problem, however, is that teachers need more training.
하지만 진짜 문제는 교사들에게 더 많은 훈련이 필요하다는 것이다.

The real problem, however, is that the researchers were unprepared.
하지만 진짜 문제는 연구자들이 준비되지 않았다는 것이다.

○ Test ○

❶ 하지만 진짜 문제는 우리의 자금이 바닥났다는 것이다. (run out)

❷ 하지만 진짜 문제는 최근에 그 주제에 흥미가 줄었다는 것이다. (lately, less, there is)

443 However, the problem is that ... 그러나 문제는 …라는 것이다

일반적인 논의를 하고 나서 문제 제기를 할 때 사용하는 패턴입니다.

However, the problem is that consumers are afraid to spend.
그러나 문제는 소비자들이 소비를 두려워한다는 것이다.

However, the problem is that our desire for oil is greater than our desire to protect the environment. 그러나 문제는 환경 보호의 욕구보다 기름 사용의 욕구가 더 크다는 것이다.

However, the problem is that the two parties cannot agree.
그러나 문제는 그 두 정당의 의견이 합치될 수 없다는 것이다.

○ Test ○

❶ 그러나 문제는 실업률이 계속 증가한다는 것이다. (rise)

❷ 그러나 문제는 어떠한 논의도 현 상황을 변화시킬 수 없을 거라는 것이다.

442 The real problem, however, is that our funding has run out.
The real problem, however, is that there is less interest in the subject lately.

443 However, the problem is that unemployment rates continue to rise.
However, the problem is that no discussion will change the current situation.

444 It would be unfair not to mention the fact that ...

…라는 사실을 언급하지 않는 것은 부당하다

앞서 독자들이 설득될 만큼 충분히 문제 제기를 한 다음, 추가적으로 또 다른 문제를 제기할 때 사용할 수 있는 패턴입니다.

It would be unfair not to mention the fact that he is retired.
그가 은퇴했다는 사실을 언급하지 않는 것은 부당하다.

It would be unfair not to mention the fact that he tried his best.
그가 최선을 다했다는 사실을 언급하지 않는 것은 부당하다.

It would be unfair not to mention the fact that the team was missing five **players.** 그 팀에 5명의 선수가 없었다는 사실을 언급하지 않는 것은 부당하다.

○ Test ○

❶ 스티븐스 씨가 취했다는 사실을 언급하지 않는 것은 부당하다.

❷ 경제가 불법 약품에 의존한다는 사실을 언급하지 않는 것은 부당하다. (depend on)

445 We cannot ignore the fact that ...

우리는 …라는 사실을 무시할 수 없다

강한 문제 제기와 함께 언급된 사실을 강조하는 역할까지 해주는 패턴입니다.

We cannot ignore the fact that there is a war going on.
우리는 이 순간도 전쟁이 벌어지고 있다는 사실을 무시할 수 없다.

We cannot ignore the fact that children are suffering.
우리는 아이들이 고통 받고 있다는 사실을 무시할 수 없다.

We cannot ignore the fact that our climate is changing.
우리는 우리의 기후가 변화하고 있다는 사실을 무시할 수 없다.

○ Test ○

❶ 우리는 그가 그의 부인을 살해했다는 사실을 무시할 수 없다. (murder)

❷ 우리는 많은 도전들이 앞에 있다는 사실을 무시할 수 없다. (many, ahead)

---

444 It would be unfair not to mention the fact that Mr. Stevens was drunk.
It would be unfair not to mention the fact that the economy depends on illegal drugs.

445 We cannot ignore the fact that he murdered his wife.
We cannot ignore the fact that there are many challenges ahead.

446 It would also be interesting to see ... …을 보는 것 또한 흥미로울 것이다

본론의 막바지나 결론에서 논의를 확장하려고 할 때나 추가 연구를 제시할 때 사용하면 좋습니다.

It would also be interesting to see the infrastructure of the organization.
그 조직의 인프라를 보는 것 또한 흥미로울 것이다.

It would also be interesting to see the participants' reactions.
참가자들의 반응을 보는 것 또한 흥미로울 것이다.

It would also be interesting to see the difference between the two studies.
두 연구의 차이점을 보는 것 또한 흥미로울 것이다.

○ Test ○
❶ 우리가 이룬 성과를 보는 것 또한 흥미로울 것이다. (make, progress)

❷ 프로젝트의 전체 예산을 보는 것 또한 흥미로울 것이다. (overall)

447 Equally relevant to the issue is the question of ...
…의 문제도 똑같이 연관 있는 문제이다

본론 뒷부분이나 결론 부분에서 관련 문제를 언급하면서 이해를 확장시키거나 추가 연구 과제를 제시할 때 유용한 패턴입니다.

Equally relevant to the issue is the question of timing.
타이밍의 문제도 똑같이 연관 있는 문제이다.

Equally relevant to the issue is the question of funding the project.
그 프로젝트에 자금을 제공하는 문제도 똑같이 연관 있는 문제이다.

Equally relevant to the issue is the question of how the study will be carried out.
연구가 어떻게 진행될 것인가의 문제도 똑같이 연관 있는 문제이다.

○ Test ○
❶ 학생 참여의 문제도 똑같이 연관 있는 문제이다.

❷ 그것이 윤리적인지 아닌지의 문제도 똑같이 연관 있는 문제이다. (whether or not)

446 It would also be interesting to see the progress we have made.
It would also be interesting to see the project's overall budget.

447 Equally relevant to the issue is the question of student participation.
Equally relevant to the issue is the question of whether or not it is ethical.

448 Another relevant point is that ... 또 다른 관련점은 …라는 것이다

본론에서 제기하는 문제 의식을 돋보이게 할 수 있는 관련 사례를 열거할 때 사용할 수 있습니다.

Another relevant point is that many political parties receive corporate funding.
또 다른 관련점은 많은 정당들이 기업 자금을 받는다는 것이다.

Another relevant point is that newer home appliances are often more energy-efficient than older ones.
또 다른 관련점은 새집의 설비들이 종종 오래된 집의 설비들보다 더 에너지 효율적이라는 것이다.

Another relevant point is that interreligious dialogue fosters understanding between cultures. 또 다른 관련점은 종교 간의 대화가 문화 간의 이해를 촉진한다는 것이다.

◦ Test ◦
❶ 또 다른 관련점은 오래된 집이 종종 납을 주성분으로 하는 페인트를 함유하고 있다는 것이다. (older, lead-based)

❷ 또 다른 관련점은 교육비가 매년 오르고 있다는 것이다. (rise)

앞선 내용의 결론이나 시사점을 이끌어 낼 때

---

449 As a result, 그 결과,/ 결과적으로,

앞선 내용의 결론을 이끌어 낼 때 사용하는 패턴입니다.

As a result, the Titanic sank on its first voyage.
결과적으로, 타이타닉 호는 첫 번째 항해에서 가라앉았다.

As a result, crime rates have gone down.
그 결과, 범죄율은 떨어졌다.

As a result, we decided to have a second meeting.
그 결과, 우리는 2차 회의를 갖기로 결정했다.

◦ Test ◦
❶ 결과적으로, 더 많은 사람들이 재활용을 하고 있다.

❷ 결과적으로, 교과서는 비쌀 수 있다.

---

448 Another relevant point is that older homes often contain lead-based paint.
Another relevant point is that the cost of education is rising every year.

449 As a result, more people are recycling.
As a result, textbooks can be expensive.

450 So then, 그러니까,

앞서 충분히 원인을 제시하고 나서 결론을 낼 때 사용하기 적절한 패턴입니다.

So then, bee stings can be deadly.
그러니까, 벌침은 치명적일 수 있다.

So then, plants need water as well as sunlight.
그러니까, 식물들은 햇빛뿐만 아니라 물도 필요하다.

So then, freshwater fish cannot live in the ocean.
그러니까, 민물 고기는 바다에서 살 수 없다.

○ Test ○

❶ 그러니까, 컴퓨터 기술은 초등학교에서 배워야 한다. (teach)

❷ 그러니까, 운동 선수들은 정기적인 신체 검사를 받을 필요가 있다. (athlete, physical examination, require)

451 This highlights the fact that ... 이것은 …라는 사실을 강조한다

앞서 내세운 이론이나 의견의 시사점을 이끌어 낼 때 사용할 수 있는 패턴입니다.

This highlights the fact that healthcare can be expensive.
이것은 의료 서비스가 비쌀 수 있다는 사실을 강조한다.

This highlights the fact that progress is being made every day.
이것은 진보가 매일 이루어지고 있다는 사실을 강조한다.

This highlights the fact that the architecture of Mies Van der Rohe was very
influential. 이것은 미스 반 데어 로에의 건축이 매우 영향력 있었다는 사실을 강조한다.

○ Test ○

❶ 이것은 평등한 권리를 위한 투쟁이 여전히 계속되고 있다는 사실을 강조한다. (struggle)

❷ 이것은 개는 사회적 동물이라는 사실을 강조한다.

452 It can be seen that ...   …라고 볼 수 있다

사례나 현상 등을 먼저 제시하고 나서 나름대로의 결론을 이끌어 낼 때 사용할 수 있는 패턴입니다.
주관적인 견해일 수도 있고 합치되는 견해일 수도 있죠.

It can be seen that illegal drugs are a problem in many countries.
불법 약품은 많은 나라에서 문제라고 볼 수 있다.

It can be seen that trees can live for hundreds of years.
나무들은 수백 년 동안 살 수 있다고 볼 수 있다.

It can be seen that many people are afraid of heights.
많은 사람들이 높은 곳을 무서워한다고 볼 수 있다.

○ Test ○

❶ 몇몇 사회는 다른 사회보다 정직을 더 높이 평가한다고 볼 수 있다. (value)

❷ 중동은 문명의 탄생지라고 볼 수 있다. (civilization, birthplace)

File 177 ○
여러 의견에도 불구하고 궁극적 결론을 내릴 때

---

453 At any rate,   어찌되었건,

여러 가지 분분한 의견들이 있지만 궁극적 결론을 내어버릴 때 사용할 수 있는 패턴입니다.

At any rate, the results of the study were disputed by doctors across the country.
어찌되었건, 그 연구 결과는 전국의 의사들에게 이의를 제기 받았다.

At any rate, it is important to understand other peoples' viewpoints.
어찌되었건, 다른 사람의 관점을 이해하는 것은 중요하다.

At any rate, less women die during childbirth now than in years past.
어찌되었건, 지난 몇 년 동안보다 지금 더 적은 여성들이 출산 동안 사망한다.

○ Test ○

❶ 어찌되었건, 알버트 아인슈타인의 이론은 주요한 과학적 약진이었다. (Albert Einstein, breakthrough)

❷ 어찌되었건, 과학자들은 다른 행성에서의 생명체의 존재를 확언할 수 없다. (confirm)

---

452 It can be seen that some societies value honesty more than others.
It can be seen that the Middle East is the birthplace of civilization.

453 At any rate, Albert Einstein's theory was a major scientific breakthrough.
At any rate, scientists cannot confirm the existence of life on other planets.

일반적인 사회 현상을 언급할 때

454 We can see that ... 우리는 …라는 것을 알 수 있다

독자들도 이미 알고 있는 사실이라는 분위기를 풍기면서 정보의 객관성을 확보하는 효과가 있죠.

We can see that more and more people are learning a second language.
우리는 점점 더 많은 사람들이 제 2언어를 배우고 있다는 것을 알 수 있다.

We can see that this medication is not working.
우리는 이 약이 잘 듣지 않고 있다는 것을 알 수 있다.

We can see that violence solves nothing.
우리는 폭력이 아무런 해결도 되지 않는다는 것을 알 수 있다.

○ Test ○

❶ 우리는 의사와 간호사가 협력한다는 것을 알 수 있다. (work together)

❷ 우리는 몇몇 이론들이 입증될 수 없다는 것을 알 수 있다.

454 We can see that doctors and nurses work together.
We can see that some theories cannot be proven.

455 As it turns out, 밝혀진 바와 같이,

이미 밝혀진 사실에 대해 언급할 때 사용하는 패턴입니다.

As it turns out, baldness is hereditary.
밝혀진 바와 같이, 대머리는 유전이다.

As it turns out, Mr. Clark is the most qualified person for the job.
밝혀진 바와 같이, 클락 씨는 그 일자리에 적격인 사람이다.

As it turns out, people with college degrees usually make more money than those without. 밝혀진 바와 같이, 대학 학위가 있는 사람들은 보통 학위가 없는 사람들보다 돈을 더 많이 번다.

○ Test ○
❶ 밝혀진 바와 같이, 일부 질병에 노출되는 것은 아이들에게 이롭다. (illness)

❷ 밝혀진 바와 같이, 그 실험은 불필요하다.

456 In effect, 사실상,

실제 밝혀진 사실을 언급할 때 사용합니다. effect는 원래 '효과'를 뜻하는데, In effect 하면 '실제로는', '사실상'이라는 의미가 돼요.

In effect, the aim of this study is to test the toxicity of certain chemicals.
사실상, 이 연구의 목적은 특정 화학물질의 독성을 테스트하기 위함이다.

In effect, physical exercise is good for the mind and body.
사실상, 육체적인 운동은 심신에 좋다.

In effect, the name-brand and generic forms of the medication work the same way.
사실상, 유명 브랜드 약과 상표 등록이 되어 있지 않은 형태의 약은 같은 방식으로 작용한다.

○ Test ○
❶ 사실상, 그 두 가지 테스트 사이의 차이점은 없다.

❷ 사실상, 영국의 여왕은 얼굴 마담일 뿐이다. (figurehead)

455 As it turns out, it is good for children to be exposed to some illnesses.
As it turns out, the examination is unnecessary.

456 In effect, there is no difference between the two tests.
In effect, the Queen of England is only a figurehead.

457 In all actuality, 사실은,

Actually와 같은 의미로, 솔직하게 터놓고 얘기하려고 할 때 주로 사용하는 패턴입니다.

In all actuality, wolves prefer to keep away from people.
사실은, 늑대들은 사람들로부터 떨어져 있는 것을 선호한다.

In all actuality, learning one foreign language can make it easier to learn others.
사실은, 한 가지 외국어를 배우는 것은 다른 외국어들을 배우는 것을 보다 쉽게 해줄 수 있다.

In all actuality, many writers use pseudonyms.
사실은, 많은 작가들이 필명을 사용한다.

◎ Test ◎

❶ 사실은, 음악은 아이들이 집중하는 것을 도울 수 있다. (concentrate)

❷ 사실은, 텔레비전은 교육적일 수 있다.

File 180 ◎ 주목할 만한 점을 지적할 때

---

458 It is noticeable that ... …라는 것은 주목할 만하다

어떤 상황의 양상 가운데 특별히 눈에 띄는 점을 지적할 때 사용합니다.

It is noticeable that celebrities drive nice cars.
유명 인사들이 좋은 차를 몬다는 것은 주목할 만하다.

It is noticeable that women are attracted to men with skills.
여자들이 기술을 갖춘 남자들에게 끌린다는 것은 주목할 만하다.

It is noticeable that the president's popularity is higher in the north than in the south. 대통령의 인기가 남부에서보다 북부에서 더 높다는 것은 주목할 만하다.

◎ Test ◎

❶ 몇몇 단어들이 반복되고 있다는 것은 주목할 만하다.

❷ 남자들이 훌륭한 요리에 끌린다는 것은 주목할 만하다.

459 The answers to this question can be found in ...

이 질문에 대한 답은 …에서 찾아볼 수 있다

문제의 답을 줄 수 있는 이론이나 사례를 소개하고자 할 때 유용한 패턴입니다.

The answers to this question can be found in the Bible.
이 질문에 대한 답은 성경에서 찾아볼 수 있다.

The answers to this question can be found in my research.
이 질문에 대한 답은 내 연구에서 찾아볼 수 있다.

The answers to this question can be found in an examination of Nikola Tesla's work. 이 질문에 대한 답은 니콜라 테슬라 연구에 관한 조사에서 찾아볼 수 있다.

◎ Test ◎

❶ 이 질문에 대한 답은 이 에세이에서 찾아볼 수 있다.

❷ 이 질문에 대한 답은 어떠한 기본 과학 교과서에서든 찾아볼 수 있다.

460 Perhaps it is worth acknowledging here that ...

아마도 …라는 것은 여기서 인정할 만한 가치가 있을지도 모른다

참고할 만한 정보를 부가적으로 알려줄 때 사용할 수 있습니다.

Perhaps it is worth acknowledging here that doctors do make mistakes.
아마도 의사들이 실수를 한다는 것은 여기서 인정할 만한 가치가 있을지도 모른다.

Perhaps it is worth acknowledging here that this evidence is over forty years old.
아마도 이 증거가 40년 이상 된 거라는 것은 여기서 인정할 만한 가치가 있을지도 모른다.

Perhaps it is worth acknowledging here that we may never know the answers to some of these questions.
아마도 우리가 이들 질문 중 몇몇에 대한 답을 알 수 없을지도 모른다는 것은 여기서 인정할 만한 가치가 있을지도 모른다.

◎ Test ◎

❶ 아마도 새뮤얼 클레멘스가 그의 유머 감각으로 유명했다는 것은 여기서 인정할 만한 가치가 있을지도 모른다.
(Samuel Clemens, sense of humor)

❷ 아마도 고대 이집트인들이 그들의 매장 관습에 관한 우리의 연구를 예상할 수 없었을 거라는 것은 여기서 인정할 만한 가치가 있을지도 모른다. (burial, customs, study, anticipate)

---

459 The answers to this question can be found in this essay.
The answers to this question can be found in any basic science textbook.

460 Perhaps it is worth acknowledging here that Samuel Clemens was known for his sense of humor.
Perhaps it is worth acknowledging here that the ancient Egyptians could not have anticipated our study of their burial customs.

Part III

Conclusion
Patterns

글쓰기 마무리 패턴 86

461 Therefore, 그러므로

종합적인 결론을 낼 때 가장 유용한 패턴으로 활용도가 상당히 높습니다. 앞서 했던 모든 논의들이 정리되고 하나로 합쳐지는 듯한 느낌을 주죠.

Therefore, we must proceed with our investigations.
그러므로 우리는 우리의 조사에 착수해야 한다.

Therefore, we still have much to learn.
그러므로 우리는 아직 배워야 할 것들이 많다.

Therefore, the tension between these two religious factions will likely continue.
그러므로 이들 두 종교 분파 간의 긴장은 계속될 것 같다.

◎ Test ◎
❶ 그러므로 우리의 정보는 확정적이지 않다. (inconclusive)

❷ 그러므로 교육은 우리의 첫 번째 방어선이다. (defense, line)

462 So, 따라서

앞서 소개한 Therefore와 마찬가지로 종합적인 결론을 내릴 때 유용한 패턴인데요. 차이가 있다면, Therefore가 육중하고 무거운 느낌인 반면, So는 얌전하면서 부드러운 어감을 나타냅니다.

So, we need to be sure to publish our findings in a timely manner.
따라서 우리는 우리의 연구 결과를 적시에 반드시 펴낼 필요가 있다.

So, I believe that my research will soon prove to be of great interest to the general public. 따라서 나는 내 연구가 곧 일반 대중들에게 큰 관심사가 될 것으로 밝혀질 거라고 믿는다.

So, it is likely that such questions will continue to arise.
따라서 그러한 질문들은 계속 나올 것으로 보인다.

◎ Test ◎
❶ 따라서 그 증거는 우주가 이전에 상상했던 것보다 훨씬 크다는 것을 나타낸다. (large, indicate)

❷ 따라서 이들 연구는 계속될 것이다. (study)

463 After all, 결국,/ 어쨌든,

종국적인 결론을 제시하는 패턴으로, 어떤 상황에서의 가장 중요한 문제점 등을 짚을 때 사용하기도 합니다.

After all, marijuana is legal in some countries.
어쨌든, 마리화나는 몇몇 나라에서 합법적이다.

After all, he was only sixteen.
어쨌든, 그는 겨우 16살이었다.

After all, no one was hurt.
결국, 아무도 다치지 않았다.

○ Test ○
❶ 결국, 예수는 물을 포도주로 바꾸셨다. (Jesus, turn ... into)

❷ 결국, 그것은 돈에 관한 문제이다.

464 My conclusion is that ... 내 결론은 …라는 것이다

직접적으로 결론을 내리는 패턴으로, 결론이 매우 분명하고 그 점을 아주 강조하고 싶을 때 사용하면 좋습니다.

My conclusion is that science is not infallible.
내 결론은 과학이 절대 확실한 것은 아니라는 것이다.

My conclusion is that spirituality is as essential to life as food and water.
내 결론은 정신적인 것도 음식과 물만큼 생명체에 필수적이라는 것이다.

My conclusion is that not enough is being done to minimize the effects of global **warming.** 내 결론은 지구 온난화의 영향을 최소화하기 위해 행해지고 있는 것들이 충분치 않다는 것이다.

○ Test ○
❶ 내 결론은 화장품이 동물들에게 테스트되어서는 안 된다는 것이다. (cosmetic)

❷ 내 결론은 몇몇 지역에서의 빈곤률이 범죄율과 일맥상통한다는 것이다. (area, poverty, correspond with)

463 After all, Jesus turned water into wine.
After all, it is a question of money.

464 My conclusion is that cosmetics should not be tested on animals.
My conclusion is that poverty rates in some areas correspond with crime rates.

465 In conclusion, 결론적으로,

앞서 소개한 My conclusion is that ...과 마찬가지 패턴으로, 특히 대안이나 해결책을 제시할 때 자주 사용합니다.

In conclusion, this university needs to recruit a larger number of graduate students in order to make this program cost-effective.
결론적으로, 이 대학은 이 프로그램을 비용 효율적으로 만들기 위해 아주 많은 대학원생을 모집할 필요가 있다.

In conclusion, variations in room temperature do not help patients suffering from migraine headaches. 결론적으로, 방의 온도 변화는 편두통을 앓는 환자들에게 도움이 되지 않는다.

In conclusion, children who are taught that reading is fun will be avid readers for the rest of their lives. 결론적으로, 독서가 재밌다고 배우는 아이들은 그들의 남은 인생 동안 독서광이 될 것이다.

◎ Test ◎

❶ 결론적으로, 너무 많은 카페인을 섭취하는 것은 심각한 건강 문제를 일으킬 수 있다. (ingest)

❷ 결론적으로, 백신과 종두는 모든 신생아들에게 가능해야 한다. (inoculation, newborn, available)

466 To conclude, 결론을 맺자면,

결론이 되는 문단을 시작할 때 사용하면 좋은 패턴입니다.

To conclude, the battle for civil rights is still being fought in many places and will not end until all human beings are treated equally.
결론을 맺자면, 시민권을 위한 싸움은 여전히 많은 곳에서 일어나고 있고 모든 인간이 동등하게 대우 받을 때까지 끝나지 않을 것이다.

To conclude, public television stations can be important educational tools.
결론을 맺자면, 공영 텔레비전 방송국은 중요한 교육적 도구가 될 수 있다.

To conclude, archeology can reveal the histories of everyday people that are not often mentioned in traditional sources.
결론을 맺자면, 고고학은 전통적인 출처에서 잘 언급되지 않는 보통 사람들의 역사를 밝힐 수 있다.

◎ Test ◎

❶ 결론을 맺자면, 대중들은 연방세의 중요성에 대해 더 나은 교육을 받을 필요가 있다. (federal taxes, educate)

❷ 결론을 맺자면, 악기를 연주하는 것은 스트레스를 감소시키는 훌륭한 방법이 될 수 있다.
  (musical instrument, wonderful)

465 In conclusion, ingesting too much caffeine can cause serious health problems.
In conclusion, vaccines and inoculations should be available to all newborn babies.

466 To conclude, the public needs to be better educated on the importance of federal taxes.
To conclude, playing a musical instrument can be a wonderful way to reduce stress.

467 The bottom line is that ... 결론은 …라는 것이다

bottom은 '바닥'이라는 뜻으로, bottom line 하면 파내려가다 보면 결국 닿게 되는 것, 즉 결론을 말합니다.

The bottom line is that we need to find new sources of energy.
결론은 우리가 새로운 에너지원을 찾아야 한다는 것이다.

The bottom line is that we must make budget cuts.
결론은 우리가 예산 삭감을 해야 한다는 것이다.

The bottom line is that human beings must learn to adapt.
결론은 인류가 적응하는 법을 배워야 한다는 것이다.

○ Test ○

❶ 결론은 교육이 중요하다는 것이다.

❷ 결론은 의사소통이 분쟁을 해결할 수 있다는 것이다. (dispute)

468 The consequence is that ... 결과는 …라는 것이다

consequence는 '결과', '결론'이라는 뜻으로, 논리적인 사고의 결론이나 종국적인 결론을 내릴 경우에 사용하는 패턴입니다.

The consequence is that most photography nowadays is digital.
결과는 오늘날 대부분의 사진이 디지털이라는 것이다.

The consequence is that new technologies are created every day.
결과는 새로운 기술이 매일 나오고 있다는 것이다.

The consequence is that some people never learn how to read.
결과는 어떤 사람들은 읽는 법을 배우지 않는다는 것이다.

○ Test ○

❶ 결과는 인터넷이 다방면에서 신문을 대체했다는 것이다. (in many ways)

❷ 결과는 우리의 정치인들이 그들의 생각을 바꾸지 않을 거라는 것이다. (view)

---

467 The bottom line is that education is important.
The bottom line is that communication can solve disputes.

468 The consequence is that the Internet has replaced newspapers in many ways.
The consequence is that our politicians will not change their views.

469 On the whole, 대체로,

앞서 제시된 여러 가지 사례들의 일반적인 양상을 요약 정리할 때 사용할 수 있습니다.

On the whole, people have been brewing beer for thousands of years.
대체로, 사람들은 수천 년 동안 맥주를 양조해 왔다.

On the whole, the current research on this subject has proven to be inadequate.
대체로, 이 주제에 관한 최근 연구는 부적합한 것으로 입증되었다.

On the whole, we can see that public opinion surveys are of little scientific value.
대체로, 우리는 여론 조사가 과학적으로 별 가치가 없음을 알 수 있다.

○ Test ○
❶ 대체로, 이 주제에 관한 논쟁은 이제 막 시작된 것이 분명하다. (just, begin)

❷ 대체로, 학생들은 실생활 기술 역시 배워야 할 필요가 있다. (real-life, as well, teach)

470 Altogether, 전체적으로 보아,

본론에서 다루었던 내용들을 종합적인 큰 틀에서 정리할 때 사용하기 적절한 패턴입니다.

Altogether, the evidence is inconclusive.
전체적으로 보아, 그 증거는 결정적이지 못하다.

Altogether, one fact is clear: the current policy is not working.
전체적으로 보아, 한 가지 사실은 분명하다. 현 정책이 먹혀들지 않고 있다는 것이다.

Altogether, it is clear that we are still years away from any real progress.
전체적으로 보아, 어떠한 진정한 진보도 이루어지려면 아직 몇 년 더 있어야 한다는 것은 분명하다.

○ Test ○
❶ 전체적으로 보아, 이 연구는 새로운 약이 효과적임을 입증한다. (study, medication)

❷ 전체적으로 보아, 갖가지 경제 문제들이 해결되지 않은 채 남아 있다. (various, unsolved)

469 On the whole, it is clear that the argument on this subject has just begun.
On the whole, students need to be taught real-life skills as well.

470 Altogether, this study proves that the new medication is effective.
Altogether, the various economic problems remain unsolved.

471 All things considered, 모든 것을 고려해 볼 때,

When all things are considered 정도의 의미로, 앞서 제시한 여러 가지 근거들을 통해 결론을 이끌어 낼 때 사용할 수 있는 패턴입니다.

All things considered, Bram Stoker is remembered for his novel, *Dracula*.
모든 것을 고려해 볼 때, 브램 스토커는 그의 소설 〈드라큘라〉로 기억된다.

All things considered, veterinary medicine is a complex course of study.
모든 것을 고려해 볼 때, 수의학은 복잡한 과정의 학문이다.

All things considered, the year 1968 was a year of revolutions.
모든 것을 고려해 볼 때, 1968년은 혁명의 해였다.

○ Test ○

❶ 모든 것을 고려해 볼 때, 20세기는 많은 새로운 기술을 우리의 가정으로 가져왔다. (bring)

❷ 모든 것을 고려해 볼 때, 그 문제는 그렇게 심각하지 않다.

472 Taking everything into account, 모든 것을 고려해 볼 때,

앞서 진행시킨 논의들을 모두 한꺼번에 고려의 대상으로 삼을 때 사용할 수 있는 패턴으로, 글쓰기에서 선호하는 패턴 중 하나입니다.

Taking everything into account, military service can benefit many young people.
모든 것을 고려해 볼 때, 군 복무는 많은 젊은이들에게 이익을 줄 수 있다.

Taking everything into account, it is important to get a full night's sleep.
모든 것을 고려해 볼 때, 밤에 깨지 않고 자는 것은 중요하다.

Taking everything into account, Sir Isaac Newton was surely a genius.
모든 것을 고려해 볼 때, 아이작 뉴튼은 확실히 천재였다.

○ Test ○

❶ 모든 것을 고려해 볼 때, 스카이다이빙은 위험하다.

❷ 모든 것을 고려해 볼 때, 타이타닉 호의 침몰은 역사상 최악의 난파 사고 중 하나였다. (sinking, shipwreck)

---

471 All things considered, the twentieth century brought many new technologies into our homes.
All things considered, the problem is not so serious.

472 Taking everything into account, skydiving is dangerous.
Taking everything into account, the sinking of the Titanic was one of the worst shipwrecks in history.

473 All this points to the conclusion that ...

이 모든 것들은 …라는 결론을 나타낸다

앞서 전개해 놓은 본론 내용을 자연스레 결론으로 이어갈 때 사용하면 좋습니다.

All this points to the conclusion that racism is not as prevalent today as it **once was.** 이 모든 것들은 오늘날 인종주의가 예전처럼 만연하지 않는다는 결론을 나타낸다.

All this points to the conclusion that the whale population is increasing.
이 모든 것들은 고래의 개체 수가 증가하고 있다는 결론을 나타낸다.

All this points to the conclusion that stricter laws are needed.
이 모든 것들은 더 강력한 법이 요구된다는 결론을 나타낸다.

◉ Test ◉

❶ 이 모든 것들은 요즘 더 많은 젊은이들이 대학에 진학하고 있다는 결론을 나타낸다. (these days, enroll)

❷ 이 모든 것들은 곰이 매우 다양한 기후에 적응할 수 있다는 결론을 나타낸다. (many different, adapt)

File 184 결론의 또 다른 가능성을 제시할 때

---

474 Or, if you prefer, 혹은, 여러분이 선호한다면,

닫히고 막힌 결론을 제시하는 것이 아니라 다른 의견을 인정할 수도 있다는 걸 보여 주는 패턴입니다.

Or, if you prefer, we can think about it from the government's viewpoint.
혹은, 여러분이 선호한다면, 우리는 정부의 관점에서 그것에 대해 생각할 수 있다.

Or, if you prefer, the problem can be approached from another angle.
혹은, 여러분이 선호한다면, 그 문제는 또 다른 각도에서 접근되어질 수 있다.

Or, if you prefer, the issue can be thought of as a question of ethics.
혹은, 여러분이 선호한다면, 그 문제는 윤리에 관한 문제로 생각될 수 있다.

◉ Test ◉

❶ 혹은, 여러분이 선호한다면, 그 논쟁은 여기서 끝낼 수 있다. (end)

❷ 혹은, 여러분이 선호한다면, 우리는 내부로부터의 상황을 검토할 수 있다. (within)

---

473 All this points to the conclusion that more young people are enrolling in college these days.
All this points to the conclusion that bears can adapt to many different climates.

474 Or, if you prefer, the argument can end here.
Or, if you prefer, we can examine the situation from within.

전체 내용을 요약할 때

475 To summarize, 요약하자면,

결론 부분을 시작할 때 가장 많이 사용하게 되는 패턴입니다. 본론에서 근거들을 제시한 후, 결론을 시작하는 부분에서 다시 한 번 주장을 정리하는 거죠.

To summarize, physical fitness programs are an important part of school curricula. 요약하자면, 체력 증진 프로그램은 학교 교과 과정의 중요한 부분이다.

To summarize, a bee sting is only deadly to a person who is allergic to it.
요약하자면, 벌침은 그것에 알레르기가 있는 사람에게나 치명적일 뿐이다.

To summarize, we must act now to protect the environment.
요약하자면, 우리는 환경을 보호하기 위해 지금 바로 행동해야 한다.

○ Test ○
❶ 요약하자면, 우리의 천연자원을 보존하기 위해서는 더 나은 정책이 요구된다. (maintain)

❷ 요약하자면, 관광 사업은 몇몇 나라들의 경제를 촉진시키는 것을 도울 수 있다. (tourism, stimulate)

476 To sum up briefly, 간단히 요약하자면,

앞선 내용을 정리하는 맥락의 결론에서 자주 사용하는 패턴입니다.

To sum up briefly, we will need more funds for the project.
간단히 요약하자면, 우리는 그 프로젝트를 위해 더 많은 기금이 필요할 것이다.

To sum up briefly, this investment has been a catastrophe.
간단히 요약하자면, 이 투자는 대실패였다.

To sum up briefly, ad campaigns have helped reduce the amount of litter on our highways. 간단히 요약하자면, 광고 캠페인은 우리의 고속도로의 쓰레기 양을 줄이는 걸 도왔다.

○ Test ○
❶ 간단히 요약하자면, 과학은 모든 답을 가지고 있지는 않다.

❷ 간단히 요약하자면, 늘 숙련된 교사의 필요성이 있을 것이다. (need)

---

475 To summarize, better policies are needed to maintain our natural resources.
To summarize, tourism can help stimulate the economies of some countries.

476 To sum up briefly, science does not have all the answers.
To sum up briefly, there will always be a need for skilled teachers.

477 To sum up, 요약하자면,

모든 종류의 글의 결론 시작 부분에서 사용할 수 있는 패턴입니다.

To sum up, human cloning would not be possible without years of genetic research. 요약하자면, 인간 복제는 수년간의 유전자 연구 없이는 불가능할 것이다.

To sum up, natural disasters can't be avoided, but they can often be predicted.
요약하자면, 자연재해는 불가피하지만 그들은 종종 예측 가능하다.

To sum up, many ships have been lost at sea over the years.
요약하자면, 많은 배들이 수년간 바다에서 사라졌다.

○ Test ○
❶ 요약하자면, 인상파 화가들은 그들의 그림에 빛을 묘사했다. (impressionist, depict)

❷ 요약하자면, 전기 자동차는 매우 바람직한 것이 되었다. (desirable, become)

478 In summary, 요약하자면,

에세이 결론 부분에서 가장 많이 사용하는 패턴으로, 기나긴 설명 이후에 압축적으로 요약할 때도 유용해요.

In summary, the first Europeans to travel to the New World saw it as an earthly paradise. 요약하자면, 신세계를 여행한 최초의 유럽인들은 그곳을 지상 낙원으로 여겼다.

In summary, there is no time like the present to begin our investigations.
요약하자면, 지금이 우리의 조사를 시작하기에 가장 좋다.

In summary, there is truth behind many old legends.
요약하자면, 많은 오래된 전설 너머에 진실이 있다.

○ Test ○
❶ 요약하자면, 운명 같은 것은 없다. (such ... as)

❷ 요약하자면, 다이아몬드는 지구상의 가장 단단한 물질 중 하나이다. (substance)

477 To sum up, impressionist artists depicted light in their paintings.
To sum up, electric cars have become very desirable.

478 In summary, there is no such thing as fate.
In summary, a diamond is one of the hardest substances on earth.

479 From these arguments one can conclude that ...

이들 주장으로부터 …라는 결론을 내릴 수 있다

본론에서 제시한 주장들을 통해 결론을 이끌어 내는 패턴으로, 일반 사람을 가리키는 one을 씀으로써 객관적인 타당성이 보장되는 효과가 있습니다.

From these arguments one can conclude that bats use sonar to navigate in the dark. 이들 주장으로부터 박쥐는 음파 탐지기를 사용해 어둠 속에서 길을 찾는다는 결론을 내릴 수 있다.

From these arguments one can conclude that pesticides are sometimes needed to grow healthy crops.
이들 주장으로부터 살충제는 때때로 건강한 작물 재배를 위해 요구된다는 결론을 내릴 수 있다.

From these arguments one can conclude that not enough is being done to save the rainforests. 이들 주장으로부터 열대우림을 살리기 위한 조처가 충분히 취해지고 있지 않다는 결론을 내릴 수 있다.

○ Test ○
❶ 이들 주장으로부터 훌륭한 치과 위생은 전반적인 건강에 있어 중요하다는 결론을 내릴 수 있다.
(dental hygiene, overall)

❷ 이들 주장으로부터 공공 도서관은 우리의 지역 사회를 향상시킨다는 결론을 내릴 수 있다.

480 Accordingly, 따라서

본론에서 제시한 근거들을 정리하여 결론을 이끌어 낼 때 사용할 수 있습니다.

Accordingly, our results were inaccurate.
따라서 우리의 결과는 부정확했다.

Accordingly, the sea lion population has remained stable.
따라서 바다사자의 개체 수는 안정적인 상태를 유지했다.

Accordingly, parents should teach their children to be responsible.
따라서 부모들은 자녀들에게 책임감을 지니도록 가르쳐야 한다.

○ Test ○
❶ 따라서 날씨는 계절에 따라 변한다. (from season to season)

❷ 따라서 모든 생태계는 소심스럽게 균형 잡혀 있다. (ecosystem)

---

479 From these arguments one can conclude that good dental hygiene is important for overall health.
From these arguments one can conclude that public libraries improve our communities.

480 Accordingly, the weather changes from season to season.
Accordingly, every ecosystem is carefully balanced.

481 What all this means is that ...   이 모든 것이 의미하는 바는 …라는 것이다

본론에서 제시한 모든 사례나 정보들을 종합적으로 판단하고자 할 때 사용하는 패턴입니다. 즉 여러 가지 사례들에서 공통적인 시사점을 이끌어 내는 거죠.

What all this means is that the earth is constantly changing.
이 모든 것이 의미하는 바는 지구가 계속 변화하고 있다는 것이다.

What all this means is that we can expect more hot days as time goes on.
이 모든 것이 의미하는 바는 시간이 지남에 따라 더운 날이 더 많아질 것을 우리가 예측할 수 있다는 것이다.

What all this means is that we must work hard to overcome this challenge.
이 모든 것이 의미하는 바는 우리가 이 난관을 극복하기 위해 열심히 일해야 한다는 것이다.

○ Test ○

❶ 이 모든 것이 의미하는 바는 동물들이 본능에 의존한다는 것이다. (rely on)

❷ 이 모든 것이 의미하는 바는 다음 선거가 아주 중요할 거라는 것이다.

482 All of this would indicate that ...   이 모든 것은 …라는 것을 시사한다

앞서 소개한 What all this means is that …과 마찬가지 맥락에서 사용할 수 있는 패턴입니다.

All of this would indicate that archeologists were digging in the wrong place.
이 모든 것은 고고학자들이 엉뚱한 곳을 발굴하고 있었다는 것을 시사한다.

All of this would indicate that the pyramids were not built by slaves.
이 모든 것은 피라미드가 노예들에 의해 지어지지 않았다는 것을 시사한다.

All of this would indicate that infections can be deadly if not treated.
이 모든 것은 감염이 치료 받지 않을 경우 치명적일 수 있다는 것을 시사한다.

○ Test ○

❶ 이 모든 것은 어린 아이들이 몇몇 질병에 더 걸리기 쉽다는 것을 시사한다. (illness, catch, be likely to)

❷ 이 모든 것은 우리의 과학자들이 진보하고 있다는 것을 시사한다. (make progress)

481 What all this means is that animals rely on instinct.
What all this means is that the next election will be very important.

482 All of this would indicate that young children are more likely to catch some illnesses.
All of this would indicate that our scientists are making progress.

483 Thus we can see that ... 따라서 우리는 …라는 것을 알 수 있다

이 패턴 역시 본론에서 제시한 사례들의 종합적인 시사점을 이끌어 낼 때 사용할 수 있습니다.

Thus we can see that 1066 AD was a pivotal year.
따라서 우리는 기원 후 1066년이 중추적인 해였다는 것을 알 수 있다.

Thus we can see that alcohol can damage the liver.
따라서 우리는 알코올이 간을 손상시킬 수 있다는 것을 알 수 있다.

Thus we can see that the role of women differed from culture to culture.
따라서 우리는 여성의 역할이 문화마다 달랐다는 것을 알 수 있다.

◌ Test ◌
❶ 따라서 우리는 한번에 한 과목 이상을 공부하는 것이 가능하다는 것을 알 수 있다. (at a time)

❷ 따라서 우리는 모든 생명이 중요하다는 것을 알 수 있다.

File 187 ◌ 본론의 사례들이 의미하는 바를 일반화할 때

484 In general what this means is that ...

일반적으로 이것이 의미하는 바는 …라는 것이다

앞서 나온 내용을 다시 한 번 이해시켜 주고자 할 때 사용할 수 있는 패턴입니다.

In general what this means is that we will need to try again.
일반적으로 이것이 의미하는 바는 우리가 재시도해 봐야 할 필요가 있을 거라는 것이다.

In general what this means is that my hypothesis was incorrect.
일반적으로 이것이 의미하는 바는 내 가정이 틀렸다는 것이다.

In general what this means is that depression is treatable.
일반적으로 이것이 의미하는 바는 우울증은 치료될 수 있다는 것이다.

◌ Test ◌
❶ 일반적으로 이것이 의미하는 바는 인간은 사회적 상호 작용이 필요하다는 것이다. (interaction)

❷ 일반적으로 이것이 의미하는 바는 우리의 천연자원이 점차 고갈되고 있다는 것이다. (dwindle)

---

483 Thus we can see that it is possible to study more than one subject at a time.
Thus we can see that all life is important.

484 In general what this means is that humans need social interaction.
In general what this means is that our natural resources are dwindling.

485 In general what this suggests is that ...

일반적으로 이것이 암시하는 바는 …라는 것이다

앞서 설명한 내용을 요약해 주는 역할을 합니다.

In general what this suggests is that our research is going nowhere.
일반적으로 이것이 암시하는 바는 우리의 연구가 아무 성과를 보지 못하고 있다는 것이다.

In general what this suggests is that music can be therapeutic.
일반적으로 이것이 암시하는 바는 음악이 치료법이 될 수 있다는 것이다.

In general what this suggests is that bones can become brittle with age.
일반적으로 이것이 암시하는 바는 뼈는 나이가 들수록 부러지기 쉬운 상태가 될 수 있다는 것이다.

◎ Test ◎
❶ 일반적으로 이것이 암시하는 바는 많은 고대인들이 별들을 달력으로 사용했다는 것이다.

❷ 일반적으로 이것이 암시하는 바는 영어는 마스터하기에 가장 어려운 언어 중 하나라는 것이다.

486 In general what this indicates is that ...

일반적으로 이것이 시사하는 바는 …라는 것이다

앞서 근거나 증거 등을 제시하고 나서 이것이 시사하는 바를 정리할 때 사용하는 패턴입니다.

In general what this indicates is that the trend will continue.
일반적으로 이것이 시사하는 바는 그 추세가 지속될 거라는 것이다.

In general what this indicates is that whole wheat is an important part of a balanced diet. 일반적으로 이것이 시사하는 바는 통밀이 균형 잡힌 식생활의 중요한 부분이라는 것이다.

In general what this indicates is that most people do not drink enough water.
일반적으로 이것이 시사하는 바는 대부분의 사람들이 물을 충분히 마시지 않고 있다는 것이다.

◎ Test ◎
❶ 일반적으로 이것이 시사하는 바는 서로 다른 종교들이 평화롭게 공존할 수 있다는 것이다. (in peace, coexist)

❷ 일반적으로 이것이 시사하는 바는 정책에서의 주요 변화가 요구된다는 것이다.

485 In general what this suggests is that many ancient peoples used the stars as a calendar.
In general what this suggests is that English is one of the most difficult languages to master.

486 In general what this indicates is that different religions can coexist in peace.
In general what this indicates is that a major change in policy is needed.

487 For my part, I must argue ... 나로서는, …을 주장해야만 한다

결론 부분에서 글의 전반적인 논의의 필요성을 반복적으로 제시하는 경우가 있는데, 이때 이 패턴을 사용해서 글의 목적과 관련해 그 필요성을 강조할 수 있습니다.

For my part, I must argue that our laws need better enforcement.
나로서는, 우리의 법이 더 나은 집행을 필요로 한다는 것을 주장해야만 한다.

For my part, I must argue against this theory.
나로서는, 이 이론을 반박해야만 한다.

For my part, I must argue against the proposal.
나로서는, 그 제안에 대해 찬성론을 펴야만 한다.

○ Test ○
❶ 나로서는, 토마스 하디가 당대의 가장 훌륭한 작가였다고 주장해야만 한다. (Thomas Hardy, of his time, author)

❷ 나로서는, 술은 금지되어야 한다고 주장해야만 한다. (alcohol, prohibit)

488 Though ..., I think ~ 비록 …지만, 나는 ~라고 생각한다

주장하는 글에서는 본론에서 나와 다른 입장을 한번 살펴보는 경우가 많죠. 이런 경우, 결론에서 이 패턴을 사용하여 상대방의 입장을 어느 정도 인정해 주면서 자기 주장을 고수할 수 있습니다.

Though rules are important, **I think** they can be broken in an emergency.
비록 규칙들은 중요하지만, 위급시에는 그것들은 어길 수 있다고 생각한다.

Though gold is beautiful, **I think** that its softness is a disadvantage.
비록 금은 아름답지만, 나는 그것의 유연함이 약점이라고 생각한다.

Though money is useful, **I think** it can't buy happiness.
비록 돈은 유용하지만, 그것으로 행복을 살 수는 없다고 생각한다.

○ Test ○
❶ 비록 우리가 실패할 수도 있지만, 도전해 볼 만하다고 생각한다. (worth)

❷ 비록 내가 틀렸을 수도 있지만, 나는 이 이론이 근거 없다고 생각한다. (unfounded)

---

487 For my part, I must argue that Thomas Hardy was the greatest author of his time.
For my part, I must argue that alcohol should be prohibited.

488 Though we may fail, I think it is worth challenging.
Though I may be wrong, I think that this theory is unfounded.

489 Although ..., it is not ~   비록 …일지라도, ~는 아니다

앞서 소개한 Though ..., I think ~와 마찬가지 맥락에서 사용할 수 있는 패턴입니다.

Although the research has just begun, **it is not** far from being concluded.
비록 연구가 이제 막 시작되었을지라도, 마무리가 머지 않았다.

Although skin cancer can be deadly, **it is not** always so.
비록 피부암이 치명적일 수 있을지라도, 항상 그렇지는 않다.

Although modern technology makes life easier, **it is not** really a necessity.
비록 현대 기술이 삶을 더 편하게 만들지라도, 반드시 필요한 것은 아니다.

○ Test ○

❶ 비록 부정 행위가 잘못된 것일지라도, 사실 불법은 아니다. (cheating, law, against)

❷ 비록 취소하기에 너무 늦었을지라도, 우리의 예약을 변경하기에 너무 늦지는 않았다. (reservation)

490 While I can ..., I prefer ~   …할 수 있지만, 나는 ~을 선호한다

'버스를 선호하느냐, 지하철을 선호하느냐'와 같이 글의 주제로 양자택일이 주어지는 경우가 있는데요. 이때 결론부에서 이 패턴을 사용해 선호하는 쪽을 밝힐 수 있습니다.

While I can understand this argument, **I prefer** to make my own.
이 주장을 이해할 수 있지만, 나는 내 자신의 주장을 펴는 것을 선호한다.

While I can appreciate modern art, **I prefer** traditional religious art.
현대 미술을 이해할 수 있지만, 나는 전통 종교 예술을 선호한다.

While I can do research for other people, **I prefer** to do it for myself.
다른 사람을 위해 연구할 수 있지만, 나는 내 자신을 위해 연구하는 것을 선호한다.

○ Test ○

❶ 당신의 논점을 이해할 수 있지만, 나는 다른 관점을 취하기를 선호한다. (point, see, viewpoint)

❷ 이들 결과를 믿을 수 있지만, 나는 내 스스로 그것들을 테스트하길 선호한다.

489 Although cheating is wrong, it is not actually against the law.
Although it's too late to cancel, it is not too late to change our reservation.

490 While I can see your point, I prefer to take a different viewpoint.
While I can believe these results, I prefer to test them myself.

491 But, as for me, it's ...   그러나 나로서는, 그건[그게] …이다

앞선 의견에 대해 자신의 입장을 밝힐 때 사용하는 패턴입니다.

But, as for me, it's going to be a long time before I reach my goals.
그러나 나로서는, 내 목표에 도달하기 전까지 오랜 시간이 걸릴 것이다.

But, as for me, it's a challenging problem.
그러나 나로서는, 그건 어려운 문제이다.

But, as for me, it's clearly a misunderstanding.
그러나 나로서는, 그건 명백하게 오해이다.

◦ Test ◦

❶ 그러나 나로서는, 그건 단지 시작에 불과하다. (just)

❷ 그러나 나로서는, 그게 그리 쉬운 일은 아니다.

  문제의 현재성을 강조할 때

---

492 For now,   우선은,/ 현재로는,

'지금 당장은'이란 의미로 문제의 현재성을 강조하는 패턴입니다.

For now, it is clear that communication skills are important.
우선은, 의사소통 능력이 중요한 것은 분명하다.

For now, we should take things one step at a time.
우선은, 우리는 한번에 한 단계씩 일을 처리해야 한다.

For now, we must remember that time is limited.
우선은, 우리는 시간이 한정되어 있다는 걸 명심해야 한다.

◦ Test ◦

❶ 현재로는, 그 답은 여전히 불분명하다. (remain)

❷ 우선은, 우리가 가지고 있는 정보로 그럭저럭 해나가야 한다. (make do with)

---

491 But, as for me, it's just beginning.
But, as for me, it's not so easy.

492 For now, the answer remains unclear.
For now, we must make do with the information that we have.

특정 상황을 가정할 때

493 If this is to happen, 이것이 일어날 것이라면,

대안이나 해결책을 결론에서 제시할 때 사용하면 아주 좋습니다.

If this is to happen, doctors must make an effort to communicate effectively with their patients.
이것이 일어날 것이라면, 의사들은 그들의 환자와 효과적으로 의사소통하기 위한 노력을 해야 한다.

If this is to happen, people need to speak out.
이것이 일어날 것이라면, 사람들은 목소리를 내야 한다.

If this is to happen, we will need cooperation from our government.
이것이 일어날 것이라면, 우리는 우리 정부와의 협력이 필요할 것이다.

◦ Test ◦
❶ 이것이 일어날 것이라면, 우리는 우리의 연구를 계속해야 한다.

❷ 이것이 일어날 것이라면, 우리는 즉시 우리의 에너지 소비를 줄여야 한다. (immediately, consumption)

494 Under these conditions, 이런 상황에서

아주 격식 차린 글을 쓸 때 유용한 패턴으로, 앞서 설명한 상황으로 한정짓는 경우에 사용합니다.

Under these conditions, it is not surprising that the polar ice caps are melting.
이런 상황에서 극지방의 만년설이 녹고 있는 것은 놀랄 일도 아니다.

Under these conditions, we must be sure to act carefully.
이런 상황에서 우리는 반드시 신중하게 행동해야 한다.

Under these conditions, the Russian Revolution began.
이런 상황에서 러시아 혁명이 시작되었다.

◦ Test ◦
❶ 이런 상황에서 우리는 실험을 시작할 수 없었다. (begin)

❷ 이런 상황에서 합리적인 해결책을 찾는 것은 불가능하다. (reasonable)

493 If this is to happen, we must continue our research.
If this is to happen, we must reduce our energy consumption immediately.

494 Under these conditions, we couldn't begin the experiment.
Under these conditions, it is impossible to find a reasonable solution.

495 Granted that ..., 가령 …일지라도,

글을 쓸 때만 사용되는 아주 고급 패턴으로, 여기서 granted는 if나 (al)though와 같은 의미입니다.

Granted that Einstein dropped out of school as a young man, he was undeniably a genius. 가령 아인슈타인이 젊었을 때 학교를 그만뒀을지라도, 그는 명백한 천재였다.

Granted that it may be a work of fiction, a book can still be educational.
가령 그것이 소설일지라도, 책은 여전히 교육적일 수 있다.

Granted that I am a student, my research is important to the University.
가령 내가 학생일지라도, 내 연구는 대학에 중요하다.

○ Test ○

❶ 가령 내가 전문가가 아닐지라도, 나는 여전히 내 의견을 말할 수 있다. (state)

❷ 가령 변화가 어려울지라도, 그것은 종종 필요하다.

한계를 제시할 때

---

496 Perhaps people cannot ... 아마도 사람들은 …할 수 없을지도 모른다

결론에서 다룰 수 있는 내용 중 하나는 한계 및 전망에 대한 부분인데요. 이 패턴은 한계를 제시할 때 사용할 수 있습니다.

Perhaps people cannot change.
아마도 사람들은 달라질 수 없을지도 모른다.

Perhaps people cannot see the complexity of the situation.
아마도 사람들은 그 상황의 복잡성을 이해할 수 없을지도 모른다.

Perhaps people cannot control their own destinies.
아마도 사람들은 그들 자신의 운명을 통제할 수 없을지도 모른다.

○ Test ○

❶ 아마도 사람들은 이 기술의 이득을 이해할 수 없을지도 모른다. (see)

❷ 아마도 사람들은 어떤 상황에서는 효과적으로 의사소통할 수 없을지도 모른다. (situation, effectively)

---

495 Granted that I am not an expert, I can still state my opinion.
Granted that change is difficult, it is often necessary.

496 Perhaps people cannot see the benefit of this technology.
Perhaps people cannot communicate effectively in some situations.

497 Sooner or later, 곧/ 머지않아

미래와 관련되는 글을 쓸 때 유용한 패턴입니다.

Sooner or later, we must find a solution.
곧 우리는 해결책을 찾아야 한다.

Sooner or later, we will have to decide.
곧 우리는 결정해야 할 것이다.

Sooner or later, we will experience a negative result.
곧 우리는 부정적인 결과를 경험할 것이다.

◎ Test ◎

❶ 곧 우리는 이웃 태양계에 도달할 것이다. (neighboring, solar system)

❷ 곧 그 판사는 마음을 바꿀 것이다. (judge, her)

498 More consideration needs to be given to ...

…에 대해 더 많은 고찰이 필요하다

앞으로의 전망 등에 관련해서 글을 쓸 때 자주 사용하는 패턴입니다.

More consideration needs to be given to the importance of a good diet.
건강한 식생활의 중요성에 대해 더 많은 고찰이 필요하다.

More consideration needs to be given to alternate theories.
대체 이론에 대해 더 많은 고찰이 필요하다.

More consideration needs to be given to this research.
이 연구에 대해 더 많은 고찰이 필요하다.

◎ Test ◎

❶ 주요 대학들에 의해 자금을 제공받지 않는 프로젝트들에 대해 더 많은 고찰이 필요하다. (fund)

❷ 튼튼한 치아 건강의 문제에 대해 더 많은 고찰이 필요하다. (good, dental, issue)

497 Sooner or later, we will reach the neighboring solar system.
Sooner or later, the judge will change her mind.

498 More consideration needs to be given to projects that are not funded by major universities.
More consideration needs to be given to the issue of good dental health.

499   **In the future,**   미래에

주제와 관련하여 미래 전망이나 예측을 하는 경우에 유용한 패턴입니다.

In the future, we need to be more careful.
미래에 우리는 보다 신중할 필요가 있다.

In the future, overseas travel will be even faster.
미래에 해외 여행은 훨씬 더 빨라질 것이다.

In the future, today's mysteries will become clear.
미래에 오늘날의 미스터리들은 분명해질 것이다.

○ Test ○
❶ 미래에 대학은 더 엄격한 입학 정책을 가질 것이다. (stricter, admittance)

❷ 미래에 오늘날의 시사 문제는 역사가 될 것이다. (current event)

확신에 찬 생각이나 의견을 제시할 때

---

500   **I definitely prefer to ...**   나는 확실히 …을 선호한다

definitely는 '확실히', '분명히'라는 뜻으로, 이 말이 들어감으로써 의미가 강조되고 확신에 찬 느낌을 주게 되죠.

I definitely prefer to make use of the latest research.
나는 확실히 최근의 연구를 활용하는 것을 선호한다.

I definitely prefer to study philosophy.
나는 확실히 철학을 연구하는 것을 선호한다.

I definitely prefer to read fiction rather than nonfiction.
나는 확실히 비소설보다는 소설을 읽는 것을 선호한다.

○ Test ○
❶ 나는 확실히 가능한 한 많이 여행하는 것을 선호한다.

❷ 나는 확실히 혼자 일하는 것을 선호한다.

---

499 In the future, the university will have stricter admittance policies.
     In the future, today's current events will be history.

500 I definitely prefer to travel as much as possible.
     I definitely prefer to work alone.

501 I'm sure that ... 나는 …라고 확신한다

확신하는 어떤 사실을 언급할 때 유용한 패턴입니다.

I'm sure that I am correct.
나는 내가 맞다고 확신한다.

I'm sure that things will improve.
나는 상황이 나아질 거라고 확신한다.

I'm sure that this research will be of great scientific value.
나는 이 연구가 과학적으로 큰 가치가 있는 것이 될 것이라고 확신한다.

○ Test ○

❶ 나는 우리가 공통점을 찾을 수 있다고 확신한다. (common ground)

❷ 나는 우리가 이 어려움을 극복할 수 있다고 확신한다.

502 I am convinced that ... 나는 …라고 확신한다

자신이 믿고 있거나 주장하는 바를 확신 있게 제시하는 패턴입니다.

I am convinced that democracy is the only viable form of government.
나는 민주주의가 유일하게 생존 가능한 정부 형태라고 확신한다.

I am convinced that children learn more quickly than adults.
나는 아이들이 어른들보다 더 빨리 배운다고 확신한다.

I am convinced that prehistoric fish still live in our oceans.
나는 선사시대의 어류가 여전히 우리의 바다에 살고 있다고 확신한다.

○ Test ○

❶ 나는 우리가 에이즈 치료법을 찾을 거라고 확신한다. (cure)

❷ 나는 화산이 폭발했을 때 대부분의 사람들이 폼페이에서 탈출했다고 확신한다. (volcano, erupt, Pompeii, escape)

Answer

501 I'm sure that we can find common ground.
I'm sure that we can overcome this difficulty.

502 I am convinced that we will find a cure for AIDS.
I am convinced that most people escaped from Pompeii when the volcano erupted.

원인과 결과를 보여 줄 때

503 with the result that ... 그 결과 …

원인에 해당하는 내용을 언급하면서 뒤이어 그로 인해 나타난 결과를 보여 줄 때 사용할 수 있는 패턴입니다.

The scientist did not wear gloves, **with the result that** he burned his fingers.
그 과학자는 장갑을 끼지 않았고, 그 결과 그는 손가락에 화상을 입었다.

Betty's parents worked full-time, **with the result that** Betty was a lonely child.
베티의 부모님은 종일 일했고, 그 결과 베티는 외로운 아이였다.

The U.S. signed the agreement, **with the result that** international trade began.
미국은 그 협정에 서명을 했고, 그 결과 국제 무역이 시작되었다.

○ Test ○
❶ 가격은 계속 올랐고, 그 결과 사람들은 가난해졌다. (rise)

❷ 군대는 러시아를 침범했고, 그 결과 많은 사람들이 죽었다. (army, invade)

504 This leads us to believe that ... 이것은 우리로 하여금 …라는 것을 믿게 한다

앞서 제시한 원인으로 인해 믿게 된 어떤 사실을 언급할 때 사용할 수 있는 패턴입니다.

This leads us to believe that there is much pressure to succeed.
이것은 우리로 하여금 성공에 대한 압력이 많다는 것을 믿게 한다.

This leads us to believe that more people are choosing to work from home.
이것은 우리로 하여금 더 많은 사람들이 재택근무를 선택하고 있다는 것을 믿게 한다.

This leads us to believe that it is important to understand the background of an issue. 이것은 우리로 하여금 문제의 배경을 이해하는 것이 중요하다는 것을 믿게 한다.

○ Test ○
❶ 이것은 우리로 하여금 올림픽 게임이 계속해서 나라들을 단합하게 할 거라는 것을 믿게 한다. (bring together)

❷ 이것은 우리로 하여금 그 해결책이 적절치 않았다는 것을 믿게 한다. (adequate)

503 Prices continued to rise, with the result that the people became poor.
The army invaded Russia, with the result that many people died.

504 This leads us to believe that the Olympic Games will continue to bring countries together.
This leads us to believe that the solution was not adequate.

505 On that account, 그 때문에,

앞서 제시한 원인으로 인한 결과를 얘기할 때 사용합니다.

On that account, the experiment was a failure.
그 때문에, 그 실험은 실패였다.

On that account, children are our future.
그 때문에, 아이들은 우리의 미래이다.

On that account, I have decided to study psychology.
그 때문에, 나는 심리학을 공부하기로 결심했다.

○ Test ○

❶ 그 때문에, 지난 몇 년 동안보다 지금 더 많은 사람들이 컴퓨터를 가지고 있다. (in years past, own)

❷ 그 때문에, 비만은 심장병을 일으킬 수 있다. (heart disease, lead)

의문을 던질 때

506 Is it possible that ...? ⋯일 수도 있는가?

의문을 던짐으로써 논의의 한계를 짚어 줄 수 있습니다.

Is it possible that we were wrong?
우리가 틀렸을 수도 있는가?

Is it possible that the test results were inconclusive?
테스트 결과가 결정적이 아닐 수도 있는가?

Is it possible that members from different political parties can agree?
다른 정당에서 온 사람들이 동의할 수도 있는가?

○ Test ○

❶ 우리가 다른 행성에서의 생명체에 관한 증거를 찾아낼 수도 있는가?

❷ 인간이 사막에서 살아남을 수도 있는가? (human beings)

505 On that account, more people own computers now than in years past.
On that account, obesity can lead to heart disease.

506 Is it possible that we will find evidence of life on another planet?
Is it possible that human beings can survive in the desert?

507 Subsequently, 그 결과로,

어떠한 일들이 순차적이고 논리적으로 진행되었을 때 사용할 수 있는 패턴입니다.

Subsequently, alcohol was outlawed in the United States for a long time.
그 결과로, 술은 오랫동안 미국에서 불법화되었다.

Subsequently, scientists often look for patterns in nature.
그 결과로, 과학자들은 종종 자연의 패턴을 찾는다.

Subsequently, the results of the study were disregarded.
그 결과로, 그 연구 결과는 무시되었다.

● Test ●
❶ 그 결과로, 유로화는 국제 화폐 교환을 보다 쉽게 만들었다. (Euro, money)

❷ 그 결과로, 철도는 인기 있는 교통수단 형태가 되었다. (railroad)

508 In this way, 이렇게 하여

서사적인 사건이나 과정을 얘기하는 글을 쓸 때 사용하기 적절한 패턴입니다.

In this way, we can see the progress we have made.
이렇게 하여 우리는 우리가 이룬 진보를 볼 수 있다.

In this way, the American Revolution began.
이렇게 하여 미국 혁명이 시작되었다.

In this way, scientists met their goals.
이렇게 하여 과학자들은 그들의 목표를 달성했다.

● Test ●
❶ 이렇게 하여 학생들은 실제 경험을 얻을 수 있다. (hands-on, get)

❷ 이렇게 하여 법안이 법이 되었다. (bill)

---

507 Subsequently, the Euro made international money exchanges easier.
Subsequently, railroads became a popular form of transportation.

508 In this way, students can get hands-on experience.
In this way, a bill became a law.

509 In view of these facts, it is quite likely that ...

이러한 사실들에 비추어 봤을 때, …할 가능성이 꽤 높다

본론에서 여러 가지 의견이나 사실들을 살펴본 뒤, 결론 부분에서 종합적인 판단이나 결론을 내리는 패턴입니다.

In view of these facts, it is quite likely that we will succeed.
이러한 사실들에 비추어 봤을 때, 우리가 성공할 가능성이 꽤 높다.

In view of these facts, it is quite likely that the fossil record is incomplete.
이러한 사실들에 비추어 봤을 때, 화석 기록이 불완전할 가능성이 꽤 높다.

In view of these facts, it is quite likely that the population will continue to grow.
이러한 사실들에 비추어 봤을 때, 인구가 계속 증가할 가능성이 꽤 높다.

○ Test ○

❶ 이러한 사실들에 비추어 봤을 때, 우리의 샘플들 중 하나가 오염되었을 가능성이 꽤 높다. (contaminate)

❷ 이러한 사실들에 비추어 봤을 때, 더 많은 학생들이 컴퓨터 기술을 공부하고 있을 가능성이 꽤 높다. (technology, will)

510 It is clear from these observations that ...

이들 관찰로부터 …라는 것은 분명하다

관찰 보고서의 결론 부분에서 사용할 수 있는 패턴입니다.

It is clear from these observations that music can help children fall asleep.
이들 관찰로부터 음악이 아이들을 잠들게 하는 것을 도울 수 있다는 것은 분명하다.

It is clear from these observations that we all have different tastes in art.
이들 관찰로부터 우리 모두가 예술에 다양한 취향을 가지고 있다는 것은 분명하다.

It is clear from these observations that science fiction is more popular than ever.
이들 관찰로부터 공상 과학 소설이 그 어느 때보다 인기가 많다는 것은 분명하다.

○ Test ○

❶ 이들 관찰로부터 여왕벌이 벌집에서 가장 큰 벌이라는 것은 분명하다. (queen bee, hive)

❷ 이들 관찰로부터 많은 새들이 겨울에 더 따뜻한 기후로 날아간다는 것은 분명하다.

509 In view of these facts, it is quite likely that one of our samples was contaminated.
In view of these facts, it is quite likely that more students will be studying computer technology.

510 It is clear from these observations that the queen bee is the largest bee in the hive.
It is clear from these observations that many birds fly to warmer climates in the winter.

511 It is clear from the above that ...

위 내용으로부터 ···라는 것은 분명하다

앞서 충분히 근거를 제시한 후, 이 패턴을 통해 그 근거들을 요약 정리하며 주장을 강화할 수 있습니다.

It is clear from the above that not everyone is in agreement.
위 내용으로부터 모든 사람의 의견이 일치하지 않는다는 것은 분명하다.

It is clear from the above that tradition is important in many cultures.
위 내용으로부터 전통이 많은 문화에서 중요하다는 것은 분명하다.

It is clear from the above that transition from one career to another can be difficult. 위 내용으로부터 직업을 바꾸는 것이 어려울 수 있다는 것은 분명하다.

○ Test ○

❶ 위 내용으로부터 공공 도서관이 그들의 지역 사회에 이득을 준다는 것은 분명하다.

❷ 위 내용으로부터 생화학전이 매우 실질적인 위험인 것은 분명하다. (biological warfare, real)

512 For this reason, 이런 이유로,

앞서 제시한 이유에 따른 결과를 보여 줄 때 사용할 수 있는 패턴입니다.

For this reason, I will succeed.
이런 이유로, 나는 성공할 것이다.

For this reason, Julius Caesar was killed.
이런 이유로, 줄리어스 시저는 살해당했다.

For this reason, wolves travel in packs.
이런 이유로, 늑대는 무리지어 다닌다.

○ Test ○

❶ 이런 이유로, 정부는 법을 만든다.

❷ 이런 이유로, 식물은 태양을 향해 자란다. (toward)

---

511 It is clear from the above that public libraries benefit their communities.
It is clear from the above that biological warfare is a very real danger.

512 For this reason, governments make laws.
For this reason, plants grow toward the sun.

513 For all these reasons, 이런 모든 이유들로,

본론에서 제시했던 이유 및 뒷받침 내용과 결론을 연결시켜 압축적으로 제시해 주는 패턴입니다.

For all these reasons, I cannot recommend this plan.
이런 모든 이유들로, 나는 이 계획을 추천할 수 없다.

For all these reasons, moisture causes iron to corrode.
이런 모든 이유들로, 수분은 철을 부식시킨다.

For all these reasons, I believe that testing drugs on animals is wrong.
이런 모든 이유들로, 나는 동물에 대한 약물 테스트는 옳지 않다고 믿는다.

◦ Test ◦

❶ 이런 모든 이유들로, 납은 알루미늄보다 더 무겁다. (lead, aluminum)

❷ 이런 모든 이유들로, 라듐은 치명적이다.

514 In order that ..., …하기 위해/ …할 수 있도록

In order to ...와 같은 의미로, that 뒤에는 「주어 + 동사」를 갖춘 완전한 문장 형태가 이어집니다.

In order that products sell, many companies use marketing devices.
제품이 팔리도록 하기 위해 많은 회사들이 마케팅 장치를 사용한다.

In order that the results of this study are used, they must be published.
이 연구 결과가 사용될 수 있도록 그들은 출판되어야 한다.

In order that children learn to behave, they must be disciplined by their parents.
예의 바른 행동을 배우기 위해 아이들은 그들의 부모에게 훈육받아야 한다.

◦ Test ◦

❶ 물의 순수성이 보장되도록 그것은 정기적으로 검사되어야 한다. (purity, ensure, test)

❷ 자신들의 이력이 망가지지 않도록 많은 정치인들이 그들의 잘못을 부인한다. (ruin, wrongdoing, deny)

515 There is much to be done ... ··· 해야 할 일이 많다

주제와 관련하여 대안이나 해결책을 제시하거나 경고를 할 때도 사용할 수 있습니다.

There is much to be done before we have exhausted all possibilities.
우리가 모든 가능성을 고갈시켜 버리기 전에 해야 할 일이 많다.

There is much to be done in the field of genetic engineering.
유전 공학 분야에서 해야 할 일이 많다.

There is much to be done before our studies are complete.
우리의 연구가 끝나기 전에 해야 할 일이 많다.

○ Test ○

❶ 우리의 공립학교가 최고 높은 수준에서 운영될 수 있기 전에 해야 할 일이 많다. (at highest level, operate)

❷ 우리가 에이즈 치료법을 찾으려면 해야 할 일이 많다. (cure, if)

516 If we can imagine ..., 만약 우리가 ···을 상상할 수 있다면,

이제껏 해왔던 논의를 바탕으로 대안이나 해결책, 또는 전망을 제시하고자 할 때 사용할 수 있습니다.

If we can imagine it, we can build it.
만약 우리가 그것을 상상할 수 있다면, 우리는 그것을 지을 수 있다.

If we can imagine the possibilities, we will succeed.
만약 우리가 그 가능성을 상상할 수 있다면, 우리는 성공할 것이다.

If we can imagine the difficulties of the past, those of the present will seem less
daunting. 만약 우리가 과거의 어려움을 상상할 수 있다면, 현재의 어려움은 덜 위압적으로 보일 것이다.

○ Test ○

❶ 1930년대 독일 시민들의 사고방식을 상상할 수 있다면, 아마도 우리는 어떻게 히틀러가 통제할 수 있었는지 이해할 수
있을지도 모른다. (mindset, take control, able to)

❷ 만약 우리가 새로운 기술들을 상상할 수 있다면, 우리는 그것들을 만들어 낼 수 있다. (create)

---

515 There is much to be done before our public schools can be operating at the highest level.
There is much to be done if we are to find a cure for AIDS.

516 If we can imagine the mindset of German citizens in the 1930s, perhaps we can understand how Hitler was able
to take control.
If we can imagine new technologies, we can create them.

517 Perhaps it is time to ... 아마도 …할 때인지도 모른다

해결책이나 대안을 제시하는 패턴으로, 직접적인 표현보다 더 자연스럽고 경각심을 불러일으키는 효과가 있습니다.

Perhaps it is time to state my professional aspirations.
아마도 나의 직업적 포부를 언급할 때인지도 모른다.

Perhaps it is time to look back on past research.
아마도 과거 연구를 되돌아볼 때인지도 모른다.

Perhaps it is time to bring in additional researchers.
아마도 추가 연구자들을 영입할 때인지도 모른다.

◦ Test ◦

❶ 아마도 이 문제의 증거에 대한 고고학적 기록을 참고할 때인지도 모른다. (matter, archeological, consult)

❷ 아마도 우리의 동기를 재검토할 때인지도 모른다. (reexamine)

518 It is time for us to ... 우리가 …할 때이다

앞서 소개한 Perhaps it is time to …와 마찬가지 맥락에서 사용할 수 있는 패턴입니다.

It is time for us to take a look back.
우리가 한번 되돌아봐야 할 때이다.

It is time for us to count our blessings.
우리가 긍정적으로 생각할 때이다.

It is time for us to move forward with this research.
우리가 이 연구를 추진해 나아갈 때이다.

◦ Test ◦

❶ 우리가 또 다른 답을 찾을 때이다.

❷ 우리가 세계 문제들에 대해 서로 비난하는 것을 멈출 때이다. (one another, blame)

517 Perhaps it is time to consult the archeological record for evidence in this matter.
Perhaps it is time to reexamine our motives.

518 It is time for us to find another answer.
It is time for us to stop blaming one another for the world's problems.

519 It might be useful to ... ···하는 게 유용할지도 모른다

자신의 주관적인 대안이나 해결책을 제시할 때 사용할 수 있는 패턴입니다.

It might be useful to consider a new career.
새로운 직업을 고려하는 게 유용할지도 모른다.

It might be useful to reexamine our past research.
우리의 과거 연구를 재검토하는 것이 유용할지도 모른다.

It might be useful to take another look at Edgar Allen Poe's *The Black Cat*.
에드가 알렌 포우의 〈검은 고양이〉를 다시 한 번 살펴보는 것이 유용할지도 모른다.

○ Test ○

❶ 우리의 방법론을 바꾸는 것이 유용할지도 모른다. (methodology)

❷ 그 문제를 다른 시각에서 보는 것이 유용할지도 모른다. (issue, perspective, look at)

520 We might start by ... 우리는 ···함으로써 시작할 수도 있다

문제 해결책을 제시할 때, 특히 문제 해결의 실마리를 밝힐 때 유용한 패턴입니다.

We might start by conserving energy in our homes.
우리는 우리 가정에서 에너지를 보존함으로써 시작할 수도 있다.

We might start by taking small samples from different areas.
우리는 다른 지역에서 작은 샘플들을 받음으로써 시작할 수도 있다.

We might start by making new use of existing buildings rather than constructing new ones. 우리는 새로운 건물들을 짓기보다 기존의 건물들을 새로이 활용함으로써 시작할 수도 있다.

○ Test ○

❶ 우리는 그 프로그램을 재검토함으로써 시작할 수도 있다. (review)

❷ 우리는 〈이솝 우화〉를 보다 면밀히 살펴봄으로써 시작할 수도 있다. (Aesop's Fables, closely, look at)

---

519 It might be useful to change our methodology.
It might be useful to look at the issue from a different perspective.

520 We might start by reviewing the program.
We might start by looking more closely at *Aesop's Fables*.

521 It is also easier to ... 또한 …하는 것이 더 쉽다

'Problem & Solution' 유형의 글을 쓸 때, 결론에서 종합적인 해결책이나 대안을 제시하게 되는데요. 이때 매우 활용도가 높은 패턴입니다.

It is also easier to keep quiet than to speak out.
또한 목소리를 내는 것보다 침묵하는 것이 더 쉽다.

It is also easier to recognize life than to define life.
또한 삶을 정의 내리는 것보다 삶을 인식하는 것이 더 쉽다.

It is also easier to find a good job if you are well trained.
또한 여러분이 훈련을 잘 받는다면 좋은 직장을 찾는 것이 더 쉽다.

○ Test ○

❶ 또한 그들에게 질문을 하는 것보다 지시를 따르는 것이 더 쉽다. (order)

❷ 또한 자동차보다 기차로 여행하는 것이 더 쉽다. (by car)

File 199 ●
중요한 내용을 강하게 상기시켜 줄 때

---

522 And remember, 그리고 기억하라,

주장하는 글에서 중요하다고 생각되는 내용을 결론 부분에서 강하게 상기시켜 줄 때 유용한 패턴입니다.

And remember, cheaters never prosper.
그리고 기억하라, 사기꾼은 성공할 수 없다.

And remember, honesty is the best policy.
그리고 기억하라, 정직은 최선의 방책이다.

And remember, a contaminated sample must be thrown out.
그리고 기억하라, 오염된 샘플은 폐기해야 한다.

○ Test ○

❶ 그리고 기억하라, 훌륭한 교사는 인내심이 많다. (patience, a lot of)

❷ 그리고 기억하라, 모두가 실수를 한다.

Answer

521 It is also easier to follow orders than to question them.
It is also easier to travel by train than by car.

522 And remember, good teachers have a lot of patience.
And remember, everyone makes mistakes.

확신할 수 없는 결과를 언급할 때

523   We cannot be sure ...   우리는 …을 장담할 수 없다

결론에서 전망 및 한계에 대한 논의를 할 때 사용할 수 있는 패턴입니다. 특히 연구가 가지고 있었던 내재적인 한계나 추가 연구의 필요성 등을 제시할 때 유용하죠.

We cannot be sure how the public will react to this news.
우리는 대중이 이 뉴스에 어떻게 반응할지 장담할 수 없다.

We cannot be sure of the results of this survey.
우리는 이 조사 결과를 장담할 수 없다.

We cannot be sure that the sample has been contaminated.
우리는 그 샘플이 오염되었는지 장담할 수 없다.

● Test ●

❶ 우리는 모두가 우리의 우려에 공감하는지 장담할 수 없다. (concerns, share)

❷ 우리는 우리가 옳은 일을 하고 있는지 장담할 수 없다.

---

523 We cannot be sure that everyone shares our concerns.
We cannot be sure that we are doing the right thing.

강조하고 싶은 내용을 언급할 때

524 More important than that is ... 그보다 더 중요한 것은 …이다

중요한 것을 강조해 언급하고 싶을 때 사용하는 패턴입니다.

More important than that is the fact that new laws are being passed every day.
그보다 더 중요한 것은 새로운 법이 매일 통과되고 있다는 사실이다.

More important than that is the health benefits of a daily exercise regimen.
그보다 더 중요한 것은 매일매일의 운동 요법이 주는 건강상 이점이다.

More important than that is the comfort that religion brings to millions of people. 그보다 더 중요한 것은 종교가 수백만의 사람들에게 가져다주는 안식이다.

◎ Test ◎

❶ 그보다 더 중요한 것은 이 회사의 성공 기록이다.

❷ 그보다 더 중요한 것은 흡연이 폐암을 유발한다는 사실이다. (lung cancer)

525 One thing's for sure: 한 가지는 분명하다:

글 전체에서 가장 강조하고 싶은 내용을 언급하고자 할 때 사용하는 패턴입니다.

One thing's for sure: the problem will not go away by itself.
한 가지는 분명하다: 그 문제는 저절로 없어지지 않을 것이다.

One thing's for sure: we are no closer to world peace now than we were a generation ago. 한 가지는 분명하다: 한 세대 전보다 지금 우리가 세계 평화에 더 가까워지지는 않았다는 것이다.

One thing's for sure: technology will continue to improve.
한 가지는 분명하다: 기술은 계속 진보할 것이다.

◎ Test ◎

❶ 한 가지는 분명하다: 과학자들은 언제나 질문을 던질 것이다.

❷ 한 가지는 분명하다: 교육은 무지를 타파한다. (destroy)

524 More important than that is the success record of this company.
More important than that is the fact that smoking causes lung cancer.

525 One thing's for sure: scientists will always ask questions.
One thing's for sure: education destroys ignorance.

526　But the most important factor is that ...

하지만 가장 중요한 요인은 …라는 것이다

가장 중요한 것을 강조할 때 사용할 수 있는 패턴으로, 상황에 따라 but을 빼고 쓸 수도 있습니다.

But the most important factor is that no two fingerprints are alike.
하지만 가장 중요한 요인은 두 개의 지문이 똑같을 수 없다는 점이다.

But the most important factor is that prisons are necessary.
하지만 가장 중요한 요인은 감옥이 필요하다는 것이다.

But the most important factor is that diabetics must test their blood sugar.
하지만 가장 중요한 요인은 당뇨병 환자는 자신의 혈당을 검사해야만 한다는 것이다.

⊙ Test ⊙

❶ 하지만 가장 중요한 요인은 종교가 과학이 가져다주지 못하는 곳에 위안을 가져다줄 수 있다는 것이다.

❷ 하지만 가장 중요한 요인은 암은 전염성이 아니라는 것이다. (contagious)

심각한 문제에 접근할 때

527　These problems pale in comparison with ...

이들 문제는 …에 비하면 아무것도 아니다

결론 부분에서 심화적인 문제 제기를 하거나 관련된 문제들을 부각시킬 수도 있는데, 이때 사용할 수 있는 패턴입니다.

These problems pale in comparison with those of our ancestors.
이들 문제는 우리 조상들의 문제들에 비하면 아무것도 아니다.

These problems pale in comparison with those of previous years.
이들 문제는 과거의 문제들에 비하면 아무것도 아니다.

These problems pale in comparison with the ones we can expect in the future.
이들 문제는 우리가 미래에 예상할 수 있는 문제들에 비하면 아무것도 아니다.

⊙ Test ⊙

❶ 이들 문제는 우리가 지금 직면하고 있는 어려움들에 비하면 아무것도 아니다.

❷ 이들 문제는 제2차 세계 대전 때 영국이 처했던 문제들에 비하면 아무것도 아니다. (faced by)

---

526 But the most important factor is that religion can bring comfort where science cannot.
But the most important factor is that cancer is not contagious.

527 These problems pale in comparison with the difficulties we are now facing.
These problems pale in comparison with the problems faced by the British in World War II.

528 Consequently, 결론적으로,

분석적인 글에 어울리는 패턴으로, 특정 현상에 영향을 주는 요인들을 다양하게 열거하고 그러한 요인들로 인한 어떤 결론을 보여 줄 때 사용합니다.

Consequently, people live longer today than they did 100 years ago.
결론적으로, 사람들은 100년 전보다 오늘날 더 오래 산다.

Consequently, every community should have a supply of fresh water.
결론적으로, 모든 지역 사회는 신선한 물을 공급받아야 한다.

Consequently, many farmers live in isolated areas.
결론적으로, 많은 농부들이 고립된 지역에서 산다.

○ Test ○

❶ 결론적으로, 씨앗은 물 없이 자랄 수 없다. (seed)

❷ 결론적으로, 스포츠는 인기 있는 오락이다. (pastime)

529 At last, 마침내

결론부에서 활용도가 높은 패턴입니다. 또한 본론이 구성된 짧은 글에서는 본론 마지막 단락의 도입부로도 자주 사용해요.

At last, the end is in sight.
마침내 끝이 보인다.

At last, this technology has been perfected.
마침내 이 기술은 완벽해졌다.

At last, we recognized the mistakes we have made in the past.
마침내 우리는 우리가 과거에 했던 실수들을 인정했다.

○ Test ○

❶ 마침내 과학자들은 기후 변화에 관한 문제에 관심을 돌리기 시작했다. (issue, turn, begin)

❷ 마침내 우리는 그 문제에 대한 해결책을 찾았다.

528 Consequently, seeds can't grow without water.
Consequently, sports are a popular pastime.

529 At last, scientists have begun to turn their attention to the issue of climate change.
At last, we have found a solution to the problem.

530 Ultimately, 궁극적으로,

최후의 결론을 내리거나 최후의 대안을 제시할 때 주로 사용하는 패턴입니다.

Ultimately, all people are the same.
궁극적으로, 모든 사람은 같다.

Ultimately, every living thing dies.
궁극적으로, 모든 살아 있는 것들은 죽는다.

Ultimately, we will have to find a way to produce less waste.
궁극적으로, 우리는 더 적은 쓰레기를 배출할 방법을 찾아야 할 것이다.

○ Test ○
❶ 궁극적으로, 우리는 우리의 행동들에 대해 책임을 져야 한다.

❷ 궁극적으로, 선택은 우리의 것이다.

531 In the end, 결국에,

종국적인 결론을 짓는 부분에서, 또는 미래에 대한 전망을 제시할 때도 사용할 수 있는 패턴입니다.

In the end, the armistice was signed.
결국에, 휴전 협정이 체결되었다.

In the end, every war leaves behind innocent victims.
결국에, 모든 전쟁은 무고한 희생자들을 남긴다.

In the end, the prisoners were released.
결국에, 그 죄수들은 석방되었다.

○ Test ○
❶ 결국에, 핵전쟁은 현실이 되었다.

❷ 결국에, 그 테스트들은 성공적이었다.

530 Ultimately, we must take responsibility for our actions.
Ultimately, the choice is ours.

531 In the end, nuclear war became a reality.
In the end, the tests were successful.

532 When all is said and done, 최종적으로

종국적인 결말을 예측할 때 사용하는 패턴입니다. 익숙지 않아 선뜻 써지지 않겠지만 풍부한 글을 만드는 데 유용한 표현이니 잘 알아 두세요.

When all is said and done, there will always be more questions than answers.
최종적으로, 항상 답보다는 질문이 많을 것이다.

When all is said and done, I will be one of the most skilled surgeons in the country. 최종적으로, 나는 이 나라에서 가장 숙련된 외과의 중 하나가 될 것이다.

When all is said and done, civilization marches on.
최종적으로, 문명은 계속 행진한다.

○ Test ○

❶ 최종적으로, 그 프로젝트는 계속될 것이다.

❷ 최종적으로, 이 미스터리에 대한 답은 분명해질 것이다.

533 In the final analysis, 결국,

모든 것을 논의하고 고려한 후 얻어진 결론을 제시할 때 사용하는 패턴입니다.

In the final analysis, errors were found.
결국, 오류들이 발견되었다.

In the final analysis, we might find our answers.
결국, 우리는 답을 찾을지도 모른다.

In the final analysis, scientists were able to corroborate their earlier assumptions.
결국, 과학자들은 그들의 초기 가정을 확증할 수 있었다.

○ Test ○

❶ 결국, 그 화학 물질은 독성인 것으로 밝혀졌다. (chemical, toxic)

❷ 결국, 연구자들은 그 물이 오염되었다는 것을 밝혀냈다. (pollute)

532 When all is said and done, the project will continue.
When all is said and done, the answers to this mystery will be clear.

533 In the final analysis, the chemical proved to be toxic.
In the final analysis, researchers found that the water was polluted.

독자에게 동감을 구할 때

534 And now you can ... 그리고 이제 여러분은 …할 수 있다

결론에서 자주 사용하게 되는 패턴 중 하나로, 본론에서 사례와 정보들을 충분히 제시하고 나서 독자에게 동감이나 동의를 구할 때 사용합니다.

And now you can see for yourself.
그리고 이제 여러분은 여러분 스스로 볼 수 있다.

And now you can travel from coast to coast with ease.
그리고 이제 여러분은 쉽게 전국을 여행할 수 있다.

And now you can make sense of the arguments that are being made.
그리고 이제 여러분은 지금 내세워지고 있는 주장들을 이해할 수 있다.

○ Test ○

❶ 그리고 이제 여러분은 교사들이 우리의 최고의 자산임을 알 수 있다. (greatest, asset)

❷ 그리고 이제 여러분은 왜 우리가 새로운 에너지원을 찾아야 하는지 이해할 수 있다. (need to)

---

534 And now you can see that teachers are our greatest asset.
And now you can understand why we need to find new sources of energy.

535 **As was previously stated,** 이전에 언급했듯이,

서론이나 본론에서 늘어놓았던 얘기들을 압축적으로 요약 정리할 때, 특히 한 번 더 강조하고 싶은 부분에서 이 패턴을 사용할 수 있습니다.

As was previously stated, Alaska became a state in 1959.
이전에 언급했듯이, 알라스카는 1959년에 주(州)로 승격되었다.

As was previously stated, Latin-based languages often have much in common.
이전에 언급했듯이, 라틴 기반의 언어들은 종종 공통점이 많다.

As was previously stated, Van Gogh was not a successful artist during his lifetime.
이전에 언급했듯이, 반 고흐는 그의 일생 동안 성공적인 화가는 아니었다.

○ Test ○

❶ 이전에 언급했듯이, 새로운 일자리를 창출하는 것은 필수적이다. (create, essential)

❷ 이전에 언급했듯이, 도박은 어떠한 마약만큼이나 중독성이 있을 수 있다. (gambling, drug, addictive)

536 **As I have said,** 내가 말했듯이,

결론 부분에서는 본론에서 제시했던 사례나 정보들을 요약하거나 강조하기 위해 본론에서 사용했던 문장을 그대로 인용하거나 중요한 내용을 다시 한 번 반복할 수도 있는데요. 이때 사용할 수 있는 패턴입니다.

As I have said, teaching is a skill.
내가 말했듯이, 가르치는 것은 기술이다.

As I have said, life cannot exist in a vacuum.
내가 말했듯이, 생명체는 진공 상태에서 존재할 수 없다.

As I have said, Thomas Edison did not really invent the light bulb.
내가 말했듯이, 토마스 에디슨은 실제로 전구를 발명하지 않았다.

○ Test ○

❶ 내가 말했듯이, 불소는 치아에 좋다. (fluoride)

❷ 내가 말했듯이, 많은 젊은이들이 군에 입대하는 것을 선택하고 있다. (many, join)

535 As was previously stated, creating new jobs is essential.
As was previously stated, gambling can be as addictive as any drug.

536 As I have said, fluoride is good for teeth.
As I have said, many young people are choosing to join the army.

537 As you can see, 보다시피,

본론에서 충분히 다뤘던 내용을 결론에서 다시 한 번 강조해 주는 경우에 사용하면 좋은 패턴으로, 주장이 훨씬 객관적으로 느껴지는 효과가 있습니다.

As you can see, gorillas are quite intelligent.
보다시피, 고릴라는 꽤 똑똑하다.

As you can see, many people take their health for granted.
보다시피, 많은 사람들이 그들의 건강을 당연하게 받아들인다.

As you can see, some people learn more quickly than others.
보다시피, 어떤 사람들은 다른 사람들보다 더 빨리 배운다.

○ Test ○

❶ 보다시피, 많은 연구자들이 그들의 연구에 대해 열정적이다. (work, passionate)

❷ 보다시피, 식이섬유는 균형 잡힌 식생활의 일부이다. (fiber)

538 In retrospect it is clear that ... 돌이켜 보면 …라는 것이 분명하다

결론 부분에서 앞서 언급한 내용을 한번 정리할 때 사용할 수 있는 패턴입니다.

In retrospect it is clear that mistakes were made.
돌이켜 보면 실수가 있었다는 것이 분명하다.

In retrospect it is clear that our research was incomplete.
돌이켜 보면 우리의 연구가 불완전했다는 것이 분명하다.

In retrospect it is clear that most wars are not worth the loss of so many lives.
돌이켜 보면 대부분의 전쟁은 그렇게 많은 목숨을 잃을 만한 가치가 없다는 것이 분명하다.

○ Test ○

❶ 돌이켜 보면 석면이 암을 유발할 수 있다는 것이 분명하다. (asbestos)

❷ 돌이켜 보면 임신한 여성은 술을 마셔서는 안 된다는 것이 분명하다.

---

537 As you can see, many researchers are passionate about their work.
As you can see, fiber is part of a balanced diet.

538 In retrospect it is clear that asbestos can cause cancer.
In retrospect it is clear that pregnant women should not drink alcohol.

539 Over and above, 게다가

추가적으로 덧붙일 때 사용할 수 있는 패턴입니다.

Over and above, the program is doing well.
게다가 그 프로그램은 잘되고 있다.

Over and above, survey results will vary from place to place.
게다가 조사 결과는 장소마다 다를 것이다.

Over and above, teachers are of major importance in most children's lives.
게다가 교사들은 대부분의 아이들의 삶에서 가장 중요하다.

◦ Test ◦

❶ 게다가 심리학은 정밀 과학이 아니라는 것을 명심해야 한다. (psychology, exact)

❷ 게다가 나는 내 목표를 이뤘다고 믿는다. (accomplish)

540 But that's not all; 그러나 그것이 전부는 아니다;

추가적인 정보를 주거나 문제를 심층적으로 다룰 때 유용한 패턴입니다.

But that's not all; destruction of the world's rainforests also destroys many animal populations. 그러나 그것이 전부는 아니다; 세계 열대우림의 파괴는 또한 많은 동물 개체군을 파괴한다.

But that's not all; Copernicus also theorized that the earth turns on its axis.
그러나 그것이 전부는 아니다; 코페르니쿠스는 또한 지구는 자전한다는 것을 이론화했다.

But that's not all; Leonardo da Vinci was also an inventor.
그러나 그것이 전부는 아니다; 레오나르도 다빈치는 또한 발명가였다.

◦ Test ◦

❶ 그러나 그것이 전부는 아니다; 음악을 듣는 것은 또한 스트레스 해소의 한 형태가 될 수 있다. (release)

❷ 그러나 그것이 전부는 아니다; 지난 몇 년 동안보다 오늘날 더 많은 사람들이 2개 국어를 사용한다.
   (in years past, bilingual)

539 Over and above, it should be remembered that psychology is not an exact science.
Over and above, I believe that I have accomplished my goals.

540 But that's not all; listening to music can also be a form of stress release.
But that's not all; more people are bilingual today than in years past.

541 And in addition to that, 그리고 그것에 덧붙여,

어떤 결론을 맺은 다음, 한 가지 더 첨부하고 싶을 때 사용하면 아주 좋습니다.

And in addition to that, infant mortality rates have decreased.
그리고 그것에 덧붙여, 영아 사망률은 감소했다.

And in addition to that, we must act quickly if we are to succeed.
그리고 그것에 덧붙여, 우리가 성공하려면 우리는 빠르게 행동해야 한다.

And in addition to that, the World Health Organization was created.
그리고 그것에 덧붙여, 세계 보건 기구가 생겨났다.

○ Test ○

❶ 그리고 그것에 덧붙여, 유대교는 세계에서 가장 오래된 종교 중 하나이다. (Judaism)

❷ 그리고 그것에 덧붙여, 비타민은 건강 식품을 보충할 수 있다. (healthy diet, supplement)

더 나은 대안을 제시할 때

542 Better yet, 더 좋은 것은,

여러 가지 대안 중 나은 것을 제시할 때 사용할 수 있는 패턴입니다.

Better yet, we can look to science for the answer.
더 좋은 것은, 우리는 답을 구하기 위해 과학에 의지할 수 있다.

Better yet, parents can teach children that perfection is not possible.
더 좋은 것은, 부모들은 아이들에게 완벽은 불가능하다는 것을 가르칠 수 있다.

Better yet, we can hope that the damage we have caused to our environment
is reversible. 더 좋은 것은, 우리는 우리가 환경에 끼친 피해가 원상회복 가능하길 바랄 수 있다.

○ Test ○

❶ 더 좋은 것은, 시민들은 선거날 투표를 함으로써 그들의 의견을 표현할 수 있다. (express)

❷ 더 좋은 것은, 인터넷은 교육적 도구로서 교실에서 사용될 수 있다. (tool)

---

541 And in addition to that, Judaism is one of the world's oldest religions.
And in addition to that, vitamins can supplement a healthy diet.

542 Better yet, citizens can express their opinions by voting on election day.
Better yet, the Internet can be used in classrooms as an educational tool.

독자에게 부탁이나 조언을 할 때

543 I ask you to ... 나는 여러분이 …하길 바란다

독자에게 요청이나 부탁을 하면서 글을 마무리지을 때 사용하기 적절한 패턴입니다.

I ask you to give this a try.
나는 여러분이 이것을 한번 시도해 보길 바란다.

I ask you to keep an open mind.
나는 여러분이 열린 마음을 갖길 바란다.

I ask you to read it carefully.
나는 여러분이 그것을 주의 깊게 읽어 보길 바란다.

○ Test ○

❶ 나는 여러분이 내 관점에서 그 문제를 고찰하길 바란다. (point of view, examine)

❷ 나는 여러분이 이 이론의 의미에 대해 생각해 보길 바란다. (implication)

544 We should not be surprised that ... 우리는 …라는 것에 놀라서는 안 된다

'…는 놀랄 일도 아니다', '…는 매우 흔한 일이다'라는 의미인데요. 같은 의미라도 좀 더 세련된 느낌을 주는 패턴입니다.

We should not be surprised that influenza can be deadly.
우리는 인플루엔자가 치명적일 수 있다는 것에 놀라서는 안 된다.

We should not be surprised that people are slow to change.
우리는 사람들이 서서히 변한다는 것에 놀라서는 안 된다.

We should not be surprised that people are living longer today than they were one hundred years ago. 우리는 사람들이 100년 전보다 오늘날 더 오래 살고 있다는 것에 놀라서는 안 된다.

○ Test ○

❶ 우리는 실험이 실패였다는 것에 놀라서는 안 된다.

❷ 우리는 정부가 공교육에 그렇게 많은 돈을 투자하고 있다는 것에 놀라서는 안 된다.

543 I ask you to examine the problem from my point of view.
I ask you to think about the implications of this theory.

544 We should not be surprised that the experiment was a failure.
We should not be surprised that the government invests so much money in public education.

545 We have to accept that ...   우리는 ···라는 것을 받아들여야 한다

주장하는 글이나 설득하는 글에서 결국 말하고자 하는 바를 표현할 때 사용하는 패턴으로, 직접적으로 독자의 동의나 동감을 요구하는 뉘앙스가 담겨 있습니다.

We have to accept that patience is a virtue.
우리는 인내가 미덕이라는 것을 받아들여야 한다.

We have to accept that our laws will need to be adapted over time.
우리는 우리의 법이 시간이 지남에 따라 개정될 필요가 있을 거라는 것을 받아들여야 한다.

We have to accept that science will never provide all the answers to life's questions. 우리는 과학이 삶의 질문에 대한 모든 답을 제공하지 않을 거라는 것을 받아들여야 한다.

○ Test ○
❶ 우리는 몇몇 자연 재해들은 예측할 수 없다는 것을 받아들여야 한다. (disaster, unpredictable)

❷ 우리는 경험이 최고의 스승이라는 것을 받아들여야 한다.

자신의 주장으로부터 시사점을 이끌어 낼 때
File 209 ○

546 The arguments I have presented suggest that ...

내가 제시한 주장은 ···라는 것을 시사한다

앞서 자신이 주장한 바를 통해 시사점을 이끌어 낼 때 사용할 수 있는 패턴입니다.

The arguments I have presented suggest that dolphins are very intelligent.
내가 제시한 주장은 돌고래가 매우 똑똑하다는 것을 시사한다.

The arguments I have presented suggest that birds evolved from dinosaurs.
내가 제시한 주장은 조류가 공룡에서 진화했다는 것을 시사한다.

The arguments I have presented suggest that Stonehenge is an ancient calendar. 내가 제시한 주장은 스톤헨지가 고대 달력이라는 것을 시사한다.

○ Test ○
❶ 내가 제시한 주장은 윌리엄 셰익스피어가 다른 작가의 필명이었다는 것을 시사한다. (pen name)

❷ 내가 제시한 주장은 암세포가 빠르게 증식한다는 것을 시사한다. (cancerous, multiply)

---

545 We have to accept that some natural disasters are unpredictable.
    We have to accept that experience is the best teacher.

546 The arguments I have presented suggest that William Shakespeare was another writer's pen name.
    The arguments I have presented suggest that cancerous cells multiply quickly.

Part IV

영어 쓰기 패턴 활용

Why do you think people attend college or university?

여러분은 왜 사람들이 전문대학이나 대학에 진학한다고 생각하는가?

Basic Outlining

글쓰기에 앞서 브레인스토밍을 통해 글의 뼈대를 만들어 봅시다.

Introduction

《 전문대학이나 대학에서 고등 교육을 받기로 결정하는 이유
→ 대학 학위는 성공적인 미래를 위한 열쇠
→ 직업 경쟁이 치열해짐
→ 지식 향상을 위함
글의 주요 내용 소개
→ 장기적인 직업을 얻는 데 있어 대학 진학의 이점을 중점적으로 다룰 것임

Body

《 직업 세계에서 대학 학위의 중요성 언급
→ 대학 학위 없이는 직업 구하기가 힘듦

《 많은 나이 든 사람들이 대학으로 다시 돌아갈 것임
→ 근무년수로는 승진하기 어려움
→ 더 나은 직업을 위해 경쟁하기 위함

《 대학 학위 없이는 최저 생활 임금을 벌기 힘듦
→ 대학 학위 없는 사람들이 종사하는 서비스업 계통의 임금이 낮음

《 하지만 모든 사람이 대학에 진학할 만큼 경제적 여유가 있는 건 아님
→ 모든 사람이 행복한 삶을 갖기 위해 대학 학위를 필요로 하진 않음
→ 어떤 사람에게는 서비스업 계통의 일이 충족감을 줄 수 있음

Conclusion

《 승진의 기회를 찾는 사람들에게 대학 학위는 필수
→ 경제적 여유가 없는 사람들은 정부 대출이나 장학금을 이용할 수 있음
→ 최고의 임금과 기회는 학위를 지닌 사람에게 주어짐

🎧 www.saramin.com에서 오디오 에세이 확인!!

본책에서 학습한 패턴을 활용하여 작성된 모델 에세이를 살펴봅시다.

INTRODUCTION

¹There are many reasons why a person chooses to pursue higher education at college or university. ²It is often said that the key to a successful future is a college degree. ³We live in a world in which the competition for jobs gets tougher every year. ⁴There are some people who attend college to expand their knowledge. They may enjoy the intellectual discussions and a chance to improve themselves. ⁵For the great majority of people, though, college is a gateway to a stable and fulfilling career. ⁶This paper will focus on the benefits of attending college to achieving a long-term career.

BODY

⁷First of all, let's try to understand why it's important to have a college degree in the working world. ⁸In the first place, it is difficult in today's world to get a job without one. Many of us may ask, "doesn't experience and loyalty count anymore?" ⁹Indeed, it does, but ¹⁰the fact is that a college degree is now at the top of the list of requirements for most jobs.

¹¹That is why, in my opinion, many older people are going back to college. ¹²At this point, the number of years they have worked is not enough to get them a promotion. ¹³And that's not all — they often have to compete for high level positions with people much less experienced. ¹⁴Of course, these younger, less experienced people have college degrees. ¹⁵Additionally, the more advanced degree a person holds, the higher level he/she can reach in the work place. ¹⁶In view of this, we are seeing more people return to school to get their Master's or Doctoral degrees in order to compete for better jobs.

¹⁷The point is, without a college degree in today's working world, it is difficult to make a living wage. ¹⁸Chiefly jobs open to a non-degreed applicant are often in the service industry (food server, bus driver, newspaper delivery). ¹⁹Doubtless, these jobs are important, but for the career-minded person with a large family, they will not be

sufficient for long. [20]Rarely is it the case that a food server can support a family of five on his/her wages alone. [21]As a result, the current economy [22]sometimes requires that people to return to college.

[23]Perhaps it is worth acknowledging here that not everyone can afford to attend college. [24]I agree that a college degree is a person's best chance for a successful career today. [25]However, I disagree with the idea that everyone needs a college degree in order to have a happy life, because I think not everyone can succeed in higher education. [26]I admit that for some, work in the service industry can be fulfilling. [27]Not to mention the fact that society needs people to fulfill these roles.

CONCLUSION

[28]On the whole, for the person seeking a career with promotion opportunities, a college degree is a necessity. [29]Perhaps people cannot afford to attend college early in their lives, but there are government loans and scholarships available to them. [30]As was previously stated, college is not for everyone. [31]The arguments I have presented suggest that the best wages and opportunities are available to a degreed person. [32]To conclude, [33]I am convinced that most people attend college for these purposes.

pursue 추구하다 | college 전문대학 | degree 학위 | competition 경쟁 | expand 넓히다, 확장하다 | long-term 장기적인 | gateway (성공 등에 이르는) 길 | stable 안정적인 | fulfilling 충족감을 주는 | loyalty 충성심 | count 중요하다 | requirement 필요조건 | compete 경쟁하다 | work place 직장 | living wage 최저 생활 임금 | applicant 지원자 | career-minded 직업 중심적 마인드를 가진 | sufficient 충분한 | loan 대출 | scholarship 장학금 | available 이용 가능한

Catching Up Writing Patterns

모델 에세이에 등장한 알짜 패턴을 다시 한 번 살펴봅시다.

서론에 등장한 알짜 패턴

1   **There are many reasons why ...** 많은 이유로 …

2   **It is often said that ...** 종종 …라고 말해진다

3   **We live in a world in which ...** 우리는 … 세상에 살고 있다

4   **There are some people who ...** …하는 몇몇 사람들이 있다

5   **For the great majority of people,** 대다수의 사람들에게 있어

6   **This paper will focus on ...** 이 보고서는 …을 중점적으로 다룰 것이다

본론에 등장한 알짜 패턴

7   **First of all, let's try to understand ...** 무엇보다도, …을 이해해 보자

8   **In the first place,** 우선,

9   **Indeed,** 실제로,

10   **The fact is that ...** 사실은 …라는 것이다

11   **That is why, in my opinion,** 그렇기 때문에 내 의견으론,

12   **At this point,** 이 점에서,

13   **And that's not all —** 그리고 그것이 전부가 아니다

14   **Of course,** 물론,

15   **Additionally,** 게다가

16   **In view of this,** 이런 관점에서,

17   **The point is,** 요점은,

18   **Chiefly** 주로

19   **Doubtless,** 의심할 여지 없이,

20   **Rarely is it the case that ...** …하는 것은 드문 경우다

21   **As a result,** 그 결과,/ 결과적으로,

22   **Sometimes** 가끔씩

23   **Perhaps it is worth acknowledging here that ...**
아마도 …라는 것은 여기서 인정할 가치가 있을지도 모른다

24   **I agree that ...** 나는 …라는 데 동의한다

25   **However, I disagree with ... because I think ~**
그러나 나는 …에(는) 동의하지 않는다. 왜냐하면 ~라고 생각하기 때문이다

26 **I admit that ...** 나는 …라는 점을 인정한다

27 **Not to mention the fact that ...** …라는 사실을 굳이 언급할 필요도 없다

28 **On the whole,** 대체로,

29 **Perhaps people cannot ...** 아마도 사람들은 …할 수 없을지도 모른다

30 **As was previously stated,** 이전에 언급했듯이,

31 **The arguments I have presented suggest that ...** 내가 제시한 주장은 …라는 것을 시사한다

32 **To conclude,** 결론을 맺자면,

33 **I am convinced that ...** 나는 …라고 확신한다

Essay in Korean

한글 해석에 색자로 표시된 패턴 부분을 영어로 말해 보세요.

서론

많은 이유로 어떤 사람은 전문대학이나 대학에서 고등 교육을 받기로 결정한다. 성공적인 미래를 위한 열쇠는 종종 대학 학위라고 말해진다. 우리는 해마다 직업을 위한 경쟁이 격해지는 세상에 살고 있다. 자신의 지식을 넓히기 위해 대학에 진학하는 몇몇 사람들도 있다. 그들은 지성적인 토론과 그들 스스로를 향상시킬 기회를 즐길지도 모른다. 하지만, 대다수의 사람들에게 있어, 대학은 안정적이고 충족감을 주는 직업에 이르는 길이다. 이 보고서는 장기적인 직업을 얻는 데 있어 대학 진학의 이점을 중점적으로 다룰 것이다.

본론

무엇보다도, 직업 세계에서 대학 학위를 갖는 것이 왜 중요한지를 이해해 보자. 우선, 오늘날의 세계에서 대학 학위 없이 직업을 구하는 것은 어렵다. 우리들 중 대다수가 물을지도 모른다. "경력이나 충성심은 더 이상 중요하지 않은 건가요?" 실제로, 그것은 중요하다. 하지만 사실은 대학 학위가 현재 대부분의 직업에서 필요로 하는 가장 첫 번째 요건이라는 것이다.

그렇기 때문에 내 의견으로, 많은 나이 든 사람들이 대학으로 다시 돌아갈 것이다. 이 점에서, 그들의 근무 년수는 승진을 얻기에 충분하지 않다. 그리고 그것이 전부가 아니다. 그들은 종종 경험이 훨씬 적은 사람들과 높은 자리를 차지하기 위해 경쟁해야만 한다. 물론, 이런 더 젊고 경험 적은 사람들은 대학 학위를 가지고 있다. 게다가 소지하고 있는 학위가 더 고등의 학위일수록 직장에서 더 높은 자리까지 올라갈 수 있다. 이런 관

점에서, 우리는 더 많은 사람들이 더 나은 직업을 위해 경쟁하기 위해서 석사 또는 박사 학위를 따려고 학교로 돌아가는 것을 보게 될 것이다.

요점은, 오늘날 직업 세계에서 대학 학위 없이는 최저 생활 임금을 벌기 힘들다는 것이다. 주로 학위 없는 지원자에게 열려 있는 직업은 서비스업 계통(음식 서빙, 버스 운전기사, 신문 배달)인 경우가 많다. 의심할 여지 없이, 이들 직업은 중요하지만, 대가족이 딸린 직업 중심적 마인드를 가진 사람에게 있어 그런 일들은 오래 지속되지 못할 것이다. 음식 서빙을 하는 사람이 혼자 버는 돈으로 5명의 식구를 부양하는 것은 드문 경우다. 결과적으로, 현 경제는 가끔씩 그런 사람들에게 대학으로 돌아갈 것을 요구한다.

아마도 모든 사람이 대학에 진학할 만큼 경제적 여유가 있는 건 아니라는 것은 여기서 인정할 가치가 있을지도 모른다. 나는 대학 학위가 오늘날 성공적인 직업을 위한 최고의 기회라는 데 동의한다. 그러나 모든 사람이 행복한 삶을 갖기 위해 대학 학위를 필요로 한다는 의견에는 동의하지 않는다. 왜냐하면 모든 사람이 고등교육을 받을 수는 없다고 생각하기 때문이다. 나는 어떤 사람에게는 서비스업 계통의 일이 충족감을 줄 수 있다는 점을 인정한다. 사회가 사람들이 이러한 역할들을 수행하는 것을 필요로 한다는 사실을 굳이 언급할 필요도 없다.

결론

대체로, 승진의 기회를 찾는 사람들에게 대학 학위는 필수다. 아마도 사람들은 젊은 시절에 대학에 진학할 경제적 여유가 없을지도 모르지만, 그들은 정부 대출이나 장학금을 이용할 수 있다. 이전에 언급했듯이, 대학은 모두를 위한 것은 아니다. 내가 제시한 주장은 최고의 임금과 기회는 학위를 지닌 사람에게 주어진다는 것을 시사한다. 결론을 맺자면, 나는 대부분 사람들이 이런 목적으로 대학에 진학한다고 확신한다.

TOPIC 02

A large factory is being built near my community. What are the advantages and disadvantages?

대규모 공장이 우리 지역 사회 근처에 건설되고 있다. 장점과 단점은 무엇인가?

Basic Outlining

글쓰기에 앞서 브레인스토밍을 통해 글의 뼈대를 만들어 봅시다.

Introduction

《《 산업은 도시의 원동력이라고 말해짐
도시 내 대규모 공장 건설을 반대하는 지역 사회도 있음
→ 도시에 일자리와 세금을 가져오는 반면, 오염원이 될 수 있음
글의 목적 제시
→ 지역 사회 내에 공장을 두는 것의 장단점을 검토하기 위함

Body

《《 **공장들은 계속 건설될 것임**
→ 공장들은 자동화된 세상의 일부분임
→ 그들이 위치해 있는 지역 사회의 경제를 촉진시켜 왔음

《《 **공장들은 소도시에 일자리를 가져옴**
→ 공장 일은 대학 학위를 필요로 하지 않는 경우가 많음
→ 비숙련 노동자들을 고용하여 시민들을 위한 일자리 창출
→ 새로운 기회 창출을 통해 더 많은 사람들을 그곳에 끌어들일 것임

《《 **환경 오염에 대한 우려 때문에 공장들의 존재를 반대하는 이들이 있음**
→ 모든 공장들이 폐기물을 만들어 내지만 그 종류가 다름
→ 많은 공장들이 현재 환경적으로 건전하다는 것이 밝혀짐

Conclusion

《《 **지역 사회에 공장들이 건설되는 것은 장단점이 모두 있음**
→ 환경 오염에 대한 우려가 있지만 대체로 지역 사회에 유익함
→ 미래에도 계속 존재할 공장들이 친환경적인 관행을 따르도록 장려할 필요가 있음

🎧 www.saramin.com에서 오디오 에세이 확인!!

본책에서 학습한 패턴을 활용하여 작성된 모델 에세이를 살펴봅시다.

INTRODUCTION

¹It is often said that industry is the life blood of a city. ²It is a well-known fact that cities with many businesses also have many parks and public services. ³You may wonder why, then, some communities object to large factories being built. ⁴While factories bring jobs and taxes into a city, they can often be a source of pollution. ⁵The purpose of this essay is to examine the advantages and disadvantages of having a factory inside the community.

BODY

⁶The first thing that needs to be said is that factories will continue to be built. ⁷We cannot ignore the fact that we live in an automated world, and factories are a part of it. ⁸Given the history of automation since the industrial revolution, we now depend on factories for most of our products and many of our jobs. ⁹Until recently factories have been viewed largely as positive additions to our communities. ¹⁰Experts emphasize that without factories producing military supplies during WWII, we would not have come out of the Great Depression. ¹¹To put it simply, factories have a history of stimulating the economy in communities where they are placed.

¹²Of even greater appeal is the fact that factories bring jobs to town. ¹³In fact, for some cities, a factory can be the primary employer. ¹⁴Equally important is the fact that factory jobs often do not require a college degree. ¹⁵Instead, they mostly employ unskilled workers, creating jobs for many citizens. ¹⁶Assuredly, there are certain management positions to be filled, but the great majority of jobs are open to the average person. ¹⁷It might be said that a factory can create opportunities where they did not exist before. ¹⁸That is, a town with hundreds of factory jobs will attract more people to live and work there.

¹⁹Those opposed to the presence of factories are often worried about pollution. ²⁰Some people think that all factories are a source of pollution. ²¹It is easy to generalize

about this issue, yet some factories are worse than others. All factories produce waste. But ²²one must admit that a meat processing factory creates a different type of waste than a vegetable cannery. ²³We must distinguish carefully between factories that follow regulations and those that don't, too. ²⁴In reality, it is found that many factories are now environmentally sound. ²⁵Furthermore, several use solar and wind power, and more are recycling their waste.

CONCLUSION

²⁶In conclusion, factories can bring both good and bad things to a community. ²⁷Granted that not all factories obey pollution regulations, ²⁸the consequence is that factories which do obey them are often as unwelcome as those that don't. ²⁹Sooner or later, the majority will have to adopt better practices. ³⁰We have to accept that automated production continues to supply most of today's work force. ³¹While I can understand the concerns about pollution, I prefer to think that factories are mostly good for communities. ³²In the end, they will be around well into the future, ³³so, we must encourage them to adopt cleaner practices.

life blood 활력의 근원, 원동력 | **public service** 공공 서비스 | **object to ...** …에 반대하다 | **pollution** 오염 | **automated** 자동화된 | **revolution** 혁명 | **view** 바라보다 | **addition** 부가물, 추가물 | **military supplies** 군용품 | **come out of ...** …에서 나오다 | **Great Depression** 대공황 | **stimulate** 자극하다 | **unskilled** 숙달하지 않은 | **create** 창출하다 | **presence** 존재, 현존 | **cannery** 통조림 공장 | **regulation** 규제, 규정 | **sound** 건전한 | **solar** 태양의 | **obey** 복종하다, 준수하다 | **adopt** 채택하다 | **practice** 관례, 관행

Catching Up Writing Patterns

모델 에세이에 등장한 알짜 패턴을 다시 한 번 살펴봅시다.

서론에 등장한 알짜 패턴

1   It is often said that ... 종종 …라고 말해진다

2   It is a well-known fact that ... …은 널리 알려진 사실이다

3   You may wonder why ... ~ 여러분은 …가 왜 ~인지 궁금할지도 모른다

4   While ..., …하는 반면,/ …하지만,

5   The purpose of ... is to ~ …의 목적은 ~하기 위함이다

본론에 등장한 알짜 패턴

6   The first thing that needs to be said is that ... 첫 번째로 할 말은 …라는 것이다

7   We cannot ignore the fact that ... 우리는 …라는 사실을 무시할 수 없다

8   Given the history of ..., …의 역사를 볼 때,

9   Until recently ... 최근까지도 …

10 Experts emphasize that ... 전문가들은 …라고 강조한다

11 To put it (more) simply, 간단히 말해,

12 Of even greater appeal is ... …은 더 호소력이 있다

13 In fact, 사실,

14 Equally important is ... …도 똑같이 중요하다

15 Instead, 대신에,

16 Assuredly, there are certain ... 확실히, 특정한 …이 있다

17 It might be said that ... …라고 말할 수 있을지도 모른다

18 That is, 즉

19 Those opposed to ... …에 반대하는 사람들은

20 Some people think that ... 어떤 사람들은 …라고 생각한다

21 It is easy to generalize about ... …에 대해 일반화하는 것은 쉽다

22 One must admit that ... …라는 것을 인정해야 한다

23 We must distinguish carefully between ... and ~ 우리는 …와 ~을 신중하게 구별해야 한다

24 In reality, it is found that ... 실제로는, …라는 것이 밝혀졌다

25 Furthermore, 더욱이

26 **In conclusion,** 결론적으로,

27 **Granted that ...,** 가령 …일지라도,

28 **The consequence is that ...** 결과는 …라는 것이다

29 **Sooner or later,** 곧/ 머지않아

30 **We have to accept that ...** 우리는 …라는 것을 받아들여야 한다

31 **While I can ..., I prefer to ~** …할 수 있지만, 나는 ~을 선호한다

32 **In the end,** 결국에,

33 **So,** 따라서

Essay in Korean

한글 해석에 색자로 표시된 패턴 부분을 영어로 말해 보세요.

서론

산업은 종종 도시의 원동력이라고 말해진다. 많은 기업들이 있는 도시들에는 또한 많은 공원과 공공 서비스가 있다는 것도 널리 알려진 사실이다. 그렇다면, 여러분은 몇몇 지역 사회가 왜 대규모 공장 건설에 반대하는지 궁금할지도 모른다. 공장들은 도시에 일자리와 세금을 가져오긴 하지만, 종종 오염원이 될 수 있다. 이 에세이의 목적은 지역 사회 내에 공장을 두는 것의 장단점을 검토하기 위함이다.

본론

첫 번째로 할 말은 공장들은 계속 건설될 것이라는 것이다. 우리는 우리가 자동화된 세상에 살고 있으며, 공장들이 그것의 일부분이라는 사실을 무시할 수 없다. 산업혁명 이후 자동화의 역사를 볼 때, 우리는 이제 대부분의 우리 상품과 많은 일자리를 위해 공장들에 의존하고 있다. 최근까지도 공장들은 대부분 우리 지역 사회의 긍정적인 부가물로 보여졌다. 전문가들은 세계 2차 대전 동안 군용품들을 생산하는 공장들이 없었더라면, 우리가 대공황에서 빠져나오지 못했을 것이라고 강조한다. 간단히 말해, 공장들은 그들이 위치해 있는 지역 사회의 경제를 촉진시켜 왔다.

공장들이 소도시에 일자리를 가져온다는 사실은 더 호소력이 있다. 사실, 몇몇 도시들에 있어 공장은 주요 고용주가 되기도 한다. 공장 일이 대학 학위를 필요로 하지 않는 경우가 많다는 사실도 똑같이 중요하다. 대신에, 그들은 대부분 비숙련 노동자들을 고용하여 많은 시민들을 위한 일자리를 창출한다. 확실히, 채워져야 할 특정한 경영직들이 있지만, 대부분의 일자리는 일반 사람들에게 열려 있다. 공장이 전에 없던 기회들을 창출

한다고 말할 수 있을지도 모른다. 즉 수백 개의 공장 일자리가 있는 소도시는 그곳에서 살며 일하도록 더 많은 사람들을 끌어들일 것이다.

공장들의 존재에 반대하는 사람들은 종종 (환경) 오염에 대해 걱정한다. 어떤 사람들은 모든 공장들이 (환경) 오염원이라고 생각한다. 이 문제에 대해 일반화하는 것은 쉽지만, 어떤 공장들은 다른 공장들보다 더 심하다. 모든 공장들이 폐기물을 만들어 낸다. 그러나 육류 가공장이 야채 통조림 공장과는 다른 종류의 폐기물을 만들어 낸다는 것을 인정해야 한다. 우리는 또한 규정을 따르는 공장들과 그렇지 않은 공장들을 신중하게 구별해야 한다. 실제로는, 많은 공장들이 현재 환경적으로 건전하다는 것이 밝혀졌다. 더욱이 몇몇 공장들은 태양 에너지와 풍력 에너지를 이용하고 있으며, 더 많은 공장들이 그들의 폐기물을 재활용하고 있다.

◁ 결론

결론적으로, 공장들은 지역 사회에 좋은 것과 나쁜 것을 모두 가져올 수 있다. 가령 모든 공장들이 (환경) 오염 규정을 지키는 건 아닐지라도, 결과는 규정을 지키는 공장들이 그렇지 않은 공장만큼이나 환영받지 못하는 경우가 많다는 것이다. 머지않아 대부분은 더 나은 관행을 채택해야 할 것이다. 우리는 자동 생산이 오늘날의 대부분의 인력을 지속적으로 공급할 것이라는 것을 받아들여야 한다. (환경) 오염에 대한 우려를 이해할 수 있지만, 나는 공장들은 대체로 지역 사회에 유익하다고 생각하기를 선호한다. 결국에, 그들은 미래에도 계속 존재할 것이다. 따라서 우리는 그들이 깨끗한 관행을 채택하도록 장려해야만 한다.

Parents are the Best Teachers.
부모는 최고의 교사이다.

Basic Outlining

글쓰기에 앞서 브레인스토밍을 통해 글의 뼈대를 만들어 봅시다.

Introduction

‹‹‹ **"가르치다"라는 말의 의미와 "교사"의 형태에 대해 간략히 언급**
→ 교사와 학생 간의 동질감과 통합이 가장 중요
→ 아이에게 가장 중요한 사람은 부모
글에서 주장하고자 하는 바에 대해 언급
→ 부모는 우리의 최초이자 최고의 교사임

Body

‹‹‹ **신생아는 태어나는 순간부터 부모의 목소리와 스킨십에 반응함**
→ 태어난 순간부터 이뤄지는 상호 작용의 감성적 특질은 지속적인 인상을 남김
→ 태어날 때부터 보호와 사랑을 받는 아이는 또래보다 성취면에서 월등할 수 있음

‹‹‹ **아이들이 학교에 다니더라도 부모가 가르칠 것이 많음**
→ 부모는 아이들의 도덕적 잣대의 모델

‹‹‹ **숙제를 통해 부모는 아이를 가르칠 수 있음**
→ 아이의 문제 해결 능력 형성에 도움을 줄 수 있음
→ 자녀들의 친구 관계도 지도할 수 있음

‹‹‹ **부모의 가르침이 어린 시절에 국한되는 것만은 아님**
→ 십대들이 부모의 충고를 무시하는 것처럼 보이지만, 그들은 여전히 부모의 충고에 가치를 둠

‹‹‹ **모든 부모가 긍정적인 영향을 주는 것은 아님**
→ 대부분 강하고 현명한 부모가 강하고 현명한 아이를 기름

Conclusion

‹‹‹ **아이를 낳은 부모가 최고의 교사임**
→ 부모 자식 간의 유대는 상호적 배움과 사랑 중 하나임
→ 부모로부터의 가르침은 아이의 미래상에 핵심이 됨

본책에서 학습한 패턴을 활용하여 작성된 모델 에세이를 살펴봅시다.

◁ INTRODUCTION

"Teach" [1]is commonly defined as "to impart knowledge or skill." Teachers can take many forms including professors, clergymen, world leaders, and perhaps most important, our parents. [2]There's a saying: "What the teacher is, is more important than what he teaches." [3]If we think about its meaning, the identity and integrity of the teacher to the pupil is of the greatest importance. [4]It seems to me that no one holds more importance to a child than his/her parents. [5]In this paper I argue that parents are our first and perhaps best teachers.

◁ BODY

[6]To begin with, a newborn baby responds to its parent's voice and touch from the moment of birth. [7]I personally believe that learning about the world in which we live begins as early as the day we are born. [8]Here I am presuming that while the baby may not remember these early events, the emotional quality of these interactions will leave a lasting impression. [9]Undoubtedly, an infant who feels safe and loved from the start will have an advantage. [10]I would even go so far as to say that he/she may surpass his/her peers in life in terms of achievement. [11]The fact is that infants who are encouraged emotionally from an early age tend to thrive in childhood.

[12]With regard to childhood, parents have much to teach their children, even when they attend school. [13]Indeed, a child receives his/her moral compass from his/her parents. [14]Of course, you can argue that school teachers will reinforce his/her understanding of right and wrong. [15]And yet, it is the parent's model the child will most likely follow.

[16]It must also be noted that through homework, a parent helps to shape a child's abilities in problem solving. [17]In the same way, parents guide their children in friendships. [18]For example, if two children are having an argument, a parent can suggest ways to compromise.

[19]It is tempting to characterize parental teaching as something that occurs only in early childhood. [20]On the one hand, the early years are when children learn the most. [21]On the other hand, these children grow to be teenagers and then adults. [22]Research has shown that although teenagers often appear to ignore their parents, they still value their advice. [23]To offer one example, a report by the Carnegie Council on Adolescent Development states teens want more attention and guidance from parents.

[24]Regardless of whether a parent's instruction is welcomed by a child or teenager, they will receive that influence. [25]Needless to say, not all parental influence is positive. [26]However, in most cases, a strong, intelligent parent will raise a strong, intelligent child.

CONCLUSION

[27]All this points to the conclusion that parents, givers-of-life, are the first and best teachers of children. [28]All things considered, they have the most influence over their child's intellectual, physical and emotional development. [29]After all, the parent-child bond is one of reciprocal learning and love. [30]The bottom line is that even in cases where parents and children are at odds, the child has already learned a great deal from his/her mother and father. [31]My conclusion is that these lessons are fundamental to the person that child will become in life. [32]Accordingly, this makes his/her parents his/her greatest teachers.

Vocabulary

impart 전달하다, 전수하다 | **clergyman** 성직자 | **identity** 동질감 | **integrity** 통합(감) | **pupil** 학생, 제자 | **respond to ...** ···에 반응을 보이다 | **interaction** 상호 작용 | **lasting** 영구적인, 지속적인 | **infant** 유아 | **surpass** 능가하다, 뛰어나다 | **peer** 동등한 사람, 동료 | **in terms of ...** ···의 점에서 (보면) | **thrive** 번성하다 | **moral compass** 도덕적 잣대 | **reinforce** 강화하다 | **shape** 형성하다, 구체화하다 | **compromise** 타협하다, 화해하다 | **guidance** 안내, 지도 | **instruction** 지도 | **parental** 부모의 | **bond** 유대, 결속 | **reciprocal** 상호적인 | **be at odds** 사이가 나쁘다, 잘 맞지 않다 | **fundamental** 기본적인, 중요한, 필수의

Catching Up Writing Patterns

모델 에세이에 등장한 알짜 패턴을 다시 한 번 살펴봅시다.

서론에 등장한 알짜 패턴

1   ... is commonly defined as ~ ···은 보통 ～로 정의된다

2   There's a saying: 이런 말이 있다:

3   If we think about ..., ···에 대해 생각해 본다면,

4   It seems to me that ... 내겐 ···으로 보인다

5   In this paper I argue that ... 이 보고서에서 나는 ···라고 주장한다

본론에 등장한 알짜 패턴

6   To begin with, 우선,

7   I personally believe that ... 나는 개인적으로 ···라고 믿는다

8   Here I am presuming that ... 여기서 나는 ···라는 것을 가정한다

9   Undoubtedly, 의심할 여지 없이,

10 I would even go so far as to say that ... 나는 심지어 ···라고 말하겠다

11 The fact is that ... 사실은 ···라는 것이다

12 With regard to ..., ···에 관해서,

13 Indeed, 실제로,

14 Of course, you can ... 물론, 여러분은 ···할 수 있다

15 And yet, 그럼에도,

16 It must also be noted that ... ···라는 것 또한 유념해야 한다

17 In the same way, 마찬가지로,

18 For example, 예컨대

19 It is tempting to characterize ... as ~ ···을 ～로 보는 것에 끌린다

20 On the one hand, 한편으론,

21 On the other hand, 다른 한편으론,

22 Research has shown that ... 연구는 ···라는 것을 보여 줬다

23 To offer one example, 한 가지 예를 들자면,

24 Regardless of whether ..., ···든 말든 상관없이,

25 Needless to say, 말할 것도 없이,

26 However(,) 그러나

27 **All this points to the conclusion that ...** 이 모든 것들은 …라는 결론을 나타낸다

28 **All things considered,** 모든 것을 고려해 볼 때,

29 **After all,** 결국,/ 어쨌든,

30 **The bottom line is that ...** 결론은 …라는 것이다

31 **My conclusion is that ...** 내 결론은 …라는 것이다

32 **Accordingly,** 따라서

Essay in Korean

한글 해석에 색자로 표시된 패턴 부분을 영어로 말해 보세요.

서론

"가르치다"라는 것은 보통 "지식이나 기술을 전달하는 것"으로 정의된다. 교사는 교수, 목사, 세계 지도자, 그리고 아마도 가장 중요한, 우리의 부모님을 포함해 다양한 형태를 띨 수 있다. 이런 말이 있다: "어떤 교사인가가 그가 무엇을 가르치느냐보다 더 중요하다." 이것의 의미에 대해 생각해 본다면, 교사와 학생 간의 동질감과 통합은 가장 중요하다. 내겐 부모보다 아이에게 더 중요한 사람은 없는 것으로 보인다. 이 보고서에서 나는 부모가 우리의 최초이자 아마도 최고의 교사라고 주장한다.

본론

우선, 신생아는 태어나는 순간부터 부모의 목소리와 스킨십에 반응한다. 나는 개인적으로 우리가 사는 세상에 대해 배우는 것은 우리가 태어난 날부터 시작된다고 믿는다. 여기서 나는 아기가 태어난 시기의 일들을 기억하진 못한다 하더라도, 이런 상호 작용의 감성적 특질이 지속적인 인상을 남길 것이라는 것을 가정한다. 의심할 여지 없이, 태어나자마자 안전하고 사랑받는 느낌을 받는 아기에게는 이점이 있을 것이다. 나는 심지어 그/그녀가 사는 동안 성취면에서 그/그녀의 또래들보다 월등할 수도 있다고 말하겠다. 사실은 어릴 때부터 감성적으로 격려 받는 아기들은 잘 자라는 경향이 있다는 것이다.

어린 시절에 관해서, 아이들이 학교에 다니더라도 부모는 자녀들에게 가르칠 게 많다. 실제로, 아이는 부모로부터 도덕적 잣대를 받는다. 물론, 여러분은 학교 선생님이 아이의 옳고 그름에 대한 이해를 강화시킬 것이라 주장할 수 있다. 그럼에도, 아이들이 따를 가능성이 가장 높은 것은 부모의 모델이다.

숙제를 통해서 부모는 아이의 문제 해결 능력 형성을 도울 수 있다는 것 또한 유념해야 한다. 마찬가지로, 부모는 자녀들의 친구 관계도 지도할 수 있다. 예컨대 만약 두 아이가 말다툼을 한다면, 부모는 화해하는 방법

을 제안할 수 있다.

부모의 가르침을 아이가 아주 어릴 때만 발생하는 것으로 보는 것에 끌린다. 한편으로, 어린 시절은 아이들이 가장 많이 배우는 때이다. 다른 한편으로, 이 아이들이 자라서 십대가 되고 어른이 된다. 연구는 십대들이 종종 그들의 부모를 무시하는 것처럼 보일지라도 그들은 여전히 부모의 충고에 가치를 둔다는 것을 보여 줬다. 한 가지 예를 들자면, 카네기 청소년 발달 자문 위원회의 한 보고서는 십대들이 부모로부터 더 많은 관심과 지도를 원한다고 주장한다.

부모의 지도가 아이나 십대에게 환영받든 말든 상관없이, 그들은 그 영향을 받을 것이다. 말할 것도 없이, 모든 부모가 긍정적인 영향을 주는 것은 아니다. 그러나 대부분의 경우, 강하고 현명한 부모는 강하고 현명한 아이를 기른다.

결론

이 모든 것들은 생명을 준 부모가 아이들의 최초이자 최고의 교사라는 결론을 나타낸다. 모든 것을 고려해 볼 때, 부모는 자녀의 지적, 신체적, 감성적 발달에 가장 큰 영향을 준다. 결국, 부모 자식 간의 유대는 상호적 배움과 사랑 중 하나이다. 결론은 심지어 부모 자식 간의 사이가 좋지 못한 경우에도, 아이는 이미 자신의 엄마와 아빠로부터 많은 것을 배웠다는 것이다. 내 결론은 이들 가르침이 아이의 미래상에 핵심적이라는 것이다. 따라서 이로 인해 아이의 부모는 아이의 가장 훌륭한 교사가 된다.

Not everything that is learned is contained in books.

배우는 모든 것이 책 속에 담겨 있지는 않다.

Basic Outlining

글쓰기에 앞서 브레인스토밍을 통해 글의 뼈대를 만들어 봅시다.

Introduction

《 우리는 교육을 매우 중히 여기는 세상에 살고 있음
글의 목적 언급
→ 책 밖의 세상에 대해 배우는 방법들을 탐구하기 위함
글의 주요 내용 소개
→ 교육에 이용되는 다양한 형태의 기술과 그들이 학습 도구로서 어떻게 책의 사용을 대체하도록 위협하는
지에 대해 논할 것임

Body

《 **컴퓨터 기술이 교실에 도입된 시점에 대한 고찰이 필요**
→ 1980년대 후반 이후, 퍼스널 컴퓨터의 사용이 널리 확산됨
WWW는 정보에 대한 우리의 접근에 급격한 변화를 가져왔음
→ 도서관 전체가 전자 형태를 취하고 있음
→ 이전엔 책에서만 찾아볼 수 있었던 정부 기록, 역사 문서, 버스 시간표 등의 정보 입수가 가능해짐

《 **하지만 인터넷이 언제나 믿을 만한 정보원은 아님을 지적**
→ 예로 가장 인기 있는 인터넷 정보원인 위키피디아의 부정확성을 들 수 있음

《 **또 다른 교육 기술의 성장 형태로서 원격 학습이 있음**
→ 외국의 교실을 우리의 교실 현장으로 가져올 수 있음

Conclusion

《 **책은 여전히 유용하지만, 미래 사회는 더 많은 정보를 필요로 함**
→ 결국, 교실에서의 새로운 기술이 책을 대체하게 될 것임

본책에서 학습한 패턴을 활용하여 작성된 모델 에세이를 살펴봅시다.

◀ INTRODUCTION

[1]We live in a world in which education is highly valued. [2]It is undeniable that books have historically played a large part in our ability to learn. [3]The aim of this essay is to explore the ways we learn about the world outside of books. [4]One of the most significant current discussions in education is the role technology can play in our learning. [5]We must contemplate our growing use of the Internet and other forms of telecommunication as learning aids. [6]This essay will discuss the various forms of technology used in education and how they threaten to replace the use of books as learning tools.

◀ BODY

[7]We must first examine the point at which computer technology entered the classroom. Since the late 1980's, use of the personal computer has become widespread. [8]Truly, the World Wide Web revolutionized our access to information. [9]More specifically, entire libraries are now at our fingertips in electronic form. [10]In addition to this, we can now access government records, historical documents, literature, bus schedules — all information previously found only in books. [11]It is difficult to believe that we once had to spend hours at the public library to find the information we needed, yet it's true. [12]Nowadays we don't have to leave our homes if we want to look up the capital of New Zealand or a recipe for vegetable soup.

[13]Make no mistake about it, the Internet is not always a reliable source of information. [14]It would be unfair not to mention the fact that Wikipedia, the most popular Internet information source, has been criticized for inaccuracies. [15]An important aspect of the problem is that anyone can post information to a Wikipedia entry. [16]For instance, someone might post an incorrect year of an historical battle. [17]Either someone else discovers the error, or the incorrect information continues to be presented as fact. [18]It appears that the Internet, while a powerful educational tool, is not without its weaknesses.

[19]Yet another growing form of educational technology is long-distance learning. [20]One cannot deny that visiting a foreign country is a great learning experience. [21]But what if you could bring that country into your classroom on a television screen? [22]To put it another way, we now are capable of connecting a classroom in Brussels to a classroom in Buenos Aires.

CONCLUSION

[23]What all this means is that books are still useful to us, but becoming a thing of the past. [24]For my part, I must argue that books still have value. [25]I definitely prefer to hold a book in my lap than to read from a brightly lit computer screen. [26]In the future, [27]however, we will likely download more information than we will hold in our hands. [28]Although we welcome this new technology in the classroom, it is not without some sadness that we must say goodbye to the book.

Vocabulary

play a part 역할을 하다 | **explore** 탐구하다 | **telecommunication** 원격 통신 | **threaten** 위협하다 | **widespread** 널리 보급 된 | **revolutionize** 급격한 변화를 가져오다 | **entire** 전체의 | **at one's fingertips** 손쉽게 이용(입수)할 수 있는 | **look up** 찾아보다 | **reliable** 믿을 수 있는 | **criticize** 비난하다 | **inaccuracy** 부정확성 | **post** 게시하다 | **entry** 표제어, 수록어 | **battle** 전투, 전쟁 | **weakness** 약점 | **long-distance** 원격의 | **connect** 연결하다 | **lap** 무릎 | **lit** 빛나는, 불이 켜진 | **sadness** 슬픔

Catching Up Writing Patterns

모델 에세이에 등장한 알짜 패턴을 다시 한 번 살펴봅시다.

서론에 등장한 알짜 패턴

1 **We live in a world in which ...** 우리는 … 세상에 살고 있다

2 **It is undeniable that ...** …라는 것은 부인할 수 없다

3 **The aim of this essay is to ...** 이 에세이의 목적은 …하기 위함이다

4 **One of the most significant current discussions in ... is ~**
   …에서 최근 진행 중인 가장 중요한 논의 중의 하나는 ~이다

5 **We must contemplate ...** 우리는 …을 깊이 생각해야 한다

6 **This essay will discuss ...** 이 에세이는 …에 대해 논할 것이다

본론에 등장한 알짜 패턴

7 **We must first examine ...** 우리는 먼저 …을 고찰해야 한다

8 **Truly,** 사실,/ 엄밀히,

9 **More specifically,** 더 구체적으로,

10 **In addition to this,** 이와 더불어,

11 **It is difficult to believe that ...** …라는 것은 믿기 어렵다

12 **Nowadays we don't ...** 요즘 우리는 … 않는다

13 **Make no mistake about it,** 그것에 대해 실수하지 마라,

14 **It would be unfair not to mention the fact that ...** …라는 사실을 언급하지 않는 것은 부당하다

15 **An important aspect of the problem is ...** 그 문제의 중요한 측면은 …이다

16 **For instance,** 예컨대

17 **Either ..., or ~** …하든지, 아니면 ~

18 **It appears that ...** …으로 보인다

19 **Yet another ...** 하지만 또 다른 …

20 **One cannot deny that ...** 아무도 …라는 것을 부인할 수 없다

21 **But what if you could ...?** 하지만 만약 여러분이 …할 수 있다면?

22 **To put it another way,** 다른 말로 옮기자면,

23 **What all this means is that ...** 이 모든 것이 의미하는 바는 …라는 것이다

24 **For my part, I must argue ...** 나로서는, …을 주장해야만 한다

25 **I definitely prefer to ...** 나는 확실히 …을 선호한다

26 **In the future,** 미래에

27 **However(,)** 그러나

28 **Although ..., it is not ~** 비록 …일지라도, ~는 아니다

Essay in Korean

한글 해석에 색자로 표시된 패턴 부분을 영어로 말해 보세요.

서론

우리는 교육을 매우 중히 여기는 세상에 살고 있다. 책이 우리의 학습 능력에 있어 역사적으로 큰 역할을 해왔다는 것은 부인할 수 없다. 이 에세이의 목적은 우리가 책 밖의 세상에 대해 배우는 방법들을 탐구하기 위함이다. 교육 분야에서 최근 진행 중인 가장 중요한 논의 중의 하나는 우리의 학습에서 기술이 역할을 맡을 수 있는지이다. 우리는 학습 보조로서 점점 증가하는 인터넷과 다른 형태의 원격 통신의 사용을 깊이 생각해야 한다. 이 에세이는 교육에 이용되는 다양한 형태의 기술과 그들이 학습 도구로서 어떻게 책의 사용을 대체하도록 위협하는지에 대해 논할 것이다.

본론

우리는 먼저 컴퓨터 기술이 교실에 도입된 시점을 고찰해야 한다. 1980년대 후반 이후, 퍼스널 컴퓨터의 사용이 널리 확산되었다. 사실, WWW는 정보에 대한 우리의 접근에 급격한 변화를 가져왔다. 더 구체적으로, 도서관 전체가 현재 전자 형태로 돼 있어 손쉽게 이용할 수 있다. 이와 더불어, 우리는 이제 정부 기록, 역사 문서, 문학, 버스 시간표 등 이전엔 책에서만 찾아볼 수 있었던 모든 정보를 입수할 수 있다. 우리가 한때 우리가 필요로 한 정보를 찾기 위해 공공 도서관에서 몇 시간을 보내야만 했다는 것은 믿기 어렵지만, 그건 사실이다. 요즘 우리는 뉴질랜드의 수도나 야채 수프 요리법을 찾아보길 원할 경우 집을 나설 필요가 없다.

그것에 대해 실수하지 마라, 인터넷은 언제나 믿을 만한 정보원은 아니다. 가장 인기 있는 인터넷 정보원인 위키피디아가 부정확성으로 비난받아 왔다는 사실을 언급하지 않는 것은 부당하다. 그 문제의 중요한 측면은 누구나 위키피디아 표제어에 정보를 올릴 수 있다는 것이다. 예컨대 누군가 역사적인 전쟁의 부정확한 연도를 올릴 수도 있다. 다른 사람이 그 오류를 발견하든지, 아니면 그 부정확한 정보는 사실로 계속 올라가 있게 된

다. 인터넷은, 강력한 교육적 도구인 반면, 단점이 없을 수는 없는 것으로 보인다.

하지만 또 다른 교육 기술의 성장 형태는 원격 학습이다. 아무도 외국 방문이 훌륭한 학습 경험이라는 것을 부인할 수 없다. 하지만 만약 여러분이 그 나라를 TV 화면 속 여러분의 교실로 가져올 수 있다면? 다른 말로 옮기자면, 우리는 이제 브뤼셀의 교실을 부에노스 아이레스의 교실과 연결시킬 수 있다.

결론

이 모든 것이 의미하는 바는 책은 여전히 우리에게 유용하지만 과거의 것이 되고 있다는 것이다. 나로서는, 책은 여전히 가치 있다는 것을 주장해야만 한다. 나는 확실히 환하게 켜진 컴퓨터 화면을 통해 읽는 것보다 내 무릎에 책을 올려놓는 것을 선호한다. 그러나 미래에, 우리는 우리가 손에 쥐게 되는 것보다 더 많은 정보를 다운로드 할 것이다. 비록 우리가 교실에서의 이 새로운 기술을 환영할지라도, 그것은 우리가 책과 이별해야만 하는 슬픔 없이는 안 되는 것이다.

TOPIC 05

What are the qualities of a good neighbor?
좋은 이웃의 자질은 무엇인가?

Basic Outlining

글쓰기에 앞서 브레인스토밍을 통해 글의 뼈대를 만들어 봅시다.

Introduction

≪ 좋은 이웃은 축복으로 여겨짐
- → 이웃은 필요할 때 도와주는 사람이지만, 사생활을 방해하진 않음
- → Arthur Baer의 말 인용: "좋은 이웃은 담장 너머 당신에게 웃어 주는 사람이지 담장을 넘는 사람은 아니다."

Body

≪ 좋은 이웃의 특성 언급
- → 외출해 있는 동안 집을 봐 주는 사람
  단점: 염탐하는 이웃도 있으므로 신뢰할 만한 이웃에게 부탁하는 것이 중요
- → 작은 일이 있을 때 도움을 주거나 애완동물이 동네를 멋대로 돌아다니고 있을 때 전화해 줌

≪ 나쁜 이웃의 특성 언급
- → 자기 자신만 생각함
- → 작은 일에 관해서, 좋은 이웃과는 반대로 불평할 가능성이 높음
  우리 모두가 좋은 이웃이 되어야 한다는 것을 유념해야 함
- → 폐를 끼치지 않도록 노력해야 함

≪ 많은 이웃들이 평생의 친구가 된다는 사실을 언급
- → 함께 어울려 지내는 것이 최고의 이웃 환경

Conclusion

≪ 대부분의 이웃들은 좋은 이웃들임
- → 우리 모두가 우리의 사생활뿐 아니라 다른 이들과의 관계도 중히 여김
- → 서로를 이해하고 존중하는 것으로부터 좋은 이웃이 생겨남

본책에서 학습한 패턴을 활용하여 작성된 모델 에세이를 살펴봅시다.

INTRODUCTION

[1]Most people consider a good neighbor to be a blessing. [2]In my experience, there is a fine line [3]sometimes between what makes a good neighbor and what makes a bad one. [4]Ideally, a neighbor is someone who will help when needed, but not interfere in your private life. [5]What if, [6]however, your neighbor stops by to visit every day? [7]By many accounts, some neighbors think this is only friendly. [8]In the words of Arthur Baer, "A good neighbor is a fellow who smiles at you over the back fence, but doesn't climb over it."

BODY

[9]My own point of view is that a good neighbor is someone who will watch your home while you are away. [10]The downside of this is that some neighbors may like to snoop through your home while you are gone. [11]For this reason, it is important to ask a neighbor you trust. [12]In truth, most neighbors will respect your privacy, because they may need you to return the favor one day. [13]To this end, a good neighbor will also lend a hand when you have a small project, or call when your pet is loose in the neighborhood. [14]There is no need to pay the neighbor for his/her help. It is an understood kindness.

[15]The same is not true for the bad neighbor. [16]The first aspect to point out is that the bad neighbor generally thinks only of himself/herself. [17]With respect to the small project, the bad neighbor is likely to complain about the noise or mess you are making. [18]Just as surely, he/she will call to complain about your loose pet. [19]Moreover, he/she may not call you at all, but call the police directly with his/her complaints! [20]One should note here that we all have to be good neighbors. [21]This implies that we should try to minimize our noise, mess, and loose pets to keep from being a nuisance. [22]Many of us may ask, "Don't I have the right to live as I choose?" [23]Again, we do have rights as property owners, but [24]in an effort to live peacefully with our neighbors, we must exercise respect.

[25]It is worth noting that many neighbors become lifelong friends. Sometimes their children grow up together, and sometimes whole families socialize. [26]I believe that this is the best neighborly situation. [27]In spite of our differences as neighbors, we can make the best of living near one another. [28]I usually give new neighbor relationships a full year to develop before deciding whether they are "good" or "bad."

CONCLUSION

[29]On the whole, most neighbors are good neighbors. [30]In general what this suggests is that we all value our privacy while also valuing connection with others. [31]We cannot be sure that our next new neighbor will be a good one. [32]But the most important factor is that we extend our "best" neighbor hand to them upon meeting. [33]Therefore, we start with understanding and respect, from which good neighbors can grow.

Vocabulary

blessing 축복 | **interfere** 방해하다 | **fellow** (일반적으로) 사람 | **fence** 담장 | **be away** 부재 중이다 | **snoop** 염탐하다 | **return the favor** 신세[은혜]를 갚다 | **lend a hand** 도움을 주다 | **loose** 멋대로 돌아다니는 | **understood** 암묵의 | **kindness** 친절(한 행위) | **noise** 소음, 소란 | **mess** 어수선함, 어질러 놓은 것 | **minimize** 최소화하다 | **nuisance** 폐, 불편함, 귀찮음 | **property owner** 집주인, 지주 | **exercise** 발휘하다 | **lifelong** 평생의 | **socialize** 사귀다, 어울려 지내다 | **neighborly** 이웃 사람다운, 이웃과 잘 사귀는 | **a full year** 만 1년 | **hand** 영향력, 지배력

Catching Up Writing Patterns

모델 에세이에 등장한 알짜 패턴을 다시 한 번 살펴봅시다.

서론에 등장한 알짜 패턴

1   **Most people consider ...** 대부분의 사람들이 …라고 생각한다

2   **In my experience,** 내 경험으론,

3   **Sometimes** 가끔씩

4   **Ideally,** 이상적으로는,

5   **What if ...?** …라면 어떨까?

6   **However(,)** 그러나

7   **By many accounts,** 여러 얘기를 들어 보니,

8   **In the words of ...,** …의 말 중에 보면,

본론에 등장한 알짜 패턴

9   **My own point of view is that ...** 내 견해는 …라는 것이다

10 **The downside is that ...** 단점은 …라는 것이다

11 **For this reason,** 이런 이유로,

12 **In truth,** 사실을 말하자면,/ 사실대로라면,

13 **To this end,** 이 때문에,

14 **There is no need to ...** …할 필요는 없다

15 **The same is not true for ...** 이것은 …에 대해서는 사실이 아니다

16 **The first aspect to point out is that ...** 첫 번째로 지적할 점은 …라는 것이다

17 **With respect to ...,** …에 관해서(는),

18 **Just as surely,** 당연히

19 **Moreover,** 게다가

20 **One should note here that ...** 여기서 …라는 것을 유념해야 한다

21 **This implies that ...** 이것은 …라는 것을 시사한다

22 **Many of us may ask ...** 우리들 중 다수가 …을[라고] 물을지도 모른다

23 **Again,** 다시 말하지만,

24 **In an effort to ...,** …하려는 노력으로,

25 **It is worth noting that ...** …라는 것은 주목할 만한 가치가 있다

26 **I believe that ...** 나는 …라고 믿는다

27 **In spite of ...,** …에도 불구하고,

28 I usually ... 나는 보통 …

결론에 등장한 알짜 패턴

29 On the whole, 대체로,

30 In general what this suggests is that ... 일반적으로 이것이 암시하는 바는 …라는 것이다

31 We cannot be sure ... 우리는 …을 장담할 수 없다

32 But the most important factor is that ... 하지만 가장 중요한 요인은 …라는 것이다

33 Therefore, 그러므로

Essay in Korean

한글 해석에 색자로 표시된 패턴 부분을 영어로 말해 보세요.

서론

대부분의 사람들이 좋은 이웃을 축복이라고 생각한다. 내 경험으로, 가끔씩 무엇이 좋은 이웃이 되게 하는지와 무엇이 나쁜 이웃이 되게 하는지 사이에는 미세한 차이가 있다. 이상적으로는, 이웃은 필요할 때 도와주는 사람이지만 여러분의 사생활을 방해하진 않는다. 그러나 여러분의 이웃이 매일 놀러 온다면 어떨까? 여러 얘기를 들어보니, 어떤 이웃들은 이것이 친근하다고만 생각한다. Arthur Baer의 말 중에 보면, "좋은 이웃은 담장 너머 당신에게 웃어 주는 사람이지 담장을 넘는 사람은 아니다."라는 말이 있다.

본론

내 견해는 좋은 이웃은 여러분이 외출해 있는 동안 여러분의 집을 봐 주는 사람이라는 것이다. 이것의 단점은 어떤 이웃들은 여러분이 없는 동안 여러분의 집을 염탐하고 싶어 할지도 모른다는 것이다. 이런 이유로, 여러분이 신뢰하는 이웃에게 부탁하는 것이 중요하다. 사실대로라면, 대부분의 이웃들은 여러분의 사생활을 존중할 것이다. 왜냐하면 그들은 여러분이 언젠가 그 신세를 갚길 원할지도 모르기 때문이다. 이 때문에, 좋은 이웃은 또한 여러분에게 작은 일이 있을 때 도움을 주거나 여러분의 애완동물이 동네를 멋대로 돌아다니고 있을 때 전화해 줄 것이다. 도와준 것에 대해 이웃에게 돈을 지불할 필요는 없다. 그것은 암묵의 친절한 행위이다.

이것은 나쁜 이웃에 대해서는 사실이 아니다. 첫 번째로 지적할 점은 나쁜 이웃은 대개 자기 자신만 생각한다는 것이다. 작은 일에 관해서, 나쁜 이웃은 여러분이 내고 있는 소음이나 어수선함에 대해서 불평할 가능성이 높다. 당연히 그/그녀는 마음대로 돌아다니는 여러분의 애완동물에 대해서도 불평하러 전화할 것이다. 게

다가 그/그녀는 여러분에게 아예 전화를 하지 않을 수도 있다. 하지만 경찰서에 바로 전화해 불평을 해 댈 것이다! 여기서 우리 모두가 좋은 이웃이 되어야 한다는 것을 유념해야 한다. 이것은 우리가 폐를 끼치지 않도록 소음, 어수선함, 그리고 멋대로 돌아다니는 애완동물을 최소화하도록 노력해야 한다는 것을 시사한다. 우리들 중 다수가 "내가 선택한 대로 살 권리가 있지 않나요?"라고 물을지도 모른다. 다시 말하지만, 우리는 집주인으로서 권리를 가지고 있지만, 우리의 이웃과 평화롭게 살아가려는 노력으로, 존중심을 발휘해야 한다.

많은 이웃들이 평생의 친구가 된다는 것은 주목할 만한 가치가 있다. 가끔씩 그들의 아이들은 함께 자라며, 가끔씩 가족 전체가 어울려 지내기도 한다. 나는 이것이 최고의 이웃 환경이라고 믿는다. 이웃으로서 우리의 차이점에도 불구하고, 우리는 서로 가까이에서 최고의 삶을 살 수 있다. 나는 보통 이웃이 "좋은지", 혹은 "나쁜지" 결정하기 전에 새로운 이웃 관계를 구축하기 위해 만 1년을 보낸다.

◁ 결론

대체로, 대부분의 이웃들은 좋은 이웃들이다. 일반적으로 이것이 암시하는 바는 우리 모두가 우리의 사생활을 중히 여기면서 또한 다른 이들과의 관계도 중히 여긴다는 것이다. 우리는 우리의 다음번 새로운 이웃이 좋은 이웃이 되리라는 것을 장담할 수 없다. 하지만 가장 중요한 요인은 우리가 이웃을 만나자마자 그들에게 "최고"의 이웃의 영향력을 뻗칠 수 있다는 것이다. 그러므로 우리는 이해와 존중으로 시작해야 한다. 이로부터 좋은 이웃들이 생겨날 수 있는 것이다.

TOPIC 06

What are some important qualities of a good boss/supervisor?
좋은 상사의 몇 가지 중요한 자질은 무엇인가?

Basic Outlining

글쓰기에 앞서 브레인스토밍을 통해 글의 뼈대를 만들어 봅시다.

Introduction

《《 **완벽한 (직장) 상사가 존재할 수 있는지에 대한 의구심 제기**
→ 하지만 직장을 보다 유쾌하게 만드는 상사의 특정한 개인적 자질이 있음
글의 주제 언급
→ 좋은 상사의 몇 가지 자질에 대해 설명할 것임

Body

《《 **직원들에게 동기 부여를 하는 것이 무엇인지에 대한 인식이 필요**
→ 상사가 직원들을 존경하는 마음으로 대하면, 직원들은 그런 상사를 만족시키기 위해 열심히 일할 것임
어떤 사람도 완벽하지 않음을 지적
→ 존경심을 보이는 직원이 게으를 수 있음
→ 하지만 직원 성취도에 관한 연구들에 의하면 존경심을 보이는 근무 환경이 가장 생산적이고 성공적임

《《 **솔선수범하는 상사가 최고의 상사임**
→ 현명한 상사는 직원에 미치는 자신의 영향력을 명심하면서 책임감을 인식할 것임

《《 **좋은 상사는 일을 재미있게 만드는 방법도 알고 있음**
→ 생일 파티, 회사 야유회, 사교 모임을 위한 시간을 마련
→ 이런 활동들은, 직원들에게 공감과 개인적 관심을 보여 줄 때, 상사를 "인간화"함
업무에 다시 복귀해야 할 시간이 됐을 때 상사로서의 권위를 되찾아야 함
→ 일적 관계가 명백히 유지되는 것은 상사와 직원들에게 중요

Conclusion

《《 **앞서 언급했던 좋은 상사들의 자질을 다시 한 번 언급**
→ 이런 상황에서 최고의 근무 환경을 바랄 수 있음

🔊 www.saramin.com에서 오디오 에세이 확인!!

본책에서 학습한 패턴을 활용하여 작성된 모델 에세이를 살펴봅시다.

INTRODUCTION

[1]I question whether **anyone is the perfect boss.** [2]One of the misconceptions about **the working world** is that the "perfect" job with the "perfect" boss actually exists somewhere. First of all, no human being is perfect. [3]However, [4]it is generally agreed today that **certain personal qualities in a supervisor can make any job a more pleasant one.** [5]This paper will give an account of **some of these qualities.** [6]I'd like to demonstrate **why they are effective in supervising a working staff.**

BODY

[7]The task at hand is to **recognize what motivates employees to do their best work.** [8]From my experience, I think **it is most important that the boss treat employees respectfully.** [9]As far as **the employee** is concerned, **a boss who gives respect will quickly earn respect.** [10]Logically, it follows that **a respectful employee will work hard to please his/her respectful supervisor.** [11]Perhaps I should also point out the fact that **again, no person is perfect.** [12]Thus, **a respectful employee could also be lazy, and may disprove this theory.** [13]There is a great deal of research **being done on employee performance, however.** [14]So far, it is clear that **respectful work environments are the most productive and successful.**

[15]Turning now to the question of **the boss' personality,** [16]many people believe that **a supervisor who leads by example is the best kind of boss.** [17]It seems that **a boss who is punctual, hard working, and a team player encourages these qualities in his/her employees.** [18]Conversely, **a boss who is always late, talkative, and isolates himself/herself will encourage these behaviors in his/her staff.** [19]With this in mind, **the smart boss will recognize his/her responsibility to his/her own work while remembering his/her influence over the employees.**

[20]Although it may be true that **a good boss knows how to motivate his/her employees,** he/she also knows how to make their work enjoyable. [21]It has been found

that the boss who makes time for birthday parties, retreats, and off-work socializing is more accepted by his/her staff as one of them. [22]It could be said that these activities "humanize" the boss, when he/she can show empathy and a personal interest in his/her workers. He/She is [23]neither boss nor employee in these social situations, and he/she can enjoy the company of his/her employees without being an authority figure. [24]Still, when it is time to return to work, he/she must be able to reclaim that authority in order to get the job done. [25]In other words, he/she is still the boss when the birthday party is over. It is important to the boss and the employees that even when relaxed in the off-work hours, this working relationship remains clear.

CONCLUSION

[26]Altogether, a good boss is someone who respects his/her employees, leads by example, and isn't afraid to have fun once in a while. [27]Under these conditions, we can hope for the best possible work environment. [28]I'm sure that there are exceptions to this, [29]but, as for me, it's proven an effective management strategy time and again. [30]One thing's for sure: a boss without these qualities will struggle as an authority figure and have trouble keeping his/her employees.

Vocabulary

supervisor 상사, 감독관 | effective 효과적인 | motivate 동기를 부여하다 | respectfully 존경하는 마음으로 | earn 얻다, 획득하다 | disprove 그릇됨을 증명하다 | performance 수행 | productive 생산적인 | personality 성격 | punctual 시간을 잘 지키는 | talkative 수다스러운 | isolate 고립시키다 | retreat 회사 야유회 | off-work 일에서 벗어난, 근무하지 않을 때의 | socializing 사교 모임 | humanize 인간화하다 | empathy 공감 | authority figure 권위적 인물(존재) | reclaim 개선하다, 되찾다 | once in awhile 가끔, 이따금 | exception 예외 | time and again 몇 번이고 | struggle 몸부림치다

Catching Up Writing Patterns

모델 에세이에 등장한 알짜 패턴을 다시 한 번 살펴봅시다.

서론에 등장한 알짜 패턴

1   **I question whether ...** 나는 …인지 의심스럽다

2   **One of the misconceptions about ... is ~** …에 대한 잘못된 인식 중 하나는 ~이다

3   **However(,)** 그러나

4   **It is generally agreed today that ...** 오늘날 일반적으로 …으로 의견이 일치된다

5   **This paper will give an account of ...** 이 보고서는 …에 대해 설명할 것이다

6   **I'd like to demonstrate ...** 나는 …을 보여 주고 싶다

본론에 등장한 알짜 패턴

7   **The task at hand is to ...** 지금 해야 할 일은 …하는 것이다

8   **From my experience, I think ...** 내 경험으로 미루어, 나는 …라고 생각한다

9   **As far as ... is concerned,** …에 관한 한,

10   **Logically, it follows that ...** 당연한 결과로 …하다

11   **Perhaps I should also point out the fact that ...** 아마도 나는 …라는 사실도 지적해야 할지 모른다

12   **Thus,** 따라서

13   **There is a great deal of research ...** … 연구가 많다

14   **So far, it is clear that ...** 지금까지 살펴본 결과, …라는 것은 분명하다

15   **Turning now to the question of ...,** 이제 …의 문제로 넘어가,

16   **Many people believe that ...** 많은 사람들이 …라고 믿고 있다

17   **It seems that ...** …처럼[해] 보인다

18   **Conversely,** 반대로,/ 거꾸로 말하면,

19   **With this in mind,** 이것을 염두에 두고,

20   **Although it may be true that ...,** …라는 게 사실일지라도,

21   **It has been found that ...** …으로 밝혀졌다

22   **It could be said that ...** …라고 말할 수 있다

23   **Neither A nor B** A도 B도 … 않다

24   **Still,** 여전히,/ 그래도,

25   **In other words,** 다른 말로,

26 **Altogether,** 전체적으로 보아,
27 **Under these conditions,** 이런 상황에서
28 **I'm sure that ...** 나는 …라고 확신한다
29 **But, as for me, it's ...** 그러나 나로서는 그건[그게] …이다
30 **One thing's for sure:** 한 가지는 분명하다:

Essay in Korean

한글 해석에 색자로 표시된 패턴 부분을 영어로 말해 보세요.

서론

나는 누군가가 완벽한 (직장) 상사인지 의심스럽다. 직업 세계에 대한 잘못된 인식 중 하나는 "완벽한" 상사가 있는 "완벽한" 직장이 어딘가에 실제로 존재한다는 것이다. 우선, 완벽한 인간은 없다. 그러나 오늘날 일반적으로 상사의 특정한 개인적 자질은 어떤 직장도 보다 유쾌한 직장으로 만들 수 있다는 것으로 의견이 일치된다. 이 보고서는 몇 가지 이런 자질에 대해 설명할 것이다. 나는 왜 그것들이 일하는 직원들을 관리하는 데 효과적인지를 보여 주고 싶다.

본론

지금 해야 할 일은 무엇이 직원들로 하여금 최선을 다해 일하도록 동기 부여를 하는지 인식하는 것이다. 내 경험으로 미루어, 나는 상사가 직원들을 존경하는 마음으로 대하는 것이 가장 중요하다고 생각한다. 직원들에 관한 한, 존경심을 보이는 상사는 존경심을 빨리 얻을 것이다. 당연한 결과로 존경심을 보이는 직원은 그/그녀의 존경심을 보이는 상사를 만족시키기 위해 열심히 일할 것이다. 아마도 나는 어떤 사람도 완벽하지 않다는 사실도 또다시 지적해야 할지 모른다. 따라서 존경심을 보이는 직원이 또한 게으를 수 있어서, 이 이론이 그릇됨을 입증할지도 모른다. 하지만 직원 성취도에 관해 행해진 연구가 많다. 지금까지 살펴본 결과, 존경심을 보이는 근무 환경이 가장 생산적이고 성공적이라는 것은 분명하다.

이제 상사의 성격의 문제로 넘어가, 많은 사람들이 솔선수범하는 상사가 최고의 상사라고 믿고 있다. 시간을 잘 지키고, 열심히 일하고, 팀과 함께 일하는 상사는 그/그녀의 직원들에게 이 같은 자질을 장려하는 것처럼 보인다. 반대로, 항상 늦고, 말이 많고, 스스로를 고립시키는 상사는 그/그녀의 직원들에게 이 같은 행동을 장려할 것이다. 이것을 염두에 두고, 현명한 상사는 그/그녀가 직원들에게 미치는 영향력을 명심하면서 자신의 일에 대한 책임감을 인식할 것이다.

좋은 상사는 그/그녀의 직원들에게 동기 부여를 하는 방법을 알고 있다는 게 사실일지라도, 그/그녀는 또한 그들의 일을 즐겁게 만드는 방법도 알고 있다. 생일 파티, 회사 야유회, 일에서 벗어난 사교 모임을 위한 시간을 마련하는 상사가 그/그녀의 직원들에게 그런 상사들 중 하나로 더욱 잘 받아들여진다는 것으로 밝혀졌다. 이런 활동들은, 그/그녀가 직원들에게 공감과 개인적 관심을 보일 수 있을 때, 상사를 "인간화"한다고 말할 수 있다. 그/그녀는 이 같은 사회적 상황에서는 상사도 직원도 아니다. 또 그/그녀는 권위적 존재가 되지 않고 함께 있는 그/그녀의 직원들과 즐길 수 있다. 그래도, 업무에 복귀해야 할 시간이 됐을 때, 그/그녀는 일을 마무리하기 위해 그 권위를 되찾을 수 있어야 한다. 다른 말로, 생일 파티가 끝나면 그/그녀는 여전히 상사인 것이다. 일에서 벗어나 있는 시간에 느슨해져 있을 때조차도 이런 일적 관계가 명백히 유지되는 것은 상사와 직원들에게 중요하다.

결론

전체적으로 보아, 좋은 상사는 그/그녀의 직원들을 존경하고, 솔선수범하고, 잠시 재미있게 보내는 것을 두려워하지 않는 사람이다. 이런 상황에서 우리는 가능한 최고의 근무 환경을 바랄 수 있다. 나는 이것에 예외가 있을 거라고 확신하지만, 나로서는 그건 몇 번이고 효과적인 관리 전략으로 증명된 것이다. 한 가지는 분명하다: 이 같은 자질이 없는 상사는 권위적 존재로서 몸부림칠 것이고, 그/그녀의 직원들을 관리하는 데 어려움을 겪을 것이다.

Is it better for children to grow up in the countryside than in a big city?
아이들이 대도시보다 시골에서 자라는 것이 더 나은가?

Basic Outlining

글쓰기에 앞서 브레인스토밍을 통해 글의 뼈대를 만들어 봅시다.

Introduction

《 시골 아이가 도시 아이보다 더 건강하다는 말을 들음
→ 하지만 배움의 기회, 미술과 운동으로의 접근, 다양한 문화로의 노출 등의 문제도 고려해야 함
→ 시골 환경이 도시보다 더 나은지에 대해 일치된 의견은 없음
글의 주요 내용 소개
→ 도시와 시골의 장단점을 비판적으로 고찰할 것임

Body

《 도시와 마찬가지로 시골도 단점이 있음을 지적
→ 시골 아이들은 다양한 문화적 환경에 대한 경험 부족으로 사회적으로 불리한 입장에 있음
→ 자신의 문화만 아는 아이는 그 문화를 떠날 경우 적응하는 데 어려움을 겪을지도 모름
→ 자신과 다른 사람을 두려워하거나 참지 못하고 더 큰 세상을 거부할지도 모름

《 이번엔 시골 학교의 단점 지적
→ 도시 학교보다 책과 장비가 구식일 수 있고, 학생들을 위한 프로그램이 적은 경우가 많음

《 도시 학교는 프로그램도 많고, 장비, 책, 교실이 보다 신식인 경우가 많음
→ 하지만 더 경쟁적인 환경에 놓여 있음
→ 시골 아이와 같이 자연으로부터 배울 기회를 갖지 못할 수 있음

Conclusion

《 시골과 도시 모두 장단점을 가지고 있음
→ 도시는 더 바쁘고 경쟁적일 수 있지만 더 많은 기회를 가지고 있음
→ 시골에서 얻게 되는 자연으로부터의 배움 역시 중요함
→ 아이들은 다양한 학습 환경에 노출됨으로써 최상의 배움을 얻게 됨

본책에서 학습한 패턴을 활용하여 작성된 모델 에세이를 살펴봅시다.

◁INTRODUCTION

[1]We often hear that children who grow up in the countryside are healthier than children raised in a big city. [2]Could this be due to the pollution, noise, and crowded conditions that exist in a big city? And, [3]how can we be sure that these factors are the most important considerations for a child's environment? [4]It is a complicated question involving many things besides these, including opportunities for learning, access to arts and athletics, and exposure to diverse cultures. [5]There is still no general agreement about whether clean country air and quiet living is better for a child than all the things a city has to offer. [6]This essay critically examines the pros and cons of country vs. city living for today's children.

◁BODY

[7]If, on the one hand, it can be said that cities produce noise, air and crowded conditions that are unhealthy, it can also be said that country living has its own drawbacks. [8]In as much as many country children grow up without experiencing people of other cultures, they are at a social disadvantage in the larger world. [9]This point is often overlooked: a child who knows only his/her own culture may have trouble adapting if he/she should leave that culture one day. [10]Not only will that child confront people of many races, colors and religions, but he/she will also have to expand his/her attitudes and acceptance of these differences. [11]Even though for most people, this is a positive experience, the child raised to accept only his/her own kind may be afraid or intolerant of people different from him/her and reject the larger world.

[12]To look at this another way, country schools often do not have the same advantages as city schools. [13]That is, their books and equipment may be outdated and they often have fewer programs for students. [14]It may seem odd that not all public schools have the same resources, but the size of the school and community determine their funding levels.

[15]In contrast, city schools often have numerous programs. [16]Correspondingly, their equipment, books and classrooms are often newer, too. [17]While this may be true, a city child may have to compete with more students for a spot on the basketball team or a part in the school play. [18]Then, too, the city child may not have the opportunity to learn from nature like the country child. [19]Further, a city child may not know animals living in the wild, forests or mountains as a country child would. [20]From that standpoint, the country child is at an advantage. [21]Specifically, he/she may understand nature's processes better from having watched them, [22]such as a chick hatching from an egg. [23]In that case, [24]it is useful to grow up in a quiet environment where such miracles occur. [25]Imagine what it would be like if a chick tried to hatch in a busy city intersection!

CONCLUSION

[26]Experts point out that there are advantages and disadvantages to both childhood environments. [27]As noted before, the city may be busier and more competitive, but it also has more opportunities. It is just as important, though, for our children to learn from nature, which [28]experts say that most children in today's world are missing. [29]What's worse is that our natural habitats are disappearing. [30]At any rate, our children will be best served by being exposed to many different learning environments.

Vocabulary

countryside 시골 | crowded 혼잡한, 붐비는 | consideration 고려 (사항) | athletics (각종) 운동 경기, 스포츠 | diverse 다양한 | pros and cons 장점과 단점 | drawback 단점 | disadvantage 불리, 불이익 | confront 직면하다 | race 인종 | religion 종교 | attitude 태도 | acceptance 수용(력) | intolerant 참지 못하는 | reject 거절(거부)하다 | equipment 장비 | outdated 구식의 | funding 기금 마련 | numerous 수많은 | spot 자리, 배역 | hatch (알이) 부화하다 | intersection 교차로 | competitive 경쟁적인 | miss 놓치다 | habitat 서식지 | disappear 사라지다

Catching Up Writing Patterns

모델 에세이에 등장한 알짜 패턴을 다시 한 번 살펴봅시다.

서론에 등장한 알짜 패턴

1   We often hear that ... 우리는 종종 …라고 듣는다

2   Could this be due to ...? 이게 … 때문일 수도 있는가?

3   How can we be sure ...? 어떻게 …을 확신할 수 있을까?

4   It is a complicated question 그것은 복잡한 문제이다

5   There is still no general agreement about ... …에 대해서 일치되는 의견은 아직 없다

6   This essay critically examines ... 이 에세이는 …을 비판적으로 고찰한다

본론에 등장한 알짜 패턴

7   If, on the one hand, it can be said that ..., it can also be said that ~

한편, …라고 얘기할 수 있다면, 또한 ～라고 얘기할 수도 있다

8   In as much as ..., …이므로/ … 때문에

9   This point is often overlooked: 이 점은 종종 간과되었다:

10   Not only ..., but (also) ~ … 뿐만 아니라 ～도

11   Even though ..., …이더라도,/ …인데도,

12   To look at this another way, 이걸 또 다른 식으로 보면,

13   That is (to say), 즉

14   It may seem odd that ..., but …이 이상해 보일지도 모르나,

15   In contrast, 대조적으로,

16   Correspondingly, 마찬가지로,

17   While this may be true, 이것이 사실일지도 모르나,

18   Then, too, ... 게다가 또 …

19   Further, 더 나아가서,

20   From that standpoint, 그 견지에서,

21   Specifically, 구체적으로,

22   such as ... …과 같은

23   In that case, 그 경우,

24   It is useful to ... …하는 것은[…하면] 유용하다

25   Imagine what it would be like if ... 만약 …라면 어떨지 상상해 보라

26 **Experts point out that ...** 전문가들은 …라고 지적한다
27 **As noted before,** 이전에 언급했듯이,
28 **Experts say that ...** 전문가들은 …라고 말한다
29 **What's worse is that ...** 더한 것은 …라는 것이다
30 **At any rate,** 어찌되었건,

Essay in Korean

한글 해석에 색자로 표시된 패턴 부분을 영어로 말해 보세요.

서론

우리는 종종 시골에서 자라는 아이들이 대도시에서 키워진 아이들보다 더 건강하다고 듣는다. 이게 대도시에 존재하는 오염, 소음, 그리고 혼잡한 환경 때문일 수도 있는가? 그리고 어떻게 이들 요소가 아이의 환경과 관련해 가장 중요한 고려 사항이라는 것을 확신할 수 있을까? 그것은 이들 외에 많은 것들과 연관된 복잡한 문제이다. 배움의 기회, 미술과 운동으로의 접근, 그리고 다양한 문화로의 노출을 포함해서 말이다. 깨끗한 시골 공기와 조용한 생활이 도시가 보여 줄 수 있는 모든 것들보다 아이에게 더 나은지에 대해서 일치되는 의견은 아직 없다. 이 에세이는 오늘날 아이들의 시골 생활과 도시 생활의 장단점을 비판적으로 고찰한다.

본론

한편, 도시가 건강에 해로운 소음, 공기, 그리고 혼잡한 환경을 만들어 낸다고 얘기할 수 있다면, 또한 시골 생활이 단점을 가지고 있다고 얘기할 수도 있다. 많은 시골 아이들이 다른 문화의 사람을 겪어 보지 못하고 자라기 때문에 그들은 더 큰 세상에서 사회적으로 불리한 입장에 있다. 이 점은 종종 간과되었다: 자신의 문화만 아는 아이는 훗날 그 문화를 떠날 경우 적응하는 데 어려움을 겪을지도 모른다. 그 아이는 다양한 인종, 피부색, 종교를 지닌 사람들을 직면하게 될 뿐만 아니라 이들 차이를 받아들이는 태도와 수용력도 폭넓게 길러야 할 것이다. 대부분의 사람들에게 이것이 긍정적인 경험이더라도, 자신과 비슷한 종류의 사람만 받아들이도록 키워진 아이는 자신과 다른 사람을 두려워하거나 참지 못하고 더 큰 세상을 거부할지도 모른다.

이걸 또 다른 식으로 보면, 시골 학교는 종종 도시 학교와 동일한 이점을 갖추고 있지 못하다. 즉 그들의 책과 장비는 구식일 수 있고, 학생들을 위한 프로그램이 적은 경우가 많다. 모든 공립학교가 동일한 자원을 갖지는 못한다는 것이 이상해 보일지도 모르나, 학교와 지역 사회의 규모가 그들의 기금 마련 수준을 결정한다.

대조적으로, 도시 학교는 수많은 프로그램을 가지고 있는 경우가 많다. 마찬가지로, 그들의 장비, 책, 그리

고 교실 또한 보다 신식인 경우가 많다. 이것이 사실일지도 모르나, 도시 아이는 농구 팀에서의 자리나 학교 연극에서의 배역을 두고 더 많은 학생들과 경쟁해야 할지도 모른다. 게다가 또 도시 아이는 시골 아이처럼 자연으로부터 배울 기회를 갖지 못할지도 모른다. 더 나아가서, 도시 아이는 시골 아이가 아는 것처럼 야생, 숲, 또는 산에서 사는 동물들을 알지 못할지도 모른다. 그 견지에서, 시골 아이는 유리한 입장에 있다. 구체적으로, 그/그녀는 병아리가 달걀에서 부화하는 것과 같은 과정들을 지켜봄으로써 자연의 과정들을 더 잘 이해할 수 있다. 그 경우, 그러한 기적이 일어나는 조용한 환경에서 자라는 것은 유용하다. 만약 복잡한 도시 교차로에서 병아리가 부화하려 한다면 어떨지 상상해 보라!

결론

전문가들은 양쪽의 유년 환경에 장단점이 있다고 지적한다. 이전에 언급했듯이, 도시는 더 바쁘고 더 경쟁적일 수 있지만 또한 더 많은 기회를 가지고 있다. 하지만 자연으로부터 배우는 것 또한 우리 아이들에게 중요하며, 전문가들은 오늘날 세상에 살고 있는 대부분 아이들이 놓치고 있는 부분이라고 말한다. 더한 것은 우리의 자연 서식지가 사라지고 있다는 것이다. 어찌되었건, 우리 아이들은 다양한 학습 환경에 노출됨으로써 최상의 배움을 얻게 될 것이다.

TOPIC 08

Is it a good idea for teenagers to have jobs while they are still students?
십대들이 학생의 신분으로 직업을 갖는 것이 좋은 생각인가?

Basic Outlining

글쓰기에 앞서 브레인스토밍을 통해 글의 뼈대를 만들어 봅시다.

Introduction

《《 어떤 비즈니스 문화에서는 십대들을 고용하는 것이 일반적임
→ 식당, 극장 등 여러 장소에 많은 십대들이 고용돼 있음
→ 십대의 직업은 성인으로 나아가는 중요한 단계임
글의 구성에 대해 설명
→ 십대들이 직업을 구하는 이유에 관한 간단한 개요 제공 및 이를 뒷받침할 논거들을 제시할 것임

Body

《《 일반적으로, 십대들은 재미있게 놀 돈을 마련하게 위해 일을 함
→ 이 외에도 십대들이 일하고 싶어 하는 데는 많은 이유가 있음
→ 그렇다 해도 그들이 일을 하는 것이 좋은 생각인지 의문

《《 일부 전문가들 — 십대들은 공부에 집중해야 함
→ 일을 하게 되면 그들의 성적에 피해를 줄 것임

《《 대부분 고용주들 — 십대들에겐 사회 생활을 위한 시간도 필요함을 알고 있음
→ 미성년 아동의 근로 시간을 제한하는 법이 있음

《《 십대 취업에 찬성하는 사람들 — 성장의 기회로 봄
→ 일하면서 더 많은 책임감을 부여받은 십대들은 미래의 지도자들로 생각됨
→ 더 많은 장학금의 기회를 얻을 수 있음

《《 고교생 직업에 대한 또 다른 시각
→ 십대들에 대한 도전
→ 대학 학위 없이 할 수 있는 일들을 보여 줌
→ 대학 진학 여부 결정에 도움을 줄 수 있음

Conclusion

《《 고교생 직업은 공부에 지장을 줄 수 있지만 성장에 있어 중요한 단계임
앞서 언급한 고교생 직업을 가지는 것의 이점 요약
→ 이런 모든 이유들로, 십대들이 직업 경험을 가지는 것을 지지함

ⓘ www.saramin.com에서 오디오 에세이 확인!

본책에서 학습한 패턴을 활용하여 작성된 모델 에세이를 살펴봅시다.

INTRODUCTION

[1]In some business cultures, it is common to hire teenagers. [2]As you may have noticed, many restaurants employ teenagers as waiters, and movie theaters hire them to sell tickets and popcorn. [3]If you stop to consider all the places you've seen teenagers working, you would be surprised at how many are employed. [4]In my opinion, teenage jobs are an important step toward becoming an adult. [5]This paper first gives a brief overview of why teenagers seek jobs, followed by my reasons for supporting this.

BODY

[6]Generally speaking, most teenagers want to work so they can afford to have fun. [7]Nonetheless, many people believe that some teens are saving money for college or learning a trade. [8]Another possibility is that he/she may be saving his/her money for his/her first car or a trip to Europe. [9]It is obvious that there are many reasons for teenagers to want to work. [10]Even if this is true, is it a good idea?

[11]According to some experts, teens should focus on their studies in high school to improve their college entry scores. [12]Take, for example, the high school student who works every night of the week and neglects his/her homework. [13]We cannot ignore the fact that his/her grades will suffer for it.

[14]In all actuality, most employers recognize that teenagers need [15]not only time for studies, but for socializing, too. [16]It is worth stating at this point that there are also laws limiting the number of hours a minor child can work.

[17]Those in favour of teen employment, such as myself, see it as an opportunity for growth. [18]This is most clearly seen in teens who are given increasing responsibilities on the job. [19]It is generally thought that these teens are our future leaders. [20]Another reason why teens benefit from high school jobs is that more scholarships are available to them. [21]Particularly, they may qualify for an employee scholarship, or [22]owing to

384
385

their work history, may be seen as a good risk by a scholarship committee.

[23]Another way of viewing this is as a challenge to the teen. [24]Or, the high school job can show the teenager the kind of work available to him/her without a college degree. [25]With this purpose in mind, it may help him/her make a decision about whether to go to university. [26]Assuming that most high school jobs are hard work for low pay, he/she will quickly realize the benefits of a college degree.

CONCLUSION

[27]Though a high school job can be disruptive to a teen's study habits, I think it is an important stage in his/her development. [28]It is clear from the above that there are many benefits to having a high school job. [29]To summarize, a job can give the teenager self-confidence, experience, scholarship opportunities and a view of the real world. [30]When all is said and done, it is an investment in the teen's future. [31]For all these reasons, I support the idea of a high school job experience.

Vocabulary

trade (특별한 훈련과 기술이 필요한) 직업, 일 | entry 입학 | neglect 무시하다, 등한시하다 | grade 성적 | minor 미성년자 | qualify 자격을 얻다 | good risk 좋은 대상자 | disruptive 방해를 주는 | self-confidence 자신감

Catching Up Writing Patterns

모델 에세이에 등장한 알짜 패턴을 다시 한 번 살펴봅시다.

서론에 등장한 알짜 패턴

1   **In some business cultures,** 어떤 비즈니스 문화에서는

2   **As you may have noticed,** 여러분이 알아차렸을지도 모르겠지만,

3   **If you stop to consider ...,** 멈추어 …을 생각해 본다면,

4   **In my opinion,** 내 의견으로는,

5   **This paper first gives a brief overview of ...** 이 보고서는 먼저 …에 관한 간단한 개요를 제공한다

본론에 등장한 알짜 패턴

6   **Generally speaking,** 일반적으로 말하면,

7   **Nonetheless, many people believe that ...** 그럼에도, 많은 사람들은 …라고 생각한다

8   **Another possibility is ...** 또 다른 가능성은 …이다

9   **It is obvious that ...** …라는 것은 분명하다

10   **Even if ... is true,** 비록 …이 사실이더라도,

11   **According to some experts,** 일부 전문가들에 의하면,

12   **Take, for example, ...** …을 예로 들어보자

13   **We cannot ignore the fact that ...** 우리는 …라는 사실을 무시할 수 없다

14   **In all actuality,** 사실은,

15   **Not only ..., but (also) ~** … 뿐만 아니라 ~도

16   **It is worth stating at this point that ...** 이 점에서 …라는 것은 언급할 만한 가치가 있다

17   **Those in favour of ...** …에 찬성하는 사람들은

18   **This is most clearly seen in ...** 이것은 …에서 가장 명백히 알 수 있다

19   **It is generally thought that ...** 일반적으로 …으로 생각된다

20   **Another reason why ... is that ~** …하는 또 다른 이유는 ~이기 때문이다

21   **Particularly,** 특히

22   **Owing to ...,** … 때문에[덕분에]

23   **Another way of viewing this is as ...** 이것을 보는 또 다른 방법은 …으로 보는 것이다

24   **Or,** 또는

25   **With this purpose in mind,** 이 목적을 명심하고[명심하면],

26   **Assuming that ...,** …라고 가정하고[가정한다면],

27 **Though ..., I think ~** 비록 …지만, 나는 ~라고 생각한다

28 **It is clear from the above that ...** 위 내용으로부터 …라는 것은 분명하다

29 **To summarize,** 요약하자면,

30 **When all is said and done,** 최종적으로,

31 **For all these reasons,** 이런 모든 이유들로,

Essay in Korean

한글 해석에 색자로 표시된 패턴 부분을 영어로 말해 보세요.

서론

어떤 비즈니스 문화에서는 십대들을 고용하는 것이 일반적이다. 여러분이 알아차렸을지도 모르겠지만, 많은 식당이 십대들을 웨이터로 고용하고, 영화관에서는 그들을 티켓과 팝콘 판매 직원으로 고용한다. 멈추어 십대들이 일하는 것을 봤던 모든 장소들을 생각해 본다면, 여러분은 얼마나 많은 십대들이 고용되어 있는지에 놀랄 것이다. 내 의견으론, 십대의 직업은 성인으로 나아가는 중요한 단계이다. 이 보고서는 먼저 십대들이 직업을 구하는 이유에 관한 간단한 개요를 제공하고, 이를 뒷받침하기 위한 나의 논거들을 제시한다.

본론

일반적으로 말하면, 대부분의 십대들은 일을 해서 재미있게 놀 돈을 마련하길 원한다. 그럼에도, 많은 사람들은 어떤 십대들은 대학 등록금을 모으고 있거나 일을 배우고 있다고 생각한다. 또 다른 가능성은 그/그녀가 생애 첫 자동차를 사기 위해, 혹은 유럽 여행을 가려고 돈을 모으고 있는지도 모른다는 것이다. 십대들이 일하고 싶어 하는 데 많은 이유가 있다는 것은 분명하다. 비록 이것이 사실이더라도, 그게 좋은 생각일까?

일부 전문가들에 의하면, 십대들은 그들의 대학 입학 점수를 올리기 위해 고등학교 공부에 집중해야 한다. 주중 매일 저녁에 일을 하며 그/그녀의 숙제를 등한시하는 고등학생을 예로 들어보자. 우리는 그/그녀의 성적이 그로 인해 피해를 받을 것이라는 사실을 무시할 수 없다.

사실은, 대부분의 고용주들은 십대들이 공부하기 위한 시간뿐만 아니라 사회 생활을 위한 시간도 필요하다는 것을 알고 있다. 이 점에서 또한 미성년 아동이 일할 수 있는 시간을 제한하는 법이 있다는 것은 언급할 만한 가치가 있다.

나와 같이, 십대 취업에 찬성하는 사람들은 그것을 성장의 기회로 본다. 이것은 일하면서 점점 더 많은 책

임감을 부여받은 십대들에서 가장 명백히 알 수 있다. 일반적으로 이런 십대들은 우리의 미래 지도자들로 생각된다. 십대들이 고교생 직업들에서 이점을 얻는 또 다른 이유는 더 많은 장학금을 이용할 수 있기 때문이다. 특히 그들은 근로 장학금을 받을 자격을 얻거나, 그들이 일해 온 전력 덕분에 장학 위원회로부터 좋은 대상자로 간주될 수도 있다.

이것을 보는 또 다른 방법은 십대들에 대한 도전으로 보는 것이다. 또는 고교생 직업들은 십대들에게 대학 학위 없이 할 수 있는 일들을 보여 줄 수 있다. 이 목적을 명심하면, 이것은 그/그녀가 대학에 진학할지에 대한 결정을 내리는 데 도움을 줄지도 모른다. 대부분의 고교생 직업들이 낮은 임금치고는 힘든 일이라고 가정한다면, 그/그녀는 곧 대학 학위의 이점을 깨달을 것이다.

결론

비록 고교생 직업이 십대의 공부 습관에 지장을 줄 수 있지만, 나는 그것이 그/그녀의 성장에 있어 중요한 단계라고 생각한다. 위 내용으로부터 고교생 직업을 가지는 것에 이점이 많다는 것은 분명하다. 요약하자면, 직업은 십대들에게 자신감, 경험, 장학금의 기회, 그리고 현실 세계에 대한 안목을 갖게 해줄 수 있다. 최종적으로, 그것은 십대들의 미래에 대한 투자이다. 이런 모든 이유들로, 나는 고교생 직업 경험을 가지는 것에 대한 생각을 지지한다.

TOPIC 09

People should sometimes do things that they do not enjoy doing.
사람들은 가끔씩 자신이 즐기지 않는 일을 해야 한다.

Basic Outlining

글쓰기에 앞서 브레인스토밍을 통해 글의 뼈대를 만들어 봅시다.

Introduction

《《 아주 가끔, 사람들은 자신이 즐기지 않는 일을 해야 함
다뤄질 문제에 대해 요약
→ 즐기지 않는 일을 하는 데 있어 몇 가지 이점을 제안하고자 함

Body

《《 친구들과 가족이 자신이 즐기지 않는 활동을 같이 하자고 부탁할지도 모름
→ 가끔씩 그들과 함께 하는 것은 가치 있는 일임
→ 위험한 경우도 있지만 그 자체의 논리로 각 활동을 받아들여야 함
→ 사랑하는 사람이 즐기는 것에 대해 열린 마음을 가져야 함

《《 과거의 안 좋은 경험을 즐겁지 않은 것으로 판단하는 것은 온당치 않음
→ 모든 경험은 다시 시도해 볼 만함

《《 우리 스스로에게 계속 도전하는 것은 중요함
→ 즐겁지 않은 활동의 재시도가 마음을 바꾸게 할 수 있음
→ 새로운 것을 시도하도록 장려할 수도 있음

《《 즐기지 않는 일을 해서는 안 된다고 믿는 사회가 되고 있음
→ 무정부 상태에 직면할 수 있음
→ 우리 개개인의 행동이 지역 사회 전체에 영향을 줄 수 있음

Conclusion

《《 가끔씩 즐기지 않는 일을 하는 것이 가장 이익이 될 수 있음
→ 항상 편하지 않은 방식으로 우리 스스로에게 계속 도전해야 할 필요가 있음을 의미
→ 우리 자신의 웰빙은 물론, 우리가 사랑하는 사람들과 지역 사회의 웰빙에도 기여할 것임

본책에서 학습한 패턴을 활용하여 작성된 모델 에세이를 살펴봅시다.

INTRODUCTION

[1]Once in a great while, people should do something they do not enjoy. [2]You may wonder why this is important. [3]Normally, it is against our nature to choose activities that do not appeal to us. [4]This essay will deal with the following aspects of the question: Why should we push ourselves to do things we do not enjoy? [5]I'd like to suggest that there are several benefits.

BODY

[6]First, our friends and family may ask us to join them in an activity we don't enjoy. [7]If joining them prevents hurting their feelings, it is [8]sometimes worthwhile to go along with them. [9]I suppose that there are cases when the suggested activity is too dangerous to consider. [10]We must take each activity on its own terms, [11]however, and be open to some of the things our loved ones enjoy.

[12]Second, it might not be fair to judge a past bad experience as unenjoyable. [13]If it is the case that the one time you went swimming the water was too cold, this time, it might be warm and pleasant. [14]One should always remember that every experience is worth a second try. [15]But don't take my word for it; go out and see for yourself!

[16]Third, it is important to continue to challenge ourselves. [17]One of the most serious drawbacks of avoiding unenjoyable experiences is that we begin to close ourselves to new experiences. [18]While the second argument in this essay suggests that another try at an unenjoyable activity could change your mind. It can also encourage you to try new things. [19]An example of this is a person who gives the opera a second chance and finds he/she actually enjoys it might be more willing to attend a ballet.

[20]Lastly, [21]experts say that we are becoming a society in which people believe they should not have to do things which they do not enjoy. [22]This suggests that people today are objecting to rules and laws in the workplace, schools, and the community.

[23]It follows that if this trend continues, we could face anarchy. [24]Though we are likely a long way from living in a lawless state, [25]this is to point out that our individual actions can affect entire communities. [26]What would happen, [27]for example, if we all stopped obeying traffic lights and paying taxes?

CONCLUSION

[28]From these arguments one can conclude that it is in our best interest to do some things that we do not enjoy from time to time. But this doesn't mean we need to walk through fire or jump out of airplanes. [29]In general what this means is that we need to continue to challenge ourselves in ways that are not always comfortable. [30]If we can imagine the benefits of doing so, perhaps these activities will not be so unenjoyable. [31]In this way, we will contribute to our own well being and also the well being of our loved ones and communities.

Vocabulary

push oneself 스스로 채찍질하다 | **worthwhile to ...** …할 만한 가치가 있는 | **go along with** (제안, 계획 등에) 동의하다 | **anarchy** 무정부 상태 | **lawless** 법이 없는 | **contribute** 기여하다

Catching Up Writing Patterns

모델 에세이에 등장한 알짜 패턴을 다시 한 번 살펴봅시다.

서론에 등장한 알짜 패턴

1 **Once in a great while,** 아주 가끔,

2 **You may wonder why ...** 여러분은 왜 …인지 궁금할지도 모른다

3 **Normally,** 대개

4 **This essay will deal with the following aspects of the question:**
   이 에세이는 다음과 같은 문제 사항들을 다룰 것이다:

5 **I'd like to suggest that ...** 나는 …을 제안하고 싶다

본론에 등장한 알짜 패턴

6 **First(ly),** 우선,

7 **If ...,** 만약 …한다면,

8 **Sometimes** 가끔씩

9 **I suppose that ...** 나는 …라고 생각한다

10 **We must take ... on its own terms** 우리는 그 자체의 논리로 …을 받아들여야 한다

11 **However(,)** 그러나

12 **Second(ly),** 두 번째로,

13 **If it is the case that ...,** 만약 …하는 경우라면,

14 **One should always remember that ...** …라는 것을 늘 명심해야 한다

15 **But don't take my word for it;** 그러나 내 말을 그대로 받아들이지 마라;

16 **Third(ly),** 세 번째로,

17 **One of the most serious drawbacks of ... is that ~** …의 가장 심각한 결점 중 하나는 ~라는 것이다

18 **While the second argument suggests that ...** 반면, 두 번째 주장은 …라고 말한다

19 **An example of this is ...** 이것의 예는 …이다

20 **Lastly,** 마지막으로,

21 **Experts say that ...** 전문가들은 …라고 말한다

22 **This suggests that ...** 이것은 …을 시사한다

23 **It follows that ...** 그것은 …과 일맥상통한다

24 **Though ...,** 비록 …지만,

25 **This is to point out that ...** 이것은 …라는 것을 지적하기 위해서이다

26 **What would happen if ...?** 만약 …라면 어떻게 될까?

27　**For example,** 예컨대

28　**From these arguments one can conclude that ...** 이들 주장으로부터 …라는 결론을 내릴 수 있다
29　**In general what this means is that ...** 일반적으로 이것이 의미하는 바는 …라는 것이다
30　**If we can imagine ...,** 만약 우리가 …을 상상할 수 있다면,
31　**In this way,** 이렇게 하여

Essay in Korean

한글 해석에 색자로 표시된 패턴 부분을 영어로 말해 보세요.

◁ **서론**

아주 가끔, 사람들은 자신이 즐기지 않는 일을 해야 한다. 여러분은 왜 이것이 중요한지 궁금할지도 모른다. 대개 마음이 끌리지 않는 활동들을 선택하는 것은 우리의 본성을 거스르는 것이다. 이 에세이는 다음과 같은 문제 사항들을 다룰 것이다: 왜 우리가 즐기지 않는 일을 하도록 우리 스스로 채찍질해야만 하는가? 나는 거기에는 몇 가지 이점이 있다는 것을 제안하고 싶다.

◁ **본론**

우선, 우리의 친구들과 가족이 우리가 즐기지 않는 활동을 함께 하자고 부탁할지도 모른다. 만약 그들과 함께 하는 것이 그들의 감정을 상하지 않게 해준다면, 가끔씩 그들과 함께 하는 것은 그럴 만한 가치가 있다. 나는 제안받은 활동이 고려하기에 너무 위험한 경우들도 있다고 생각한다. 그러나 우리는 그 자체의 논리로 각 활동을 받아들여야 한다. 그리고 우리가 사랑하는 사람들이 즐기는 것들 중 일부에 대해 열린 마음을 가져야 한다.

두 번째로, 과거의 안 좋은 경험을 즐겁지 않은 것으로 판단하는 것은 온당치 않을지도 모른다. 만약 예전에 수영하러 갔을 때 물이 너무 차가웠던 경우라면, 이번엔, 따뜻하고 기분 좋을 수도 있다. 모든 경험은 한 번 더 시도해 볼 만하다는 것을 늘 명심해야 한다. 그러나 내 말을 그대로 받아들이지 마라; 여러분 스스로 나가 보라!

세 번째로, 우리 스스로에게 계속 도전하는 것은 중요하다. 즐겁지 않은 경험들을 피하는 것의 가장 심각한 결점 중 하나는 우리가 새로운 경험들에 대해 마음을 닫기 시작한다는 것이다. 반면, 이 에세이의 두 번째 주

장은 즐겁지 않은 활동의 재시도가 여러분의 마음을 바꿀 수도 있다고 말한다. 그것은 또한 여러분이 새로운 것을 시도하도록 장려할 수 있다. 이것의 예는 오페라를 다시 한 번 보고 자신이 그것을 실제 즐긴다는 것을 깨달은 사람은 보다 기꺼이 발레를 보러 갈지도 모른다는 것이다.

마지막으로, 전문가들은 우리 사회가 사람들이 자신이 즐기지 않는 일을 해서는 안 된다고 믿는 사회가 되고 있다고 말한다. 이것은 오늘날 사람들이 직장, 학교, 그리고 지역 사회의 규칙과 법에 반대하고 있음을 시사한다. 그것은, 만약 이런 추세가 계속된다면, 우리가 무정부 상태에 직면할 수 있다는 것과 일맥상통한다. 비록 우리가 무법의 상태에서 사는 것처럼 보이지는 않지만, 이것은 우리 개개인의 행동이 지역 사회 전체에 영향을 줄 수 있다는 것을 지적하기 위해서이다. 예컨대 만약 우리 모두가 교통 신호를 지키지 않고 세금을 내지 않는다면 어떻게 될까?

◁ 결론

이들 주장으로부터 우리가 가끔씩 즐기지 않는 어떤 일을 하는 것이 우리에게 가장 이익이 된다는 결론을 내릴 수 있다. 하지만 이것이 우리가 불 속으로 걸어 들어가거나 비행기에서 뛰어내릴 필요가 있다는 것을 뜻하진 않는다. 일반적으로 이것이 의미하는 바는 우리는 항상 편하지 않은 방식으로 우리 스스로에게 계속 도전해야 할 필요가 있다는 것이다. 만약 우리가 그렇게 하는 것의 이점을 상상할 수 있다면, 아마도 이런 활동들이 그리 즐기지 못할 만한 것은 아닐 것이다. 이렇게 하여 우리는 우리 자신의 웰빙은 물론, 우리가 사랑하는 사람들과 지역 사회의 웰빙에도 기여할 것이다.

TOPIC 10

What should a person moving to your city know about; likes and dislikes.

여러분의 도시로 이사 오는 사람이 알아야 할 것들; 좋은 점과 나쁜 점

Basic Outlining

글쓰기에 앞서 브레인스토밍을 통해 글의 뼈대를 만들어 봅시다.

Introduction

《《 **모두가 생전에 아이오와 시티로 여행해야 함**
→ 지난 세기 동안 아이오와 대학과 소도시가 받아 온 관심이 극적으로 증가했음
글의 주요 내용 소개
→ 아이오와 시티가 보여 줄 수 있는 많은 것들과 주거 지역으로서의 몇몇 단점을 탐색할 것임

Body

《《 **아이오와를 단조로운 농촌이라고 생각하는 경향이 잘못된 것임을 지적**
→ 최고 대학들 중 하나의 고향임
→ 2009년에 "유네스코 지정 문학 도시"로 지정됨

《《 **아이오와 시티의 "최초의 것들"에 대해 언급**
→ 아이오와의 첫 번째 수도였음
→ 아이오와 대학은 남녀의 대등성 및 캠퍼스 내 동성애자 학생 조직을 공식 인정한 최초의 공립대학임

《《 **아이오와 시티의 유쾌한 특성에 대해 언급**
→ 이곳 사람들은 마음이 따뜻하고 환대적이며 서로를 돌봐 주는 훌륭한 이웃들임
→ 범죄율이 낮아 상대적으로 안전한 지역임

《《 **아이오와 시티의 가장 큰 단점**
→ 혹한의 겨울 날씨

《《 **대부분의 중서부 도시들보다 생활비가 더 많이 듦**
→ 박사 학위를 가진 더 많은 고소득자들로 인해 생활 수준과 생활비가 더 높아질 것임

Conclusion

《《 **경제력이 있고 겨울을 견뎌낼 수 있는 한, 아이오와 시티는 살기에 바람직한 곳임**
→ 안전하고 환대받는 느낌이 들며, 새롭고 진보적인 생각들을 창출하게 만듦
아이오와 시티를 직접 방문해 보길 바람

🔊 www.saramin.com에서 오디오 에세이 확인!!

본책에서 학습한 패턴을 활용하여 작성된 모델 에세이를 살펴봅시다.

INTRODUCTION

[1]Everyone has to make a trip to Iowa City, Iowa in their lifetime. [2]You may not know that it is the home of the University of Iowa. [3]Over the past century there has been a dramatic increase in the attention our University and town have received. [4]I first became aware of its uniqueness only recently. [5]This paper begins by exploring the many things Iowa City has to offer and some of its drawbacks as a place to live.

BODY

[6]On the one hand, people tend to think of Iowa as flat farm country. Although it is farm country, it is hardly flat. [7]Taken as a whole, Iowa is often mislabeled. [8]There exists a contradiction between what most people believe Iowa to be like and how it actually is. [9]In particular, Iowa City is home to one of the best universities in the country. [10]As it turns out, the university's world-class writing programs earned Iowa City the title of "UNESCO City of Literature" in 2009. [11]This highlights the fact that Iowa is not just a state of farmers, but home to writers and intellectuals.

[12]It would be negligent not to address Iowa City's "firsts." It was the first capital city of Iowa. The University of Iowa is [13]especially known for being the first public university to admit men and women on an equal basis. [14]What I didn't know was that it is also the first public university to officially recognize a gay student organization on campus.

[15]Another pleasant quality of Iowa City is its people. Besides being warm and welcoming, most are great neighbors who look out for one another. [16]In addition, Iowa City is a relatively safe community with a low crime rate.

[17]As to the drawbacks of living in Iowa City, winter weather tops the list. [18]By contrast, the warmth of Iowa's people is matched by the chill of its winters. [19]To illustrate, some winters bring ice and blizzards with temperatures well below zero. An Iowa winter [20]is best described as "six months of cold and snow!"

[21]It is necessary to point out that Iowa City has a higher cost of living than most Midwestern cities. [22]But at the same time, it also has a higher population of people with doctoral degrees. [23]It can be seen that with more high wage earners, the standard and cost of living will be higher. [24]The real problem, however, is that not everyone can afford to own a home in Iowa City.

CONCLUSION

[25]Thus we can see that Iowa City is a desirable place to live, as long as you can afford it and tolerate the winters. [26]Is it possible that any city is without drawbacks? I doubt it. [27]I definitely prefer to live in a place where I feel safe and welcome and where new, forward-thinking ideas are generated. [28]For all these reasons, I like living here. [29]I ask you to visit one day and see for yourself all Iowa City has to offer.

Vocabulary

make a trip 여행하다 | **in one's lifetime** 생전에 | **uniqueness** 특이성 | **flat** 단조로운, 따분한 | **mislabel** …에 라벨을 잘못 붙이다 | **be home to ...** …의 고향이다 | **world-class** 세계적 수준의 | **intellectual** 지식인 | **first** 최초의 것 | **on an equal basis** 대등하게 | **organization** 조직 | **look out for ...** …를 지키다 | **relatively** 상대적으로 | **crime rate** 범죄율 | **top the list** 첫째가 되다 | **warmth** 따뜻함 | **chill** 냉기, 한기 | **blizzard** 눈보라 | **standard of living** 생활 수준 | **forward-thinking** 진보적인 | **generate** 발생시키다, 생기게 하다

Catching Up Writing Patterns

모델 에세이에 등장한 알짜 패턴을 다시 한 번 살펴봅시다.

서론에 등장한 알짜 패턴

1   **Everyone has to ...** 모두가 ⋯해야 한다

2   **You may not know ...** 여러분은 ⋯을 알지 못할지도 모른다

3   **Over the past century there has been a dramatic increase in ...**
    지난 세기 동안 ⋯에 극적인 증가가 있었다

4   **I first became aware of ...** 난 ⋯에 대해 처음 알게 되었다

5   **This paper begins by ...** 이 보고서는 ⋯으로써 시작한다

본론에 등장한 알짜 패턴

6   **On the one hand,** 한편으론,

7   **Taken as a whole,** 전체적으로 봤을 때,

8   **There exists a contradiction between ... and ~** ⋯과 ~ 사이에는 모순이 있다

9   **In particular,** 특히

10 **As it turns out,** 밝혀진 바와 같이,

11 **This highlights the fact that ...** 이것은 ⋯라는 사실을 강조한다

12 **It would be negligent not to address ...** ⋯을 다루지 않는 것은 무관심한 것이다

13 **especially** 특히

14 **What I didn't know was that ...** 내가 몰랐던 것은 ⋯라는 것이었다

15 **Another ...** 또 다른 ⋯

16 **In addition,** 게다가

17 **As to ...,** ⋯에 대해서(는),

18 **By contrast,** 대조적으로,

19 **To illustrate,** 도식화하기 위해,/ 도식화하자면,

20 **... is best described as ~** ⋯은 ~로서 가장 잘 설명된다

21 **It is necessary to ...** ⋯하는 것이 필요하다

22 **But at the same time,** 그러나 동시에,

23 **It can be seen that ...** ⋯라고 볼 수 있다

24 **The real problem, however, is that ...** 하지만 진짜 문제는 ⋯라는 것이다

25   **Thus we can see that ...** 따라서 우리는 …라는 것을 알 수 있다
26   **Is it possible that ...?** …일 수도 있는가?
27   **I definitely prefer to ...** 나는 확실히 …을 선호한다
28   **For all these reasons,** 이런 모든 이유로,
29   **I ask you to ...** 나는 여러분이 …하길 바란다

Essay in Korean

한글 해석에 색자로 표시된 패턴 부분을 영어로 말해 보세요.

서론

모두가 생전에 아이오와 주에 있는 아이오와 시티로 여행해야 한다. 여러분은 이곳이 아이오와 대학의 고향이라는 것을 알지 못할지도 모른다. 지난 세기 동안 우리의 대학과 소도시가 받아 온 관심에 극적인 증가가 있었다. 난 최근에서야 그것의 특이성에 대해 처음 알게 되었다. 이 보고서는 아이오와 시티가 보여 줄 수 있는 많은 것들과 주거 지역으로서 그곳의 몇몇 단점을 탐색함으로써 시작한다.

본론

한편으로, 사람들은 아이오와를 단조로운 농촌으로 생각하는 경향이 있다. 이곳은 농촌이지만 전혀 단조롭지 않다. 전체적으로 봤을 때, 아이오와가 잘못 소개되는 경우가 많다. 대부분 사람들이 아이오와의 모습으로 믿는 것과 실제 아이오와의 모습 사이에는 모순이 있다. 특히 아이오와 시티는 우리나라에서 최고 대학들 중 하나의 고향이다. 밝혀진 바와 같이, 그 대학의 세계적 수준의 작문 프로그램은 2009년에 "유네스코 지정 문학 도시"라는 타이틀을 아이오와 시티에 안겨 주었다. 이것은 아이오와가 단지 농부들의 주가 아니라, 작가들과 지식인들의 고향이라는 사실을 강조한다.

아이오와 시티의 "최초의 것들"을 다루지 않는 것은 무관심한 것이다. 아이오와 시티는 아이오와의 첫 번째 수도였다. 특히 아이오와 대학은 남녀를 대등하게 인정한 최초의 공립대학인 것으로 알려져 있다. 내가 몰랐던 것은 아이오와 대학이 또한 캠퍼스 내 동성애자 학생 조직을 공식 인정한 최초의 공립대학이라는 것이었다.

아이오와 시티의 또 다른 유쾌한 특성은 이곳 사람들이다. 마음이 따뜻하고 환대적일 뿐 아니라 대부분 사람들이 서로를 돌봐 주는 훌륭한 이웃들이다. 게다가 아이오와 시티는 범죄율이 낮아 상대적으로 안전한 지역이다.

아이오와 시티에 사는 것의 단점에 대해서는, 겨울 날씨가 첫 번째로 꼽힌다. 대조적으로, 아이오와 사람들의 따뜻함은 그곳의 겨울 냉기와 맞먹는다. 도식화하자면, 어떤 겨울에는 추운 영하의 날씨 속에 얼음이 얼고 눈보라까지 친다. 아이오와의 겨울은 "6개월의 추위와 눈!"으로서 가장 잘 설명된다.

아이오와 시티가 대부분의 중서부 도시들보다 생활비가 더 많이 든다는 것을 지적하는 것이 필요하다. 그러나 동시에, 이곳에는 또한 박사 학위를 지닌 사람들이 더 많다. 더 많은 고소득자들로 인해 생활 수준과 생활비가 더 높아질 것이라고 볼 수 있다. 하지만 진짜 문제는 모든 사람이 아이오와 시티에서 집을 소유할 만큼 경제적으로 여유롭지 못하다는 것이다.

결론

따라서 우리는 경제력이 있고 겨울을 견뎌낼 수 있는 한, 아이오와 시티가 살기에 바람직한 곳이라는 것을 알 수 있다. 어떤 도시라도 단점이 없을 수도 있는가? 그렇지 않을 것이다. 나는 확실히 안전하고 환대받는 느낌이 들며, 새롭고 진보적인 생각들을 창출하게 만드는 곳에서 사는 것을 선호한다. 이런 모든 이유들로, 나는 이곳에 사는 것을 좋아한다. 나는 여러분이 언젠가 방문해서 아이오와 시티가 보여 줄 수 있는 모든 것들을 여러분 스스로 보길 바란다.

Do you agree or disagree that progress is always good? Use specific reasons and examples to support your answer.

여러분은 진보가 항상 좋다는 말에 동의하는가, 동의하지 않는가? 여러분의 답변을 뒷받침할 구체적인 이유와 예를 제시하라.

Basic Outlining

글쓰기에 앞서 브레인스토밍을 통해 글의 뼈대를 만들어 봅시다.

Introduction

- 최근 과학, 기술, 산업, 국제 무역의 발전으로 진보가 우리 삶에 미치는 영향에 대한 면밀한 검토가 더욱 필요해짐
  → "진보"가 긍정적인지 여부가 문제의 주안점
- 글의 구성에 대해 설명
  → 잘못된 진보의 예를 들고 이를 방지하기 위한 전략들을 제안할 것임

Body

- 퍼스널 컴퓨터의 사용에 대한 고찰
  → 20세기에 퍼스널 컴퓨터는 통신에 급격한 변화를 가져왔음
  → 빌 게이츠의 말 인용: 퍼스널 컴퓨터의 장점만을 역설함

- 일부 컴퓨터가 만들어 내는 방대한 폐기물과 그것이 환경에 미치는 영향에 대한 논의는 거의 없었음

- 퍼스널 컴퓨터는 우리의 안전을 위협함
  → 명의 도용의 증가
  → 해커가 국가 안보를 위협
  → 학자들은 퍼스널 컴퓨터의 장점이 위험을 능가하는지에 대해서는 동의하지 않음

- 퍼스널 컴퓨터의 위험성에 대한 문제 접근 방식 제시
  → 시스템을 업데이트 하는 친환경적 방법을 찾을 필요가 있음
  → 해커 방지법을 찾을 때까지 민감한 정보는 온라인 상에 접속되어선 안 됨

Conclusion

- 퍼스널 컴퓨터에 의해 야기된 문제들은 큰 주목을 받지 못할 것임
  → 우리는 미래에도 퍼스널 컴퓨터를 계속 폭넓게 사용할 것임
  → 이점들도 가지고 있음

Model Essay

🎧 www.saramin.com에서 오디오 에세이 확인!

본책에서 학습한 패턴을 활용하여 작성된 모델 에세이를 살펴봅시다.

◁ INTRODUCTION

[1]Recent developments in science, technology, business, and international trade have heightened the need for a closer look at how progress affects our society. [2]One of the most striking features of this problem is that "progress" is a positive word, yet progress does not always have a positive impact on us. [3]A number of key issues arise from this statement. [4]It is crucial to understand that [5]sometimes, we move ahead with new ideas that improve our lives today, only to later learn they have caused irreparable damage. [6]The essay has been organized in the following way: I will first look at an example of progress gone wrong, and then suggest strategies for preventing this in the future.

◁ BODY

[7]The first part of my analysis will examine the rising use of personal computers over the last 30 years. [8]It is considered that the personal computer revolutionized communications in the 20th century. [9]Mainly it has improved our ability to record, store, and transmit information over the Internet. [10]Consider the following quotation by Bill Gates: "It's not just that the personal computer has come along as a great tool. The whole pace of business is moving faster. Globalization is forcing companies to do things in new ways." [11]With this statement, Gates claims only positive things coming from the personal computer. [12]Considered from another perspective, Gates has also made a huge fortune developing and improving upon the personal computer. His formula for business [13]is as follows: create a product that requires regular updates, and then sell the updates. As a business model, it [14]presents a useful concept: create a need in order to fill that need and make a profit.

[15]And what about all that outdated hardware and software, the piles of computer instruction books, CDs and floppy disks? [16]So far, there has been little discussion about the massive waste some computers produce, or its impact on the environment.

[17]The second reason for questioning whether personal computers are entirely

positive is their threat to our security. [18]Further evidence for this is that identity theft is on the rise, and hacker threats to national security, such as nuclear defense systems have already been discovered. [19]Scholars disagree on whether the benefits outweigh the risks when it comes to personal computers. [20]They seem to believe that this form of technology holds too much promise to be contained.

[21]In approaching the issue, we first need to find environmentally friendly ways of updating our systems, such as replacing small parts rather than whole systems. [22]It would also be interesting to see better regulation of the industry in terms of the frequency of these required updates. [23]Equally relevant to the issue is the question of security. [24]Today there has been little agreement on what can be done to prevent hackers from accessing private information. [25]It is precisely these differences of opinion that should concern us. [26]Little is known about how to detect or stop them, and until we can, sensitive information should be kept off line.

CONCLUSION

[27]These problems pale in comparison with global poverty, destruction of the rainforests, and human disease. [28]In view of these facts, it is quite likely that the problems generated by personal computers will not receive as much attention. [29]In general what this indicates is that in all likelihood, we will continue to expand on our use of them in the future. [30]Over and above, they do have their advantages. [31]If we can imagine advantages to their use, though, we should also be able to imagine advantages to using them wisely.

Catching Up Writing Patterns

모델 에세이에 등장한 알짜 패턴을 다시 한 번 살펴봅시다.

서론에 등장한 알짜 패턴

1   Recent developments in ... have heightened the need for ~
    최근 …의 발전으로 ~가 더욱 필요하게 되었다

2   One of the most striking features of this problem is ... 이 문제의 주안점 중 하나는 …이다

3   A number of key issues arise from this statement 이 진술로부터 많은 중요한 문제들이 떠오른다

4   It is crucial to understand ... …을 이해하는 것은 중요하다

5   Sometimes 가끔씩

6   The essay has been organized in the following way: 이 에세이는 다음과 같은 방식으로 구성되었다:

본론에 등장한 알짜 패턴

7   The first part of my analysis will examine ... 나의 분석의 첫 번째 파트는 …을 고찰할 것이다

8   It is considered that ... …으로 여겨진다

9   Mainly 대개/ 주로

10 Consider the following quotation: 다음의 인용구를 생각해 보자:

11 With this statement, 이 한마디로,

12 Considered from another perspective, 또 다른 관점에서 생각하면,

13 ... is as follows: …는 다음과 같다:

14 ... presents a useful concept …은 유용한 개념을 제시한다

15 And what about ...? 그럼 …은 어떤가?

16 So far, there has been little discussion about ... 이제껏 …에 대한 논의는 거의 없었다

17 The second reason for ... …에 대한[…하는] 두 번째 이유는

18 Further evidence for ... is that ~ …을 뒷받침해 주는 추가 증거는 ~라는 점이다

19 Scholars disagree on ... 학자들은 …에 (대해서는) 동의하지 않는다

20 They seem to believe that ... 그들은 …라고 믿는 것처럼 보인다

21 In approaching the issue, 그 문제에 접근하는 데 있어서,

22 It would also be interesting to see ... …을 보는 것 또한 흥미로울 것이다

23 Equally relevant to the issue is the question of ... …의 문제도 똑같이 연관 있는 문제이다

24 Today there has been little agreement on ... 오늘날 …에 대해서는 의견이 분분하다

25 It is precisely these differences of opinion that ... 그것은 정확히 …하는 이들 의견의 차이다

26 Little is known about ... …에 대해서는 많이 알려지지 않았다

27 These problems pale in comparison with ... 이들 문제는 …에 비하면 아무것도 아니다

28 In view of these facts, it is quite likely that ...
    이러한 사실들에 비추어 봤을 때, …할 가능성이 꽤 높다

29 In general what this indicates is that ... 일반적으로 이것이 시사하는 바는 …라는 것이다

30 Over and above, 게다가

31 If we can imagine ..., 만약 우리가 …을 상상할 수 있다면,

Essay in Korean

한글 해석에 색자로 표시된 패턴 부분을 영어로 말해 보세요.

서론

최근 과학, 기술, 산업, 그리고 국제 무역의 발전으로 진보가 우리 사회에 어떻게 영향을 미치는지 면밀히 살펴보는 것이 더욱 필요하게 되었다. 이 문제의 주안점 중 하나는 "진보"가 긍정적인 말이지만 진보가 항상 우리에게 긍정적인 영향을 미치지는 않는다는 것이다. 이 진술로부터 많은 중요한 문제들이 떠오른다. 가끔씩 우리는 오늘날 우리의 삶을 향상시키는 새로운 아이디어들을 먼저 실행시켜 놓고 나중에 가서야 그것들이 돌이킬 수 없는 해를 끼쳤다는 것을 깨닫는다는 것을 이해하는 것은 중요하다. 이 에세이는 다음과 같은 방식으로 구성되었다: 먼저 잘못된 진보의 예를 든 다음, 미래에 이를 방지하기 위한 전략들을 제안할 것이다.

본론

나의 분석의 첫 번째 파트는 지난 30년 동안 증가해 온 퍼스널 컴퓨터의 사용을 고찰할 것이다. 20세기에 퍼스널 컴퓨터는 통신에 급격한 변화를 가져온 것으로 여겨진다. 주로 그것은 인터넷을 통해 정보를 기록, 저장, 전송하는 우리의 능력을 향상시켰다. 빌 게이츠가 말한 다음의 인용구를 생각해 보자: "퍼스널 컴퓨터는 단지 훌륭한 도구로서만 발전한 것이 아니다. 비즈니스의 전체 속도가 더 빨라지고 있다. 세계화는 기업들이 새로운 방식으로 일을 할 수밖에 없게끔 만들고 있다." 이 한마디로, 게이츠는 퍼스널 컴퓨터의 장점만을 역설하고 있다. 또 다른 관점에서 생각하면, 게이츠는 또한 계속해서 퍼스널 컴퓨터를 개발하고 향상시키면서 막대한 부를 벌어들였다. 그의 비즈니스 공식은 다음과 같다: 정기적인 업데이트를 필요로 하는 제품을 만들어라. 그런 다음 그 업데이트 정보를 팔아라. 비즈니스 모델로서 그것은 유용한 개념을 제시한다: 그 필요성을 충족시키고 이익을 보기 위해 수요를 창출하라.

그럼 아주 구식의 하드웨어와 소프트웨어, 산더미처럼 쌓인 컴퓨터 사용 설명서, CD와 플로피 디스크들은

어떤가? 이제껏 일부 컴퓨터가 만들어 내는 방대한 폐기물, 또는 그것이 환경에 미치는 영향에 대한 논의는 거의 없었다.

퍼스널 컴퓨터가 전적으로 긍정적인 것인지에 의문을 가지는 것에 대한 두 번째 이유는 우리의 안전을 위협하기 때문이다. 이를 뒷받침해 주는 추가 증거는 명의 도용이 증가하고 있고, 핵 방어 시스템이 이미 발견된 것과 같이 해커가 국가 안보를 위협하고 있다는 점이다. 학자들은 퍼스널 컴퓨터에 대해서라면, 장점이 위험을 능가하는지에 대해서는 동의하지 않는다. 그들은 이런 형태의 기술은 제어되기에 너무 많은 가능성을 지니고 있다고 믿는 것처럼 보인다.

그 문제에 접근하는 데 있어서, 우리는 먼저 시스템 전체보다는 작은 부분들을 교체하는 것과 같이 우리의 시스템을 업데이트 하는 친환경적 방법을 찾을 필요가 있다. 이런 필수적인 업데이트에 대한 빈도 면에서 더 나은 산업 규제를 보는 것 또한 흥미로울 것이다. 보안의 문제도 똑같이 연관 있는 문제이다. 오늘날 해커들이 개인 정보에 접근하는 것을 막기 위해 무엇이 행해질 수 있는지에 대해서는 의견이 분분하다. 그것은 정확히 우리를 고려해야 하는 이들 의견의 차이다. 그들을 탐지하거나 막는 방법에 대해서는 많이 알려지지 않았으며, 우리가 방법을 찾을 때까지 민감한 정보는 온라인 상에 접속되어선 안 된다.

결론

이들 문제는 세계의 빈곤, 열대 우림의 파괴, 그리고 인간 질병에 비하면 아무것도 아니다. 이러한 사실들에 비추어 봤을 때, 퍼스널 컴퓨터에 의해 야기된 문제들은 그것들만큼 주목을 받지 못할 가능성이 꽤 높다. 일반적으로 이것이 시사하는 바는 십중팔구 우리가 미래에도 계속 그들을 폭넓게 사용할 것이라는 것이다. 게다가 그들은 이점들을 가지고 있다. 하지만 만약 우리가 그들을 사용하는 것에 대한 이점들을 상상할 수 있다면, 우리는 또한 그들을 현명하게 사용하는 것에 대한 이점들도 상상할 수 있어야 한다.

Some people believe that the Earth is being damaged by human activity. Others feel that human activity makes the Earth a better place to live. What is your opinion? Use specific reasons and examples to support your answer.

어떤 사람들은 지구가 인간 활동에 의해 파괴되고 있다고 생각한다. 다른 사람들은 인간 활동이 지구를 더 살기 좋은 곳으로 만든다고 느낀다. 여러분의 의견은 무엇인가? 여러분의 답변을 뒷받침할 구체적인 이유와 예를 제시하라.

Basic Outlining

글쓰기에 앞서 브레인스토밍을 통해 글의 뼈대를 만들어 봅시다.

Introduction

《《 지난 세기 동안의 산업과 기술의 진보를 생각해 볼 때, 지구상에서 우리의 활동이 증가했음을 부정하기는 힘듦
글의 주요 내용 소개
→ 몇몇 인간의 활동과, 그들의 유용성이 그들이 지구에 끼치는 해를 능가하는지를 고찰할 것임

Body

《《 산업혁명은 우리의 삶을 보다 편리하게 해줄 향상만을 가져올 것처럼 보였지만, 20세기 중반쯤 이런 진보들의 부정적인 영향을 깨닫기 시작함
→ 미국 정부에서 환경 영향 평가라는 제도를 수립
→ 몇 가지 정부 규제가 시행됨
인간의 활동이 환경적 손상을 야기하고 있다는 인식이 확산됨

《《 산업과 개발은 계속될 것이라는 것을 받아들여야 함
→ 하지만 환경 규제가 지구를 다루는 방법에 대한 우리의 생각을 바꾸고 있음
─ 오늘날의 길과 50년 전의 길 비교
→ 인간의 활동이 환경에 긍정적인 영향을 줄 수 있음
예) 미국 대머리 독수리 구하기, 수로 정화, 대체 에너지원 개발 등

《《 인간이 지구상에 해로운 영향을 끼칠 가능성이 높지만, 우리가 변화를 만들어 낼 수 있음을 명심해야 함
→ 산업적인 발명품을 통해 더 나은 삶의 방식을 상상할 수 있음
→ 과거의 손상을 되돌릴 수 있는 자연적 방법들을 찾을 수 있음

Conclusion

《《 길가의 쓰레기를 줍는 등의 방식을 통해 각자 작은 변화를 만들어 낼 수 있음
→ 우리가 함께 큰 영향을 끼칠 수 있음
→ 우리의 지구를 구하기 위해 각자의 역할을 하길 바람

🔊 www.saramin.com에서 오디오 에세이 확인!!

본책에서 학습한 패턴을 활용하여 작성된 모델 에세이를 살펴봅시다.

INTRODUCTION

[1]If you stop to consider the advances in industry and technology over the last century, it is hard to deny our increased activity on Earth. [2]At the very least, our use of fossil fuels has released more pollutants into the air than before. [3]And what about our use of pesticides, plastics, and our expansion into wildlife habitats? [4]What does this have to do with improving our lives and changing our planet? [5]This paper will examine some of the human activities that are doing just that, and whether their usefulness outweighs the damage they cause to Earth.

BODY

[6]At first glance, it seemed like the industrial revolution would only bring improvements to make our lives easier, such as the vacuum cleaner, the automobile, and factory assembly. [7]Even if this is true, by the middle of the 20th century, we started to notice some of these advances were having negative effects on our natural environment. [8]Subsequently, the U.S. government established a type of system called an Environmental Impact Assessment (EIA) to determine the level of environmental risk in development and industrial processes. [9]This system was developed in response to public outcry from an environmental movement in the 1960's. [10]Resulting from this is that several government regulations have since been put into place. [11]The most crucial point made so far is that it is now widely recognized that human activity is causing environmental damage.

[12]Nevertheless, one should accept that industry and development will likely continue. [13]It is interesting, though, that the environmental regulations are forcing us to think differently about how we treat our planet. [14]This point can be made by comparing today's scenic roadways with those of 50 years ago. [15]In retrospect it is clear that we used to freely litter our highways with rubbish. Today, they are nearly rubbish free. [16]Is it possible that human activity can have a positive impact on our environment? [17]The answers to this question can be found in several examples, such as saving the American

bald eagle, cleaning our waterways, and developing alternative energy sources such as wind and solar power.

[18]In view of these facts, it is quite likely that humans do have a damaging effect on Earth. [19]One should, however, not forget that we are capable of change. [20]If we can imagine industrial invention, we can imagine better ways of living. [21]Or, if you prefer, we can create change without creating damage at the same time. [22]Better yet, we can find natural ways to undo past damage, such as using poplar trees to filter pollutants from waterways. [23]When all is said and done, we have one planet. [24]Perhaps it is time to clean up our act. Because [25]in the final analysis, if we destroy our home, we destroy ourselves.

CONCLUSION

[26]And remember, you don't have to be a scientist to make a difference. [27]On that account, all you need do is take a bag with you on your next hike and pick up rubbish along the way. [28]In this way, little by little, we can each make a small difference. [29]More important than that is together, we can have a large impact. [30]I ask you to do your part to save our planet.

fossil fuel 화석 연료 | release 방출하다 | pollutant 오염 물질 | pesticide 살충제 | wildlife 야생 생물의 | vacuum cleaner 진공 청소기 | assembly 조립 라인 | public outcry 대중의 격렬한 외침(반발) | put into place (법 등을) 시행하다, 집행하다 | scenic 경치가 아름다운 | roadway 도로 | litter 어질러 놓다 | rubbish 쓰레기 | bald eagle 대머리 독수리 | waterway 수로 | alternative 대체의 | invention 발명, 발명품 | undo 원상태로 돌리다 | filter 여과하다, 거르다 | clean up 깨끗이 청소하다 | little by little 조금씩 | make a difference 변화를 만들어 내다

Catching Up Writing Patterns

모델 에세이에 등장한 알짜 패턴을 다시 한 번 살펴봅시다.

서론에 등장한 알짜 패턴

1 **If you stop to consider ...,** 멈추어 …을 생각해 본다면,

2 **At the very least,** 적어도,

3 **And what about ...?** 그럼 …은 어떤가?

4 **What does this have to do with ...?** 이게 …과 무슨 관련이 있는 걸까?

5 **This paper will examine ...** 이 보고서는 …을 고찰할 것이다

본론에 등장한 알짜 패턴

6 **At first glance, it seemed ...** 첫눈에, …처럼 보였다

7 **Even if ... is true,** 비록 …이 사실이더라도,

8 **Subsequently,** 그 결과로,

9 **This ... was developed in response to ~** 이 …는 ~에 대한 응답으로 전개되었다

10 **Resulting from this is ...** 이것의 결과는 …이다

11 **The most crucial point made so far is that ...** 지금까지 가장 중요한 점은 …라는 것이다

12 **Nevertheless, one should accept that ...**
그렇지만[그럼에도 불구하고], …라는 것을 받아들여야 한다

13 **It is interesting, though, that ...** 하지만 …라는 것은 흥미롭다

14 **This point can be made by comparing ...** 이 논점은 …을 비교함으로써 이뤄졌다

15 **In retrospect it is clear that ...** 돌이켜 보면 …라는 것이 분명하다

16 **Is it possible that ...?** …일 수도 있는가?

17 **The answers to this question can be found in ...** 이 질문에 대한 답은 …에서 찾아볼 수 있다

18 **In view of these facts, it is quite likely that ...**
이러한 사실들에 비추어 봤을 때, …할 가능성이 꽤 높다

19 **One should, however, not forget that ...** 하지만 …라는 것을 잊어서는 안 된다

20 **If we can imagine ...,** 만약 우리가 …을 상상할 수 있다면,

21 **Or, if you prefer,** 혹은, 여러분이 선호한다면,

22 **Better yet,** 더 좋은 것은,

23 **When all is said and done,** 최종적으로,

24 **Perhaps it is time to ...** 아마도 …할 때인지도 모른다

25 **In the final analysis,** 결국,

26 **And remember,** 그리고 기억하라,

27 **On that account,** 그 때문에,

28 **In this way,** 이렇게 하여

29 **More important than that is ...** 그것보다 더 중요한 것은 …이다

30 **I ask you to ...** 나는 여러분이 …하길 바란다

Essay in Korean

한글 해석에 색자로 표시된 패턴 부분을 영어로 말해 보세요.

서론

멈추어 지난 세기 동안의 산업과 기술의 진보를 생각해 본다면, 지구상에서 우리의 활동이 증가한 것을 부정하기는 힘들다. 적어도, 우리의 화석 연료 사용은 이전보다 더 많은 오염 물질을 공기 중으로 방출해 왔다. 그럼 우리의 살충제, 플라스틱의 사용과 야생 생물의 서식지 침투는 어떤가? 이게 우리의 삶을 향상시키고 지구를 변화시키는 것과 무슨 관련이 있는 걸까? 이 보고서는 바로 그렇게 하고 있는 몇몇 인간의 활동과, 그들의 유용성이 그들이 지구에 끼치는 해를 능가하는지를 고찰할 것이다.

본론

첫눈에, 산업혁명은 진공 청소기, 자동차, 그리고 공장 조립 라인과 같이 우리의 삶을 보다 편리하게 해줄 향상들만을 가져올 것처럼 보였다. 비록 이것이 사실이더라도, 20세기 중반쯤에는 몇몇 이러한 진보들이 우리의 자연 환경에 부정적인 영향을 끼치고 있었다는 것을 깨닫기 시작했다. 그 결과로, 미국 정부는 개발과 산업 공정에서의 환경적 위험 수준을 판단하기 위해 환경 영향 평가라고 불리는 제도를 수립했다. 이 제도는 1960년대의 환경 운동에서 비롯된 대중의 격렬한 반발에 대한 응답으로 전개되었다. 이것의 결과는 그 후 몇 가지 정부 규제가 시행되었다는 것이다. 지금까지 가장 중요한 점은 인간의 활동이 환경적 손상을 야기하고 있다는 것이 현재 널리 인식되어 있다는 것이다.

그럼에도 불구하고, 산업과 개발은 계속될 것이라는 것을 받아들여야 한다. 하지만 환경 규제가 우리로 하여금 우리의 지구를 다루는 방법에 대해 다르게 생각할 수밖에 없도록 만들고 있다는 것은 흥미롭다. 이 논점은 오늘날의 경치 좋은 길과 50년 전의 길을 비교함으로써 이뤄졌다. 돌이켜 보면 우리가 고속도로에 쓰레기를 마음대로 버리곤 했다는 것이 분명하다. 오늘날 고속도로에는 쓰레기가 거의 없다. 인간의 활동이 우리의 환경에 긍정적인 영향을 미칠 수도 있는가? 이 질문에 대한 답은 몇 가지 예에서 찾아볼 수 있다. 미국 대

머리 독수리 구조, 우리의 수로 정화, 그리고 풍력이나 태양 에너지와 같은 대체 에너지원 개발 등이 그 예다.

이러한 사실들에 비추어 봤을 때, 인간이 지구상에 해로운 영향을 끼칠 가능성이 꽤 높다. 하지만 우리가 변화를 만들어 낼 수 있다는 것을 잊어서는 안 된다. 만약 우리가 산업적인 발명품을 상상할 수 있다면, 우리는 더 나은 삶의 방식을 상상할 수 있다. 혹은, 여러분이 선호한다면, 우리는 해를 일으키지 않는 동시에 변화를 일으킬 수 있다. 더 좋은 것은, 수로의 오염 물질을 걸러 내기 위해 포플러 나무를 이용하는 것과 같이, 우리는 과거의 손상을 되돌릴 수 있는 자연적 방법들을 찾을 수 있다. 최종적으로, 우리의 지구는 하나이다. 아마도 우리의 행동을 개선할 때인지도 모른다. 왜냐하면 우리가 우리의 집을 파괴한다면, 결국, 우리 스스로를 파괴하는 것이기 때문이다.

결론

그리고 기억하라, 변화를 만들어 내기 위해 여러분이 과학자가 될 필요는 없다. 그 때문에, 여러분은 다음번 하이킹을 갈 때 가방을 가져가서 길가의 쓰레기를 줍기만 하면 된다. 이렇게 하여 조금씩 우리는 각자 작은 변화를 만들어 낼 수 있다. 그것보다 더 중요한 것은 우리가 함께 큰 영향을 끼칠 수 있다는 것이다. 나는 여러분이 우리의 지구를 구하기 위해 여러분의 역할을 하길 바란다.

Many people visit museums when they travel to new places. Why do you think people visit museums? Use specific reasons and examples to support your answer.

많은 사람들이 새로운 곳으로 여행할 때 박물관을 방문한다. 여러분은 왜 사람들이 박물관을 방문한다고 생각하는가? 여러분의 답변을 뒷받침할 구체적인 이유와 예를 제시하라.

Basic Outlining

글쓰기에 앞서 브레인스토밍을 통해 글의 뼈대를 만들어 봅시다.

Introduction

《《《 매년 850만 명의 사람들이 파리의 루브르 박물관을 방문함
→ 박물관을 통해 시대, 장소, 문화를 배울 수 있음
→ 거의 모든 사람들이 우리의 유산에 대한 것을 알고 싶어함

Body

《《《 다양한 종류의 박물관을 방문할 수 있음
→ 그 자체의 논리로 각각의 박물관을 받아들여야 함
예) 루브르 박물관과 서울 닭 문화관

《《《 독특하거나 기이한 박물관을 좋아하는 추종자가 많음
→ 겨자 박물관, 해머 박물관, 바나나 박물관 등에 매년 수많은 방문객들이 찾아 옴

《《《 사람들은 평범하지 않은 것에 끌림
→ 우리의 흥미에 의해 우리 스스로에 대한 것을 배울 수 있음
— 특이한 광고 간판을 보면 그냥 지나칠 수 없음

《《《 사람들은 호기심이 많고 박물관은 진기한 것들로 가득 차 있음
→ 우리에게 흥미를 주는 박물관과 그 이유를 통해 우리 스스로에 대해 배울 게 많음

Conclusion

《《《 사람들은 많은 이유로 박물관을 자주 감
→ 각자 다른 이유로 호기심이 많음
→ 박물관들을 통해 우리 스스로에 대해 배움

본책에서 학습한 패턴을 활용하여 작성된 모델 에세이를 살펴봅시다.

INTRODUCTION

[1]You may not know that every year 8.5 million people visit the Louvre Museum in Paris, France. [2]Some people visit ten to twelve museums every year. [3]This situation is not unique; [4]if you stop to consider what we can learn about time, place and culture from museums, we can better understand the human race. [5]Almost everyone likes to know something about our heritage.

BODY

[6]Of course, you can visit many different types of museums; there are historical museums, art museums, science museums, even eccentric museums. [7]We must take each type of museum on its own terms. [8]For example, the larger museums, like the Louvre often hold the world's most treasured paintings and sculptures. [9]On the other hand, the Seoul Museum of Chicken Art holds one woman's lifetime collection. [10]Much more interesting, [11]however, is the fact that there are visitors to both of these museums, because both have something unique to offer. [12]I shall argue this point at greater length in the next paragraph.

[13]In reality, it is found that unusual or eccentric museums have a large following. [14]To be sure, there is a mustard museum in Wisconsin, a hammer museum in Alaska, and a banana museum in Washington state. [15]What I didn't know was that they get hundreds, if not thousands of visitors each year. [16]Bearing this in mind, I have to wonder what attracts them inside. [17]This contradicts the statement that people visit museums to learn about the human race, doesn't it? [18]Can it be that there are that many banana and mustard fans in the world?

[19]It is evident that people are drawn to the unusual. [20]This suggests that perhaps we can learn something about ourselves by our interest in these smaller museums. [21]I usually have to take a look when I see a sign advertising, "World's Biggest Ball of Yarn!" [22]Otherwise, [23]if I never return to that place, I will have missed seeing something

one-of-a-kind. ²⁴That is to say, while I have no real interest in yarn, I am interested in something truly unique.

²⁵Look at it this way: people are curious. ²⁶Correspondingly, museums are full of curiosities. ²⁷We can see that we have much to learn about ourselves by considering what types of museums interest us, and why.

CONCLUSION

²⁸To summarize, people frequent museums for a number of reasons. ²⁹Perhaps people cannot see the artifacts in their own country, or they are experts or collectors of a particular type. ³⁰In the end, we are all just curious for our own reasons. ³¹I am convinced that what we each take from a museum teaches us something about humanity. ³²Ultimately, through museums, we learn about ourselves.

Vocabulary

human race 인류 | **heritage** 유산 | **eccentric** 별난, 괴짜의 | **treasured** 소중히 여기는, 귀중한 | **sculpture** 조각(물) | **unique** 독특한 | **unusual** 보기 드문, 진귀한 | **following** 추종자, 팬 | **mustard** 겨자 | **hammer** 해머, 망치 | **be drawn to ...** …에 끌리다 | **take a look** 살펴보다 | **sign** 표지판 | **yarn** 직물 짜는 실 | **one-of-a-kind** 단 하나뿐인, 독특한 | **frequent** 자주 가다 | **artifact** 인공 유물, 공예품 | **humanity** 인류

Catching Up Writing Patterns

모델 에세이에 등장한 알짜 패턴을 다시 한 번 살펴봅시다.

서론에 등장한 알짜 패턴

1 **You may not know ...** 여러분은 …을 알지 못할지도 모른다

2 **Some people ...** 어떤 사람들은 …

3 **This situation is not unique;** 이 상황은 특수하지 않다;

4 **If you stop to consider ...,** 멈추어 …을 생각해 본다면,

5 **Almost everyone ...** 거의 모든 사람들이 …

본론에 등장한 알짜 패턴

6 **Of course, you can ...** 물론, 여러분은 …할 수 있다

7 **We must take ... on its own terms** 우리는 그 자체의 논리로 …을 받아들여야 한다

8 **For example,** 예컨대

9 **On the other hand,** 반면,/ 다른 한편으로는,

10 **Much more interesting is ...** …은 훨씬 더 흥미롭다

11 **However(,)** 그러나

12 **I shall argue this point at greater length in ...** 나는 이 점을 …에서 더 자세히 논할 것이다

13 **In reality, it is found that ...** 실제로는, …라는 것이 밝혀졌다

14 **To be sure,** 물론,

15 **What I didn't know was that ...** 내가 몰랐던 것은 …라는 것이었다

16 **Bearing this in mind,** 이것을 염두에 두고[두면],

17 **This contradicts the statement that ...** 이것은 …라는 진술에 모순된다

18 **Can it be that ...?** …일 수 있을까?

19 **It is evident that ...** …라는 것은 명백하다

20 **This suggests that ...** 이것은 …을 시사한다

21 **I usually ...** 나는 보통 …

22 **Otherwise,** 그렇지 않으면,

23 **If ...,** 만약 …한다면,

24 **That is (to say),** 즉

25 **Look at it this way:** 그것을 이렇게 보자:

26 **Correspondingly,** 마찬가지로,

27 **We can see that ...** 우리는 …라는 것을 알 수 있다

Essay in Korean

한글 해석에 색자로 표시된 패턴 부분을 영어로 말해 보세요.

서론

여러분은 매년 850만 명의 사람들이 파리의 루브르 박물관을 방문한다는 것을 알지 못할지도 모른다. 어떤 사람들은 매년 10~12번을 방문한다. 이 상황은 특수하지 않다: 멈추어 우리가 박물관들을 통해 시대, 장소, 그리고 문화에 대해 배울 수 있는 것을 생각해 본다면, 우리는 인류를 더 잘 이해할 수 있다. 거의 모든 사람들이 우리의 유산에 대한 것을 알고 싶어 한다.

본론

물론, 여러분은 다양한 종류의 박물관을 방문할 수 있다; 역사 박물관, 미술 박물관, 과학 박물관, 심지어 괴짜 박물관도 있다. 우리는 그 자체의 논리로 각각의 박물관을 받아들여야 한다. 예컨대 루브르와 같이 규모가 더 큰 박물관은 세계에서 가장 귀중한 그림과 조각물을 소지하고 있는 경우가 많다. 반면, 서울 닭 문화관은 한 여자의 생전 소장품을 소지하고 있다. 그러나 둘 다 독특한 볼거리가 있기 때문에 이 두 박물관을 모두 방문하는 사람들이 있다는 사실은 훨씬 더 흥미롭다. 나는 이 점을 다음 단락에서 더 자세히 논할 것이다.

실제로는, 독특하거나 기이한 박물관을 좋아하는 추종자가 많다는 것이 밝혀졌다. 물론, 위스콘신에는 겨자 박물관, 알래스카에는 해머 박물관, 그리고 워싱턴 주에는 바나나 박물관이 있다. 내가 몰랐던 것은 매년, 수천 명은 아니더라도, 수백 명의 방문객들이 이들 박물관을 찾아 온다는 것이었다. 이것을 염두에 두면, 나는 무엇이 그들을 박물관 안으로 끌어들이는지 궁금해해야 한다. 이것은 사람들이 인류에 대해 배우기 위해 박물관을 방문한다는 진술에 모순된다. 그렇지 않은가? 이 세상에 그렇게 많은 바나나와 겨자 팬들이 있을 수 있을까?

사람들이 평범하지 않은 것에 끌린다는 것은 명백하다. 이것은 아마도 우리가 이런 작은 박물관에서의 우리의 흥미에 의해 우리 스스로에 대한 것을 배울 수 있음을 시사한다. 나는 보통 "세상에서 가장 큰 실뭉치!"라고 써진 광고 간판을 보면 그걸 살펴봐야만 한다. 그렇지 않으면, 만약 내가 그 장소에 절대 돌아가지 않는다면, 나는 독특한 무언가를 보는 것을 놓치게 될 것이다. 즉 내가 실에 정말로 관심이 있는 건 아니지만, 나는 진짜 특이한 무언가에 관심을 가지고 있는 것이다.

그것을 이렇게 보자: 사람들은 호기심이 많다. 마찬가지로, 박물관은 진기한 것들로 가득 차 있다. 우리는 어떤 종류의 박물관들이 우리에게 흥미를 주는지와 그 이유를 숙고함으로써 우리 스스로에 대해 아직 배워야 할 게 많다는 것을 알 수 있다.

결론

요약하자면, 사람들은 많은 이유로 박물관을 자주 간다. 아마도 사람들은 그들 자신의 나라에서는 유물들을 볼 수 없을지도 모른다. 혹은, 그들은 특정한 종류의 전문가이거나 수집가일지도 모른다. 결국에, 우리 모두는 각자 다른 이유로 호기심이 많다. 나는 우리 각자가 박물관으로부터 얻는 것이 우리에게 인류에 대한 것을 가르쳐 준다고 확신한다. 궁극적으로, 박물관을 통해 우리는 우리 스스로에 대해 배우게 된다.

How do television or movies influence people's behavior? Use specific reasons and examples to support your answer.

어떻게 TV나 영화가 사람의 행동에 영향을 주는가? 여러분의 답변을 뒷받침할 구체적인 이유와 예를 제시하라.

Basic Outlining

글쓰기에 앞서 브레인스토밍을 통해 글의 뼈대를 만들어 봅시다.

Introduction

《《 일반 대중들은 TV와 영화가 아이들의 행동에 영향을 준다고 믿음
  1999년에 실시된 수잔 빌라니의 연구에 대해 언급
   → 미디어 폭력에 노출된 아이들에 관한 행동적 효과를 상세히 기록
   → 불과 25명의 아이들만을 관찰했다는 점에서 한계
  아이들이나 어른들 모두 어느 정도는 미디어에 의해 영향을 받고 있음

Body

《《 미국의 모든 가정은 평균 거의 3대의 TV를 가지고 있음
  보통 사람은 매일 4시간 반 정도 TV를 봄
   → 과다 노출에 해당
   → 이것이 인간의 행동에 영향을 주는지 의문

《《 미디어 폭력에 노출된 아이들은 폭력적 행동을 할 것임이 증명되었음
   → 하지만 다른 영향에 의해서일 수도 있음
   → 미디어의 노출도 어느 정도는 영향력이 있다고 가정할 것임

《《 어른이 아이보다 훨씬 더 미디어에 노출돼 왔지만, 시청하는 사람의 나이와 성숙함의 관점에서 고찰해야 함
   → 아이들은 정신적으로 발달 과정에 있고 영향 받기가 더 쉬움
   → 어른은 이성적 판단 능력이 있음

Conclusion

《《 미디어 노출은 인간의 행동에 영향을 줄 수 있음
   → 미디어의 영향에 대한 인식 증가가 우리가 미디어에 반응하여 행동하는 방식을 변화시킬 수 있음

🎧 www.saramin.com에서 오디오 에세이 확인!

본책에서 학습한 패턴을 활용하여 작성된 모델 에세이를 살펴봅시다.

INTRODUCTION

[1]The public in general tend to believe that television and movies influence the behavior of children. [2]Today there has been little agreement on what degree of influence this is, exactly. A study conducted in 1999 by Susan Villani documented behavioral effects on children exposed to repeated media violence. [3]However, the study is limited in that it only looked at 25 children. [4]In my opinion, television and movies affect the behavior of both children and adults. [5]If you stop to consider the number of effective advertisements that are out there, it is easy to see that we are all influenced by the media to some degree.

BODY

[6]According to some experts, every home in the U.S. has an average of nearly three television sets. [7]Experts say that the average person watches 4.5 hours of television every day. [8]It is worth stating at this point that this level of exposure is heavy. [9]It follows that heavy exposure to anything will be influential. [10]But at the same time, does this necessarily influence human behavior?

[11]As previously demonstrated, studies have shown that children exposed to media violence will often behave violently following the exposure. [12]The real problem, however, is that it can be difficult to link the behavior back to the media exposure. [13]In all actuality, there may be other influences contributing to the child's increased violence, such as a physical confrontation with another child. [14]For this purpose, [15]however, I will assume that the media exposure is at least partly influential.

[16]It is just as true for adults. [17]By this time, an adult aged 40 or older has been exposed to much more media than today's child. [18]One should, nevertheless, consider the problem from another angle — the age and maturity of the viewer. [19]My point will be that children's minds are still developing and more susceptible to influence. [20]Look at it this way: an adult is capable of reasoning that viewing violence on television does

not make it okay to be violent himself/herself. [21]As already mentioned, this does not mean an adult is not susceptible to media influence, however. [22]Otherwise, politicians, advertisers and fundraisers wouldn't rely on it so heavily.

CONCLUSION

[23]To sum up, media exposure can influence human behavior. [24]Granted that children are more vulnerable to these influences, they do affect adults, too. [25]Perhaps people cannot always separate the messages and images they see on the screen from reality. [26]Although we are not always aware that we are being influenced, it is not impossible to change our thinking. [27]From these arguments, one can conclude that increased awareness of media influence can change the way we behave in response to it.

Vocabulary

conduct 실시하다, 수행하다 | **document** 상세히 보도(기록)하다 | **behavioral** 행동의, 행동에 관한 | **to some degree** 어느 정도는 | **influential** 영향력이 있는 | **link** 연결하다 | **confrontation** 대립, 대결, 충돌 | **maturity** 성숙함 | **susceptible to ...** …에 취약한 | **fundraiser** 기금 조달자 | **rely on ...** …에 의지하다 | **vulnerable to ...** …에 취약한 | **separate** 분리하다, 구별하다 | **awareness** 인식, 자각 | **in response to ...** …에 응하여

Catching Up Writing Patterns

모델 에세이에 등장한 알짜 패턴을 다시 한 번 살펴봅시다.

서론에 등장한 알짜 패턴

1 **The public in general tend to believe that ...** 일반 대중들은 …라고 믿는 경향이 있다

2 **Today there has been little agreement on ...** 오늘날 …에 대해서는 의견이 분분하다

3 **However, the study is limited in that ...** 그러나 그 연구는 …라는 점에서 한계를 가진다

4 **In my opinion,** 내 의견으론,

5 **If you stop to consider ...,** 멈추어 …을 생각해 본다면,

본론에 등장한 알짜 패턴

6 **According to some experts,** 일부 전문가들에 의하면,

7 **Experts say that ...** 전문가들은 …라고 말한다

8 **It is worth stating at this point that ...** 이 점에서 …라는 것은 언급할 만한 가치가 있다

9 **It follows that ...** 그것은 …과 일맥상통한다

10 **But at the same time,** 그러나 동시에,

11 **As previously demonstrated,** 앞서 증명되었듯이,

12 **The real problem, however, is that ...** 하지만 진짜 문제는 …라는 것이다

13 **In all actuality,** 사실은,

14 **For this purpose,** 이런 목적으로,

15 **However(,)** 그러나

16 **It is just as ...** 그건 정확히 …이다

17 **By this time,** 이때까지,/ 이때쯤에는,

18 **One should, nevertheless, consider the problem from another angle — ...**
그럼에도, 우리는 다른 관점에서, 즉 …에서 그 문제를 고찰해야 한다

19 **My point will be that ...** 내 요점은 …라는 것이 될 것이다

20 **Look at it this way:** 그것을 이렇게 보자:

21 **As already mentioned,** 이미 언급했듯이,

22 **Otherwise,** 그렇지 않으면,

결론에 등장한 알짜 패턴

23 **To sum up,** 요약하자면,

24 **Granted that ...,** 가령 …일지라도,

25 **Perhaps people cannot ...** 아마도 사람들은 …할 수 없을지도 모른다

26 **Although ..., it is not ~** 비록 …일지라도, ~는 아니다

27 **From these arguments one can conclude that ...** 이들 주장으로부터 …라는 결론을 내릴 수 있다

Essay in Korean

한글 해석에 색자로 표시된 패턴 부분을 영어로 말해 보세요.

서론

일반 대중들은 TV와 영화가 아이들의 행동에 영향을 준다고 믿는 경향이 있다. 오늘날 이것이 정확히 어느 정도의 영향을 주는지에 대해서는 의견이 분분하다. 수잔 빌라니에 의해 1999년에 실시된 연구는 반복되는 미디어 폭력에 노출된 아이들에 관한 행동적 효과를 상세히 기록했다. 그러나 그 연구는 불과 25명의 아이들만을 관찰했다는 점에서 한계를 가진다. 내 의견으로, TV와 영화는 아이들과 어른들 모두의 행동에 영향을 미친다. 멈추어 세상에 있는 효과적인 광고의 수를 생각해 본다면, 우리 모두가 어느 정도는 미디어에 의해 영향을 받고 있다고 보는 것은 쉽다.

본론

일부 전문가들에 의하면, 미국의 모든 가정은 평균 거의 3대의 TV를 가지고 있다고 한다. 전문가들은 보통 사람은 매일 4시간 반 동안 TV를 본다고 말한다. 이 점에서 이 정도의 노출이 과다하다는 것은 언급할 만한 가치가 있다. 그것은 어떤 것으로의 과다 노출이든 영향력이 있을 거라는 것과 일맥상통한다. 그러나 동시에, 이것이 반드시 인간의 행동에 영향을 줄까?

앞서 증명되었듯이, 연구들은 미디어 폭력에 노출된 아이들은 노출 이후 종종 폭력적으로 행동할 것임을 보여 줬다. 하지만 진짜 문제는 배후의 행동을 미디어 노출과 연관 짓는 것은 어려울 수 있다는 것이다. 사실은, 다른 아이와의 물리적 충돌과 같은 아이의 폭력 증가에 기여하는 다른 영향들이 있을지도 모른다. 그러나 이런 목적으로, 나는 미디어 노출이 적어도 어느 정도는 영향력이 있다고 가정할 것이다.

그건 어른들에게는 정확히 사실이다. 이때까지, 40세, 혹은 그보다 더 나이 많은 어른은 오늘날 아이보다 훨씬 더 미디어에 노출돼 왔다. 그럼에도, 우리는 다른 관점에서, 즉 시청하는 사람의 나이와 성숙함의 관점에서 그 문제를 고찰해야 한다. 내 요점은 아이들의 정신은 여전히 발달 중에 있고 영향 받기가 더 쉽다는 것이 될 것이다. 그것을 이렇게 보자: 어른은 TV에서 폭력을 보는 것이 그/그녀 자신이 폭력적이어도 괜찮다는 것은 아니라는 판단을 내릴 능력이 있다. 이미 언급했듯이, 그렇다고 이것이 어른이 미디어의 영향에 민감하지

않다는 것을 의미하는 것은 아니다. 그렇지 않으면, 정치가, 광고주, 그리고 기금 조달자가 미디어에 그렇게 많이 의존하지는 않을 것이다.

결론

요약하자면, 미디어 노출은 인간의 행동에 영향을 줄 수 있다. 가령 아이들이 이들 영향에 더 취약할지라도, 그것들은 어른들에게도 작용한다. 아마도 사람들은 그들이 화면에서 보는 메시지와 이미지를 현실과 늘 구분할 수 없을지도 모른다. 비록 우리가 영향을 받고 있다는 것을 항상 알지는 못할지라도, 우리의 생각을 변화시키는 것이 불가능한 것은 아니다. 이들 주장으로부터 미디어의 영향에 대한 인식 증가가 우리가 그것에 반응하여 행동하는 방식을 변화시킬 수 있다는 결론을 내릴 수 있다.

TOPIC 15

People have different ways of escaping the stress and difficulties of modern life. Some read; some exercise; others work in their gardens. What do you think are the best ways of reducing stress? Use specific details and examples to support your answer.

사람들은 현대 생활의 스트레스와 어려움에서 벗어나는 다양한 방법을 가지고 있다. 어떤 사람들은 책을 읽고 어떤 사람들은 운동을 하고 또 다른 사람들은 자신의 정원을 가꾼다. 여러분은 스트레스를 줄이는 가장 좋은 방법들이 무엇이라고 생각하는가? 여러분의 답변을 뒷받침할 구체적인 세부 사항과 예를 제시하라.

Basic Outlining

글쓰기에 앞서 브레인스토밍을 통해 글의 뼈대를 만들어 봅시다.

Introduction

《《 스트레스의 정의 언급
스트레스로 인한 건강상 문제들이 증가하고 있음
글의 주요 내용 소개
→ 스트레스와 연관된 건강상 문제들의 위험을 낮출 수 있는 방법들에 대해 논할 것임

Body

《《 스트레스가 인체에 끼치는 영향 언급
→ 고혈압, 피로, 위장 문제 등 여러 가지 건강상 문제들을 일으킬 수 있음
→ 너무 오래 지속되면 영구적인 손상을 일으킬 수도 있음

《《 스트레스 해소의 종류가 많음
→ 가장 쉽게 접근할 수 있는 방법들을 다룰 것임

《《 명상과 요가
명상 – 연습을 통해 효과를 볼 수 있음
요가 – 경직된 근육을 풀어 주고 혈류를 증가시킴

《《 규칙적인 운동
→ 상쾌한 기분을 들게 하고 머리를 맑게 해주고 몸에 활력을 불어넣어 줌
→ 심장, 혈압, 신경계에 좋음

《《 웃음
→ 몸 안에 엔도르핀을 생성, 행복한 기분을 만들어 낸다는 연구 결과가 있음

Conclusion

《《 앞서 제시한 것들은 일상의 스트레스 해소를 위한 극히 몇 안 되는 방법들임
→ 각자에게 효과적인 스트레스 해소법을 찾아야 함
→ 한 가지 이상의 방법을 갖는 것이 좋음

본책에서 학습한 패턴을 활용하여 작성된 모델 에세이를 살펴봅시다.

INTRODUCTION

Stress [1]is commonly defined as "physical, mental, or emotional strain or tension." [2]We live in a world in which stress is a part of everyday life. [3]One of the most striking features of this problem is the increasing number of health problems resulting from stress. [4]It is a well-known fact that people can lower their risks for stress-related health problems using a variety of methods. [5]This essay will discuss some of those methods.

BODY

[6]Let us start by considering the facts about stress on the human body. [7]The fact is that stress can cause high blood pressure, fatigue, stomach problems, headaches, chest pain, insomnia, and depression. [8]Moreover, [9]if the stress continues for too long without relief, it can [10]sometimes cause permanent damage.

[11]There are many different kinds of stress relief. [12]Assuredly, there are certain methods that work well for some people but not others. [13]With this in mind, I will try to cover the methods that are most easily accessible.

[14]First, there's meditation. [15]Although I sometimes have trouble clearing my mind, with practice, meditation can be quite effective. [16]In reality, it is found that people who practice meditative thought on a daily basis live healthier lives than most. [17]Similarly, yoga is effective for loosening tight muscles and increasing blood flow. [18]Indeed, yoga and meditation often go hand in hand as stress relievers.

[19]Second, regular exercise is a well-known stress reliever. [20]One must admit that a brisk walk is refreshing and leaves your head clear and your body energized. [21]In the second place, exercise is good for your heart, your blood pressure, and your nervous system.

[22]Finally, laughter really is the best medicine at times. [23]Can it be that stress relief is

that simple? ²⁴There is a great deal of research that confirms this. ²⁵Notably laughter produces endorphins in the body. ²⁶It has been found that endorphins generate feelings of well being. ²⁷It could be said that a good joke is good for your health!

CONCLUSION

²⁸To summarize, these are just a few methods of relieving the stress of everyday living. ²⁹Sooner or later, we are all faced with stressful situations. ³⁰Accordingly, we must each find ways to reduce stress which are effective for ourselves. ³¹I definitely prefer to laugh, but this is not always easy when I am stressed out. ³²That is why, in my opinion, it is good to have more than one method to rely upon.

Catching Up Writing Patterns

모델 에세이에 등장한 알짜 패턴을 다시 한 번 살펴봅시다.

서론에 등장한 알짜 패턴

1   ... is commonly defined as ~ …은 보통 ~으로 정의된다

2   We live in a world in which ... 우리는 … 세상에 살고 있다

3   One of the most striking features of this problem is ... 이 문제의 주안점 중 하나는 …이다

4   It is a well-known fact that ... …라는 것은 널리 알려진 사실이다

5   This essay will discuss ... 이 에세이는 …에 대해 논할 것이다

본론에 등장한 알짜 패턴

6   Let us start by considering the facts about ... …에 대한 사실들을 고려하면서 시작하겠다

7   The fact is that ... 사실은 …라는 것이다

8   Moreover, 게다가

9   If ..., 만약 …한다면,

10 Sometimes 가끔씩

11 There are many different kinds of ... …에는 많은 종류가 있다

12 Assuredly, there are certain ... 확실히, 특정한 …이 있다

13 With this in mind, 이것을 염두에 두고,

14 First(ly), 우선,

15 Although I sometimes ..., 이따금씩 나는 …하지만,

16 In reality, it is found that ... 실제로는, …라는 것이 밝혀졌다

17 Similarly, 마찬가지로,

18 Indeed, 실제로,

19 Second(ly), 두 번째로,

20 One must admit that ... …라는 것을 인정해야 한다

21 In the second place, 다음으로,

22 Finally, 마지막으로,

23 Can it be that ...? …일 수 있을까?

24 There is a great deal of research ... … 연구가 많다

25 Notably 특히/ 현저히

26 It has been found that ... …으로 밝혀졌다

27 It could be said that ... …라고 말할 수 있다

결론에 등장한 알짜 패턴

28 **To summarize,** 요약하자면,
29 **Sooner or later,** 곧/ 머지않아
30 **Accordingly,** 따라서
31 **I definitely prefer to ...** 나는 확실히 …을 선호한다
32 **That is why, in my opinion,** 그렇기 때문에 내 의견으론,

Essay in Korean

한글 해석에 색자로 표시된 패턴 부분을 영어로 말해 보세요.

서론

스트레스는 보통 "육체적, 정신적, 또는 감정적 압박감 혹은 긴장감"으로 정의된다. 우리는 스트레스가 일상의 한 부분인 세상에 살고 있다. 이 문제의 주안점 중 하나는 스트레스로 인해 점점 증가하는 건강상 문제들이다. 사람들이 다양한 방법을 이용해서 스트레스와 연관된 건강상 문제들의 위험을 낮출 수 있다는 것은 널리 알려진 사실이다. 이 에세이는 몇몇 그러한 방법들에 대해 논할 것이다.

본론

인체에 관한 스트레스에 대한 사실들을 고려하면서 시작하겠다. 사실은 스트레스가 고혈압, 피로, 위장 문제, 두통, 가슴 통증, 불면증, 그리고 우울증을 일으킬 수 있다는 것이다. 게다가 만약 스트레스가 해소되지 못하고 너무 오래 지속된다면, 가끔씩 영구적인 손상을 일으킬 수도 있다.

스트레스 해소에는 많은 종류가 있다. 확실히, 어떤 사람들에게는 아주 효과적이지만 다른 사람들에게는 그렇지 않은 특정한 방법들이 있다. 이것을 염두에 두고, 나는 가장 쉽게 접근할 수 있는 방법들을 다룰 것이다.

우선, 명상이 있다. 이따금씩 나는 내 마음을 정화시키는 데 어려움을 겪지만, 연습하다 보면 명상이 꽤 효과적일 수 있다. 실제로는, 매일 명상적인 생각을 연습하는 사람이 대부분의 사람들보다 더 건강한 삶을 산다는 것이 밝혀졌다. 마찬가지로, 요가는 경직된 근육을 풀어 주고 혈류를 증가시키는 데 효과적이다. 실제로, 요가와 명상은 스트레스 해소법으로서 서로 긴밀히 연관돼 있다.

두 번째로, 규칙적인 운동은 잘 알려진 스트레스 해소법이다. 활기찬 걸음은 기분을 상쾌하게 하고 여러분의 머리를 맑게 하고 여러분의 몸에 활력을 불어넣어 준다는 것을 인정해야 한다. 다음으로, 운동은 여러분의 심장, 혈압, 그리고 신경계에 좋다.

마지막으로, 웃음은 정말 때때로 가장 좋은 약이다. 스트레스 해소가 그렇게 간단할 수 있을까? 이를 확인시켜 주는 연구가 많다. 특히 웃음은 몸 안에 엔도르핀을 생성한다. 엔도르핀은 행복한 기분을 만들어 내는 것으로 밝혀졌다. 유쾌한 농담이 여러분의 건강에 좋다고 말할 수 있다!

결론

요약하자면, 이들은 일상의 스트레스를 해소시키는 극히 몇 안 되는 방법들이다. 곧 우리 모두는 스트레스가 많은 상황들에 직면하게 된다. 따라서 우리는 각자 우리 스스로에게 효과적인 스트레스 해소법들을 찾아야만 한다. 나는 확실히 웃는 것을 선호하지만, 스트레스를 받을 때 이것이 항상 쉽지만은 않다. 그렇기 때문에 내 의견으로, 의존할 만한 방법을 한 가지 이상 갖는 것이 좋다.

Do you agree or disagree with the following statement? The best way to travel is in a group led by a tour guide. Use specific reasons and examples to support your answer.

여러분은 다음의 진술에 동의하는가, 동의하지 않는가? 여행하는 최고의 방법은 관광 가이드가 인솔하는 단체 여행을 하는 것이다. 여러분의 답변을 뒷받침할 구체적인 이유와 예를 제시하라.

Basic Outlining

글쓰기에 앞서 브레인스토밍을 통해 글의 뼈대를 만들어 봅시다.

Introduction

《《 새로운 곳으로의 휴가의 질은 방문객이 무엇을 성취하고 싶은지에 달려 있음
→ 새로운 곳으로의 휴가는 그 장소와 그곳 사람들에 대해 배울 수 있는 기회가 됨
단체 여행이 세상을 보는 가장 좋은 방법이라고 들음
→ 사실들을 배우고 다른 여행자들을 만나는 것이 목적일 경우
어떤 식의 관광 여행을 선호하는지 스스로 결정해야 함

Body

《《 스스로 새로운 곳을 탐험하는 것은 확실한 이점이 있음
→ 낯선 길을 떠돌아다니고, 그곳 사람들을 구경하고, 때때로 길을 잃는 것은 멋짐
→ 도시의 일상 생활에 대한 고마움과 여행에서 놓칠 수 있는 미묘한 매력을 제공

《《 어떤 장소를 잘 이해하려면 단체 여행이 가장 좋은 방법임
→ 여행 가이드가 역사적인 사실들을 알려주고 흥미로운 특정한 건물이나 장소들을 보여 줄 수 있음

《《 여행 가이드의 또 다른 역할들
→ 현지 언어를 못할 경우, 많은 것을 설명해 주고 질문에 답해 줄 수 있음
→ 식당, 쇼핑, 호텔 등 여러 가지를 추천해 줄 수 있음

《《 단체 여행의 또 다른 이점
→ 호텔에서 픽업해 흥미로운 장소로 바로 데려다 줌
→ 시간 낭비나 모험 없이 안전하게 호텔로 다시 데려다 줌

《《 단체 여행은 사람들을 만나기 위한 좋은 방법임
→ 국적이 같거나 다양한 나라에서 온 사람들을 만나게 됨

Conclusion

《《 단체 여행 하기를 추천함
→ 자신이 선택한 장소들을 확실히 볼 수 있음

🎧 www.saramin.com에서 오디오 에세이 확인!!

본책에서 학습한 패턴을 활용하여 작성된 모델 에세이를 살펴봅시다.

◁ INTRODUCTION

¹The quality of a vacation to a new place depends on what the visitor hopes to accomplish. ²For the great majority of people, it is an opportunity to learn about the location and its people. ³We often hear that organized tours are the best way to see the world. ⁴It seems to me that ⁵if your goal is to learn facts and meet other tourists, this is true. ⁶Everyone has to decide for themselves how they prefer to sightsee. ⁷In my decision-making, I prefer the organized tour led by a guide.

◁ BODY

⁸The first thing that needs to be said is that there are definite benefits to exploring a new place on your own. ⁹From my experience, I think it is great to wander the streets of an unfamiliar city, watch the people who live there, and even get lost now and then. ¹⁰This, in turn, gives you an appreciation for the city's daily life and subtle charms that may not be part of a tour.

¹¹In order to properly understand a location, ¹²however, the organized tour is the best way to go. ¹³Generally speaking, the tour guide can share historical facts and show you specific buildings or sites of interest. ¹⁴To this end, there are many sites of interest that may not be marked as such. ¹⁵Thus, wandering on your own, you might walk right past an historic battlefield without ever knowing it!

If you don't speak the native language, the tour guide can also interpret much of what you see and answer your questions, too. ¹⁶To be sure, most tour guides are locals. ¹⁷For this reason, they are usually very knowledgeable about the location. ¹⁸One should note here that the tour guide can also make recommendations, ¹⁹including restaurants, shopping, and hotels.

²⁰Another benefit is that the organized tour will often pick you up at your hotel and deliver you right to the site of interest. ²¹Conversely, much time can be lost to

exploration activities, [22]such as hailing cabs and figuring out maps and bus schedules. [23]Another possibility is you could become lost in a dangerous part of town. [24]Rather than waste precious vacation time or take chances, an organized tour will deliver you safely back to your hotel.

[25]To return to an earlier point, the organized tour is also a good way to meet people. [26]Not only will there be others sharing the tour, but they may also be from your home country. [27]What is more, you will often meet people from a variety of countries.

CONCLUSION

[28]In conclusion, I recommend taking an organized tour. [29]All things considered, you are guaranteed to see the sites you've chosen. [30]Accordingly, you will not waste time trying to find them on a map or figuring out how to get there. [31]While I can enjoy a bit of exploration myself from time to time, I prefer to let someone else do the driving most of the time. [32]I ask you to give the organized tour a try; if it is not for you, then you can always explore on your own.

accomplish 이루다, 성취하다 | **organized** 조직된, 계획된 | **sightsee** 관광 여행하다, 구경하다 | **definite** 명확한, 확실한 | **wander** 헤매다, 떠돌아다니다 | **unfamiliar** 잘 모르는, 낯선 | **get lost** 길을 잃다 | **appreciation** 감사 | **subtle** 미묘한, 섬세한 | **charm** 매력 | **site** 장소, 유적 | **mark** 특징 짓다 | **as such** 그러한 것으로서, 그것 나름으로 | **on one's own** 혼자 힘으로 | **battlefield** 싸움터, 전장 | **interpret** 해석하다, 설명하다 | **knowledgeable** 아는 것이 많은, 해박한 | **exploration** 답사, 탐험, 조사 | **hail** (택시 등을) 부르다 | **figure out** 알아내다 | **precious** 귀중한 | **take chances** 모험을 하다 | **guarantee** 보증하다 | **a bit of** 약간의

Catching Up Writing Patterns

모델 에세이에 등장한 알짜 패턴을 다시 한 번 살펴봅시다.

서론에 등장한 알짜 패턴

1　**The quality of ...** …의 (자)질은

2　**For the great majority of people,** 대다수의 사람들에게 있어

3　**We often hear that ...** 우리는 종종 …라고 듣는다

4　**It seems to me that ...** 내겐 …으로 보인다

5　**If ...,** 만약 …한다면,

6　**Everyone has to ...** 모두가 …해야 한다

7　**In my decision-making,** (내가) 결정을 내리는 데 있어서(는),

본론에 등장한 알짜 패턴

8　**The first thing that needs to be said is that ...** 첫 번째로 할 말은 …라는 것이다

9　**From my experience, I think ...** 내 경험으로 미루어, 나는 …라고 생각한다

10　**This, in turn, ...** 이번에는 이것이 …

11　**In order to properly understand ...,** …을 잘 이해하기 위해서(는),

12　**However(,)** 그러나

13　**Generally speaking,** 일반적으로 말하면,

14　**To this end,** 이 때문에,

15　**Thus,** 따라서

16　**To be sure,** 물론,

17　**For this reason,** 이런 이유로,

18　**One should note here that ...** 여기서 …라는 것을 유념해야 한다

19　**including ...** …을 포함해

20　**Another ...** 또 다른 …

21　**Conversely,** 반대로,/ 거꾸로 말하면,

22　**such as ...** …과 같은

23　**Another possibility is ...** 또 다른 가능성은 …이다

24　**Rather than ...,** …보다는,

25　**To return to an earlier point,** 이전의 요지로 돌아가서,

26　**Not only ..., but (also) ~** … 뿐만 아니라 ~도

27　**What is more,** 게다가

28 **In conclusion,** 결론적으로,

29 **All things considered,** 모든 것을 고려해 볼 때,

30 **Accordingly,** 따라서

31 **While I can ..., I prefer to ~** …할 수 있지만, 나는 ~을 선호한다

32 **I ask you to ...** 나는 여러분이 …하길 바란다

Essay in Korean

한글 해석에 색자로 표시된 패턴 부분을 영어로 말해 보세요.

서론

새로운 곳으로의 휴가의 질은 방문객이 무엇을 성취하고 싶은지에 달려 있다. 대다수의 사람들에게 있어, 새로운 곳으로의 휴가는 그 장소와 그곳 사람들에 대해 배울 수 있는 기회이다. 우리는 종종 단체 여행이 세상을 보는 가장 좋은 방법이라고 듣는다. 만약 여러분의 목표가 사실들을 배우고 다른 여행자들을 만나는 것이라면, 내겐 이것이 사실인 것으로 보인다. 모두가 어떤 식의 관광 여행을 선호하는지 스스로 결정해야 한다. 내가 결정을 내리는 데 있어서는, 나는 가이드가 인솔하는 단체 여행을 선호한다.

본론

첫 번째로 할 말은 여러분 스스로 새로운 곳을 탐험하는 데는 확실한 이점이 있다는 것이다. 내 경험으로 미루어, 나는 낯선 도시의 거리를 떠돌아다니고, 그곳에 사는 사람들을 구경하고, 심지어 때때로 길을 잃는 것은 멋지다고 생각한다. 이번에는 이것이 여러분에게 도시의 일상 생활에 대한 고마움과 여행에서 놓칠 수 있는 미묘한 매력을 제공해 줄 것이다.

그러나 어떤 장소를 잘 이해하기 위해서는, 단체 여행이 가장 좋은 방법이다. 일반적으로 말하면, 여행 가이드는 역사적인 사실들을 알려주고 여러분에게 흥미로운 특정한 건물이나 장소들을 보여 줄 수 있다. 이 때문에, 그러한 곳으로서 눈에 띄지 않을지도 모를 흥미로운 장소들이 많다. 따라서 여러분 혼자 떠돌아다니면, 여러분은 역사적인 전쟁터를 심지어 알지도 못한 채 그냥 지나쳐 갈 수 있다!

만약 여러분이 현지 언어를 말할 수 없다면, 여행 가이드는 또한 여러분이 보는 많은 것을 설명해 주고 여러분의 질문에도 답해 줄 수 있다. 물론, 대부분의 여행 가이드는 현지인이다. 이런 이유로, 그들은 보통 그 장소에 대해 아주 잘 알고 있다. 여기서 여행 가이드는 또한 식당, 쇼핑, 그리고 호텔을 포함해 여러 가지를 추천해 줄 수도 있다는 것을 유념해야 한다.

또 다른 이점은, 단체 여행은 종종 호텔에서 여러분을 픽업해 흥미로운 장소로 바로 데려다 줄 수 있다는 것이다. 거꾸로 말하면, 택시를 부르고, 지도와 버스 시간표를 알아내는 것과 같은 탐색 활동으로 많은 시간이 낭비될 수 있다. 또 다른 가능성은 여러분이 도시의 위험한 곳에서 길을 잃을 수도 있다는 것이다. 귀중한 휴가 시간을 낭비하거나 모험을 하기보다는, 단체 여행은 여러분을 안전하게 호텔로 다시 데려다 줄 것이다.

이전의 요지로 돌아가서, 단체 여행은 또한 사람들을 만나기 위한 좋은 방법이다. 여행을 함께 하는 다른 사람들이 있을 뿐만 아니라 그들은 여러분의 나라에서 왔을 수도 있다. 게다가 여러분은 종종 다양한 나라에서 온 사람들을 만날 것이다.

결론

결론적으로, 나는 단체 여행 하기를 추천한다. 모든 것을 고려해 볼 때, 여러분은 여러분이 선택한 장소들을 확실히 볼 수 있다. 따라서 여러분은 그곳들을 지도에서 찾으려 애쓰거나 어떻게 가는지 알아내느라 시간을 낭비하지 않을 것이다. 때때로 내 스스로 약간의 탐험을 즐길 수 있지만, 나는 대부분의 시간을 다른 사람이 운전하게 하는 것을 선호한다. 나는 여러분이 단체 여행을 시도해 보길 바란다; 만약 그것이 여러분에게 맞지 않다면, 그땐 항상 여러분 스스로 탐험할 수 있다.

TOPIC 17

Do you agree or disagree with the following statement? Only people who earn a lot of money are successful. Use specific reasons and examples to support your answer.

여러분은 다음의 진술에 동의하는가, 동의하지 않는가? 돈을 많이 번 사람만이 성공한 사람이다. 여러분의 답변을 뒷받침할 구체적인 이유와 예를 제시하라.

Basic Outlining

글쓰기에 앞서 브레인스토밍을 통해 글의 뼈대를 만들어 봅시다.

Introduction

《《 **성공적인 삶을 살아 온 사람의 예가 많음**
→ 성공한 사람 중엔 돈이 많은 사람도 있고 그렇지 않은 사람도 있음
글에서 주장하고자 하는 바에 대해 언급
→ 진정한 성공은 돈에 의해서만이 아니라 만족스럽고 기억할 만한 삶을 사는 속에서 측정될 수 있음

Body

《《 **오늘날 대다수의 사람들이 성공적인 삶을 돈이나 물질적인 소유물의 축적으로 측정함**
→ 이는 정직하게, 그리고 고된 노동을 통해 축적했을 경우에 해당
→ 자선을 위해 아낌없이 돈을 내주는 경우도 마찬가지
가장 순수한 형태의 성공은 주변 사람들에게 봉사하는 것임

《《 **테레사 수녀의 경우**
→ 다른 사람들을 돌보는 데 평생을 바쳤지만 풍요로운 삶을 살았음

《《 **빈센트 반 고흐의 경우**
→ 세상에서 가장 유명한 미술 작품을 창조했지만 빈털터리로 생을 마감함
→ 그러나 세상에 아주 훌륭한 미술 작품을 남겼기 때문에 성공적인 삶으로 여겨짐

《《 **오스트리아의 사업가 칼 라베더의 경우**
→ 자신의 재산을 팔아 자선 단체에 기부함

《《 **부의 축적은 성공의 척도라는 데 동의함**
→ 하지만 그것이 가장 좋은 척도이거나 모든 사람의 욕구는 아님

Conclusion

《《 **우리는 각자 우리 스스로의 기준으로 성공을 측정함**
→ 금전적인 부를 갖는 것이 항상 만족스러운 것은 아님
→ 우리가 진정으로 가치를 두는 것에 대해 생각해 보고, 그것에 심혈을 기울이는 게 유용할 것임

본책에서 학습한 패턴을 활용하여 작성된 모델 에세이를 살펴봅시다.

INTRODUCTION

¹The world offers us numerous examples of people who have lived successful lives. ²It is generally agreed today that ³if a person is wealthy, he/she is successful. ⁴However ⁵there are some people who are considered successful yet lived their lives without much money at all. ⁶It is undeniable that there are different viewpoints as to what makes a person successful. ⁷In this paper I argue that real success isn't measured by money alone, but in living a satisfying and memorable life.

BODY

⁸It is true that the great majority of people today measure a successful life by the accumulation of money and material possessions. ⁹Assuming that a person has accumulated them honestly and through hard work, I believe this to be true. ¹⁰What is more, if that person gives freely money to charity, I consider him/her to be especially successful. ¹¹I personally believe that the purest form of success is in serving our fellow man.

¹²To this end, Mother Theresa lived to serve the poor and sick. ¹³In short, she gave her lifetime to serving others, rather than trying to become rich. ¹⁴Despite that, she lived a rich life full of human interaction and giving to her fellow man. ¹⁵Many people believe that her life was remarkable enough to consider her for sainthood.

¹⁶Even though Vincent Van Gogh created some of the world's most famous paintings, he died penniless. ¹⁷Chiefly this was due to the mental illness he suffered all his life. Despite that, however, his life could be considered successful because he left the world his magnificent art. ¹⁸Truly, his life was a difficult one. ¹⁹Nonetheless, he was a highly creative and productive artist who left a legacy recognized around the world.

²⁰And then there are the millionaires who decided to give all their money to charity. ²¹Take, for example, Austrian businessman Karl Rabeder. He explained that his life had

become "soulless," and he had become "a slave for things (he) did not wish for or need." [22]In brief, he sold his possessions and donated the money to a charitable organization. [23]By this time, he has likely moved to a modest hut in the mountains of Austria.

[24]I totally agree that accumulating wealth is a measure of success. However [25]I don't agree with the statement that it is the best measure or the desire of every person. [26]Make no mistake about it, I would not complain if I suddenly became wealthy. [27]At the same time, I would make an effort to give back to those less fortunate than myself.

CONCLUSION

[28]All things considered, we each measure success by our own standards. [29]After all, when you don't have monetary wealth, you aspire to have it. [30]The consequence is that having it is not always as satisfying as one might think. [31]It might be useful to think about what we truly value in this life, and devote ourselves to it. [32]When all is said and done, which would you rather have at the end of your life — family, memories, and pure heart, or a pile of money? [33]It is often said that you can't take it with you.

Catching Up Writing Patterns

모델 에세이에 등장한 알짜 패턴을 다시 한 번 살펴봅시다.

서론에 등장한 알짜 패턴

1 **The world offers us numerous examples of ...** 세상에는 …의 예가 많다

2 **It is generally agreed today that ...** 오늘날 일반적으로 …으로 의견이 일치된다

3 **If ...,** 만약 …한다면,

4 **However(,)** 그러나

5 **There are some people who ...** …하는 몇몇 사람들이 있다

6 **It is undeniable that ...** …라는 것은 부인할 수 없다

7 **In this paper I argue that ...** 이 보고서에서 나는 …라고 주장한다

본론에 등장한 알짜 패턴

8 **It is true that ...** …라는 것은 사실이다

9 **Assuming that ...,** …라고 가정하고[가정하면],

10 **What is more,** 게다가

11 **I personally believe that ...** 나는 개인적으로 …라고 믿는다

12 **To this end,** 이 때문에,

13 **In short,** 요컨대,

14 **Despite that,** 그럼에도 불구하고,

15 **Many people believe that ...** 많은 사람들이 …라고 믿고 있다

16 **Even though ...,** …이더라도,/ …인데도,

17 **Chiefly** 주로

18 **Truly,** 사실,/ 엄밀히,

19 **Nonetheless,** 그럼에도 불구하고,

20 **And then ...** 그 다음에,/ 그리고 나서

21 **Take, for example, ...** …을 예로 들어보자

22 **In brief,** 짧게 말하면,

23 **By this time,** 이때까지,/ 이때쯤에는,

24 **I totally agree that ...** 나는 …라는 데 전적으로 동의한다

25 **I don't agree with the statement that ...** 나는 …라는 진술에(는) 동의하지 않는다

26 **Make no mistake about it,** 그것에 대해 실수하지 마라,

27 **At the same time,** 동시에,

28 **All things considered,** 모든 것을 고려해 볼 때,

29 **After all,** 결국,/ 어쨌든,

30 **The consequence is that ...** 결과는 …라는 것이다

31 **It might be useful to ...** …하는 게 유용할지도 모른다

32 **When all is said and done,** 최종적으로,

33 **It is often said that ...** 종종 …라고 말해진다

Essay in Korean

한글 해석에 색자로 표시된 패턴 부분을 영어로 말해 보세요.

서론

세상에는 성공적인 삶을 살아 온 사람들의 예가 많다. 오늘날 일반적으로 만약 어떤 사람이 부자라면, 그/그녀는 성공한 것으로 의견이 일치된다. 그러나 성공한 것으로 여겨지지만 전혀 많지 않은 돈으로 그들의 삶을 산 몇몇 사람들도 있다. 무엇이 사람을 성공적으로 만드는지에 대해서 다양한 관점들이 있다는 것은 부인할 수 없다. 이 보고서에서 나는 진정한 성공은 오로지 돈에 의해서만이 아니라 만족스럽고 기억할 만한 삶을 사는 속에서 측정될 수 있다고 주장한다.

본론

오늘날 대다수의 사람들이 성공적인 삶을 돈이나 물질적인 소유물의 축적으로 측정한다는 것은 사실이다. 어떤 사람이 그것들을 정직하게, 그리고 고된 노동을 통해 축적했다고 가정하면, 나는 이것이 사실이라고 믿는다. 게다가 만약 그 사람이 자선을 위해 아낌없이 돈을 내준다면, 나는 그/그녀가 특히 성공했다고 생각한다. 나는 개인적으로 가장 순수한 형태의 성공은 우리의 주변 사람들에게 봉사하는 것이라고 믿는다.

이 때문에, 테레사 수녀는 가난하고 아픈 사람들을 돌보면서 살았다. 요컨대, 그녀는 부자가 되려 하기보다는 다른 사람들을 돌보는 데 평생을 바쳤다. 그럼에도 불구하고, 그녀는 사람들과의 소통과 주변 사람들에 대한 헌신으로 가득 찬 풍요로운 삶을 살았다. 많은 사람들이 그녀의 삶은 그녀를 성자로 여길 만큼 놀라웠다고 믿고 있다.

빈센트 반 고흐는 세상에서 가장 유명한 미술 작품을 창조했는데도, 빈털터리로 죽었다. 주로 이것은 그가 평생 앓은 정신 질환 때문이었다. 그러나, 그럼에도 불구하고, 그의 삶은 그가 세상에 아주 훌륭한 예술품을 남겼기 때문에 성공적인 것으로 여겨질 수 있다. 사실, 그의 삶은 험난했다. 그럼에도 불구하고, 그는 전 세계

에서 인정받은 유산을 남긴 매우 창의적이고 생산적인 예술가였다.

그 다음에, 자선을 위해 그들의 모든 돈을 내주기로 결심하는 백만장자들이 있다. 오스트리아의 사업가 칼라베더를 예로 들어보자. 그는 그의 삶은 "영혼이 없어졌고", "그가 원하지 않거나 필요로 하지 않은 것들을 위해 일하는 노예"가 되었다고 설명했다. 짧게 말하면, 그는 그의 재산을 팔아 그 돈을 자선 단체에 기부했다. 이때쯤에는, 그는 오스트리아 산속의 아담한 오두막으로 이사 간 듯 싶다.

나는 부의 축적은 성공의 척도라는 데 전적으로 동의한다. 하지만 그것이 가장 좋은 척도이거나 모든 사람의 욕구라는 진술에는 동의하지 않는다. 그것에 대해 실수하지 마라, 내가 갑자기 부자가 된다고 해서 불평하진 않을 것이다. 동시에, 나는 나보다 덜 가진 사람들에게 돌려 주려고 노력할 것이다.

결론

모든 것을 고려해 볼 때, 우리는 각자 우리 스스로의 기준으로 성공을 측정한다. 결국, 여러분이 금전적인 부를 가지고 있지 않다면, 여러분은 그것을 갖길 열망한다. 결과는 금전적인 부를 갖는 것이 사람들이 생각하듯 항상 만족스러운 것은 아니라는 것이다. 우리가 이 삶에서 진정으로 가치를 두는 것에 대해 생각하고, 그것에 심혈을 기울이는 게 유용할지도 모른다. 최종적으로, 여러분 인생의 마지막에 갖고 싶은 것은 어떤 것인가? — 가족, 추억, 순수한 마음, 아니면 돈더미? 종종 여러분은 돈을 가져갈 수 없다고 말해진다.

TOPIC 18

A gift (such as a camera, a soccer ball, or an animal) can contribute to a child's development. What gift would you give to help a child develop? Why? Use specific reasons and examples to support your choice.

선물(예컨대 카메라, 축구공, 또는 동물)은 아이의 발달에 기여할 수 있다. 아이의 발달을 돕기 위해 여러분은 어떤 선물을 줄 것인가? 이유는? 여러분의 선택을 뒷받침할 구체적인 이유와 예를 제시하라.

Basic Outlining

글쓰기에 앞서 브레인스토밍을 통해 글의 뼈대를 만들어 봅시다.

Introduction

《《 요즘은 아이들이 전자 장난감과 게임, 휴대폰과 디지털 음악에 빠져 있음
- → 전자 제품이 아이에게 항상 최고의 선물은 아님
- → 아이에게 줄 수 있는 최고의 선물들 중 하나는 책
- → 책에서 찾아볼 수 있는 독특한 즐거움이 있음

Body

《《 책은 아이의 지적 발달의 가장 중요한 부분임
- → 대부분의 정보를 인터넷에서 찾을 수 있지만 우리는 여전히 책을 중히 여김
- → 책의 인쇄를 멈춘다면 나무를 살릴 수 있지만, 손에 들고 다니는 책의 경험을 잃게 될 것임

《《 독서 경험의 질은 단순히 단어와 의미를 받아들이는 것 이상임
- → 책은 아름다운 것임

《《 일반 대중들은 책이 우리의 가장 훌륭한 학습 도구라고 믿는 경향이 있음
- → 많은 이유로 어떤 책의 내용에 반대할 수 있음
  - 예) 해리포터 시리즈: 마술과 악마 숭배를 부추긴다고 느낌
- → 책 금지에 있어 한 가지 문제점: 책은 우리에게 정보와 재미를 주기 위한 것임
- → 책은 표현의 자유의 근간이며, 아이의 인생에서 가장 중요한 발달 도구임

《《 종이책과 컴퓨터 상의 읽기 중 어떤 것이 최고인지에 대해선 아직 의견이 분분함
- → 하지만 아이가 책을 쥐는 건 지식을 쥐는 것임을 인식하는 것이 중요

Conclusion

《《 책은 아이의 발달을 장려할 수 있는 훌륭한 선물임
- → 창의력과 이해력을 자극하고 평생의 학습을 장려함
- → 아이가 평생 동안 즐길 독서에 대한 사랑을 심어 줌

🎧 www.saramin.com에서 오디오 에세이 확인!!

본책에서 학습한 패턴을 활용하여 작성된 모델 에세이를 살펴봅시다.

INTRODUCTION

[1]These days, children are drawn to electronic toys and games, cell phones and digital music. [2]At the very least, most children have access to a home computer. [3]In my opinion, electronics are not always the best gift for a child. [4]It seems to me that one of the best gifts you can give a child is a book. [5]I'd like to suggest that [6]while electronics can contribute to a child's development, there is still unique joy to be found in books.

BODY

[7]First of all, books are still an important part of a child's intellectual development. [8]Even though we can now find most information on the Internet, we still value books. [9]There has been much debate about whether electronic reading will replace books soon. [10]On the one hand, we could save trees if we stopped printing books. [11]On the other hand, we would lose the experience of the hand-held book.

[12]The quality of a reading experience is more than simply taking in words and meaning. [13]Some people enjoy sitting in a comfortable chair with a book in their lap by the fireplace. [14]It is undeniable that a book is a beautiful thing. [15]If we think about how it is put together, the leather and binding, the illustrations, it's quite remarkable. [16]There are some people who collect books, build their own libraries and read their favorites over and again.

[17]The public in general tend to believe that books are our finest learning instruments. [18]In the past, some people have tried to ban books that they felt were a threat to society. [19]There are many reasons why a person might object to a book's content. [20]In the case of the Harry Potter series, some parents felt it promoted witchcraft and devil worship. [21]There's just one problem with book banning: books are meant to inform and entertain us. In my opinion, they are fundamental to freedom of expression, and perhaps the single most important development tool in a child's life.

[22]And what about paper books vs. reading on the computer? [23]It is a complicated question involving ecology and expense. [24]There is still no general agreement about which is best. [25]It is important to recognize, though, that when a child possesses a book in his/her hand, he/she possesses knowledge. It seems to me that this is a powerful gift to the developing child.

CONCLUSION

[26]Therefore, I suggest that books will always be excellent gifts to encourage a child's development. [27]All things considered, they are both entertaining and informative. [28]Accordingly, they stimulate creativity and understanding and encourage lifelong learning. [29]One thing's for sure: a book will enrich a child's mind in ways an electronic game cannot. [30]Ultimately, it can instill in him/her a love for reading that he/she will enjoy throughout his/her life.

Catching Up Writing Patterns

모델 에세이에 등장한 알짜 패턴을 다시 한 번 살펴봅시다.

서론에 등장한 알짜 패턴

1 **These days,** 요즘은

2 **At the very least,** 적어도,

3 **In my opinion,** 내 의견으론,

4 **It seems to me that ...** 내겐 …으로 보인다

5 **I'd like to suggest that ...** 나는 …을 제안하고 싶다

6 **While ...,** …하는 반면,/ …하지만

본론에 등장한 알짜 패턴

7 **First of all,** 무엇보다도,

8 **Even though ...,** …이더라도,/ …인데도,

9 **There has been much debate about ...** …에 대한 열띤 논쟁이 있었다

10 **On the one hand,** 한편으론,

11 **On the other hand,** 다른 한편으론,

12 **The quality of ...** …의 (자)질은

13 **Some people ...** 어떤 사람들은 …

14 **It is undeniable that ...** …라는 것은 부인할 수 없다

15 **If we think about ...,** …에 대해 생각해 본다면,

16 **There are some people who ...** …하는 몇몇 사람들이 있다

17 **The public in general tend to believe that ...** 일반 대중들은 …라고 믿는 경향이 있다

18 **In the past,** 과거에는

19 **There are many reasons why ...** 많은 이유로 …

20 **In the case of ...,** …의 경우,

21 **There's just one problem:** 단지 한 가지 문제가 있다:

22 **And what about ...?** 그럼 …은 어떤가?

23 **It is a complicated question** 그것은 복잡한 문제이다

24 **There is still no general agreement about ...** …에 대해서 일치되는 의견은 아직 없다

25 **It is important to recognize ...** …을 인식하는 것이 중요하다

26 **Therefore,** 그러므로
27 **All things considered,** 모든 것을 고려해 볼 때,
28 **Accordingly,** 따라서
29 **One thing's for sure:** 한 가지는 분명하다:
30 **Ultimately,** 궁극적으로,

Essay in Korean

한글 해석에 색자로 표시된 패턴 부분을 영어로 말해 보세요.

서론

요즘은 아이들이 전자 장난감과 게임, 휴대폰과 디지털 음악에 빠져 있다. 적어도, 대부분의 아이들은 가정용 컴퓨터를 이용할 수 있다. 내 의견으로, 전자 제품이 아이에게 항상 최고의 선물이진 않다. 내겐 여러분이 아이에게 줄 수 있는 최고의 선물들 중 하나는 책으로 보인다. 전자 제품도 아이의 발달에 기여할 수 있지만, 나는 여전히 책에서 찾아볼 수 있는 독특한 즐거움이 있음을 제안하고 싶다.

본론

무엇보다도, 책은 여전히 아이의 지적 발달의 가장 중요한 부분이다. 우리가 이제 대부분의 정보를 인터넷에서 찾을 수 있더라도, 우리는 여전히 책을 중히 여긴다. 전자 읽기가 곧 책을 대체할 것인지에 대한 열띤 논쟁이 있었다. 한편으로, 우리가 책을 인쇄하는 것을 멈춘다면 나무를 살릴 수 있다. 다른 한편으로, 우리는 손에 들고 다니는 책의 경험을 잃게 될 것이다.

독서 경험의 질은 단순히 단어와 의미를 받아들이는 것 이상이다. 어떤 사람들은 무릎에 책을 두고 벽난로 옆 안락의자에 앉아 있는 것을 즐긴다. 책이 아름다운 것이라는 것은 부인할 수 없다. 책이 완성되는 방식, 책의 가죽 커버와 제본, 삽화들에 대해 생각해 본다면, 아주 놀랍다. 책을 수집해 그들 자신의 서재를 만들고 좋아하는 책을 몇 번이고 읽는 몇몇 사람들이 있다.

일반 대중들은 책이 우리의 가장 훌륭한 학습 도구라고 믿는 경향이 있다. 과거에는 몇몇 사람들이 사회에 위협이 된다고 느낀 책들을 금지하려 했다. 많은 이유로 한 사람이 어떤 책의 내용에 반대할 수 있다. 해리 포터 시리즈의 경우, 어떤 부모들은 그것이 마술과 악마 숭배를 부추긴다고 느꼈다. 책을 금지하는 데는 단지 한 가지 문제가 있다: 책은 우리에게 정보와 재미를 주기 위한 것이다. 내 의견으로, 책은 표현의 자유의 근간이며, 아마도 아이의 인생에서 단 하나의 가장 중요한 발달 도구일 것이다.

그럼 종이책과 컴퓨터 상의 읽기는 어떤가? 그것은 생태학과 비용을 포함한 복잡한 문제이다. 어떤 것이 최고인지에 대해서 일치되는 의견은 아직 없다. 하지만 아이가 손에 책을 쥐었을 때 그/그녀는 지식을 쥐는 것임을 인식하는 것이 중요하다. 내겐 이것이 발달 과정의 아이에게 강력한 선물로 보인다.

결론

그러므로 나는 책은 언제나 아이의 발달을 장려할 수 있는 훌륭한 선물임을 제안한다. 모든 것을 고려해 볼 때, 책은 재미있고 유익하다. 따라서 책은 창의력과 이해력을 자극하고 평생 학습을 장려한다. 한 가지는 분명하다: 책은 전자 게임이 할 수 없는 방식으로 아이의 정신을 윤택하게 해줄 것이다. 궁극적으로, 책은 아이가 평생 동안 즐길 독서에 대한 사랑을 아이에게 심어 줄 수 있다.

In some countries, people are no longer allowed to smoke in many public places and office buildings. Do you think this is a good rule or a bad rule? Use specific reasons and details to support your position.

몇몇 나라에서는, 사람들이 더 이상 많은 공공장소와 사무실 건물에서 담배를 피우지 못하도록 하고 있다. 여러분은 이것이 좋은 규정이라고 생각하는가, 나쁜 규정이라고 생각하는가? 여러분의 입장을 뒷받침할 구체적인 이유와 세부 사항을 제시하라.

Basic Outlining

글쓰기에 앞서 브레인스토밍을 통해 글의 뼈대를 만들어 봅시다.

Introduction

《 **흡연이 암을 유발할 수 있다는 것은 널리 알려진 사실임**
→ 간접흡연이 비흡연자들에게 암을 유발할 수 있다는 것을 알고 있음
글의 목적 제시
→ 공공장소에서의 흡연 금지가 왜 좋은 규정인지를 보여 줄 것임

Body

《 **간접흡연에 대한 사실들을 고찰할 필요가 있음**
→ 암 유발, 아동과 성인의 천식 발작, 폐 감염, 이염 발생의 원인이 됨
→ 임산부는 미숙아를 낳을 위험이 있음
담배는 4,000개 이상의 다양한 화학 물질을 함유하고 있음
→ 그들 중 60가지가 발암 물질임

《 **비흡연자들은 담배 연기가 자욱한 환경에서 불편함을 느낌**
→ 호흡을 방해하고 옷과 머리에서도 담배 냄새가 남
→ 레스토랑에서의 식사를 망치거나 엘리베이터 안에서 참기 힘들게 함
흡연자는 이 같은 폐를 보지 못함

《 **아이들과 아기들이 간접흡연에 가장 취약함**
→ 가정에서의 간접흡연으로부터 보호할 법규가 거의 없으므로 공공장소에서의 보호가 중요

《 **공공장소에서의 흡연 금지는 비흡연자의 시민권을 옹호하는 것임**
→ 한 사람의 시민권은 다른 사람들에게 해를 끼치지 않는 경우에만 옹호된다는 의견과 일치

Conclusion

《 **이 모든 것이 공공장소에서의 흡연 금지가 좋은 규정이라는 것을 시사함**
→ 처음엔 흡연자들이 힘들겠지만 시간이 지나면 적응할 것임
→ 지정된 흡연 구역은 공공장소 바깥 쪽에 만들어져야 함

본책에서 학습한 패턴을 활용하여 작성된 모델 에세이를 살펴봅시다.

INTRODUCTION

[1]It is a well-known fact that smoking can cause cancer. [2]One of the most striking features of this problem is that we now know that second-hand smoke (SHS) can cause cancer in the non-smoker. [3]This issue is one that is argued by smokers who feel they are being pushed out of public places where smoking is no longer allowed. [4]They may look at smoking as a civil right, rather than as a health hazard to others. [5]The aim of this essay is to show why a ban on smoking in public places is a good rule.

BODY

[6]We must first examine the facts about second-hand smoke. The American Cancer Society [7]makes a good point that [8]not only can SHS cause cancer in the non-smoker, but it contributes to the development of asthma attacks, lung infections and ear infections in exposed children and adults. [9]In fact, exposed pregnant women are at risk to have a child with low birth weight. [10]As for cancer, tobacco contains over 4,000 different chemicals, 60 of which are known to cause cancer. [11]Thus, although it is true that non-smokers are better off than smokers, they are still at risk when breathing in SHS.

[12]In addition to that, non-smokers are made uncomfortable by smoky environments. Not only does it irritate their breathing, but their clothes and hair smell like smoke. [13]What is more, these irritations can ruin a nice meal at a restaurant, or make an elevator ride unbearably long. [14]It is difficult to believe that the smoker cannot see these impositions. [15]And yet, his addiction is powerful enough to cause him to justify exposing others to his habit.

[16]Perhaps it is worth acknowledging here that children and babies are the most vulnerable to SHS. [17]In effect, they are more likely to develop breathing problems early in life, and more prone to ear infections. [18]What's worse is that there are few laws to protect children and babies from SHS in the home. [19]That is why, in my opinion, it is

especially important to protect them from SHS in public. [20]If we can protect them at least part of the time, their risks for developing health problems will be lowered.

[21]Bearing this in mind, does a public ban on smoking violate the civil rights of smokers? [22]On the contrary, it upholds the civil rights of the non-smokers. [23]This is consistent with the idea that the civil rights of a person are upheld only when they do not cause harm to others. [24]There is a great deal of research that proves SHS does indeed cause harm to others. [25]In short, the non-smoker's civil rights win over the smoker's because his demand to enjoy a smoke-free environment causes harm to no one.

CONCLUSION

[26]All of this would indicate that a ban on smoking in public places is a good thing. [27]Though it is at first difficult for the smokers, I think over time they adjust to the rule. [28]If this is to happen, though, designated smoking areas need to be established outside the public space. [29]I'm sure that the smokers want their needs to be recognized, too. [30]But, as for me, it's simple. [31]I definitely prefer to dine in a smoke-free restaurant.

Vocabulary

second-hand 간접적인 │ **push out of ...** ···에서 밀어내다 │ **civil right** 시민권 │ **hazard** 위험, 위험 요소 │ **asthma attack** 천식 발작 │ **infection** 감염 │ **tobacco** 담배 │ **chemical** 화학 물질 │ **better off** 형편이 더 나은 │ **breathe** 숨쉬다, 호흡하다 │ **smoky** 연기가 자욱한 │ **irritate** 거슬리다, 자극하다 │ **ruin** 망치다 │ **unbearably** 참을 수 없을 정도로 │ **imposition** 폐, 부담 │ **addiction** 중독 │ **justify** 정당화하다 │ **prone to ...** ···하기 쉬운 │ **lower** 낮추다 │ **violate** 위반하다 │ **uphold** 지지하다, 옹호하다 │ **win over** 이기다, 물리치다 │ **smoke-free** 담배 연기 없는 │ **adjust to ...** ···에 적응하다 │ **designate** 지정하다 │ **dine** 식사를 하다

Catching Up Writing Patterns

모델 에세이에 등장한 알짜 패턴을 다시 한 번 살펴봅시다.

서론에 등장한 알짜 패턴

1 **It is a well-known fact that ...** …라는 것은 널리 알려진 사실이다

2 **One of the most striking features of this problem is ...** 이 문제의 주안점 중 하나는 …이다

3 **This issue is one that ...** 이 문제는 …하는 것이다

4 **They may ...** 그들은 …할지도 모른다

5 **The aim of this essay is to ...** 이 에세이의 목적은 …하기 위함이다

본론에 등장한 알짜 패턴

6 **We must first examine ...** 우리는 먼저 …을 고찰해야 한다

7 **... makes a good point that ~** …는 ~라는 일리 있는 말을 했다

8 **Not only ..., but (also) ~** … 뿐만 아니라 ~도

9 **In fact,** 사실,

10 **As for ...,** …라면,

11 **Thus, although it is true that ...,** 따라서 …이 사실일지라도,

12 **In addition to that,** 그와 더불어,

13 **What is more,** 게다가

14 **It is difficult to believe that ...** …라는 것은 믿기 어렵다

15 **And yet,** 그럼에도,

16 **Perhaps it is worth acknowledging here that ...**
아마도 …라는 것을 여기서 인정할 가치가 있을지도 모른다

17 **In effect,** 사실상,

18 **What's worse is that ...** 더한 것은 …라는 것이다

19 **That is why, in my opinion,** 그렇기 때문에 내 의견으로는,

20 **If ...,** 만약 …한다면,

21 **Bearing this in mind,** 이것을 염두에 두고[두면],

22 **On the contrary,** 그와는 반대로,

23 **This is consistent with ...** 이것은 …과 일치한다

24 **There is a great deal of research ...** … 연구가 많다

25 **In short,** 요컨대,

26 **All of this would indicate that ...** 이 모든 것은 …라는 것을 시사한다

27 **Though ...,** 비록 …지만

28 **If this is to happen,** 이것이 일어날 것이라면,

29 **I'm sure that ...** 나는 …라고 확신한다

30 **But, as for me, it's ...** 그러나 나로서는 그게[그건] …이다

31 **I definitely prefer to ...** 나는 확실히 …을 선호한다

Essay in Korean

한글 해석에 색자로 표시된 패턴 부분을 영어로 말해 보세요.

서론

흡연이 암을 유발할 수 있다는 것은 널리 알려진 사실이다. 이 문제의 주안점 중 하나는 우리가 이제 간접흡연이 비흡연자들에게 암을 유발할 수 있다는 것을 안다는 것이다. 이 문제는 흡연이 더 이상 허용되지 않는 공공장소에서 쫓겨나는 것 같은 기분을 느끼는 흡연자들에 의해 주장되고 있는 것이다. 그들은 흡연을 다른 사람들에 대한 건강상 위험으로서보다는 하나의 시민권으로서 볼지도 모른다. 이 에세이의 목적은 공공장소에서의 흡연 금지가 왜 좋은 규정인가를 보여 주기 위함이다.

본론

우리는 먼저 간접흡연에 대한 사실들을 고찰해야 한다. 미국 암 협회는 간접흡연이 비흡연자들에게 암을 유발할 수 있을 뿐만 아니라 간접흡연에 노출된 아동이나 성인의 천식 발작, 폐 감염과 이염을 발생시키는 원인도 된다는 일리 있는 말을 했다. 사실, 간접흡연에 노출된 임산부는 미숙아를 낳을 위험에 놓여 있다. 암이라면, 담배는 4,000개 이상의 다양한 화학 물질을 함유하고 있으며, 그들 중 60가지가 암을 유발하는 것으로 알려져 있다. 따라서 비흡연자들이 흡연자들보다 나은 것이 사실일지라도, 그들은 간접흡연 상태에서 호흡할 경우 여전히 위험에 놓여 있다.

그와 더불어, 비흡연자들은 담배 연기가 자욱한 환경에서는 불편해진다. 그들의 호흡을 방해할 뿐만 아니라 그들의 옷과 머리에서도 담배 냄새가 난다. 게다가 이런 짜증스러움은 레스토랑에서의 멋진 식사를 망치거나 엘리베이터 안에서 오래 참지 못하게 할 수 있다. 흡연자가 이 같은 폐를 보지 못한다는 것은 믿기 어렵다. 그럼에도, 그의 중독은 그의 습관을 다른 사람들에게 노출시키는 것을 정당화하도록 만들 만큼 강력하다.

아마도 아이들과 아기들이 간접흡연에 가장 취약하다는 것을 여기서 인정할 가치가 있을지도 모른다. 사실

상, 그들은 어린 시절에 호흡기 질환에 걸릴 가능성이 높으며, 이염에 걸리기도 더 쉽다. 더한 것은 아이들과 아기들을 가정에서의 간접흡연으로부터 보호할 법규가 거의 없다는 것이다. 그렇기 때문에 내 의견으론, 특히 공공장소에서의 간접흡연으로부터 그들을 보호하는 것이 특히 중요하다. 만약 우리가 잠시 동안이라도 그들을 보호할 수 있다면, 그들이 질병에 걸릴 위험은 줄어들 것이다.

이것을 염두에 두고, 공공장소에서의 흡연 금지가 흡연자들의 시민권을 위반하는 것인가? 그와는 반대로, 그것은 비흡연자들의 시민권을 옹호하는 것이다. 이것은 한 사람의 시민권은 다른 사람들에게 해를 끼치지 않는 경우에만 옹호된다는 의견과 일치한다. 간접흡연이 정말로 다른 사람들에게 해를 끼친다는 것을 입증하는 연구가 많다. 요컨대, 비흡연자의 시민권은 흡연자의 시민권에 우선한다. 왜냐하면 담배 연기 없는 환경을 즐기려는 그의 요구는 그 어느 누구에게도 해를 끼치지 않기 때문이다.

결론

이 모든 것은 공공장소에서의 흡연 금지가 좋은 것이라는 것을 시사한다. 비록 그것이 처음엔 흡연자들에게 힘들겠지만 시간이 지나면 그 규정에 적응하리라 생각한다. 하지만 이것이 일어날 것이라면, 지정된 흡연 구역은 공공장소 바깥 쪽에 만들어져야 한다. 나는 흡연자들 또한 그들의 요구가 인식되길 원한다고 확신한다. 그러나 나로서는 그게 단순한 일이다. 나는 확실히 담배 연기 없는 레스토랑에서 식사하는 것을 선호한다.

Plants can provide food, shelter, clothing, or medicine. What is one kind of plant that is important to you or the people in your country? Use specific reasons and details to explain your choice.

식물들은 음식, 쉼터, 옷, 또는 약을 제공해 줄 수 있다. 여러분이나 여러분 나라 사람들에게 중요한 식물은 무엇인가? 여러분의 선택을 설명할 구체적인 이유와 세부 사항을 제시하라.

Basic Outlining

글쓰기에 앞서 브레인스토밍을 통해 글의 뼈대를 만들어 봅시다.

Introduction

《《 **우리가 사용하는 모든 것들 중에 식물들로 만들어진 것이 많음**
→ 식물의 수명과 그것의 경제적 가치는 나라마다 다양함
예) 브라질, 중국, 미국의 경우를 살펴봄
글의 목적 제시
→ 옥수수가 미국에서 매우 가치 높은 용도로 다양하게 사용되고 있음을 입증할 것임

Body

《《 **옥수수가 미국에서 중요한 이유는 많음**
→ 미국 원주민들에게 옥수수가 중요했음
→ 옥수수에는 수백 종이 있음
옥수수의 기원에 대해 언급
→ 대부분 사람들은 옥수수가 멕시코나 남미에서 왔다고 믿음
→ 옥수수는 미국 역사의 중요한 부분이었고 오늘날도 마찬가지

《《 **옥수수는 탁월한 식품원임**
→ 사람들이 즐겨 먹음, 농장 동물들의 먹이, 옥수수 시럽으로 활용

《《 **옥수수는 에탄올 생산에도 사용됨**
→ 생산 공정이 에너지 효율적이진 않지만 미국 경제의 중요한 부분임

《《 **옥수수의 다른 용도들에 대해 언급**
→ 미국 경제에서 적어도 3,500가지 용도로 사용되고 있음

Conclusion

《《 **옥수수는 미국에서 유일한 가장 중요한 식물임**
→ 옥수수를 전통 식물이라고 생각함
→ 미국의 과거를 만들었고 계속해서 미래도 만들 것임

🔊 www.saramin.com에서 오디오 에세이 확인!

본책에서 학습한 패턴을 활용하여 작성된 모델 에세이를 살펴봅시다.

INTRODUCTION

[1]If you stop to consider all the things we use that are made from plants, there are many. [2]We live in a world in which the plant life and its economic value varies from country to country. [3]While Brazil's climate and terrain are good for growing the rubber tree plant, China's are better suited for growing rice and tea. [4]If we think about plants that are important to the U.S. economy, I would have to place corn at the top of the list. I'm going to prove that corn has a variety of uses highly valued in the U.S.

BODY

[5]There are many reasons why corn is important to the U.S. [6]Most people don't know that it was as important to the Native Americans as rice is for the peoples of Southeast Asia. [7]In reality, it is found that there are hundreds of varieties of corn. [8]Scholars disagree on corn's origins, but most believe it came from either Mexico or South America. [9]By many accounts, for more than 250 years after Jamestown, Virginia was settled, corn remained the primary crop of 90% of farmers. [10]So, corn has always been a vital part of America's history, and remains a vital part today.

[11]To start with, corn is an excellent food source. [12]First of all, people enjoy corn, both on and off the cob, as popcorn, corn chips, and corn cereals, for example. [13]Next, many of our farm animals are fed corn, [14]including chickens and cattle. [15]In addition, corn syrup is used to sweeten many products, like ice cream, candies, and baked goods.

[16]Another reason why corn is important in the U.S. is its use in producing ethanol. [17]However, the problem is that while this alternative fuel can be made from corn, the process for making it is not energy efficient. [18]As a result, corn grown to produce ethanol may lose its importance unless a more efficient process can be identified. [19]For now, [20]however, it continues to be a vital part of the U.S. economy.

[21]And what about other uses of corn? [22]You may not know that corn is used to make

a kind of packing peanuts, fiberboard panels, cleaning fluids, ink and absorbent materials, ²³such as diapers. ²⁴The point is, corn is not just a food source. ²⁵Truly, it has at least 3,500 uses in the U.S. economy today.

CONCLUSION

²⁶Thus we can see that corn may very well be the single most important plant in the U.S. ²⁷I'm sure that arguments could be made for cotton, tobacco or peanuts, as well as many other plants. ²⁸I definitely prefer to think of corn as our country's heritage plant. ²⁹Ultimately, it shaped our past and continues to shape our future. And, ³⁰while I can appreciate a fine cotton shirt, I prefer to enjoy a plate full of steaming corn on the cob.

Vocabulary

vary 다양하다 | **terrain** 지형, 지역 | **rubber** 고무 | **suited for ...** ···에 적합한 | **crop** 농작물 | **vital** 매우 중요한 | **cob** 속대 | **baked goods** 제과 | **ethanol** 에탄올 | **energy efficient** 에너지 효율적인 | **identify** 찾다, 발견하다 | **packing peanut** 포장용 스티로폼 충전재 | **fiberboard panel** 화이버보드 패널 | **cleaning fluid** 세정액 | **absorbent material** 흡수성 물질 | **diaper** 기저귀 | **heritage** 유산, 전통 | **plate** 접시

Catching Up Writing Patterns

모델 에세이에 등장한 알짜 패턴을 다시 한 번 살펴봅시다.

서론에 등장한 알짜 패턴

1 **If you stop to consider ...,** 멈추어 …을 생각해 본다면,

2 **We live in a world in which ...** 우리는 … 세상에 살고 있다

3 **While ...,** …하는 반면,/ …하지만,

4 **If we think about ...,** …에 대해 생각해 본다면,

본론에 등장한 알짜 패턴

5 **There are many reasons why ...** 많은 이유로 …

6 **Most people don't know ...** 대부분 사람들은 …을 모른다

7 **In reality, it is found that ...** 실제로는, …라는 것이 밝혀졌다

8 **Scholars disagree on ...** 학자들은 …에 대해 동의하지 않는다

9 **By many accounts,** 여러 얘기를 들어 보니,

10 **So,** 따라서

11 **To start with,** 우선,

12 **First of all,** 무엇보다도,

13 **Next,** 다음으로,

14 **including ...** …을 포함해

15 **In addition,** 게다가

16 **Another reason why ... is ~** …하는[한] 또 다른 이유는 ~이기 때문이다

17 **However, the problem is that ...** 그러나 문제는 …라는 것이다

18 **As a result,** 그 결과,/ 결과적으로,

19 **For now,** 우선은,/ 현재로는,

20 **However(,)** 그러나

21 **And what about ...?** 그럼 …은 어떤가?

22 **You may not know ...** 여러분은 …을 알지 못할지도 모른다

23 **such as ...** …과 같은

24 **The point is,** 요점은,

25 **Truly,** 사실,/ 엄밀히,

26 **Thus we can see that ...** 따라서 우리는 …라는 것을 알 수 있다

27 **I'm sure that ...** 나는 …라고 확신한다

28 **I definitely prefer to ...** 나는 확실히 …을 선호한다

29 **Ultimately,** 궁극적으로,

30 **While I can ..., I prefer to ~** …할 수 있지만, 나는 ~을 선호한다

Essay in Korean

한글 해석에 색자로 표시된 패턴 부분을 영어로 말해 보세요.

서론

멈추어 식물들로 만들어진 우리가 사용하는 모든 것들을 생각해 본다면, 거기엔 많은 것들이 있다. 우리는 식물의 수명과 그것의 경제적 가치가 나라마다 다양한 세상에 살고 있다. 브라질의 기후와 지형은 고무나무 식물을 키우기에 좋은 반면, 중국의 기후와 지형은 쌀과 차를 재배하기에 보다 적합하다. 우리가 미국 경제에 중요한 식물들에 대해 생각해 본다면, 나는 옥수수를 으뜸으로 칠 것이다. 나는 옥수수가 미국에서 매우 가치 높은 용도로 다양하게 사용되고 있음을 입증할 것이다.

본론

많은 이유로 옥수수는 미국에서 중요하다. 대부분 사람들은 동남아시아 사람들에게 쌀이 중요한 만큼이나 미국 원주민들에게 옥수수가 중요했다는 사실을 모른다. 실제로는, 수백 종의 다양한 옥수수가 있다는 것이 밝혀졌다. 학자들은 옥수수의 기원에 대해 동의하지 않지만, 대부분 사람들은 그것이 멕시코나 남미에서 왔다고 믿는다. 여러 얘기를 들어 보니, 버지니아의 제임스 타운이 정착되고 나서 250년이 훨씬 지난 후에도, 옥수수는 여전히 농부들 중 90%의 주요 농작물로 남아 있었다. 따라서 옥수수는 항상 미국 역사의 중요한 부분이었고, 오늘날에도 계속 중요한 부분으로 남아 있다.

우선, 옥수수는 탁월한 식품원이다. 무엇보다도, 사람들은 알갱이가 속대에 그대로 붙어 있는 옥수수와 예컨대 팝콘, 콘칩, 그리고 콘 시리얼처럼 알갱이를 속대에서 떼 낸 옥수수 둘 다 즐겨 먹는다. 다음으로, 닭과 소를 포함해 우리의 많은 농장 동물들이 옥수수를 먹는다. 게다가 옥수수 시럽은 아이스크림, 캔디, 그리고 제과 같은 많은 제품들을 달콤하게 하는 데 사용된다.

미국에서 옥수수가 중요한 또 다른 이유는 그것이 에탄올을 생산하는 데 사용되기 때문이다. 그러나 문제는 이 대체 연료가 옥수수에서 만들어질 수는 있지만, 생산 공정이 에너지 효율적이지 않다는 것이다. 결과적으

로, 에탄올을 생산하기 위해 재배된 옥수수는 보다 효율적인 공정이 발견되지 않는 한, 그 중요성을 잃을지도 모른다. 그러나, 우선은, 계속 미국 경제의 중요한 부분이 될 것이다.

그럼 옥수수의 다른 용도들은 어떤가? 여러분은 옥수수가 포장용 스티로폼 충전재, 화이버보드 패널, 세정액, 잉크, 그리고 기저귀와 같은 흡수성 물질을 만드는 데 사용된다는 것을 알지 못할지도 모른다. 요점은, 옥수수는 단순히 식품원만이 아니라는 것이다. 사실, 옥수수는 오늘날 미국 경제에서 적어도 3,500가지 용도로 사용되고 있다.

결론

따라서 우리는 옥수수가 미국에서 정말 유일한 가장 중요한 식물이라는 것을 알 수 있다. 나는 이런 주장들이 많은 다른 식물들뿐만 아니라 면직물, 담배, 또는 땅콩에 대해서도 이루어질 수 있다고 확신한다. 나는 확실히 옥수수를 우리나라의 전통 식물로 생각하는 것을 선호한다. 궁극적으로, 그것은 우리의 과거를 만들었고 계속해서 우리의 미래도 만들 것이다. 그리고 좋은 면 셔츠에 감사해할 수 있지만, 나는 알갱이가 속대에 그대로 붙어 있는 찐 옥수수가 가득 찬 접시를 즐기는 것을 선호한다.

MEMO

MEMO

MEMO